AF567771

Katharina A. Zweig
Tobias D. Krafft
Anita Klingel
Enno Park

Sozioinformatik

Ein neuer Blick auf Informatik und Gesellschaft

Autoren:

Prof. Dr. Katharina A. Zweig, TU Kaiserslautern
Tobias D. Krafft, TU Kaiserslautern
Anita Klingel, Stuttgart
Enno Park, Berlin

Alle in diesem Buch enthaltenen Informationen wurden nach bestem Wissen zusammengestellt und mit Sorgfalt geprüft und getestet. Dennoch sind Fehler nicht ganz auszuschließen. Aus diesem Grund sind die im vorliegenden Buch enthaltenen Informationen mit keiner Verpflichtung oder Garantie irgendeiner Art verbunden. Autor(en, Herausgeber) und Verlag übernehmen infolgedessen keine Verantwortung und werden keine daraus folgende oder sonstige Haftung übernehmen, die auf irgendeine Weise aus der Benutzung dieser Informationen – oder Teilen davon – entsteht.
Ebenso wenig übernehmen Autor(en, Herausgeber) und Verlag die Gewähr dafür, dass die beschriebenen Verfahren usw. frei von Schutzrechten Dritter sind. Die Wiedergabe von Gebrauchsnamen, Handelsnamen, Warenbezeichnungen usw. in diesem Werk berechtigt auch ohne besondere Kennzeichnung nicht zu der Annahme, dass solche Namen im Sinne der Warenzeichen- und Markenschutz-Gesetzgebung als frei zu betrachten wären und daher von jedermann benutzt werden dürften.

Bibliografische Information der Deutschen Nationalbibliothek:
Die Deutsche Nationalbibliothek verzeichnet diese Publikation in der Deutschen Nationalbibliografie; detaillierte bibliografische Daten sind im Internet über
http://dnb.d-nb.de abrufbar.

Dieses Werk ist urheberrechtlich geschützt.
Alle Rechte, auch die der Übersetzung, des Nachdruckes und der Vervielfältigung des Buches, oder Teilen daraus, vorbehalten. Kein Teil des Werkes darf ohne schriftliche Genehmigung des Verlages in irgendeiner Form (Fotokopie, Mikrofilm oder ein anderes Verfahren) – auch nicht für Zwecke der Unterrichtsgestaltung – reproduziert oder unter Verwendung elektronischer Systeme verarbeitet, vervielfältigt oder verbreitet werden.

© 2021 Carl Hanser Verlag München
Internet: www.hanser-fachbuch.de

Lektorat: Dipl.-Ing. Natalia Silakova-Herzberg
Herstellung: Anne Kurth
Covergestaltung: Max Kostopoulos
Coverkonzept: Marc Müller-Bremer, www.rebranding.de, München
Titelbild: © shutterstock.com/emojoez
Satz: Frederik Maximilian Stegner
Druck und Bindung: Eberl & Kœsel, Altusried-Krugzell
Printed in Germany

Print-ISBN 978-3-446-45213-8
E-Book-ISBN 978-3-446-46803-0

Inhalt

Auf *plus.hanser-fachbuch.de* finden Sie zu diesem Titel kostenlose digitale Zusatzinhalte, unter anderem:

- Links zu weiterführenden Informationen;
- die von den Autoren erstellen Abbildungen zur Verwendung unter CC-BY-Lizenz; sowie
- eine Liste aller im Buch aufgeführten Internetseiten, als anklickbarer Link.

Vorwort

Seit dem Wintersemester 2013/14 gibt es an der TU Kaiserslautern einen neuen Studiengang namens **„Sozioinformatik"**. Die Entscheidung, einen neuen Studiengang einzurichten, macht man sich nicht leicht – aber es zeichnete sich ab, dass es eine neue Art von Software gibt, deren Technikfolgen weit über das bisher Bekannte hinausgehen und für die es zu diesem Zeitpunkt wenig Beschreibungs- und Analysemöglichkeiten gab. Ein gutes Beispiel für solche Softwaresysteme mit komplexen Technikfolgen sind Suchmaschinen, die es erst ermöglichen, dass Menschen in Milliarden von Dokumenten im Internet das finden, was sie gerade benötigen. Zu Beginn versuchte Yahoo noch, durch Einrichtung eines manuell kuratierten Kataloges Ordnung in die von Tag zu Tag wachsende Zahl von Webseiten zu bringen. Damit wurde eine analoge Idee zur Kategorisierung von Büchern auf die neue digitale Wirklichkeit angewendet – und scheiterte. In der Informatik sagt man von solchen scheiternden Transfers, dass sie nicht „skalieren". Erst **PageRank**, der Algorithmus hinter Googles Erfolg, schaffte es, Nutzern zu zeigen, was sie suchten – ohne eine Ordnung dahinter zu finden oder überhaupt erst zu suchen. Algorithmen wie der Google-Suchalgorithmus gehören zur großen Gruppe der Empfehlungsalgorithmen, die versuchen, Nutzern und Nutzerinnen Inhalte oder Produkte zu empfehlen, indem sie analysieren, wie andere Menschen bisher auf diese Inhalte reagiert haben. Die dabei gefundenen Muster werden zur Vorhersage genutzt, was Nutzer:innen gut gefallen könnte. Nach dieser Art sortieren sich der News Feed bei Facebook, die Timeline bei Twitter, die automatische Playlist bei YouTube und die Reihenfolge der Nachrichten im Nachrichtenfeed. Die Muster beeinflussen sogar, wer wem als möglicher neuer Kontakt empfohlen wird – und all das könnte, zusammen mit der begrenzten menschlichen Aufmerksamkeit sowie unserer Vorliebe für Themen, zu denen wir schon eine Meinung haben, dazu führen, dass wir manipulierbar werden.

Zu diesem Themenkomplex gab es in den letzten Jahren viele Diskussionen, erste Erklärungsversuche und wenig Fakten. Klar ist aber, dass die diskutierten Phänomene von „Filterblase" über „Fake News" zu „digitaler Wahlmanipulation" nur verständlich sind, wenn man sowohl die sozialen Akteure als auch die Software an sich in den Blick nimmt. Ein typisches Beispiel für solche Interaktionen zwischen Mensch und Maschine sind die Vorschläge bei der Suchvervollständigung: Kaum fängt man an zu tippen, schon schlägt einem die Suchmaschine ein paar mögliche Suchanfragen vor. Dabei ist nicht völlig transparent, nach welchen Kriterien die möglichen Vervollständigungen gewählt werden – die Popularität der Anfrage in letzter Zeit spielt aber auf jeden Fall eine Rolle. Und so wird die Suchanfrage nach „Merkel ist" am 18.5.2019 unter anderem vervollständigt zu „schuld am Brexit“ und „politisch am Ende“. Und selbst wenn man eigentlich etwas anderes gesucht hat, macht diese Information etwas mit dem Suchenden: „Denken das wirklich so viele? Ist das wahr?“ Hier kommunizieren also Suchende vermittelt über den Algorithmus mit anderen Suchenden – wobei unklar ist, wie genau das algorithmische Ergebnis interpretiert werden darf. Wenn sich nun ein Suchender durch die Vervollständigung dazu verleiten lässt, etwas zu suchen, was er eigentlich gar nicht suchen wollte, wird der Algorithmus das als weitere Interessensbekundung zählen. Damit wird ein positiver Feedbackzyklus initiiert, den der Algorithmus unter Umständen selbst erzeugt hat.

Die Sozioinformatik versteht die Interaktionen zwischen Mensch und Software und die durch Software vermittelten Interaktionen zwischen Menschen als komplexes System. Der Begriff **komplexes System** ist in der statistischen Physik entstanden und führte in den 1980er-Jahren zu einiger Aktivität als **Complex Systems Science**. Diese „Komplexitätswissenschaft“ beschäftigt sich insbesondere mit sogenannten **emergenten Phänomenen**, das sind solche, die nur durch die Interaktion der Systemteile verständlich sind – genau wie im obigen Beispiel der Suchvervollständigung. Die in der Complex Systems Science entwickelten Konzepte und Modelle werden in Deutschland nur wenig diskutiert und werden nicht zur Erklärung von gesellschaftlichen Phänomenen verwendet. In der Informatik wird es aber nun völlig unverzichtbar, diese Perspektive einzunehmen. Es bedarf daher aus unserer Sicht einer neuen Generation von Büchern zum Thema „Informatik und Gesellschaft“, da durch das Internet plötzlich deutlich größere soziale Gruppen miteinander interagieren und es dadurch zu komplexen Phänomenen kommt. Die dabei entstehenden soziotechnischen Systeme – oder eben genauer: Die dabei entstehenden **sozioinformatischen Systeme** – müssen in ihrer Gesamtheit modelliert und analysiert werden, um ihr zukünftiges Verhalten vorherzusagen und – wo möglich – zu steuern. Dies ist insbesondere dort wichtig, wo Software von menschlichem Verhalten lernen soll.

Wir sind nicht die Ersten, die eine solche sozioinformatische Gesamtanalyse fordern. 2016 schrieben Kate Crawford und Ryan Calo in ihrem Artikel „There is a blind spot in AI Research“: „Alongside such efforts, designers and researchers from a range of disciplines need to conduct what we call social-systems analyses of AI. They need to assess the impact of technologies on their social, cultural and political settings“ [Crawford and Calo, 2016].

Warum ist das wirklich notwendig? Ein gutes Beispiel dafür ist die Reaktion von manchen Uber-Fahrern und -Fahrerinnen auf die dynamische, algorithmengesteuerte Preisgestaltung ihres Arbeitgebers: Sie verabreden sich beispielsweise dazu, sich gleichzeitig abzumelden – das verringert künstlich das Angebot und der Algorithmus erhöht den Fahrpreis. Das technische System – der implementierte Algorithmus und die Daten, die in ihn eingehen – setzt dabei einen Anreiz für die Fahrer:innen. Die Idee des Konzerns ist, dass damit in den Gegenden, wo gerade eine größere Zahl an Fahrer:innen benötigt wird, auch mehr von ihnen dazu motiviert werden, sich in ihr Auto zu setzen. Gleichzeitig setzt der Algorithmus aber eben auch den Anreiz dafür, das System auszutricksen und den Fahrpreis zu erhöhen, obwohl kein „echter“ Mehrbedarf da ist. Es handelt sich hier um einen sogenannten **perversen Anreiz**, der dazu führt, dass Menschen ihn für andere Zwecke nutzen als den gedachten. Man sieht schon an diesem kleinen Beispiel, dass ein Teil der heutigen algorithmischen Entscheidungssysteme das Zusammenleben im sozialen System beeinflussen. Für die Entwicklung und Evaluation diese Software ist es deshalb auch notwendig, zu verstehen, wie Menschen auf Anreize reagieren, wie sie mit dem algorithmischen System umgehen – sowohl bei der Eingabe als auch bei der Interpretation seiner Ausgabe.

In diesem Buch wollen wir aufzeigen, wie eine sozioinformatische Perspektive dazu führen kann, die digitalen Phänomene besser zu modellieren und zu analysieren. Das Lehrbuch ist entstanden aus der Vorlesung „Einführung in die Sozioinformatik", die Professorin Zweig seit Einrichtung des Studiengangs „Sozioinformatik" im Wintersemester 2013/14 hält. Tobias D. Krafft schrieb 2015 die erste Forschungsarbeit zur Methodenentwicklung in der Sozioinformatik im Rahmen seiner Bachelorarbeit mit dem Titel: „Vorstellung eines sozioinformatischen Analyseansatzes zur Technikfolgenabschätzung in Anlehnung an Vesters Sensitivitätsmodell am Beispiel des Unternehmens ‚Uber' als sozio-technisches System" [Krafft, 2015]. Basierend auf diesen Überlegungen haben wir die Methodik gemeinsam weiterentwickelt. Die Verankerung in der Technikfolgenabschätzung und die Zukunftsanalyse von Cyborgs haben sich in Diskussionen mit Enno Park ergeben, während das Bild an vielen Stellen gestrafft, ergänzt und abgerundet wurde durch Anita Klingel. Beide haben vor allen Dingen eine interdisziplinäre Perspektive hinzugefügt. Unschätzbar sind auch die Dienste von Frederik M. Stegner, der in mühsamer Kleinarbeit all unsere Beiträge vereinheitlicht und unzählige typografische Details korrigiert hat.

Das Buch behandelt den Stoff von ca. 10 Doppelstunden. Die Vorlesung selbst besteht aus Theorieteilen, die sich mit interaktiven, diskursiven Anteilen abwechseln. Diese Teile haben wir in Form von Übungsaufgaben im Buch abgebildet:

Im Buch finden sich immer wieder Textboxen, die eine oder mehrere Fragen zur Diskussion stellen. Diese Fragen entstammen unserem didaktischen Konzept, dass die Teilnehmer einer Vorlesung immer wieder Zeit benötigen, um sich selbst ein Urteil zu bilden oder ihr Gehirn auf die folgenden Informationen vorzubereiten. Es lohnt sich daher, die Fragen auch dann zu beantworten, wenn Sie das Buch für sich alleine lesen. Wir empfehlen in einer Vorlesung, die Diskussion in kleinen Gruppe von nebeneinander sitzenden Studierenden führen zu lassen. Je nach Umfang der Fragen lassen wir den Studierenden dafür 3–10 Minuten Zeit. Die Ergebnisse werden im Plenum zusammengetragen und an der Tafel dokumentiert. In jeder 90-minütigen Doppelstunde planen wir insgesamt etwa 30 Minuten Zeit für solche Diskussionen und die Sammlung der Ergebnisse ein. ■

Wir würden uns freuen, von Ihren Erfahrungen mit diesem didaktischen Konzept zu hören (**zweig@cs.uni-kl.de**).

Wir beginnen das Buch mit einem kleinen Beispiel, das aufweist, inwiefern es beim Einsatz von Software zu etwas kommen kann, das wir als **emergentes Phänomen** bezeichnen, nämlich solche Verhaltensweisen, die erst durch Interaktion verschiedener Personen und Hard- oder Software zustande kommen. Diese Phänomene nennen wir **sozioinformatische Phänomene**. Buchteil I dient dann vor allen Dingen der Begriffsklärung und stellt verschiedene Konzepte vor, deren Kenntnis im weiteren Verlauf des Buches notwendig ist. Buchteil II stellt zwei verschiedene Methoden der sozioinformatischen Analyse vor, die einmal der Technikfolgenanalyse und einmal der Technikfolgenabschätzung beim Einsatz von Hard- und Software dient. Buchteil III stellt eine Reihe von sozioinformatischen Phänomenen vor, die sich in verschiedenen Varianten darstellen. Daraus lassen sich generische Phänomene ableiten, deren Kenntnis dabei helfen kann, unerwünschte Technikfolgen möglichst schon während der Entwicklung von Software vorherzusehen und somit abzuschwächen oder abzuwenden. Im letzten Buchteil, Buchteil IV, schauen wir in die Zukunft: Wie wird es uns ergehen, als zukünftige Cyborgs? Dieser Buchteil wird durch weitere Forschungsfragen im Bereich der Sozioinformatik ergänzt.

Nicht nur Technik wirkt sich unmittelbar auf Gesellschaft aus – auch Sprache hat diesen Effekt. Das lässt sich auch in Studien nachweisen [Stahlberg and Sczesny, 2001]. Daher haben wir uns in diesem Buch bewusst darum bemüht, Männer* und Frauen* gleichermaßen anzusprechen. ■

Alle Themen im Buch betreffen regelmäßig die verschiedensten Wissenschaftsfelder: Von der Soziologe über die Rechts-, Politik- und Wirtschaftswissenschaften bis hin zur Psychologie und Philosophie. Wir konnten diese nur streifen und hoffen daher, dass die vorgelegten Methoden und Überlegungen in allen beteiligten Disziplinen auf fruchtbaren Boden stoßen. Die von uns beschriebenen Beispiele zeigen, wie oft Entwickler:innen bei der Gestaltung von Hard- und Software Entscheidungen treffen, die besser geworden wären, wenn sie gemeinsam mit Vertretern und Vertreterinnen der oben genannten Wissenschaftsfelder und mit Bürgerinnen und Bürgern getroffen worden wären. Zu einer solchen gemeinsamen Gestaltung der digitalen Transformation möchten wir mit dem vorliegenden Buch beitragen.

Kaiserslautern, Stuttgart & Berlin, 10.03.2021

Katharina A. Zweig, Tobias D. Krafft, Anita Klingel und Enno Park

1 Warum Sozioinformatik – und warum jetzt?

Dass die Digitalisierung immer stärker in unsere Leben eingreift, ist schon kaum mehr als eine Platitüde. Wenn es aber um die Frage geht, welche Auswirkungen bei dem Einsatz eines neuen Software- oder Hardwareprodukts zu erwarten sind, fällt es den meisten doch schwer, eine detaillierte Technikfolgenabschätzung abzugeben, die klar macht, wo und wie sehr die Digitalisierung in unseren Leben Veränderungen auslösen wird. Die letzten Jahre haben stattdessen gezeigt, dass die Nutzer:innen, Regierungen, die Gesellschaft als Ganzes immer wieder überrascht werden von positiven wie negativen Nebenwirkungen von, beispielsweise, neuartigen digitalen Geschäftsmodellen, den Möglichkeiten von 3D-Druck z. B. für die Herstellung günstiger Prothesen, aber auch illegaler Waffen oder den neuen Manipulationsmöglichkeiten in der virtuellen Welt. In diesem Buch geht es um die Frage danach, ob und wie eine solche Technikfolgenabschätzung strukturiert durchgeführt werden kann. Auf den ersten Blick scheint es kaum möglich zu sein, bei solch breiten Anwendungsszenarien der Digitalisierung überhaupt einen Blick in die Glaskugel werfen zu können.Wir präsentieren hier eine Methode, die zeigt, dass eine strukturierte Analyse der Anreize für menschliches Verhalten, die durch den Einsatz einer Software verändert werden, es ermöglicht, einige Reaktionen von Menschen auf diesen Einsatz zu modellieren, zu analysieren und teilweise auch vorherzusagen. Und dazu betrachten wir als erstes Beispiel Software, die insbesondere in den USA und anderen englischsprachigen Ländern verwendet werden, um Essays von Schülerinnen und Schülern oder Studierenden zu bewerten.

1.1 Automatische Essaybewertung – die Zukunft objektiver und effizienter Benotung von Prüfungsleistungen?

Insbesondere im amerikanischen Bildungssystem spielen Essays als Prüfungsleistung eine große Rolle. Kaum ein Aufnahmetest an einer Hochschule kommt ohne sie aus, und auch in Studiengängen an deutschsprachigen Universitäten sind Aufsätze und Referate gängige Prüfungsformate. Das Problem daran: Solche Texte inhaltlich zu bewerten ist arbeitsintensiv und letzten Endes gibt es stets eine subjektive Komponente: Anders als beispielsweise Multiple-Choice-Tests gibt es bei Essays und akademischen Texten neben den faktischen Anteilen immer Komponenten, bei denen sich die Geschmäcker unterscheiden. Entsprechend müssen Anbieter solcher Prüfungen viel Zeit und Geld in qualifizierte Kräfte investieren, die Tausende von Essays korrigieren und bewerten. Insbesondere bei Tests wie dem *Graduate Record Examination* (GRE) oder dem *Test of English as a Foreign Language* (TOEFL), die in den USA häufig auch über Universitätszulassungen entscheiden, müssen die Noten zudem so objektiv und vergleichbar wie möglich vergeben werden, um Klagen zu vermeiden.

Ohne Frage hätte also eine automatische Bewertung von Essays, so sie denn möglich wäre, mindestens zwei Vorteile:

1. **Effizienz**: Sie wäre schneller und auf Dauer deutlich günstiger als menschliche Bewertungen.
2. **Fairness**: Sie würde alle Texte auf exakt dieselbe Art und Weise behandeln, wäre somit konsistent und würde daher – so die gängige Schlussfolgerung – niemanden bevorzugen.

Basierend auf dieser Argumentation ist es nachvollziehbar, dass der Bildungssektor seit Jahrzehnten darauf hofft, dass Algorithmen diese Arbeit eines Tages übernehmen können. Seit mehr als zwanzig Jahren werden immer wieder Patente angemeldet und wissenschaftliche Studien veröffentlicht, die genau dies versprechen (so bspw. [Burstein et al., 1998, Cahill et al., 2018]). Zusammengefasst wird die Diskussion um Potenzial und Grenzen solcher Systeme unter dem Schlagwort „Automated Essay Scoring". Sie alle nutzen einen Bewertungsalgorithmus, der den digitalisierten Text auf Basis vorher festgelegter Kriterien überprüft und daraus eine Bewertung ableitet.

Übungsaufgabe 1:

Diskutieren Sie, welche Auswirkungen es haben könnte, wenn überall dort, wo Essays verlangt werden, diese von Computern bewertet würden. Welche Chancen und Vorteile würden sich ergeben? Sehen Sie Nachteile oder Risiken? Was könnte auf lange Sicht geschehen? ■

Um diese Fragen beantworten zu können, ist es sinnvoll, sich den Gesamtprozess anzusehen, in dem automatische Essaybewertungssysteme eingesetzt werden: Zunächst erhalten Lernende die Aufgabe, einen Essay zu einem vorgegebenen Thema mit einer vorgegebenen Wortzahl zu schreiben und einzureichen. Insbesondere in Tests wie den beiden oben genannten oder bei den Aufnahmeprozessen der großen Elite-Universitäten sind dabei die Aufgaben stark standardisiert und die erwartete Textstruktur klar vorgegeben. Bei einer Aufgabe, in der ein kontroverses Argument diskutiert werden sollen, würde eine Einleitung erwartet werden, Argumente für Pro und Contra, eine dialektische Synthese der Argumente und eine zusammenfassende Schlussfolgerung. Zudem sind meistens klare Grenzen für die minimale und maximale Wortzahl angegeben. Wird der Essay von menschlichen Gutachter:innen bewertet, dann sind dies in den meisten Fällen nicht die Lehrpersonen, sondern extra für die Bewertung geschultes Fachpersonal, das die Kandidat:innen nicht kennt: Die Gutachter:innen werden insbesondere angewiesen, neben der sprachlichen Korrektheit die Argumentationsstruktur und die Form des Textes zu bewerten. Fakten werden auf ihre inhaltliche Korrektheit dagegen nicht überprüft [Anson and Perelman, 2017]. Die starke Strukturierung der Aufgabe und des Essays kommt dabei auch der Bewertung durch eine

Software entgegen. Das Problem bei den automatische Essaybewertungssystemen ist aber, dass sie an die Grenzen dessen stoßen, wie Maschinen Informationen verarbeiten können. Wie alle Informatiker:innen wissen, müssen Informationen hierzu digitalisiert werden, also in Zahlenform erfassbar sein. Einige Aspekte eines Essays lassen sich dabei leichter digitalisieren als andere: So kann die Textlänge leicht als Anzahl der Zeichen oder Wörter bestimmt werden. Ob der Text allerdings auch überzeugend ist, ja sogar, ob er einfach nur faktisch korrekt ist, kann ein Computer nicht bewerten, auch nicht mit Methoden der sogenannten künstlichen Intelligenz.

Aber vielleicht muss der Computer das auch gar nicht können, solange er nur möglichst viele Texte mit möglichst genau derselben Note bewertet, wie es menschliche Gutachter:innen täten. Stattdessen nutzen daher automatische Essaybewertungssysteme leicht quantifizierbare Eigenschaften des Textes, sogenannte „features", deren Werte mit den Bewertungen menschlicher Prüfer:innen korrelieren. Dazu gehört beispielsweise die Anzahl ungewöhnlicher Substantive oder die Länge einzelner Sätze. Beide korrelieren positiv mit der Höhe der von Menschen vergebenen Noten. Daneben suchen die Bewertungssysteme auch nach Stichwörtern, die anzeigen, dass hier Argumente gegeneinander abgewogen werden, wie „similarly", „additionally", oder „in contrast to this". Ob diese Abwägung inhaltlich konsistent ist, kann aber nicht automatisch bewertet werden. Tatsächlich ist eine solch mechanische Bewertung immer noch der Stand der Dinge. Das folgende Zitat stammt aus einem Review von Januar 2020:

> *Another major characteristic of (automatic essay grading, AES) algorithms is that length matters. [...] Mark D. Shermis, a strong advocate of AES, reported that he has run the Gettysburg Address, what Gary Wills (1992) has called "the words that remade America", through several early AES machines, and the 271 word document received only 2s and 3s (Bloom, 2012).*
> *The focus on length is a central element of e-rater's algorithm for calculating a holistic score. Development and organization are calculated simply by counting the number of discourse elements (the ETS term for paragraphs) in an essay and their average length (Attali & Burstein, 2006; Attali & Powers, 2008; Quinlan, Higgins, & Wolff, 2009). Criterion, the classroom adaptation of e-rater, flags any paragraph with fewer than four sentences.* [Perelman, 2020]

Ein solcher Ansatz funktioniert als Annäherung nur so lange gut, wie die Schreibenden die Art und Weise, wie sie einen solchen Text verfassen, nicht an die neuen Bedingungen anpassen. An zwei Enden werden die Defizite dieser Quantifizierung menschlichen Schreibens deutlich: Zum Einen würde ein solches automatische Essaybewertungssystem Schreibende schlecht bewerten, die es schaffen, originelle Gedanken und Argumente in kurze und einfache Sätze zu verpacken – obwohl das eine von uns Menschen hochgeschätzte und seltene Fähigkeit ist. Das oben zitierte Beispiel der Ansprache von Gettysburg zeigt das Problem deutlich. Zum anderen können Prüflinge und Dritte, die die Kriterien des angewendeten Systems einmal durchschaut haben, dieses leicht ausspielen: So erschuf beispielsweise der MIT-Wissenschaftler Les Perelman einen Algorithmus namens *Basic Automatic BS Essay Language Generator* (BABEL)[1], der zwar die vom System erwarteten Überprüfungskriterien berücksichtigt, inhaltlich aber völlig sinnbefreite Texte generiert. Die Abkürzung BS im Akronym BABEL steht daher zweifelsfrei für *bullshit*, für „völligen Unsinn".

[1] Der Generator ist hier online verfügbar: *https://babel-generator.herokuapp.com/*.

Die von BABEL generierten Texte erzielten anschließend beste Bewertungen in verschiedenen automatischen Essaybewertungssystemen, die heute flächendeckend in den USA verwendet werden. Obwohl diese Tests für die Aufnahme an begehrten Universitäten so ausschlaggebend sind, zeigen diese Ergebnisse klar, wie einfach es ist, die automatischen Essaybewertungssysteme auszutricken. In seinem Forbes-Artikel „No, Software Still Can't Grade Student Essays“ bringt Peter Greene genau diese Veränderung der Anreizstruktur für Prüflinge auf den Punkt:

> *The ultimate argument about Perelman's work with BABEL is that his submissions are "bad faith writing." That may be, but the use of robo-scoring is bad faith assessment. What does it even mean to tell a student, "You must make a good faith attempt to communicate ideas and arguments to a piece of software that will not understand any of them."* [Greene, 2020]

In der Folge entstand ein fast schon bizarres Wettrüsten, indem die verantwortliche Organisation hinter dem GRE-Test, die *Educational Testing Services* (ETS), wiederum einen Algorithmus konzipierte, um BABEL-Texte zu erkennen [Perelman, 2020]. Ob diese Mechanismen aber auch die auf die Software zielenden Manipulationen menschlicher Kandidat:innen erkennen können, ist unklar.

Solche Reaktionen und Gegenreaktionen sind typisch für **sozioinformatische Systeme**, also solche Systeme, die aus einem oder mehreren sozialen Systemen bestehen, die über eine Software miteinander interagieren. Software wie die beschriebenen automatischen Essaybewertungssysteme verändert dabei die Anreizstrukturen der beteiligten Personen und Institutionen: Für die Institutionen werden die Gutachten auf lange Sicht günstiger, die Kandidat:innen bemerken aber gleichzeitig, dass ein paar einfache Tricks ihnen zu besseren Noten verhelfen können. Damit wird die Bewertung weniger aussagekräftig und unter Umständen müssen die Universitäten als Nutzer der Bewertung dann wiederum mehr Aufwand in die Bewertung von Bewerbungsunterlagen stecken, um eine ertrickste Bestleistung zu identifizieren. Dieser gesamtgesellschaftliche Effekt kann auf den ersten Blick als überraschend eingestuft werden.

Tatsächlich sind die Reaktionen und Gegenreaktionen des sozialen Systems auf die Einführung eines Softwaresystems **aus der Perspektive der durch diesen Einsatz veränderten Anreizstrukturen** weniger überraschend. Eine Definition des Begriffs der Anreizstruktur findet sich in Abschnitt 4.6, grob verstehen wir darunter die Menge der Regeln und Prozesse in einem sozialen oder sozioinformatischen System, die bestimmen, welches menschliche Verhalten zu welchem Ergebnis beiträgt. In diesem Fall bietet der Einsatz der Software für die Verwender:innen unter anderem den Anreiz, Kosten für menschliche Gutachtachter:innen einzusparen, und setzt gleichzeitig den Kandidat:innen Anreize, möglichst lange Texte zu schreiben – mit möglichst vielen selten genutzten Wörtern.

1.2 Zusammenfassung

Dieses Beispiel illustriert anschaulich, was Gegenstand und Ziel der Sozioinformatik ist: Der Einsatz automatischer Essaybewertungssysteme verändert Anreizstrukturen für Lehrende und Lernende – diese Veränderung von Strukturen innerhalb eines gegebenen, sozioinformatischen Systems ist das Thema dieses Buches. Dabei funktioniert die angewendete Technik für einen spezifischen Teilbereich und unter festgelegten Bedingungen – außerhalb dieses Bereiches wird sie allerdings schnell dysfunktional und kann dann sogar gesamtgesellschaftliche Folgen haben. Das Beispiel zeigt auch, warum die Digitalisierung im Allgemeinen das Potenzial hat, so tief in unsere Leben einzugreifen: Software verändert durch eine Änderung der Anreizstrukturen oftmals die sozialen Strukturen der Systeme, in der sie eingesetzt wird. Diese Technikfolgen gilt es, möglichst früh in der Entwicklung und im Einsatz von Software zu erkennen und, wenn es sich um ungewollte Konsequenzen handelt, möglichst auch vorausschauend zu vermeiden. Das Ziel der Sozioinformatik liegt daher darin, die für die Technikfolgenabschätzung notwendigen Kausalketten zu modellieren, sie zu analysieren und dann dort, wo es möglich ist, eine fundierte Vorhersage zu machen, zu welchen Reaktionen und Gegenreaktionen es kommen könnte. In diesem Buch entwickeln wir hierfür eine strukturierte Methode der Technikfolgenabschätzung, in der psychologische, wirtschaftliche, informatische, ethische und soziologische Aspekte in eine Kausalketten- und Netzwerkanalyse eingebettet werden.

Dafür schaffen wir im folgenden Teil I die definitorischen und konzeptionellen Grundlagen, bevor wir uns in Teil II ausführlicher mit Zielen und Methoden der sozioinformatischen Analyse beschäftigen.

TEIL I

Grundlegende Definitionen

Die letzten Jahre haben gezeigt, dass durch die Interaktion von Mensch und digitalen Artefakten bereits bekannte soziale Phänomene wie beispielsweise die Verbreitung von Verschwörungstheorien beschleunigt und andere Phänomene, z. B. eine gemeinschaftlich geschriebene Enzyklopädie, überhaupt erst ermöglicht wurden. Ist es denkbar, die aus dieser Interaktion basierenden **Technikfolgen** abzuschätzen? In diesem Teil werden die dafür notwendigen definitorischen und konzeptionellen Grundlagen gelegt: Leitfragen sind dabei, was ein (sozioinformatisches) System ist, wie **Sozioinformatik** und **Technikfolgenabschätzung** zusammenhängen sowie welche psychologischen Erkenntnisse darüber hinaus hilfreich sein können.

2 Grundlagen aus anderen Disziplinen

Ziel der Sozioinformatik ist es, sozioinformatische Systeme möglichst früh auf potenziell aus ihr entstehende **emergente Phänomene** und deren Auswirkung hin zu analysieren. Um dieses Ziel zu erreichen, bedient sie sich einer Reihe von Ansätzen aus anderen Disziplinen. Wie wir in diesem Buch darlegen, ist ein vielversprechender Ansatz für eine solche Technikfolgenabschätzung eine Analyse der Verhaltensänderung von Personen, die durch die Software ausgelöst wird. Wir gehen dabei davon aus, dass der Einsatz der Software einige Verhaltensweisen belohnt und andere schwieriger macht oder bestraft. Ein Beispiel dafür ist eine digitale Kreditwürdigkeitsbewertung, die bestimmte Informationen über Bankkundinnen und Bankkunden positiv oder negativ berücksichtigt. Um die daraus erwachsenden Technikfolgen abzuschätzen, muss man daher verstehen, wie sich Menschen für eine bestimmte Handlung entscheiden.

Das folgende Kapitel gibt daher zum Einen einen kurzen Überblick über Geschichte und Methoden der Technikfolgenabschätzung, zum Anderen stellt es bisherige Modellansätze zu menschlichen Entscheidungsprozessen vor.

2.1 Technikfolgenabschätzung

Wir beginnen mit einer Reihe von Fragen. Wie schon in der Einleitung erwähnt, lohnt es sich auch für einzelne Leser:innen, diese Fragen für sich selbst zu beantworten, falls sie keine Lerngruppe für eine Diskussion haben.

Übungsaufgabe 2:

Diskutieren Sie die folgenden Fragen oder beantworten Sie diese für sich selbst:

1. Wie würden Sie Technik definieren?
2. Welches ist die älteste verwendete Technik, die Ihnen einfällt, und aus welcher Epoche stammt diese?
3. Nennen Sie fünf Beispiele von Technik, die gesellschaftlich unerwünschte Folgen hatte.
4. Kennen Sie Beispiele von Software, deren Verwendung gesellschaftlich unerwünschte Folgen hatte?

5. Sehen Sie für diese Beispiele einen Teil der Verantwortung bei den Softwareentwickler:innen?
6. Wer ist an Softwareentwicklung noch alles beteiligt?

■

Im nächsten Abschnitt legen wir zuerst die im Buch verwendete Definition von *Technik* und *Technikfolgenabschätzung* fest.

2.1.1 Definition und Ziele

Es gibt keine allgemeingültige Festlegung des Begriffs der Technik oder der Technikfolgenabschätzung [Grunwald, 2010, S. 14]. Wie bei den meisten komplexen Konzepten gibt es unstrittige Beispiele: So ist ein Computer sicher ein Stück „Technik", aber sind es die Programmiersprachen auch, die den Computer erst nutzbar machen?

Wir folgen in diesem Buch den Definitionen des *Verein Deutscher Ingenieure* (VDI) als Arbeitsgrundlage.

Definition 1: Technik

Technik [. . .] umfasst:

- *[. . .] die Menge der nutzenorientierten, künstlichen, gegenständlichen Gebilde (Artefakte oder Sachsysteme),*
- *die Menge menschlicher Handlungen und Einrichtungen, in denen Sachsysteme entstehen, und*
- *die Menge menschlicher Handlungen, in denen Sachsysteme verwendet werden.*

[VDI, 2000, S. 2]

■

Der erste Stein, den Urmenschen verwendet haben, um andere Steine zu bearbeiten, wäre demnach noch nicht Teil der Technik gewesen, weil er so benutzt worden ist, wie er natürlich aufgefunden wurde. Als Teil der „Technik" würde aber der bearbeitete Stein gelten. Zudem würde die Definition von Technik auch die Prozesse umfassen, mit denen Menschen Steine als Werkzeuge benutzten, um Produkte herzustellen, und alle Handlungen, in denen Menschen die bearbeiteten Steine dann weiterverwendeten. Ebenso wäre der Computer als klar erkennbares, künstliches und gegenständliches Gebilde Teil der Technik. Die Programmiersprachen wiederum sind ein Teil der menschlichen Handlungen, in denen Computer verwendet werden, und damit ebenfalls Teil der Technik nach dieser Definition.

Wir verwenden im Folgenden den Begriff *Technikfolgenabschätzung* synonym zum Begriff der *Technikbewertung*, wie ihn der Verein deutscher Ingenieure definiert hat:

Definition 2: Technikfolgenabschätzung

Technikbewertung bedeutet hier das planmäßige, systematische, organisierte Vorgehen, das

- *den Stand einer Technik und ihre Entwicklungsmöglichkeiten analysiert,*
- *unmittelbare und mittelbare technische, wirtschaftliche, gesundheitliche, ökologische, humane, soziale und andere Folgen dieser Technik und möglicher Alternativen abschätzt,*
- *aufgrund definierter Ziele und Werte diese Folgen beurteilt oder auch weitere wünschenswerte Entwicklungen fordert, [und]*
- *Handlungs- und Gestaltungsmöglichkeiten daraus herleitet und ausarbeitet, [...].*

[VDI, 2000, S. 2f]

■

In dieser Definition sind bereits verschiedene Ziele und Funktionen einer Technikfolgenabschätzung (TA) enthalten: So orientiert sich die Technikfolgenabschätzung stets an **extern** vorgegebenen Zielen und Werten, denen die untersuchte Technik entsprechen soll. Die Analyse der Folgen selbst kann sich dabei auf ein breites Spektrum von Aspekten beziehen – entsprechend bezieht die Technikfolgenabschätzung auch ihre Methoden und Expertise aus einer ganzen Reihe wissenschaftlicher Disziplinen, die im Folgenden beschrieben werden.

2.1.2 Formen

Wie die eigentliche Technikfolgenabschätzung konkret ausgestaltet wird, hängt von vielen Faktoren ab. Drei wichtige Dimensionen, die wir hier diskutieren wollen, können dazu genutzt werden, die diversen Ansätze zu kategorisieren:

1. Was ist die **Fragestellung**?
2. Wer ist der **Adressat** der Analyse?
3. Welche **Akteure** werden in den Prozess einbezogen?

Mit Blick auf die **Fragestellung** lassen sich zwei Formen unterscheiden:

Die *probleminduzierte Vorgehensweise*: Ein gegebenes Problem soll mit technischen Mitteln gelöst werden. Ein Beispiel hierfür wäre die Energieversorgung: Mit welcher Technik lässt sich der Energiebedarf ökonomisch und ökologisch bei geringstmöglichen Schäden decken? Eng damit verzahnt ist das Beispiel des menschengemachten Klimawandels: Wenn soziale und ökonomische Veränderungen herbeigeführt werden müssen, um die Erderwärmung zu stoppen oder wenigstens abzuschwächen, stellt sich die Frage, in welchem Ausmaß neue und vorhandene Techniken dabei helfen könnten – und zu welchem Preis.

Die Informatik geht sehr oft, vielleicht sogar meistens probleminduziert vor: Tatsächlich sind viele algorithmische Fragestellungen als Probleme definiert, wie beispielsweise das

„Kürzeste-Wege-Problem“ [Garey and Johnson, 1979]. Bisher weniger fundamental für die Informatik war dagegen eine Modellierung und Analyse der von ihr induzierten Technikfolgen.

Eine solche *technikinduzierte Vorgehensweise* stellt die zweite Form der Technikfolgenabschätzung dar: Hier wird eine neu erfundene Technik auf ihre Folgen hin untersucht. Diese Herangehensweise wird vor allem für Technikfolgenabschätzungen in Bereichen wie der Kernkraft, Gentechnik und Nanotechnologie verwendet. Die technikinduzierte Technikfolgenabschätzung für informatische Artefakte ist ein wichtiger Teil dieses Buches, um Technikfolgen des Einsatzes von Algorithmen, Big Data, künstlicher Intelligenz und Machine Learning zu antizipieren oder wenigstens im Nachhinein erklärbar zu machen.

Mit Blick auf den **Adressaten** einer Technikfolgenabschätzung gibt es grundsätzlich drei unterschiedliche Formen:

Die häufigste Form der Technikfolgenabschätzung ist die der *parlamentarischen Technikfolgenabschätzung*. Hierbei sollen politische Entscheider:innen dazu befähigt werden, Chancen und Risiken einer bestimmten Technik zu bewerten und letztere entsprechend regulativ einzuhegen.

Bei der *ökonomischen Technikfolgenabschätzung* will eine Organisation – häufig diejenige, die die Technik entwickelt – deren Potenzial abschätzen. Hier liegt der Schwerpunkt oft eher auf wirtschaftlichen Kriterien wie Marktreife, Wachstumspotenzial oder einer Kosten-Nutzen-Analyse.

Die *wissenschaftliche Technikfolgenabschätzung* schließlich zielt darauf ab, Experten und Expertinnen zu einer adäquaten Einschätzung neuer Techniken zu befähigen, sie auf einen gemeinsamen Stand zu bringen oder den wissenschaftlichen Diskurs über eine bestimmte Technik voranzutreiben.

Solche Technikfolgenabschätzungen können auch eine gesellschaftliche Debatte anstoßen oder vorantreiben, was sich am Beispiel der aktuellen Diskussion um **Künstliche Intelligenz** in allen drei Formen gut beobachten lässt: Die parlamentarische Technikfolgenabschätzung wurde durch den Einsatz verschiedener Expertenbefragungen beispielsweise für die Erstellung des Strategiepapiers „Künstliche Intelligenz“ der Bundesregierung [Bundesregierung, 2018], des Einsatz der Datenethikkommission [DEK, 2019] und der Enquete-Kommission umgesetzt [Deutscher Bundestag, 2020a]. Eine ökonomische Technikfolgenabschätzung erfolgt im Rahmen der Forschung und Entwicklung bei an der Entwicklung beteiligten, großen Unternehmen wie Google [Google, 2020]. Wissenschaftliche Technikfolgenabschätzung schließlich erfolgt an Universitäten und Instituten wie dem Deutschen Forschungszentrum für Künstliche Intelligenz (DFKI). Alle diese Formen von Technikfolgenabschätzung treiben die gesamtgesellschaftliche Debatte an, welcher Einsatz von Künstlicher Intelligenz notwendig und geboten ist, und welcher Einsatz als gesellschaftlich nicht wünschenswert gilt.

Zuletzt können auch mit Blick auf die Einbindung unterschiedlicher **Akteure** verschiedene Formen der Technikfolgenabschätzung unterschieden werden (siehe Abbildung 2.1):

Am größten ist dieser Kreis bei der *diskursiven* oder auch *argumentativen Technikfolgenabschätzung*. Hier wird eine breite öffentliche Debatte unter Einbeziehung von z. B. Befürworter:innen, Kritiker:innen, Stakeholdern und Betroffenen analysiert. Geringer fällt die Zahl der Beteiligten bei der *partizipativen Technikfolgenabschätzung* aus. In diesem Fall werden lediglich Repräsentantinnen und Repräsentanten verschiedener Bevölkerungsgruppen hinzugezogen, deren Perspektiven als relevant für die zu untersuchende Fragestellung angesehen wird. Dies können Betroffenenverbände, Nicht-Regierungs-Organisationen (NGOs), Bürgerinitiativen und ähnliche Gruppen sein. Am kleinsten ist der Kreis bei einer *Experten-Technikfolgenabschätzung*: Hier äußern sich Wissenschaftler:innen und Fachleute in Form von Gutachten, Stellungnahmen und Interviews zu einer Fragestellung. Ist die Entwicklung einer technischen Neuerung fortgeschritten oder befindet sich die Technik bereits auf dem Markt, bietet sich eine *konstruktive Technikfolgenabschätzung* an. Dazu werden die Entwickler:innen, die konkret an der Umsetzung der zu untersuchenden Technik arbeiten, in den Kreis der Befragten aufgenommen. Diese Vorgehensweise eröffnet auch die Chance, dass die Ergebnisse der Technikfolgenabschätzung direkt in die weitere Entwicklung der Technik einfließen können [Grunwald, 2010, S. 99].

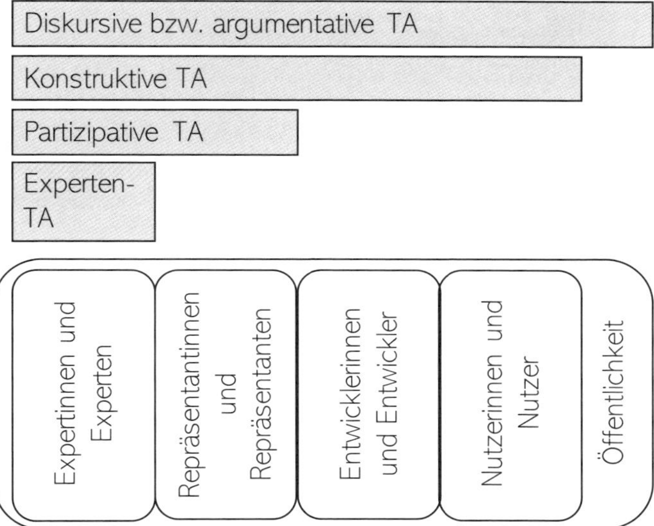

Abbildung 2.1 Teilnehmende Gruppen in den verschiedenen Technikfolgenabschätzungen

All diese Formen schließen sich keineswegs gegenseitig aus, sondern können vielmehr passend zur Fragestellung in den verschiedenen Phasen einer Technikfolgenabschätzung miteinander kombiniert werden.

2.1.3 Phasen und Methoden

Der Prozess der Technikfolgenabschätzung muss sich grundsätzlich flexibel an das Objekt seiner Untersuchung anpassen können. Dennoch haben sich in der Praxis bestimmte Phasen und Methoden herauskristallisiert, die im Folgenden vorgestellt werden.

Phasen Der Prozess der Technikfolgenabschätzung durchläuft nach Grunwald [Grunwald, 2010, S. 121] drei Phasen: Am Anfang stehen die Zieldefinition, die Beschreibung des konkreten Problems bzw. der zu untersuchenden Technik sowie methodische Festlegungen. An sie schließt sich die eigentliche Abschätzung an, die aus einer Beschreibung der zu erwartenden Nebeneffekte, der von diesen betroffenen Gruppen oder Personen sowie einer Prognose der weiteren Entwicklung der Technik besteht. In der folgenden Bewertung sind auf Basis der getroffenen Abschätzung Chancen und Risiken der Technik zu ermitteln und zu bewerten, sowie Handlungsempfehlungen abzuleiten. In Abbildung 2.2 ist dieser Prozess visualisiert und die jeweils beteiligten Personengruppen aufgeführt.

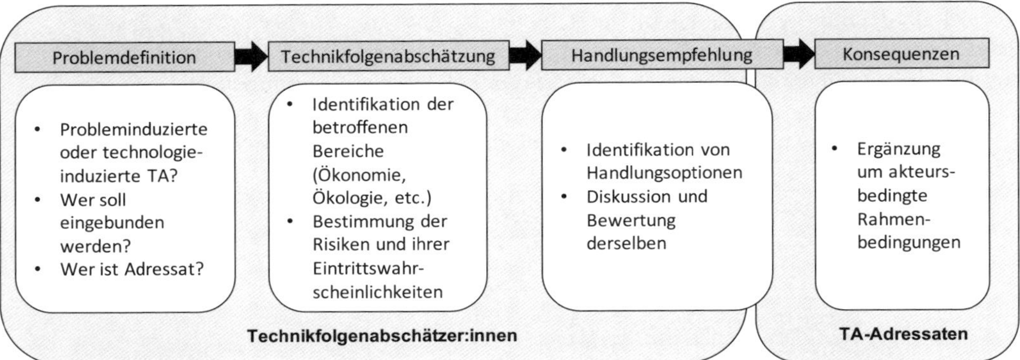

Abbildung 2.2 Phasen der Technikfolgenabschätzung mit jeweils verantwortlicher Personengruppe

Methoden In jeder dieser Phasen können unterschiedliche Methoden zum Einsatz kommen: Um *Prognosen* über die Folgen einer Technik aufstellen zu können, bedient sich die Technikfolgenabschätzung sowohl qualitativer als auch quantitativer prognostischer Verfahren. Bei der *Trendextrapolation* werden beispielsweise bestehende Entwicklungen in die Zukunft fortgeschrieben [Grunwald, 2010, S. 178]. Insbesondere identifiziert man dafür Messgrößen, die sogenannten *Systemvariablen*, und versucht deren kausale Abhängigkeiten voneinander in sogenannten *Wirkungsgefügen* zu beschreiben.

Definition 3: Wirkungsgefüge

Ein Wirkungsgefüge ist ein allgemeiner Begriff für einfache visuelle Modelle, die darstellen, wie bestimmte Messgrößen (die Systemvariablen) voneinander abhängen. Man kann sie nutzen, um abzuschätzen, welche Konsequenzen die Veränderung des Wertes einer bestimmten Variable haben könnte. ■

Wir folgen hier der informellen Definition von Kausalität, die Pearl , Glymour, and Jewell in ihrem Lehrbuch „Causal Inference in Statistics“ anbieten: „A variable X is a *cause* of a variable Y if Y in any way relies on X for its value“ [Pearl et al., 2016].[1]

1 Formaler definieren Pearl, Glymour und Jewell eine Menge $\mathscr{F}$ von Funktionen, in der eine Funktion für jede Variable X enthalten ist. Die Funktion $f(X)$ der Variable X weist ihr ihren Wert in Abhängigkeit von den Werten anderer Variablen zu. Wenn der Wert von Variable Y in irgendeiner Form in die Funktion von Variable X einfließt, ist Y nach dieser Definition kausal für den Wert von X.

Wo eine quantitative Prognose aus einem solchen Modell heraus möglich ist, kann sie in *Simulationen* umgesetzt werden. Diese kennt man beispielsweise aus der Berechnung der Erderwärmung im Rahmen der Diskussion um den menschengemachten Klimawandel.

Wo quantitative Prognosen aufgrund unsicherer Datenlage oder nicht bezifferbarer Auswirkungen unmöglich sind, werden *Szenarien* aufgestellt. Eine systematische Methode, Expertenwissen für solche Szenarien zu erheben, ist die *Delphi-Expertenumfrage* [Grunwald, 2010, S. 184]. Hierbei wird eine Reihe von Expert:innen gebeten, die Chancen und Risiken bestimmter technischer Entwicklungen sowie den Zeitpunkt von Marktreife bzw. -durchdringung einzuschätzen. Die so gewonnenen Daten werden statistisch ausgewertet und in einer weiteren Runde den zuvor bereits befragten Expert:innen zur Stellungnahme zurückgegeben. Auf diese Weise lässt sich auch analysieren, ob Experten und Expertinnen eine Technik eher einheitlich oder kontrovers bewerten und wo im letzteren Fall die Unterschiede liegen.

Eine Analyse der Diskussion(en) um den Einsatz einer bestimmten Technik kann ebenfalls wertvolle Hinweise zu möglichen Lösungen und Kompromissen liefern. Hierzu stehen verschiedene Verfahren zur Verfügung: Um (Fach-)Debatten auf ihre wesentlichen Argumentationslinien zu untersuchen, kann eine *Medienanalyse* durchgeführt werden. Eine darüber hinausgehende *Diskursanalyse* dagegen ermöglicht es, Strukturen der laufenden Meinungsbildung sowie Ziele einzelner Teilgruppen zu erkennen [Grunwald, 2010, S.185].

Wie jede Methoden so haben auch diese und somit die Technikfolgenabschätzung generell Grenzen, die es zu beachten gilt.

2.1.4 Grenzen

In der Praxis gibt es eine Reihe von Faktoren, die eine sinnvolle Technikfolgenabschätzung erschweren. Diese können in der zu untersuchenden Technik selbst begründet liegen, im Prozess der Technikfolgenabschätzung oder in den Rahmenbedingungen, unter denen die Technikfolgenabschätzung durchgeführt wird.

Im ersten Fall kann die Technik selbst sich so schnell wandeln, dass eine einmal durchgeführte Technikfolgenabschätzung bis zum Zeitpunkt ihrer Umsetzung schon nicht mehr alle neuen Faktoren berücksichtigt [Grunwald, 2010, S. 300]. Ein weiteres, immer öfter vorgebrachtes Problem ist, dass die Technik selbst für ihre Untersuchenden nicht mehr transparent ist. Dies trifft beispielsweise auf einige Machine-Learning-Verfahren zu, bei denen selbst die Entwickler:innen nicht sicher sagen können, nach welchen Kriterien das System entscheidet. Man spricht hier auch von einer „Black Box".

Im zweiten Fall sind die gewählten Methoden, beteiligten Akteure oder betrachteten Auswirkungen unpassend gewählt und beeinträchtigen so das Gesamtergebnis. Diese Fehlsetzungen sind häufig keine Absicht, sondern das Ergebnis mangelnder Ressourcen oder Informationen bzw. übermäßiger Komplexität. Ein weiteres Problem in dieser Kategorie ist epistemologischer[2] Natur und wird unter dem Stichwort *Known Unknowns* diskutiert. Nicholas Taleb unterscheidet in seinem Buch *Der Schwarze Schwan* vier Arten von Wissen:

[2] Die *Epistemologie* beschreibt die Fragen danach, wie Wissen durch den Menschen erlangt werden kann, und wann man sich seines Wissens sicher sein kann.

Bekanntes Wissen, Unbekanntes Wissen, Bekanntes Unwissen und Unbekanntes Unwissen. Diese vier Kategorien können gut am Beispiel einer Reise illustriert werden: Das Ziel ist bekanntes Wissen, beispielsweise: Bukarest. Die Sprache wäre bekanntes Unwissen – die Reisende weiß, dass sie kein Rumänisch spricht. Unbekanntes Wissen wäre die Tatsache, dass Französisch und Rumänisch sich sehr ähnlich sind und unsere Reisende sich daher gut verständigen können wird. Unbekanntes Unwissen dagegen ist das pandemiebedingt kurzfristig ausgesprochene Reiseverbot – unsere Reisende konnte das gar nicht im Voraus wissen. Auf die Technikfolgenabschätzung übertragen können auch Technikfolgenabschätzer:innen nur *bekanntes* Wissen und Unwissen berücksichtigen. Die sog. „Unknown Unknowns" bleiben auch in der sorgfältigsten Technikfolgenabschätzung unberücksichtigt. Das Bewusstsein für diesen „blinden Fleck" wird insbesondere mit Blick auf emergente Phänomene (siehe Definition 9 auf S. 63) in der Sozioinformatik (siehe Abschnitt 4.1) relevant werden.

Im dritten Fall schließlich können zu enge Zeitvorgaben, aber auch vordefinierte Ergebnisse (bspw. durch politisch motivierte Akteure) dazu führen, dass eine Technikfolgenabschätzung nicht adäquat oder ergebnisoffen durchgeführt werden kann.

An dieser Stelle schlagen wir Ihnen vor, sich gedanklich in eine Zeit zu versetzen, in der das Automobil gerade erfunden worden war. Was waren wohl die Aspekte, die diskutiert worden sind, und welche Technikfolgen, die wir heute klar sehen, sind wohl nicht bedacht worden?

Übungsaufgabe 3:

Stellen Sie sich vor, Sie hätten im August 1888 morgens die Zeitung gelesen und dabei erfahren, dass Bertha Benz mit einem Automobil die erste Fernfahrt unternommen hat. Welche Folgen hätten Sie am Frühstückstisch mit Ihrer Familie diskutiert, welche heute sichtbaren Folgen hätten Sie vermutlich nicht diskutiert? ■

Abbildung 2.3 Das erste Elektrofahrzeug von Gustave Trouvé (1881); (Quelle: Jacques Cattelin, CC-BY-SA 4.0)

Als Ende des 19. Jahrhunderts das Automobil erfunden wurde, hatten allenfalls Visionäre eine vage Vorstellung davon, welche Umwälzungen es mit sich bringen würde. Sicherlich war schnell absehbar, dass das Auto den Transport von großen und sperrigen Waren verändern würde, und dass die Pferdekutscher möglichst schnell im wahrsten Sinne des Wortes „umsatteln" sollten. Eine vollständige Technikfolgen-Abschätzung des Jahres 1900 hätte aber auch den Bedarf nach guten Straßen, Parkplätzen und Infrastruktur mit entsprechendem Flächenverbrauch prognostizieren müssen. Desweiteren hätte sie die ökonomische Bedeutung der Automobilindustrie, die Einführung des Führerscheins oder die Idee der autogerechten Stadt, das Aufkommen von Pannendiensten wie dem ADAC, aber auch dasjenige von Verkehrstoten und Umweltschäden vorhersagen müssen. Der Treibhauseffekt war bereits im 19. Jahrhundert bekannt und es existierten erste Theorien, wonach der Kohlenstoffdioxid-Gehalt in der Atmosphäre Einfluss auf das Klima nimmt. Hätte eine Technikfolgen-Abschätzung diese Theorien kennen und entsprechend berücksichtigen können?

Selbst wenn eine damalige Technikfolgenabschätzung grundsätzlich von der Prämisse ausgegangen wäre, dass sich das Automobil durchsetzt und zwar überwiegend in Form des Individualverkehrs, hätten trotzdem alternative Entwicklungspfade berücksichtigt werden müssen. Als Carl Benz 1885 das erste Automobil mit Verbrennungsmotor konstruierte, war längere Zeit nicht klar, ob es beim Verbrennungsmotor bleiben würde. Denn nur drei Jahre später entwickelte die Coburger Maschinenfabrik A. Flocken den ersten elektrisch betriebenen Personenkraftwagen zur Marktreife (nachdem Gustave Trouvé 1881 noch vor Benz das erste Elektrofahrzeug überhaupt entwickelt hatte, vgl. Abbildung 2.3). In den USA erlebte das elektrische Automobil eine kurze Blütezeit: Im Jahr 1900 waren über ein Drittel der in den USA verkauften Automobile elektrisch; noch etwas größer war sogar der Anteil von dampfbetriebenen Autos. Bereits 5 Jahre später hatte sich der benzingetriebene Wagen durchgesetzt und machte über 85 % der Verkäufe aus [Geels, 2005].

Auch die weiteren, externen Folgen des Automobilverkehrs waren nur schwer zu antizipieren: Benzin war 1888 nur in Apotheken erhältlich und reichlich vorhanden. Was der immens steigende Benzinbedarf mit ölreichen Staaten und damit dem weltwirtschaftlichen Gleichgewicht machen würde, wäre zwar ein „Unknown Known" gewesen – man hätte es vorher sagen können – aber kaum jemand hatte den rasanten Anstieg von Automobilen vorausgesehen. Autos waren extrem teure Luxusprodukte; erst Henry Ford sollte dies mit der Fließbandproduktion ändern. Der regulative Rahmen wie Straßenverkehrsordnung, Ampelsysteme, Sitzgurte, Kindersitze, vorgeschriebene Crashtests und Abgasnormen ... alles das entwickelte sich erst mit der Omnipräsenz des Automobils und dem daraus erwachsenen regulativen Druck.

Selbst aus heutiger Sicht lässt sich die weitere Entwicklung nicht einfach extrapolieren: Einige Hersteller verfolgen weiterhin Brennstoffzellen auf Wasserstoff-Basis, deren Marktreife aktuell ähnlich unwahrscheinlich erscheint wie zuvor die batterieelektrischer Fahrzeuge. Zum anderen wird gesellschaftlich debattiert, ob das Konzept des Individualverkehrs wie bisher aufrecht erhalten werden kann und nicht stattdessen die Attraktivität des öffentlichen Nahverkehrs und die Fahrradinfrastruktur verbessert werden sollte, um das Automobilverkehrsaufkommen vor allem in Städten zu reduzieren. Das potenzielle Aufkommen autonomer Fahrzeuge wiederum könnte die Art, wie Mobilität organisiert wird, grundlegend ändern. Und immer stehen neue, heute nicht absehbare Erfindungen als „Known Unknowns" im Raum, etwa unabsehbare Fortschritte bei der Entwicklung von Solarzellen, die solarbetriebene Fahrzeuge mit Sonnenkollektoren auf dem Dach ermöglichen könnten, sowie „Unknown Unknowns", welche im Jahr 2021 schlicht nicht zu erahnen sind. ■

Eine weitere Herausforderung für die Technikfolgenabschätzung ergibt sich bei der Frage nach dem besten Zeitpunkt für ihre Durchführung: Das Grundprinzip der Effizienz gebietet, sie so selten wie möglich und so oft wie nötig umzusetzen. Dieses theoretisch leicht definierte Fenster stellt Technikfolgenabschätzer:innen aber vor praktische Herausforderungen: Warum es sowohl zu einem frühen Zeitpunkt als auch zu einem späten Zeitpunkt zu Problemen kommen kann, fasst das sogenannte *Collingridge-Dilemma* zusammen, das im nächsten Abschnitt kurz vorgestellt wird.

2.1.5 Das Collingridge-Dilemma

Idealerweise findet eine Technikfolgenabschätzung statt, bevor die entsprechende Technik auf den Markt gebracht oder weiterentwickelt wird. In der Praxis ist dies jedoch eher die Ausnahme, da viele Entwicklungen zu schnell passieren oder zunächst in ihren Konsequenzen falsch eingestuft werden, sodass eine Technikfolgenabschätzung nicht erforderlich erscheint. Dabei steckt die Technikfolgenabschätzung in einer Art Zwickmühle: Je neuer und unbekannter eine Technik ist, desto schwieriger ist es, die Folgen ihrer Einführung einigermaßen sicher zu kalkulieren. Ist eine Technik jedoch erst einmal so weit entwickelt und in der Gesellschaft verbreitet, dass sich ihre Folgen deutlicher abzeichnen, ist es oft für eine Regulierung zu spät.

Das vom britischen Technikforscher David Collingridge beschriebene Dilemma verdeutlicht diese Zwickmühle zwischen Information und Umsetzung [Collingridge, 1980]: Einerseits sind Wirkungen eines Systems mit fortschreitender Entwicklung und Umsetzung immer besser zu erkennen und zu prognostizieren, andererseits schwinden im selben Umfang die Möglichkeiten der Einflussnahme:

> *When change is easy, the need for it cannot be foreseen; when the need for change is apparent, change has become expensive, difficult and time consuming.* [Collingridge, 1980, S.11]

Technik verändert also schnell eine Vielzahl von Prozessen: Einige werden erleichtert, andere erschwert, einige zum ersten Mal überhaupt ermöglicht. Innerhalb immer kürzerer Zeiträume müssen sich Menschen entscheiden, wie sie mit der Technik interagieren oder wie sie sie nutzen – daraus erwachsen viele, wenn nicht sogar die meisten der oftmals unerwarteten Technikfolgen. Nach diesem Überblick über die Technikfolgenabschätzung sollen daher im folgenden Abschnitt nun Theorien und Konzepte rund um menschliche Entscheidungsfindung erläutert werden, die sich bei bisherigen sozioinformatischen Analysen als hilfreich erwiesen haben.

2.2 Modelle für menschliche Entscheidungen

In diesem Buch geht es um die Frage, welche Änderung im menschlichen Verhalten durch den Einsatz von digitalen Artefakten zu erwarten ist. Dazu gibt es eine Reihe von Modellen, die helfen, eine Entscheidung für das eine oder andere Verhalten zu antizipieren, die wir im folgenden kurz skizzieren werden.

Wünschenswert wäre es aus der Sicht der Informatik natürlich, wenn es für menschliches Verhalten Modelle gäbe, in die man nur die jeweils relevanten positiven und negativen Anreize und Möglichkeiten für menschliches Handeln einspeisen müsste, und dann das resultierende Verhalten ausgegeben würde. Tatsächlich verfolgt die Spieltheorie, die in den Wirtschaftswissenschaften entwickelt wurde, lange ein solches Modell, dass das Verhalten in bestimmten Situationen ausrechenbar macht. Es basiert auf der Vorstellung des Menschen als *Homo Oeconomicus*, die im nächsten Abschnitt kurz skizziert wird.

2.2.1 Das Modell des Homo Oeconomicus und die Spieltheorie

Der *Homo Oeconomicus* ist ein Modell des Menschen als rationalem Entscheider, der, in Situationen mit vollständiger Kenntnis aller relevanter Tatsachen, eine nutzenmaximierende Handlungsoption auswählt. Als Begründer dieser Perspektive wird häufig der Vater der modernen Ökonomie, Adam Smith, genannt. In seinem Grundlagenwerk „Der Wohlstand der Nationen" beschreibt er eine Theorie, nach der die jeweils **nutzenmaximierende Handlung** des einzelnen Individuums auf gesellschaftlicher Ebene zu kollektivem Mehrwert führt [Smith, 2010]. Der Begriff des *Homo Oeconomicus* als solcher wird von ihm selbst zwar nicht verwendet, jedoch zeigt seine Darstellung eines aus Eigeninteresse handelnden Menschen bereits zentrale Merkmale dieses Modells auf.

Mathematische Modelle dieses Verhaltens können unter der Bedingung, dass rationale Akteure vollständige Information über ihre eigenen Handlungsoptionen und die Optionen anderer Akteure haben und sie für alle möglichen Resultate aus ihren Handlungen eine klare Präferenzordnung haben, in vielen Situationen dazu genutzt werden, um auszurechnen, welche Handlung den Nutzen aller einzelnen Akteure und der Gesamtheit maximiert. Insbesondere die Spieltheorie baut auf diesem Verhaltensmodell auf, die für Spiele tatsächlich fruchtbar genutzt werden kann. Hier sind allen Spielern die Regeln bekannt und bis auf zufällige, nicht kontrollierbare Ereignisse kann berechnet werden, was der beste nächste Zug ist, zumindest erwartungsgemäß.

In den 1960er-Jahren wurde allerdings immer klarer, dass erstens viele Situationen gar nicht von der Form waren, dass alle Akteure überhaupt vollständige Information über mögliche Handlungen und deren Konsequenzen hatten. Die Frage nach Entscheidungen erweiterte sich also auf Situationen mit unvollständigem Wissen oder Risiko. Zweitens zeigte sich, dass die reine Nutzenmaximierung im Sinne von geldwerten Vorteilen nicht ausreichend ist, um Entscheidungen zu menschlichem Verhalten zu verstehen. Stattdessen wurde beobachtet, dass die verschiedenen Bedürfnisse des Menschen nicht alle durch Geld erfüllt werden können und zudem unterschiedlichen Prioritäten unterliegen. Das beschreibt die sogenannte Maslowsche Bedürfnispyramide, die wir im nächsten Abschnitt skizzieren.

Daneben gibt es andere menschliche Nebenbedingungen der Entscheidungsfindung, die durch empirische Untersuchungen identifiziert wurden und ebenfalls kurz skizziert werden.

2.2.2 Maslowsche Bedürfnispyramide und weitere menschliche Nebenbedingungen in der Entscheidungsfindung

Einer der bekanntesten Ansätze zur Begründung menschlicher Entscheidungen ist die *Maslowsche Bedürfnispyramide*. Die Pyramide ist dabei die wohl einflussreichste Visualisierung der Ideen, die Maslow 1943 in einem Artikel mit dem Titel „A theory of Human Motivation" beschrieb [Maslow, 1943]. Darin charakterisiert er eine Handvoll menschlicher Bedürfnisse, die von basalen Erfordernissen wie Nahrung über soziale Beziehungen bis hin zur Selbstverwirklichung reicht. Auf der untersten Ebene fasst Maslow unter dem Begriff *physiologische Bedürfnisse* elementarste körperliche Voraussetzungen für das Überleben zusammen: Atmung, Nahrung, Wasser, aber auch Wärme und Fortpflanzung fallen in diese Kategorie. Wenn diese Ebene befriedigt ist, strebe der Mensch danach, sein *Sicherheitsbedürfnis* zu befriedigen: einen festen Wohnraum, geregelte Arbeit sowie körperliche und seelische Unversehrtheit. Auf der nächsthöheren Ebene werden der Wunsch nach Zugehörigkeit, nach Austausch und Beziehung sowie die Sehnsucht nach körperlicher Nähe befriedigt (*Sozialbedürfnisse*). Es folgen die sogenannten *Individualbedürfnisse* wie Anerkennung und Wertschätzung. Es folgt die fünfte und letzte Stufe der Maslowschen Bedürfnispyramide: Der Wunsch des Menschen nach Selbstverwirklichung, also nach Ausschöpfung des eigenen Potenzials. Was das konkret heißt, ist für jeden Menschen je nach Anlage und Wertvorstellungen anders [Maslow, 1954].

Abbildung 2.4 Maslowsche Bedürfnispyramide nach [Maslow, 1943]

Maslows Annahme war, dass der Mensch sich höheren Bedürfnissen erst zuwendet, wenn die Bedürfnisse der darunterliegenden Ebene erfüllt sind. Dies kann heute so nicht mehr gelten, die Übergänge sind fließender. Aber solange ein Bedürfnis auf einer niedrigeren Stufe noch nicht oder nicht mehr erfüllt ist, wird es wahrscheinlicher, dass sich ein Mensch erst einmal darum kümmert, dieses Bedürfnis abzustellen. Geld kann dabei viele dieser Bedürfnisse mittelbar erfüllen, z. B. für Essen und ein Dach über dem Kopf sorgen, während soziale oder Individualbedürfnisse damit nicht notwendigerweise befriedigt werden können. Das resultierende Verhalten gilt dann nicht mehr als „rational" im obigen Sinne: Insbesondere die später mit einem Nobelpreis ausgezeichneten Arbeiten von Kahneman und Tversky zeigten dies empirisch. Den von ihnen gegründeten Wissenschaftsbereich bezeichnet man heute als *Verhaltensökonomie*. So würde beispielsweise kein vollständig nutzenmaximierender Akteur mehr Geld für ein Produkt gleicher Qualität ausgeben, nur weil ein bestimmter Markenname darauf zu sehen ist. Die Maslowsche Bedürfnispyramide erklärt das Verhalten mit einem Individualbedürfnis, sich von anderen Menschen abzusetzen und mit einer bestimmten Marke sein Selbstbild zu untermauern, das schwerer wiegt als die höheren Kosten. Die Staffelung der Bedürfnisse in der Maslowschen Bedürfnisse und die nicht finanziell erfüllbaren Bedürfnisse erklären damit zumindest teilweise, warum der Mensch nicht immer nutzenmaximierend entscheidet.

Neben die nicht finanziell erfüllbaren Bedürfnisse und Ziele treten menschliche Nebenbedingungen, die dafür sorgen, dass Menschen nicht immer den Nutzen einer Entscheidung maximieren, sondern dabei auch auf die darauf verwendete Energie achten: Da Menschen nicht gleichzeitig beliebig viele Handlungsoptionen wahrnehmen und bedenken können, treffen sie Entscheidungen vorzeitig. Für dieses Verhalten wurde von Herbert A. Simon das Kofferwort *satisficing* aus den englischen Verben *to suffice* (genügen, ausreichen) und *satisfy* (befriedigen, erfüllen) gebildet, um menschliches Verhalten zu charakterisieren, das nach einer ausreichenden, aber nicht notwendigerweise optimalen Lösung sucht. Dabei wird vom Menschen vorher bewusst oder unbewusst eine Kriterienliste erstellt und dann die erste Lösung, die alle diese Kriterien erfüllt, gewählt [Simon, 1955] – auch wenn es eventuell ebenso gute oder sogar bessere Alternativen gäbe. Im Deutschen spricht man von der Satisfizierung. Nick Kolenda argumentiert zudem, dass Menschen vor allen Dingen solche Entscheidungen präferieren, deren Handlung sie sich körperlich gut vorstellen können [Kolenda, 2020]. Die allgemeine Energieminimierung für Entscheidungen bei gleichzeitiger Nutzenmaximierung kann dabei ebenfalls als „rational" gelten, aber nicht mehr im Sinne des Homo-Oeconomicus-Modells. Aufmerksamkeit ist ebenfalls eine der notwendigerweise beschränkten Ressourcen von Nutzerinnen und Nutzern einer Software: Menschen können grundsätzlich nur einer Sache ihre Aufmerksamkeit schenken und dies nur in ihren wachen Stunden. Aufmerksamkeit ist daher einer rare Ressource, die einen eigenen Marktwert besitzt. Diese These diskutiert Tim Wus Buch mit dem Titel „The attention merchants: The epic scramble to get inside our heads" [Wu, 2016]. Nur das, was die Aufmerksamkeit eines Menschen auf sich zieht, kann auch von ihm verarbeitet werden. Die Wahrscheinlichkeit, dass ein Beitrag weiterverbreitet wird, hängt aber nicht nur von der Aufmerksamkeit ab, sondern auch von den Emotionen, die er hervorruft:

Viralität von Beiträgen im Internet

Wieso bekommen im Internet manche Beiträge eine (unerwartet) hohe Aufmerksamkeit, warum gehen sie „viral", und andere Beiträge nicht? Wissenschaftliche Studien zusammengefasst von Jonah Berger in seinem Buch „Contagious: Why things catch on" deuten zwar darauf hin, dass mit positiven Inhalten häufiger interagiert wird als mit negativen Inhalten [Berger, 2013, S. 58f.]. Zusätzlich scheint aber die Beziehung zwischen Emotion und Interaktion komplexer zu sein. Wie häufig mit einem Beitrag im Internet interagiert wird, scheint zum Teil durch physiologische Erregung, basierend auf ausgelösten Emotionen, angetrieben zu sein. Die klassische Einteilung von Emotionen in positiv und negativ reicht an dieser Stelle nicht, darüber hinaus unterscheiden sie sich auch darin, welche Art der physiologischen Erregung sie auslösen [Feldman Barrett and Russell, 1998]. Obwohl Wut, Angst und Traurigkeit allesamt negative Emotionen sind, lösen sie unterschiedliche Erregungen aus (siehe Abbildung 2.5). Während Wut und Angst durch Zustände erhöhter Erregung oder Aktivierung gekennzeichnet sind, führt Traurigkeit eher zu einer geringeren Erregung, fast schon zu einer Deaktivierung [Feldman Barrett and Russell, 1998]. Dieser Erregungszustand hat direkten Einfluss auf die Mobilisierung; während niedrige Erregung meist zu Entspannung führt, ist hohe Erregung durch Aktivität gekennzeichnet (siehe [Heilman, 1997] für einen Überblick). Jonah Berger und Katherine L. Milkman schließen [Berger and Milkman, 2012] aus den Ergebnissen, dass dieser Erregungszustand neben handlungsbezogene Verhaltensweisen wie das aktive Helfen [Gaertner and Dovidio, 1977] oder schnelleres Reagieren auf Angebote in Verhandlungen [Brooks and Schweitzer, 2011] auch Auswirkungen auf das Verhalten in den sozialen Netzwerken hat. Sie konnten nachweisen, dass die positiven Erregungen Ehrfurcht, Begeisterung und Spaß sowie die negative Erregungen Wut und Angst im Internet zu mehr Interaktion führen [Berger and Milkman, 2012, Berger, 2013]. Wenn Beiträge dagegen geringe Erregung auslösen oder deaktivierende Emotionen (z. B. Traurigkeit) hervorrufen, werden sie weniger viral [Berger, 2013]. ■

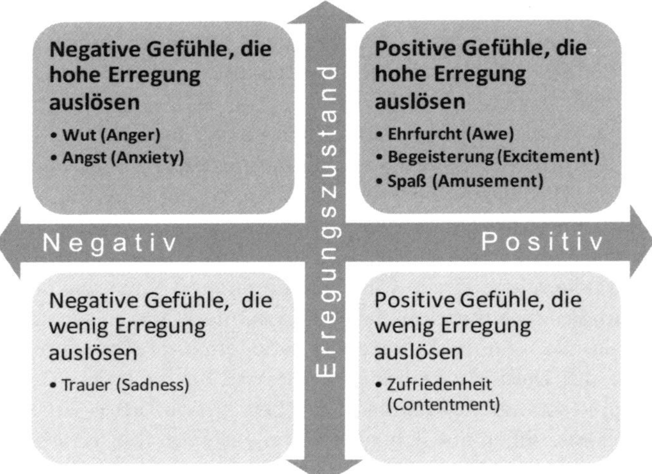

Abbildung 2.5 Sowohl positive als auch negative Gefühle können bei Personen einen hohen als auch negativen Erregungszustand auslösen, nach [Berger, 2013]

Entscheidungen für ein bestimmtes Verhalten können also neben dem erwarteten Nutzen auch von anderen Faktoren abhängig sein, können aber vorhersagbar bleiben: Dan Ariely bezeichnet solche nicht nutzenmaximierenden Entscheidungen in seinem gleichnamigen Buch als *predictably irrational* [Ariely, 2008]. Menschen entscheiden in diesem Sinne *vorhersagbar irrational* sein, wenn menschliche Nebenbedingungen – wie die Kapazitäten unserer Sinnesorgane, unsere Verarbeitungsgeschwindigkeiten, die benötigte Kalorienmenge pro Tag, unsere körperliche Verfassung, Gefühle oder auch unsere Vorstellungskraft – vorhersagbar regelhaft die Art unserer Entscheidung beeinflussen.

Zu den Faktoren, die Ariely untersucht hat und die nicht rein nutzenmaximierend auf Entscheidungen einwirken, gehören auch eine Reihe von kognitiven Verzerrungen (engl. *cognitive biases*), die zu anderen Entscheidungen führen können, als rationale Annahmen es vorhersagen würden.

Im Folgenden werden ausgewählte kognitive Verzerrungen beschrieben. Die Auswahl erfolgt dabei anhand ihrer Relevanz für die Sozioinformatik und erhebt keinen Anspruch auf Vollständigkeit. Wir kategorisieren sie in zwei Arten:

1. Verzerrungen der Wahrnehmung bzw. Ausblendung von Informationen, die dazu führen, dass Entscheidungen basierend auf **unvollständigen Informationen** oder verzerrt gewichteten Daten durchgeführt werden;
2. Verzerrungen der Wahrnehmung von externen Information, die unabhängig von den für die Sachentscheidung eigentlich notwendigen und zur Verfügung stehenden Informationen die Entscheidung beeinflussen.

2.2.3 Verzerrungen, die die Sachgrundlage für die Entscheidung verändern

Es gibt viele Verzerrungen, die einen Einfluss darauf haben, ob und wenn ja, wie stark die für eine Sachentscheidung notwendigen Fakten gesucht und wahrgenommen werden. Wir beschreiben hier nur vier davon:

1. Sampling Bias – Stichprobenverzerrung,
2. Survivorship Bias – Überlebensirrtum,
3. Confirmation Bias – Bestätigungsfehler und
4. Quantitative Fallacy – Quantitativer Irrtum.

Dabei sind die ersten beiden Verzerrungen statistischer Natur, d.h. es werden Daten gesammelt, die die notwendigen Informationen nicht vollständig erfassen. Die beiden letzten Verzerrungen sind kognitiver Natur, d.h. die vorhandenen Daten werden im Gehirn selektiert und/oder gewichtet, so dass sie nicht mehr repräsentativ sind.

Sampling Bias Der Sampling Bias (deutsch: *Stichprobenverzerrung*) tritt insbesondere in Experimenten auf, wenn die zu untersuchende Stichprobe ungünstig ausgewählt ist und das zur Verzerrung der Studienergebnisse führt. Ein häufiges Beispiel ist die Suche nach freiwilligen Probanden, die sich proaktiv melden müssen. Hierdurch erreicht man die Personen, die gerade Zeit haben oder sich für das Thema der Studie interessieren. Oftmals werden Studien an Universitäten durchgeführt, was zu einem überdurchschnittlichen Anteil an studentischen Proband:innen führt. In medizinischen Experimenten zur Einführung eines neuen Medikaments werden beispielsweise Frauen oft bewusst ausgeschlossen, da ihre hormonellen Schwankungen angeblich die Ergebnisse verzerren könnten. Dass dadurch wiederum eine eigene Verzerrung entsteht, reflektieren die Studiendesigner dabei noch zu selten. Die Autorin Caroline Criado Perez beschäftigt sich in ihrem Buch *Invisible*

Women: Exposing Data Bias in a World Designed for Men mit einer ganzen Reihe von Bereichen, in denen dieser *Sampling Bias* zu Systemen geführt hat, die Frauen nicht berücksichtigen. So werden Crashtest-Dummies für Fahrzeugtests beispielsweise mit einer männlichen Physiognomie ausgestattet, was zur Folge hat, dass Frauen ein 20 % höheres Verletzungsrisiko bei Autounfällen haben, da die Gurte nicht für ihren tieferen Körperschwerpunkt konzipiert wurden [Perez, 2019]. Aufgrund dieser Verzerrungen kann das Ergebnis einer solchen Studie unter solchen Umständen wenig Aussagekraft für die Gesamtbevölkerung haben – die Entscheidungen auf dieser Basis sind falsch.

Dieser Fehler spielt auch bei der Auswahl von Trainingsdaten für neuronale Netze eine besonders große Rolle: Enthalten bereits diese Datensets Verzerrungen aufgrund des Sampling Bias, spiegelt das mit ihnen trainierte KI-System diese Verzerrung häufig wider. So können Systeme insbesondere Minderheiten diskriminieren, ohne dass dies von ihren Entwickler:innen beabsichtigt ist.

Survivorship Bias Der Survivorship Bias (deutsch: *Überlebensirrtum*) tritt auf, wenn nur Daten eines bestimmten Typs „überleben". Ein extremes Beispiel für diesen Effekt sind Infektionskrankheiten: Manche werden heute als „Kinderkrankheiten" verharmlost, die nicht weiter schlimm seien. Würde man aufgrund der überlebenden Personen und ihrer Erfahrungen entscheiden, ob eine Impfung beispielsweise gegen Masern weiterhin notwendig ist, würden diese von der vermeintlichen Ungefährlichkeit dieser Krankheit berichten können, weil sie sie überstanden haben – wohingegen diejenigen, die sie nicht überlebt haben, dazu nichts mehr sagen können und somit in Vergessenheit geraten. Ein anderes Beispiel für das Auftreten dieses Effekts wurde bei Ingenieuren beobachtet, die im zweiten Weltkrieg die Panzerung von Flugzeugen überall dort verstärkten, wo die zurückkehrenden Flugzeuge häufiger Einschusslöcher hatten. Dies erwies sich als wirkungslos. Schließlich erkannte man, dass es genau umgekehrt ist: Die Flugzeuge mussten dort verstärkt werden, wo sich **keine** Einschusslöcher fanden, weil diejenigen, die an diesen Stellen getroffen wurden, abstürzten, somit nicht zurückkehrten und nicht in die Auswertung eingehen konnten [Polson and Scott, 2018, S.25ff.][Mangel and Samaniego, 1984].

Nicht nur bei menschlichen Entscheidungen, sondern auch bei der maschinellen Entscheidung muss diese Verzerrung berücksichtigt werden. Sie kann beispielsweise entstehen, wenn beim Training von Entscheidungsunterstützungssystemen im Personalbereich historische Datensätze Verwendung finden. Identifiziert ein System beispielsweise Eigenschaften „erfolgreicher" Führungskräfte, kann es Mitarbeiter:innen übersehen, die bei gleicher Ausgangslage eben keine Führungskräfte wurden, weil sie bspw. einer Minderheit angehören, und so Verzerrungen perpetuieren. Laut einem Reuters-Bericht wurde beispielsweise ein Rekrutierungssystem bei Amazon mit Daten der vergangenen Bewerbungen und Einstellungen trainiert, bei denen aus rechtlichen Gründen aber das Geschlecht nicht erfasst wurde [Dastin, 2018]. Trotzdem benachteiligte das System Frauen, indem es z. B. Absolventinnen von reinen Frauen-Colleges nicht berücksichtigte. Es wird vermutet, dass dies daran lag, dass diese Bewerberinnen auch vorher schon nicht eingestellt wurden.

Confirmation Bias Der Term Confirmation Bias (deutsch: *Bestätigungsfehler*) bezeichnet die Neigung des Gehirns, bevorzugt Informationen zu konsumieren und abzuspeichern, die der eigenen Meinung zu einem Thema entsprechen. Wer eine Theorie aufstellt – unabhängig davon, ob es sich um eine wissenschaftliche Theorie handelt oder vielleicht nur um eine private Meinung – und diese gerne beweisen möchte, wird gezielt nach Informationen suchen, die diese Theorie stützen. Das kann nach einer Weile dazu führen, dass bestimmte Überzeugungen für wahr („bestätigt") gehalten werden, weil ihre Anhänger:innen mehr Pro- als Contra-Argumente wahrgenommen haben.

Ob es in der Wissenschaft einen systematischen Confirmation Bias gibt, ist umstritten. Dennoch dient er als Argument, vorsichtig mit wissenschaftlichen Studien und ihren Aussagen umzugehen und zu versuchen, gezielt auch nach Argumenten zu suchen, die der eigenen Theorie widersprechen. Außerhalb der Wissenschaft spielt der Confirmation Bias beispielsweise bei der Meinungsbildung eine Rolle, insbesondere bei der Entstehung von Filterblasen bzw. Echokammern (siehe Kapitel 8).

Quantitative Fallacy Die Quantitative Fallacy (deutsch: *Quantitativer Irrtum*) beschreibt die überhöhte Gewichtung quantitativ messbarer Größen und Kennziffern statt relevanteren, aber nicht messbaren Metriken bei der Entscheidungsfindung. Die Quantitative Fallacy ist nach dem US-amerikanischen Außenminister zu Zeiten des Vietnam-Krieges auch als *McNamara-Fallacy* oder Body-Count-Fallacy bekannt. Im Vietnam-Krieg wurde der Body Count, also die Anzahl getöteter Feinde, als aussagefähige Kennziffer des eigenen Kriegserfolges betrachtet, ohne wichtigere, aber nicht messbare Metriken wie z. B. die die Zufriedenheit der Bevölkerung einzubeziehen. Wenn komplexe soziale Begriffe durch eine einzige Zahl messbar gemacht werden, spricht man von einer *Operationalisierung*:

Definition 4: Operationalisierung

Unter dem Begriff *Operationalisierung* verstehen wir die Messbarmachung eines komplexen sozialen Terms mit Hilfe eines einzigen Wertes. Beispiele dafür sind die Messung der Intelligenz als Intelligenzquotienten oder der Leistung von Studierenden in Form von Noten. Aufgrund der Reduktion eines komplexen Begriffs auf eine einzige Zahl basiert eine Operationalisierung immer auf einer Wertung der verschiedenen Facetten des Begriffs, die es erst ermöglicht, diese Facetten in einer einzigen Zahl zu beschreiben. So wird beispielsweise die menschliche Intelligenz, die bekanntermaßen mehrere Facetten aufweist, in Intelligenztest auf nur wenige Aspekte hin getestet. Die daraus resultierenden Werte, die ebenfalls schon Operationalisierungen darstellen, werden miteinander verrechnet und (in diesem Fall) normalisiert, um daraus dann den Intelligenzquotienten zu machen. In ähnlicher Form messen Noten nur bestimmte Kompetenzen von Studierenden und verrechnen diese zu einer einzigen Zahl. Die Selektion der zu messenden Facetten und die Art und Weise, wie diese zu einer Zahl zusammengefasst werden, stellen dabei jeweils Wertungen dar.

■

Genauso wie der PageRank stellt auch der h-Index eine sogenannte *Operationalisierung* dar. Als Operationalisierung bezeichnet man die Messbarmachung eines schwer fassbaren, meist sozialen Konzeptes. Der PageRank versucht die Qualität einer Webseite zu erfassen – da es dies im Rahmen einer Netzwerkstruktur macht, die von den Webseitenlinks aufgespannt wird, gehört es damit zu einer sehr großen Klasse von Maßen, den sogenannten Zentralitätsindizes [Koschützki et al., 2005]. Tatsächlich gibt es um die 50–60 Zentralitätsmaße, die alle versuchen, den „wichtigsten" Knoten in einem Netzwerk zu identifizieren. Dabei bringt jede Operationalisierung **subjektive Entscheidungen** mit sich, die oftmals die Werte und Vorstellungen des jeweiligen Teams inkorporieren – für die Zentralitätsmaße in komplexen Netzwerken wurde das exemplarisch von Katharina Zweig untersucht [Zweig, 2016, Kapitel 13–16]. Auch wenn also die Optimierung anhand eines solchen Maßes nach seiner Definition objektiv und neutral aussieht, ist es weder seine Entwicklung noch die Entscheidung, es in einer bestimmten Situation einzusetzen.

Tatsächlich kommt man insbesondere bei Rankings um eine Quantifizierung, die auf eine einzige Zahl abbildet, gar nicht herum, denn darauf basiert nachher die Sortierung.

Solche subjektiven Operationalisierungen sind zusammen mit der ebenfalls subjektiven Auswahl der Daten, die als sogenannte Trainingsdaten für das Training von künstlicher Intelligenz eingesetzt werden, der Hauptweg, auf dem Werte und politische Perspektiven in den Code von algorithmischen Entscheidungssystemen kommen [Zweig et al., 2018, Zweig, 2019]. Es lohnt sich, solchen Operationalisierungen im eigenen Code nachzuspüren und darin eventuell versteckte Werte und politische Perspektiven zu analysieren, da diese die Anreizstruktur bilden, auf die die sozialen Akteure reagieren. Als sich abzeichnete, dass die USA den Krieg trotz der sehr viel höheren Verluste auf vietnamesischer Seite verlieren würden, wurde deutlich, wie ungeeignet der Body Count als Maßeinheit für den Kriegserfolg ist. Die McNamara-Fallacy ist aber nicht nur auf der Entscheiderseite problematisch. Kenneth Cukier und Viktor Mayer-Schönberger beschreiben in einem Artikel, dass die Fokussierung auf diese einfach zu messende Kennzahl dazu führte, dass das Militär überhöhte oder völlig erfundene Zahlen lieferte [Cukier and Mayer-Schönberger, 2013]. In seinem Buch „Tyranny of the Metrics“ beschreibt Jerry Z. Muller eine ganze Reihe von Maßzahlen, die dazu führten, dass die darüber bewerteten Personen sich entweder zu sehr auf die Erfüllung dieser Kennzahlen konzentrierten und damit andere vernachlässigten oder begannen, diese Kennzahlen zu manipulieren [Muller, 2018]. Beide Effekte, sowohl auf der Entscheiderseite als auch auf der Seite der bewerteten Personen, werden uns sehr oft bei der Technikfolgenabschätzung von soziotechnischen Systemen begegnen.

2.2.4 Verzerrungen, die unabhängig von Sachgründen die Entscheidung beeinflussen

Als Sachgründe bezeichnen wir alles, was Menschen explizit als notwendige Informationsgrundlage nennen würden, um ihre Entscheidung treffen zu können. Dazu gehören beispielsweise alle Informationen, die die Präferenzordnung festlegen. Bei einem Gebrauchtwagenkauf wären das vielleicht das Modell des Autos, sein Herstellungsdatum, die Anzahl der schon gefahrenen Kilometer, die Anzahl der bisherigen Unfälle und der Preis. In diesem Abschnitt beschreiben wir Umstände der Entscheidung, die nicht zu diesen Sachgründen gehören, aber trotzdem die Entscheidung beeinflussen können. Meistens sind es externe Umstände, die eine Verzerrung der eigentlichen Entscheidung, die aufgrund der gegebenen Sachgründe gefällt worden wäre, auslösen. Wir beschreiben hier stellvertretend nur drei dieser Verzerrungen:

1. Observation Bias – Beobachtereffekt,
2. Framing und
3. Anchoring Bias – Ankereffekt.

Observation Bias Der Observation Bias (deutsch: *Beobachtereffekt*), auch als *Hawthorne-Effekt* bekannt, beschreibt, dass Menschen ihr Verhalten ändern, wenn sie unter Beobachtung stehen. Das Ausmaß des Observation Bias ist wissenschaftlich umstritten.

Dazu tritt der allgemeinere *Social Desirability*-Effekt, der Menschen dazu bringt, das Verhalten zu zeigen, von dem sie annehmen, das es das sozial gewünschte Verhalten sei. Dieser Effekt kann sowohl in der Demokratie- als auch in der Marktforschung bei Umfragen dazu führen, dass beispielsweise ein Teil der Befragten lügt, wenn sie glauben, dass ihre wahre Meinung sozial nicht erwünscht sei.

Auch eine Beobachtung durch digitale Systeme kann einen solchen Effekt haben: Es wurde beispielsweise mehrfach von Schulen in China berichtet, dass sie in den Klassenräumen Bilderkennungssystem einrichten, um unaufmerksame Kinder zu identifizieren. Dabei ist es nebensächlich, ob die Systeme tatsächlich ein unaufmerksames Kind von einem nachdenklich aus dem Fenster starrenden Kind unterscheiden können, da alleine die Anwesenheit der Systeme auf die Kinder einwirkt. In einem Artikel des Blognetzwerks Engadget wird ein Kind wie folgend zitiert:

> *Previously when I had classes that I didn't like very much, I would be lazy and maybe take a nap on the desk or flick through other textbooks. But I don't dare be distracted since the cameras were installed in the classrooms. It's like a pair of mystery eyes are constantly watching me.* [England, 2018]

Framing Für die Meinungsbildung spielt es eine große Rolle, in welchem erzählerischen „Rahmen“ (engl. *frame*) ein Sachverhalt eingebettet ist. So wird man das Verhalten einer Person, die ununterbrochen Computer-Spiele spielt, sehr unterschiedlich beurteilen, je nachdem, ob man vorher einen Artikel über Computer-Sucht oder einen Artikel über e-Sports gelesen hat.

Unbewusst findet Framing ständig statt, sobald neue Eindrücke eingeordnet werden. Man kann nicht *nicht* framen, wenn man kommuniziert. Entsprechend kann durch gezieltes Framing in Kampagnen die öffentliche Meinung beeinflusst werden: So kann der Begriff „Klimawandel“ auch natürlich erscheinen, während dies für die „menschengemachte Klimakatastrophe“ nicht gilt.

Framing kann aber auch im Software-Design eine große Rolle spielen. So wird beispielsweise Amazons „Echo“ als Lautsprecher verkauft, ist aber de facto ein permanent laufendes Mikrofon. Dass dieses Framing Auswirkungen auf den Umgang der Menschen mit der Technik hat, zeigt sich an der überraschten Reaktion der Öffentlichkeit über Aufzeichnungen, die immer wieder kursieren [CBS Interactive Inc., 2018]. Menschen zeigten sich dabei überrascht, dass Aufzeichnungen ihrer Gespräche oder auch nur Analysen ihrer Stimmen „versehentlich“ an Dritte versendet wurden. Würde Echo als Mikrofon geframed werden, wäre dieses „Versehen“ ein erwartbares Risiko der Verwendung eines solchen Aufnahmegerätes und würde nicht immer wieder Erstaunen auslösen.

Anchoring Bias Nennt man Menschen einen numerischen Bezugspunkt, einen sogenannten „Anker“ (engl. *anchor*), kann dieser Anker eine Entscheidung oder Einschätzung beeinflussen, obwohl er in keinem direkten Zusammenhang mit dieser steht. Menschen, die beispielsweise gefragt werden, ob sie für einen guten Zweck 500 Euro spenden würden, spenden zwar überwiegend keine 500 Euro – aber einen wesentlich größeren Betrag als solche, die nach einer Spende in Höhe von fünf Euro gefragt werden. Der Psychologe Dan Ariely untersuchte dies unter der Prämisse, dass der „Erstpreis", ein ursprünglich willkürlich festgelegter Preis, der Bezugspunkt für das anschließende Kaufverhalten wird und dieses entscheidend beeinflusst. Er spricht in dem Zusammenhang auch von einem „Preisanker". Um zu überprüfen, ob nun auch zwei willkürliche Zahlen als Preisanker fungieren können, beobachtete er 55 Probanden, die er zuerst die beiden Endzahlen ihrer Sozialversicherungsnummer notieren ließ, danach sollten sie Gebote für verschiedene Produkte abgeben [Ariely et al., 2003]. Das Ergebnis mutet absurd an: Die niedrigsten Gebote stammen von den Probanden mit einer Endnummer unter 19, die höchsten Gebote von jenen mit den höchsten Endnummern, 80–99. Da die Konfrontation mit zwei willkürliche Zahlen eine derartige Wirkung auf die anschließende Zahlungsbereitschaft hat, zeigt das Experiment eindrucksvoll, wie irrational unser Kaufverhalten eigentlich ist! Es erklärt sich dann von selbst, welche Wirkung der gängige Vermerk „Unverbindliche Preisempfehlung des Herstellers" auf uns hat, wenn das Produkt zu einem unter dieser „Empfehlung" liegenden Preis angeboten wird.

Ein weiteres Beispiel begleitet den Alltag aller Internetnutzer:innen innerhalb der EU: Um auf den Geräten ihrer Nutzer:innen Cookies setzen zu dürfen, benötigen Websites deren Einverständnis. Dabei treffen viele Homepages eine Unterscheidung zwischen „essenziellen" und zusätzlichen Cookies. Der psychologische Effekt dahinter ist klar: Wenn Nutzer:innen zunächst eine unübersichtliche Vielzahl an Cookies angeboten wird, sind sie zufrieden damit, mit einem Click nur noch „essenzielle" Cookies annehmen zu müssen und hinterfragen nicht mehr, wie essenziell diese tatsächlich sind.

Die in Abschnitt 2.2.3 genannten Verzerrungen betreffen die Bewertung der Sachgrundlage und werden hauptsächlich von dem Menschen, der entscheidet, selbst hervorgerufen. Die zuletzt genannten Verzerrungen hingegen können ganz bewusst eingesetzt werden, um die Entscheidungen von Personen zu beeinflussen. Dies kann dabei helfen, sinnvolle Entscheidungen zu treffen, z. B. eine Altersvorsorge frühzeitig zu planen oder manipulieren. Diese Diskussion der Entscheidungsbeeinflussung wurde in den letzten Jahren insbesondere unter dem Stichwort *Nudging* geführt.

2.2.5 Nudging

Abgeleitet aus der Verhaltensökonomie entwickelten die Wirtschaftswissenschaftler Richard Thaler und Cass Sunstein das Konzept der „Nudges" (deutsch: *Stups* oder *Schubs*). Ziel dieser Interventionen ist es, Menschen dazu zu bewegen (sie zu „stupsen"), aus freiem Willen ein gewünschtes Verhalten zu zeigen. Nudges können auf individueller Ebene genutzt werden, um das eigene Verhalten zu verändern (beispielsweise im Rahmen von Selbst-Optimierung) oder seitens der Gesellschaft, um ihre Mitglieder zu bestimmten Verhaltensweisen zu motivieren (beispielsweise Verkehrsregeln einzuhalten). Im Gegenzug zu Vorschriften sanktionieren Nudges unerwünschtes Verhalten dabei nicht und belassen die Entscheidung darüber, wie sich das Individuum verhält, bei selbigem. Sie verändern nur die Anreizstruktur derart, dass das gewünschte Verhalten leichter und gegenteilige Handlungen schwerer gemacht werden.

Ein bekanntes Beispiel sind Anzeigentafeln am Straßenrand, die Autofahrer:innen ihre aktuelle Geschwindigkeit anzeigen, häufig verbunden mit Smileys oder Farbcodes. Hält sich ein:e Fahrer:in an die geltende Geschwindigkeitsbegrenzung, lächelt der Smiley oder das Tempo wird mit grünen Zahlen angezeigt. Wird das Tempolimit überschritten, verzieht der Smiley das Gesicht oder die Anzeige wird rot. In beiden Fällen hat die Tafel – im Gegensatz zu einem Blitzer – keine realen Konsequenzen. Trotzdem bewirkt die bloße Anzeige der aktuellen Geschwindigkeit, dass Fahrer:innen sich dieser bewusst werden und ggf. verlangsamen. Dieser Effekt wird durch die emotionale Ansprache der Gesichter oder Farben noch verstärkt.

Um diese Verhaltensänderungen zu bewirken, bedient sich Nudging verschiedener Methoden. Einige dieser Methoden sind auch für die Analyse sozioinformatischer Systeme nützlich und sollen daher im Folgenden kurz skizziert werden. Auch hier richtet sich die Auswahl wieder nach dem Nutzen für die Sozioinformatik und erhebt daher keinen Anspruch auf Vollständigkeit. Die wichtigste Technik betrifft hierbei die sogenannte *Choice Architecture*.

Choice Architeture Eine der gängigsten Techniken betrachtet die Art und Weise, wie Entscheidungen präsentiert werden [Thaler et al., 2013]. Dabei werden drei Aspekte unterschieden:

1. Die Anzahl der präsentierten Optionen,
2. die Art, wie die Optionen beschrieben werden („attributes“) und
3. die Wahl der Standardeinstellung („default“).

Die Anzahl der präsentierten Optionen bezieht sich dabei auf den beobachteten Effekt, dass Menschen von zu viel Auswahl schnell überfordert sind, da sie die dazugehörigen Informationen nicht mehr verarbeiten können. In diesen Fällen neigen wir dazu, eine *satisfycing search* vorzunehmen, bei der bessere Optionen übersehen werden könnten.

Auf derselben Basis versucht Choice Architecture, die Art der Beschreibung von Optionen zu optimieren: Auch hier kann durch die bewusste Auswahl der Beschreibung beeinflusst werden, wie wahrscheinlich Menschen sich für oder gegen eine Handlungsoption entscheiden. Hintergrund dabei sind häufig Effekte wie *Framing* oder *Anchoring*.

Zuletzt bestimmt die Wahl der Standardeinstellungen wesentlich, wie Menschen mit Entscheidungen umgehen. Diese Technik ist auch als *Default Design* bekannt. Ein bekanntes Beispiel sind Cookies: Die wenigsten Menschen haben Zeit (und Lust), sich die oben beschriebener Cookie-Auswahl durchzulesen und klicken stattdessen auf „einverstanden“, wenn sie um ihre Zustimmung gebeten werden. Darauf setzen viele Anbieter und setzen als Standardeinstellung weitreichende Zugriffs- und Nachverfolgungsrechte. Dass dieses Vorgehen durchaus bewusst gewählt wird, zeigt das Zitat einer Vertriebsleiterin des Informations- und Bewertungsdienstes Schufa: „Ihr Verbraucher wird sich da durchklicken, weil die Leute sind faul und bequem. Die haben keinen Bock auf sowas, und die wollen einfach den Service haben. Und sie klicken das durch“ [Bognanni et al., 2020].

Opt-In vs. Opt-Out Ein Teilbereich des Default Designs widmet sich der Frage, ob Menschen sich bewusst *für* oder *gegen* etwas entscheiden müssen. Dass das einen Unterschied macht, sieht man an der Debatte rund um die Organspende: In Ländern, in denen Menschen eine Organspende aktiv ablehnen müssen, werden nachweislich mehr Organe gespendet als in Ländern wie beispielsweise Deutschland, in denen einer Organspende explizit zugestimmt werden muss [Johnson and Goldstein, 2003, Ahmad et al., 2019].

Sozialer Einfluss oder auf Englisch *Social Influence* wird auch unter dem Begriff *Social Proof* diskutiert. Diese Technik basiert auf der Beobachtung, dass Menschen häufig das Verhalten anderer nachahmen – auch *Herdenverhalten* genannt. Implizit oder explizit geteilte Informationen darüber, wie sich andere in einer gegebenen Situation verhalten haben, kann die Entscheidung der Nudging-Zielperson beeinflussen. So wählen beispielsweise hungrige Einkäufer gesündere Lebensmittel, wenn ihnen vorher suggeriert wurde, dass auch andere so handeln [Cheung et al., 2017]. Unterschieden wird zwischen *informational social influence* und *normative social influence*. Bei ersterem folgt man den anderen, da man sie für besser informiert hält. Dies funktioniert vor allem in unbekannten oder unsicheren Entscheidungssituationen. In letzterem Fall folgt man der Gruppe, um beliebt oder akzeptiert zu werden – auch bekannt als *Konformität*.

Diese letzte Technik zeigt, dass Modelle für menschliches Handeln, die nur das Individuum betrachten, aber nicht das Kollektiv, wichtige Entscheidungsparameter und Entscheidungsdynamiken übersehen. Im Gegensatz dazu dienen *Systemische Ansätze* als Grundlage der Sozioinformatik und sollen daher im Folgenden kurz betrachtet werden.

2.2.6 Systemische Ansätze

Der letztgenannte Punkt des *sozialen Einflusses* ist auf der einen Seite eine mögliche Erklärung für nicht-rationales Verhalten von Personen, zeigt aber insbesondere auch auf, dass man das Verhalten von Personen oftmals nur verstehen kann, wenn man ihr Verhalten im sozialen Kontext betrachtet, also danach, mit wem sie wann wie interagieren. Verhalten, das auf diesen Interaktionen beruht, kann nur auf der Ebene des Gesamtsystems modelliert, analysiert und möglicherweise auch vorhergesagt werden. Das Gesamtsystem besteht aus den für das Verständnis des Verhaltens notwendigen Akteuren und deren *Interaktionsstruktur*:

Definition 5: Interaktionsstruktur

Als *Interaktionsstruktur* bezeichnen wir die Menge aller Interaktionen zwischen sozialen Akteuren und zwischen sozialen Akteuren und Soft- oder Hardware in ihrer Dynamik, d.h., die Art der Interaktion, ihre Dauer und Intensität, ihre zeitliche und kausale Abfolge. ■

Wie man an der Definition schon erkennt, kann die Interaktionsstruktur in den meisten Fällen nicht durch reine Beobachtung erschlossen werden, da zumindest die kausalen Zusammenhänge der Interaktionen oft nicht direkt beobachtbar sind. Die Frage, warum z. B. jemand auf den einen Tweet antwortet, aber auf den anderen nicht, ist durch die reine Beobachtung der Interaktion nicht beantwortbar. Zudem ist erkennbar, dass eine reine Beobachtung ohne abstrakte Modellierung der Interaktionsmuster kaum ausreichen wird, um zu Vorhersagen zu kommen. Man benötigt dazu Modelle des kollektiven Verhaltens.

Modelle kollektiven Handelns

Die Literatur zu Modellen kollektiven Handelns, also Verhaltensmustern von Menschengruppen, ist sehr breit. Eines der bekanntesten Bücher dazu ist sicherlich das des späteren Nobelpreisträgers Thomas C. Schelling mit dem Titel: „Micromotives and Macrobehavior" [Schelling, 1978]. In den letzten Jahren kommen neue Modelle des kollektiven Handelns insbesondere aus einem Wissenschaftsgebiet, dass sich *Analyse komplexer Netzwerke* nennt [Zweig, 2016], einem Teilgebiet der schon erwähnten *Complex Systems Science*. Hier werden Interaktionsstrukturen als Netzwerke bzw. Graphen modelliert und analysiert. Interessante Bücher, die kollektives Verhalten im Rahmen der Netzwerkanalyse und darüber hinaus beschreiben, sind beispielsweise die Bücher „Linked" [Barabási, 2002] und „Bursts" [Barabási, 2010] von Albert-László Barabási und das Buch: „Networks, Crowds, and Markets: Reasoning about a highly connected world" von David Easley und Jon Kleinberg [Kleinberg and Easley, 2010]. Hier beschreiben wir exemplarisch nur ein Modell für kollektives Verhalten, das im Rahmen des Buches relevant ist, und verweisen ansonsten auf die oben genannten Bücher.[3]

Granovetters Modell für kollektive Handlungen In den 1970er-Jahren fragt sich der Sozialwissenschaftler, wie es zu Aufständen kommen kann, bei denen auch Bürgerinnen und Bürger teilnehmen, die man als „rechtschaffen" bezeichnen würde: Haben sich ihre moralischen Vorstellungen kurzfristig geändert oder waren sie vielleicht gar nicht rechtschaffene Bürgerinnen und Bürger, sondern schon immer Revoluationäre oder gar Terroristen? In einem Artikel von 1978 [Granovetter, 1978] zeigt er mit Hilfe eines Modells auf, dass aus der Teilnahme eines Bürgers oder einer Bürgerin an einem Aufstand nicht unbedingt auf seine oder ihre sozialen Normen geschlossen werden kann, sondern dass die Umstände mit berücksichtigt werden müssen.

In seinem Modell weist er jeder Person einen Schwellenwert zu. Dieser besagt, wie viele andere Personen an einem Aufstand teilnehmen müssen, damit die betrachtete Person sich ebenfalls anschließt. Personen mit einem Schwellenwert von 0 kommen schon vorbereitet zu einem Protest und beginnen den Aufstand. Wenn der Schwellenwert von anderen Personen hierdurch überschritten wird, machen diese auch mit. Jede Person betrachtet in diesem Modell also ständig alle anderen und vergleicht die Anzahl der Personen, die bereits mitmachen, mit ihrem eigenen Schwellenwert – wird dieser überschritten, beteiligt sie sich am Aufstand. Ein Aufstand kann fehlschlagen, wenn irgendwann nur noch Personen übrig sind, deren Schwellenwert durch die bereits aktiven nicht überschritten wird. Es kann aber auch dazu kommen, dass selbst die rechtschaffensten Bürger:innen mitmachen, weil sie z. B. die Gefahr für ihr Leben als höher ansehen, wenn sie es nicht tun.

Auch wenn das Modell in seinen Annahmen wenig realistisch und simplifiziert ist, ist es ein sehr grundlegendes Modell für alle Phänomene, bei denen Menschen dann mitmachen oder aktiv werden, wenn es schon eine Reihe von anderen Personen tut: Es kann leicht auf die Anschaffung (und Abschaffung) von Hardware wie bspw. Telefaxgeräten oder beispielsweise auf die Nutzung von sozialen Netzwerkplattformen angewendet werden.

[3] Das Buch von Easley und Kleinberg ist frei verfügbar unter dem Link *https://www.cs.cornell.edu/home/kleinber/networks-book/*.

Das Modell zeigt auch, dass insbesondere bei solchen Phänomenen das nutzenmaximierende Modell des Homo Oeconomicus nicht anwendbar ist, da das Homo Oeconomicus-Modell davon ausgeht, dass das Individuum bei seinen Entscheidungen vollständig unabhängig von anderen agiert.

Auch wenn schon viele Faktoren bekannt sind, die auf menschliche Entscheidungen einwirken, können digitale Artefakte sehr komplexe Umgebungen erstellen, in denen keines der bekannten Modelle direkt Auskunft geben könnte, wie sich Menschen verhalten werden. Stattdessen kann Software direkt dazu genutzt werden, um zu beobachten und quantitativ zu bewerten, wann die Nutzer:innen welches Verhalten zeigen. Damit kann dann die Personalisierung der Software gesteuert werden oder die nächste Version der Software verbessert werden. Diese Technik basiert auf der prinzipiellen Analysemethode in der Verhaltensökonomie, die im folgenden kurz skizziert wird.

2.3 Aufbau von Studien in der Verhaltensökonomie

Es ist wichtig zu wissen, wie menschliches Verhalten unter verschiedenen Bedingungen gemessen wird, da es durch die Entwicklung von Software sehr einfach geworden ist, solche Untersuchungen zu Hunderten und Tausenden unerkannt durchzuführen. Dadurch können z. B. kognitive Verzerrungen ausgenutzt werden, um Menschen zu einem bestimmten Verhalten zu bewegen oder es kann geprüft werden, unter welchen Bedingungen sie sich (statistisch gesehen) wie verhalten werden. Die Hauptmethode, die wir hier skizzieren, ist die der *randomisierten Verhaltensstudien.*

2.3.1 Randomisierte Studien in der Verhaltensökonomie

Wir demonstrieren das grundlegende Verfahren an einem interessanten Experiment des eben schon erwähnten Psychologen Dan Ariely, der sich sehr intensiv mit der Frage auseinandergesetzt hat, wann irrationales Verhalten vorhersagbar ist [Ariely et al., 2003]. 1995 führte er beispielsweise ein Experiment über die Relativität der Entscheidungsfindung durch [Ariely and Wallsten, 1995]. Die Idee für das Experiment kam aus einer Alltagsbeobachtung [Ariely, 2008, S. 4], einer Werbung für ein Zeitungsabonnement mit drei verschiedenen Optionen:

1. Nur-Internet-Abonnement für 59 Dollar;
2. Nur-Papier-Abonnement für 125 Dollar;
3. Abonnement auf Papier plus Internet-Version für 125 Dollar.

Da die letzte Option des Abonnements die mittlere Option, nämlich die Printversion, für denselben Preis inkludiert **und** zusätzlich noch weiteren Service anbietet (die digitale Version der Zeitung) kann es kaum einen rationalen Grund für einen Kunden geben, diese (mittlere) Option zu wählen, da er mit demselben finanziellen Einsatz mehr bekommen könnte, wenn er Option 3 wählt. Wenn aber eine Option rational gesehen überhaupt keinen Sinn ergibt, warum sollte die Anzeige diese Option überhaupt beinhalten? Tatsächlich kosten solche Anzeigen oftmals Geld pro Zeile: Wäre es dann nicht rationaler für den Designer der Werbung gewesen, nur zwei Optionen anzubieten?

Ariely und seine Co-Autoren entwickelten daraus ein klassisches Verhaltensexperiment. Dazu muss die interessierende Variable so isoliert werden, dass eine möglicherweise durch sie beeinflusste Verhaltensänderung der Probanden sichtbar wird. Solche Experimente werden in den quantitativen Sozialwissenschaften so geplant, dass es zwei Gruppen gibt; eine, die der interessierenden Variable ausgesetzt ist, und eine, die es nicht ist. Wenn man das Ausmaß des Einflusses testen will, kann es notwendig sein, mehrere Gruppen zu untersuchen, die dem Einfluss der Variable in unterschiedlicher Intensität ausgesetzt sind. Zusätzlich stellt man sicher, dass sich alle Gruppen in ihren weiteren Eigenschaften nicht voneinander unterscheiden. Durchschnittliches Alter, Zusammensetzung bezüglich Geschlecht, Bildungsgrad etc. sollten also nicht voneinander abweichen. Oftmals wird das dadurch erreicht, dass die Zuteilung in die Gruppen randomisiert erfolgt.

Bezüglich der Frage, ob das Anbieten der zweiten Option einen Unterschied macht, setzte Ariely also zwei Experimente auf: Eine Gruppe von 100 Teilnehmern, die alle drei Optionen sahen und eine Gruppe von 100 Teilnehmern, die nur die erste und die dritte Option sahen. Wie erwartet, wählte kein Teilnehmer der ersten Gruppe die zweite Option, für die dritte Option entschied sich hingegen die Mehrzahl der Studenten (84). In der zweiten Gruppe hingegen wählten 68 Studenten die billigere Internet- Version und nur noch 32 die Kombi-Version für 125 Dollar, obwohl sich am Interesse der Studenten nichts geändert hat. Ariely bezeichnet die mittlere Option als „Köder“ und zeigt, dass das bloße Vorhandenseins des „Köderangebots“ mehr als die Hälfte der Befragten zu einer teureren Variante getrieben hat. Als Erklärung für dieses Verhalten bietet Ariely an, dass das Gehirn die Wahlmöglichkeiten immer im Verhältnis zu anderen vergleichbaren und direkt verfügbaren Alternativen beurteilt – es ist also ein spezielles Beispiel für den Framing Bias. In Bezug auf Option 2 ist Option 3 eine deutliche Verbesserung – wenn nur die Optionen 1 und 3 da sind, ist es schwierig zu sagen, welche der beiden Optionen besser ist. In der Situation, in der es drei Optionen gibt, gewinnt die Option 3, weil sie wenigstens in einem direkten Vergleich besser abschneidet.

Der grundsätzliche Aufbau solcher Experimente ist also immer gleich:

1. Wähle eine Variable aus, deren Einfluss auf das Verhalten geprüft werden soll.
2. Unterteile die Gruppe aller Teilnehmer:innen auf mindestens zwei Gruppen. Oftmals gibt es eine *Basissituation*, der die sogenannte *Kontrollgruppe* ausgesetzt wird – im oben genannten Beispiel war die Basissituation die mit zwei Preisoptionen. Soll der Einfluss der Variablen in Abhängigkeit von ihrer Intensität untersucht werden, muss es neben der Kontrollgruppe mehrere Gruppen geben, die der Variablen in unterschiedlichen Intensitäten ausgesetzt sind. Dabei ist es notwendig, die Gruppengröße genügend groß zu wählen, um möglicherweise kleine Effekte noch messen zu können und sie von statistischen Rauschen zu unterscheiden.
3. Die Rekrutierung der Teilnehmer:innen an dem Experiment sollte dabei repräsentativ sein, um nicht der Stichprobenverzerrung zu unterliegen (siehe Abschnitt 2.2.3). Aus demselben Grund sollte auch die Zuteilung auf die Teilgruppen des Experiments zufällig erfolgen.
4. Das Verhalten der jeweiligen Gruppen wird gemessen und auf statistisch signifikante Unterschiede untersucht.

Tatsächlich wird dieses Verfahren jetzt unter dem Namen A/B-Testing verwendet, um digitale Produkte zu verbessern, wie wir im Folgenden kurz skizzieren.

2.3.2 A/B-Testing

Wenn eine Webseitenentwicklerin wissen will, ob ihr neues Design gut ankommt, kann sie ihre Leser:innen für eine Weile zufällig auf dem alten oder neuen Design landen lassen. Dafür kann sie beispielsweise je nachdem, ob die Zugriffszeit auf die Webseite auf einer geraden oder ungeraden Sekundenzahl endet, einmal die eine oder einmal die andere Variante zurückschicken lassen. Dann kann sie messen, wie lange die Leser:innen durchschnittlich auf der Webseite verweilen, oder wie viele Unterseiten sie zudem angeguckt haben oder wie hoch die Kaufrate der auf der Webseite angebotenen Produkte war. Wenn sie zwischen den Gruppen einen signifikanten Unterschied im gemessenen Verhalten bemerkt, kann sie daraus Rückschlüsse ziehen, welches Design sich besser eignet. Im Wesentlichen handelt es sich hier um eine randomisierte, kontrollierte Studie, die aber vollkommen unbemerkt von den Nutzer:innen durchgeführt wird. Weil dabei meistens zwei Gruppen verwendet werden, sind diese digitalen Verhaltenstests unter dem Namen A/B-Testing bekannt [Kohavi et al., 2007, Christian, 2012].

Heute werden fast alle digitalen Produkte in einem agilen Entwicklungsprozess solchen A/B-Tests unterworfen. Als Beispiel sei hier auf Facebook verwiesen, dessen Team für die A-B-Tests an ihren mobilen Versionen sogar eine eigene Entwicklungsumgebung kreiert hat [Grant and Zhang, 2014]. Der Google App-Store dagegen unterstützt z. B. die Erprobung verschiedener Logos, indem nur die verschiedenen Logos hochgeladen werden müssen, die jeweilige Gruppengröße in Prozent angegeben wird und die Statistiken dann automatisch erhoben werden. Mit einer systematischen A/B-Erprobung können aber auch Spiele darauf getestet werden, ob sie die Spieler und Spielerinnen möglichst lange unterhalten [Montag et al., 2019], Webshops möglichst verkaufsträchtig gestaltet werden oder Social Media Plattformen möglichst lange die Aufmerksamkeit ihrer Nutzer:innen fesseln können (siehe Kapitel 9).

Im nächsten Kapitel betrachten wir die Sozioinformatik als einen Ansatz, der sich mit den Interaktionen zwischen technischen Systemen (bspw. Software), biologischen Systemen (i.e. Menschen) und sozialen Systemen (bspw. demokratischen Wahlen) beschäftigt und versucht, diese Perspektive in den Rahmen der Technikfolgenabschätzung zu integrieren.

3 Technikfolgenabschätzung und Sozioinformatik

Die Frage nach der Verantwortung von Informatiker:innen für „ihre" Software ist nicht neu. Einer der ersten, der sich prominent dazu geäußert hat, war Joseph Weizenbaum (z. B. [Weizenbaum, 1987]): Bereits in den 1980er-Jahren warnte er vor einem zu großen Einfluss der Computer und betonte die Verantwortung des Einzelnen im Design von Technik. Eines seiner bekanntesten Zitate lautet entsprechend „Ich bin kein Computer Kritiker. Computer können mit Kritik nichts anfangen. Nein, ich bin Gesellschaftskritiker." [Weizenbaum and Wendt, 2006, S.8]. Aber für welche Aspekte der Technikfolgen genau sind wir als Informatiker:innen verantwortlich? Welche unerwünschten Technikfolgen bei der Nutzung von Software können wir wirklich beeinflussen? Gibt es Phänomene, die zwar von digitalen Artefakten mitverursacht werden, aber nicht vollständig durch die Implementierung der Software zu kontrollieren sind und somit nur teilweise in die Verantwortung der Informatik fallen? In diesem Kapitel zeigen wir auf, wo wir die Verantwortung für direkte und indirekte Folgen der Digitalisierung und der digitalen Transformation in der Informatik sehen und leiten daraus den Bedarf an einem neuen, in der Informatik verankerten Forschungsfeld her – der Sozioinformatik.

Zunächst eine kleine Begriffsklärung: Unter „Digitalisierung" versteht man grundsätzlich die Umwandlung von analogen in digitale Artefakte. Im engeren Sinne gilt dies für die Umwandlung analoger Medien in digitale, also beispielsweise das Scannen von Texten, die dann mit Hilfe einer *Optical Character Recognition*-Software in digital speicherbare und durchsuchbare Sequenzen von Symbolen (Buchstaben, Satzzeichen, ...) umgewandelt werden. Im weiteren Sinne beschreibt man damit auch die Umsetzung von analogen Strukturen, wie z. B. Archivstrukturen, in digitale Strukturen (z. B. Datenbanken). Im weitesten Sinne versteht man unter „Digitalisierung" die zunehmende Erstellung von digitalen Artefakten und deren Nutzung unter Zuhilfenahme von Software.

Im öffentlichen Diskurs findet man den Begriff Digitalisierung durchaus auch zur Beschreibung der Folgen des Gesamtprozesses der immer weiter fortschreitenden Umwandlung von Prozessen, die vorher rein analog abliefen, in digital unterstützte Prozesse. Diese Begriffsfacette ist besser durch den Begriff der „Digitalen Transformation" beschrieben – und um die digitale Transformation und ihre Technikfolgen geht es in diesem Kapitel.

Definition 6: Digitale Transformation

Als *Digitale Transformation* bezeichnen wir die Menge aller Veränderungen, die durch die Einführung von digitalen Technologien und ihrer Verarbeitung in gesellschaftlichen und wirtschaftlichen Prozessen hervorgerufen wurde. Dazu gehören also insbesondere alle Änderungen im Bereich der Kommunikation, der Produktion und der Überwachung.

■

Übungsaufgabe 4:

Die digitale Transformation hat vieles verändert. Diskutieren Sie in Kleingruppen, was genau die digitale Transformation ermöglicht, was vorher so nicht möglich war oder so nicht für viele Personen möglich war. Finden Sie dazu möglichst viele Facetten des Digitalen, die entweder völlig neu sind oder solche, die die Nutzung von Diensten, die bisher nur wenigen Personen zugänglich waren, für breitere Bevölkerungsgruppen zugänglich machen.

■

Es gibt hier keine abschließende Liste, aber die folgenden Charakteristika digitaler Systeme gehören dazu:

1. Leichte Speicherung, Kopierbarkeit, Verarbeitung und Durchsuchbarkeit von Daten ohne physische Anwesenheit der bearbeitenden Person.
2. Extrem schnelle Berechnung von Lösungen für Probleme, die für Menschen zu komplex oder zu groß wären.
3. Extrem kostengünstige Herstellung und Verbreitung von digitalen Produkten (Texten, Video, Audio, ...) an nie gekannte Mengen von Personen und durch Personen, die vorher keinen Zugang zu den dafür notwendigen Technologien und Kommunikationskanälen gehabt hätten.
4. Beobachtung menschlichen Verhaltens (im Digitalen) in einem Ausmaß, die ohne digitale Überwachung völlig unmöglich gewesen wäre.
5. Basierend auf dieser Beobachtung und der Nutzung von maschinellen Lernverfahren können Systeme darauf trainiert werden, menschliches Verhalten zu antizipieren.
6. Darauf wiederum beruht die Möglichkeit für Personalisierung von digitalen Diensten auf einem nie zuvor gekannten Level.
7. Ermöglichung von Kleinstbeiträgen zu großen Sammlungen: Jahrhundertelang wurden Enzyklopädien geschrieben, indem einzelne Themen an Expertinnen und Experten verteilt wurden und diese dann Texte dazu verfassten. Erst mit der Digitalisierung wurde es möglich, dass auch Kleinstbeiträge wie die Ergänzung von einzelnen Sätzen sinnvoll und kostengünstig zu erfassen. Erst dadurch ist die Wikipedia ermöglicht worden. Ähnliche Effekte stecken auch hinter anderen großen Sammlungen: So organisiert *Wikimedia Commons* die weltgrößte öffentlich zugängliche Dokumenten- und Mediensammlung, zu der alle Nutzer:innen beitragen können; es gibt OpenSource-Softwaresammlungen auf Plattformen wie *github*, und frei herunterladbare Sammlungen von 3D-Druck-Dateien auf *thingiverse*.
8. Kommunikation in nahezu Echtzeit mit Menschen überall auf dem Planeten.

■

Durch die günstigere Erstellung und Verbreitung von digitalen Medien werden diese Machtstrukturen aufgebrochen, mit erwartbaren Folgen: Zuerst steigt die Anzahl der angebotenen Medien. Dabei sinkt in der ersten Phase die durchschnittliche Qualität, z. B. deswegen, weil die neuen Medienproduzenten nicht fachlich ausgebildet sind, die Hard- und Software noch nicht kennen, und weil es eben keine Qualitätskontrolle durch Gatekeeper mehr gibt. Durch die Kostenreduktion ergibt sich aber auch ein Angebot für Nischenmärkte, deren Bedienung sich vorher nicht gelohnt hatte [Anderson, 2006]. Da der limitierende Faktor weiterhin die Aufnahmekapazität der Menschen ist und diese auf die Dauer nicht nur Medien minderer Qualität akzeptieren, ist zu erwarten, dass es schließlich zu neuen Mechanismen der Qualitätsbewertung kommt. Im Internet sieht man hier verschiedenste Wege, von denen sich noch keiner endgültig durchgesetzt hat: Von der manuellen Kuratierung über Moderation bis hin zu Empfehlungsalgorithmen, die auf der direkten und indirekten Interaktion von Nutzerinnen beruhen, und beliebigen Mischungen davon, ist alles zu finden. Was auch immer sich langfristig durchsetzt, wird langfristig wiederum zu neuen Gatekeeping-Strukturen führen und damit zu einer Neuverteilung der Macht im Medienbereich [Vos, 2015].

Weniger erwartbar dagegen war die Einmischung mazedonischer Jugendlicher in den amerikanischen Präsidentschaftswahlkampf 2016, die sich nur erklären lässt, wenn man die verschiedenen Algorithmen sozialer Netzwerkplattformen in Kombination der gesellschaftlichen Lage in Mazedonien und mit den persönlichen Anreizen für die Jugendlichen betrachtet – eine solche Analyse findet sich in Kapitel 5. Viele der hier beschriebenen Phänomene entstehen aus der Interaktion von Akteuren und lassen sich nicht aus deren reinen Eigenschaften herleiten. Solche Phänomene, die erst durch das Zusammenwirken von verschiedenen Elementen entstehen, nennt man in einem Wissenschaftsbereich, der im Amerikanischen als *Complex Systems Science* bezeichnet wird, *emergente Phänomene*. Wir vertiefen diesen Begriff in Abschnitt 4.3.4. Hier geht es um die Frage, wer für die direkten, erwartbaren und die durch Interaktion der Software mit sozialen Akteuren entstehenden Technikfolgen verantwortlich ist. Dazu vertreten wir in diesem Buch die folgenden, grundlegenden Thesen.

3.1 Grundlegende Thesen der Sozioinformatik

Wir vertreten die Behauptung, dass Informatiker:innen für einen Teil der Technikfolgen verantwortlich sind, auch wenn sie erst durch die Interaktion von Software und sozialen Akteuren zustande kommt. Die Verantwortung liegt darin, die möglichen Technikfolgen so früh wie möglich abzuschätzen und die Abschätzung in die Entwicklung neuer Soft- und Hardware einfließen zu lassen. Die dafür notwendigen Methoden sind noch nicht ausreichend entwickelt und bedürfen eines neuen Studienfelds, das in der Informatik verankert sein sollte – wir nennen dieses Feld Sozioinformatik. Diese Behauptung beruht auf den folgenden drei Thesen, die wir danach ausführlich begründen:

These 1 Die digitale Transformation erzeugt deutlich mehr emergente Phänomene als irgendeine der analogen Technologien es bisher getan hat.

These 2 Technikfolgenabschätzung rund um die Digitalisierung benötigt neue Methoden der Modellierung, Analyse und zur Vorhersage der von ihr ausgelösten, emergenten (Neben-)Wirkungen.

These 3 Dieser Teil der Technikfolgenabschätzung muss wenigstens zum Teil und insbesondere dort, wo es in die konstruktive Technikfolgenabschätzung geht, von Informatiker:innen ausgeführt werden. ■

Wir werden im Folgenden diese Thesen begründen.

3.1.1 These 1: Die digitale Transformation erzeugt eine Vielzahl neuer, emergenter Phänomene

Neue Technik verändert fast immer das, was eine einzelne Person oder ein Team leisten kann: Manche Prozesse werden dadurch vereinfacht, andere erschwert. Jede neue Technik verändert also Anreize und damit Handlungen von sozialen Akteuren – und möglicherweise auch die Interaktionen zwischen ihnen. Es ist sinnvoll, sich dies zuerst an einer historischen Entwicklung klar zu machen:

Übungsaufgabe 5:

Diskutieren Sie die Erfindung des Fahrrads, des Autos und anderer technischer Lösungen, die Massen- und Individualmobilität ermöglicht haben (Eisenbahn, Flugzeug, ÖPNV, Leih-Elektroroller, etc.): Haben diese Erfindungen die Art und Weise der Interaktion, ihre Häufigkeit und/oder ihre Intensität, also die **Interaktionsstrukturen** (siehe Definition 5 auf Seite 30), zwischen Akteuren geändert? Wenn ja, wie? Hat die Nutzung dieser technischen Lösungen die Anreize und Möglichkeiten für Handlungen der betroffenen Akteure verändert im Vergleich zu einer Zeit, in der Transport nur von Mensch und Tier geleistet werden konnte? ■

Die genannten Verkehrsmittel haben den Radius der physischen Kontaktaufnahme, der an einem Tag möglich ist, massiv erweitert. Während ein Mensch zu Fuß am Tag nur wenige Dutzend Kilometer weit kommt und durch die Nutzung von Reittieren diese Distanz auf über 100 Kilometer erweitern kann, erlauben es Auto, Zug und Flugzeug an einem Tag mehrere Hundert bis Zehntausend Kilometer zu überwinden. Da die direkten Kosten für die Nutzung von Auto, Zug oder Flugzeug im Vergleich zur eingesparten Zeit und Aufwand niedrig sind, werden diese neuen Optionen in Handlungsentscheidungen mit einbezogen. So können beispielsweise Vorstädte nur dann entstehen und erhalten bleiben, wenn mit Hilfe von Mobilitätstechnologien gesichert ist, dass Menschen ihre Arbeitsstätten erreichen, soweit physische Anwesenheit noch notwendig ist. Ganz klar haben sie emergente Phänomene erzeugt, wie bspw. die Entstehung von ausgeprägten Vorstädten.

Alleine die Kulturgeschichte eines einzigen Verkehrsmittels, nämlich die des Fahrrads beweist, wie stark die Gesellschaft durch eine einzige Technik verändert werden kann.[1] Ein zusammenfassender Artikel von Jean-Martin Büttner, Journalist bei der Basler Zeitung, dazu trägt den Titel: „Die Freiheitsmaschine" [Büttner, 2017]. Die Ausbildung dieser Phänomene geschah dabei gemessen an bisherigen Veränderungen durch Technik eher schnell, erstreckte sich aber immer noch über mehrere Jahrzehnte: Die Änderungen in der Stadtentwicklung weg von Pferdeställen und Staubwegen hin zu Garagen und Asphaltstraßen mit (oder ohne) Fahrradspur, Sicherheitsmaßnahmen und deren Kontrollen sowie die Entstehung des Verkehrsrechts zur Regulierung der neuen Technik sind nur einige der zu nennenden Co-Evolutionen der Städte, deren Behörden und der Justiz, die sich rund um die neuen Mobilitätstechnologien ereigneten. ■

Dieses Beispiel zeigt, dass analoge Technikentwicklungen langfristig gesehen zu großen Anpassungsprozessen in der Interaktionsstruktur zwischen Menschen führen kann.

Die Entwicklung und Nutzung von Hard- und Software beschleunigt diese Prozesse und ermöglicht wie keine Technologie vor ihr die Bildung von emergenten Phänomenen, die von Anfang an eine große Anzahl von Personen betreffen und hochdynamisch sind: Wie in den folgenden Kapiteln deutlich wird, können durch den Einsatz von digitalen Artefakten sowohl die Interaktionsstruktur als auch die Anreizstrukturen und Handlungsoptionen für soziale Akteure in kurzer Zeit völlig verändert werden. Dies gilt insbesondere für solche Internetdienste, die eine direkte Kommunikation zwischen Menschen ermöglichen, wie z. B. Email oder Social Media Plattformen. Fast alle soziologischen Phänomene, die auf Kommunikation beruhen, wie z. B. die Meinungsbildung, können damit ebenfalls neue Charakteristika entwickeln. Software kann aber auch auf andere Weise dazu führen, dass sich das Verhalten von Menschen verändert: Wenn man beispielsweise eine Suchmaschine benutzt, um Informationen zu finden, müssen die möglichen Webseiten auf dem Bildschirm angeordnet werden. Abstrakter: Um eine Entscheidung für „die beste" Handlungsoption aus einer Menge von Handlungsoptionen zu ermöglichen, müssen die möglichen Handlungsoptionen in eine Reihenfolge gebracht werden – unabhängig davon, ob die verfügbaren Optionen überhaupt in ihrer Qualität quantifizierbar sind oder nicht. Allein schon die Angabe einer solchen Bewertung kann zu einem veränderten Verhalten der Nutzer führen:

[1] Ein zusammenfassender Artikel von Jean-Martin Büttner, Journalist bei der Basler Zeitung, dazu trägt den Titel: „Die Freiheitsmaschine" [Büttner, 2017]

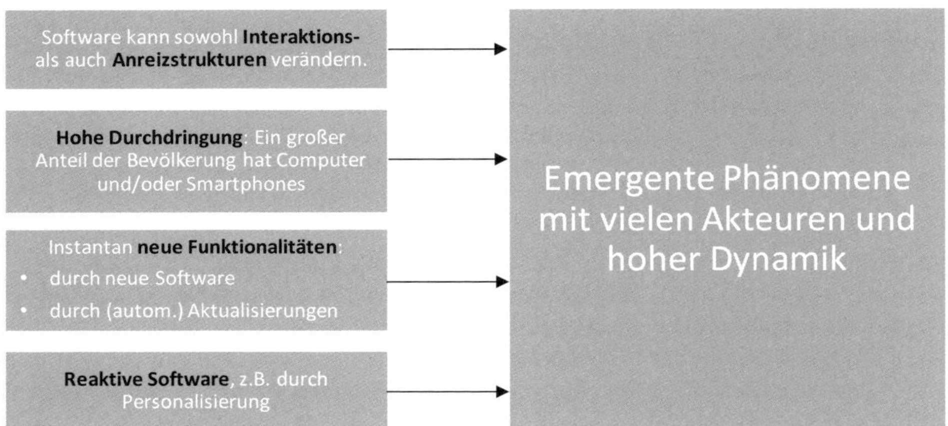

Abbildung 3.1 Beitrag der digitalen Transformation zu neuen emergenten Phänomenen mit vielen Akteuren und hoher Dynamik

Salganik, Dodds und Watts zeigten beispielsweise, dass es für die Beliebtheit von Songs einen Unterschied macht, ob Nutzer einer Musikplattform mitgeteilt bekommen, wie oft der Song schon von anderen heruntergeladen wurde [Salganik et al., 2006] (Herdenverhalten, siehe Abschnitt 2.2.5). Diese Beobachtung der Einflussnahme ist unabhängig davon, ob die Bewertung und Anordnung der Handlungsoptionen durch Algorithmen (siehe bspw. Cathy O'Neills Buch: „Weapons of Math Destruction" [O'neil, 2016]) oder analog vorgenommen wird [Muller, 2018].

Zwei weitere Eigenschaften digitaler Technik führen dazu, dass sich die Co-Evolution von Software und Nutzer:innengemeinschaft und damit auch die Emergenz neuer Verhaltensweisen beschleunigt: Zum einen kann das Aufspielen neuer Software oder deren Aktualisierung blitzschnell zu neuen Funktionalitäten führen. Dadurch sind nicht selten Millionen – in manchen Fällen sogar Milliarden – Nutzer:innen betroffen. Im Gegensatz zu analoger Technik müssen Nutzer:innen zur Bereitstellung neuer Funktionalitäten meistens physisch nichts veranlassen: Keinen Termin ausmachen mit einer Werkstatt, keine Hardware physisch hinzufügen.

Nicht zuletzt kann Software auch reaktiv sein und beispielsweise mit Änderungen von internen Parametern auf die individuelle Nutzung oder auch auf globale Geschehnisse eingehen.

Insgesamt ermöglicht die digitale Transformation also immer schnellere, globalere Emergenzen (siehe Abbildung 3.1). Die auf politischer Ebene notwendigen Gegenreaktionen, falls die verwendeten soziotechnischen Systeme unerwünschte Technikfolgen zeigen, sind dagegen weiterhin langsam: Von der Einführung neuer Gesetze und Kontrollmaßnahmen bis hin zur Verfolgung von Fehlverhalten sind politische Prozesse auf Ausgewogenheit und Partizipation ausgelegt, was eine schnelle Reaktion erschwert.

3.1.2 These 2: Technikfolgenabschätzung rund um die Digitalisierung benötigt neue Methoden der Modellierung, Analyse und zur Vorhersage der von ihr ausgelösten, emergenten (Neben-)Wirkungen.

Durch die enorme Vielfalt an Wirkungen und Nebenwirkungen der digitalen Transformation, ihrer hohen Durchdringung und der Beschleunigung ihrer Entwicklung ist eine Technikfolgenabschätzung dringend notwendig. Diese muss gleichzeitig die Interaktions- und Anreizstrukturen modellieren und damit die Grundlage für eine Analyse und möglicherweise eine Vorhersage der zu erwartenden emergenten Phänomene bilden. In diesem Buch stellen wir daher eine erste Form der sozioinformatischen Analyse (siehe Teil 2) vor: Eine systematische Herangehensweise, um problem- oder technikinduziert Technikfolgen der Digitalisierung abzuschätzen, insbesondere mit Blick auf die Frage, wo und wann diese emergente Phänomene erzeugt.

3.1.3 These 3: Die Technikfolgenabschätzung von sozioinformatischen Systemen muss in der Informatik verankert sein

Von diesen drei Thesen ist die dritte die kontroverseste. Oftmals wird einer solchen Aussage mit dem Argument begegnet, dass die Frage danach, welche Auswirkungen Software hat, doch hauptsächlich von deren Verwendung abhänge. Damit läge die Erforschung und auch mögliche Regulierung eher im Bereich der Sozialwissenschaften und der Rechtswissenschaften. Diese Argumentation folgt einer klassischen „Dual Use"-Perspektive: Aus dieser Sichtweise heraus mag Software unter Umständen „missbraucht" werden, aber die Verantwortung dafür kann nicht den Entwicklerinnen und Entwicklern übertragen werden. Auf der anderen Seite übernimmt die Informatik natürlich schon lange die Verantwortung für Unfälle aller Art, die aufgrund eindeutig fehlerhafter Software ausgelöst wurden:

Übungsaufgabe 6:

Kennen Sie Fälle von unerwarteten Nebenwirkungen oder Unfällen, die durch fehlerhaft programmierte Software verursacht wurden? Wer trägt für fehlerhafte Software die Verantwortung? Wie können solche Unfälle verhindert werden?

■

Einer der bekanntesten Programmierfehler wurde in einer Bestrahlungsmaschine namens Therac-25 entdeckt. Der Fehler führte dazu, dass sechs Krebskranke mit einer zu hohen, in drei Fällen sogar tödlichen Dosen Strahlung behandelt wurden. Ein ausführlicher Bericht von Nancy Leveson und Clark Turner von 1993 zeigte, dass verschiedene Umstände dazu führten, die schwierig zu entdecken waren, weil sie unter anderem dann auftraten, wenn der Behandelnde in einem sehr kleinen Zeitfenster Änderungen an den Parametern vornahm: Es handelt sich also um eine sogenannte *race condition*, also Fehler, die dadurch auftreten, das unterschiedliche Teile des Codes unabhängig voneinander auf dieselben Daten zugreifen und sie verändern. Die Lehren aus diesem Softwarefehler sind auf der einen Seite die Anwendung und Kontrolle besserer Software-Engineering-Verfahren. Auf der anderen Seite zeigten die Autoren auch, dass die Software in komplexen technischen Systemen, die in sozialen Prozessen entwickelt und dann eingesetzt werden, nur ein Teil des Problems ist. Sie fassen daher zusammen:

> *Most accidents involving complex technology are caused by a combination of organizational, managerial, technical, and sometimes, sociological or political factors. Preventing accidents requires paying attention to all the root causes, not just the precipitating event in a particular circumstance.* [Leveson and Turner, 1993]

■

Bei Fehlern im Code ist also die Verantwortung der Entwicklerinnen und Entwicklern eindeutig: Entweder wurden die Anforderungen an die Software nicht klar genug formuliert oder diese wurden nicht korrekt umgesetzt. Nicht zuletzt kann Software in Situationen eingesetzt werden, die so selten sind, dass sie schon bei der Anforderungserhebung (dem Requirement Engineering) übersehen wurden[2]. Prinzipiell sind daher schon lange Methoden zur Vermeidung solcher Fehler und Unfälle in der Entwicklung und auch fest in der Informatik verankert. Dazu gehören alle Methoden der Softwareentwicklung: von der Anforderungsanalyse (*Requirements Engineering*), über die Modellierung der zu implementierenden Funktionalitäten und ihrer Interaktionen, über die Verifikationsmethoden bis hin zu verschiedenen Ansätzen systematischen Testens von Software. Wir werden daher hier nicht weiter darauf eingehen.

Neben diesen Fällen, die klar in der Verantwortung der beteiligten Informatiker:innen liegen, kann Software natürlich auch dazu genutzt werden, Unethisches oder sogar Illegales zu tun. Dieses Verhalten liegt dann aber klar in der Verantwortung der **Nutzer:innen**, während die Entwickler:innen diese Art der Nutzung kaum verhindern können. Wir fragen nach solchen Fällen in der nächsten Diskussionsfrage:

Übungsaufgabe 7:

Kennen Sie Verwendungen von Software, die auf der einen Seite viele sinnvolle Nutzungsmöglichkeiten bietet, die aber auch für Illegales genutzt wird oder in Situationen eingesetzt wird, für die sie nicht geeignet ist? Prüfen Sie für jedes genannte Beispiel, ob die letztere Nutzung durch eine andere Programmierung oder zusätzliche Sicherheitsfeatures hätte effizient und vollständig verhindert werden können? Wenn ja, ist es die Verantwortung des Entwickler:innenteams, diese Nutzung zu verhindern? Wenn nein, trifft die Programmierer:innen ein Teil der Verantwortung für die schädliche Nutzung, einfach nur deshalb, weil sie die Software erstellt haben?

■

---

2 Weitere Programmierfehler finden sich auf der folgenden Wikipedia-Seite: *https://de.wikipedia.org/wiki/Liste_von_Programmfehlerbeispielen*.

Ein interessantes Beispiel für diese Diskussion ist die Gesichtserkennung. Technisch gesehen werden hier auf der Grundlage großer Datenmengen an Fotos von menschlichen Gesichtern durch Methoden des maschinellen Lernens Eigenschaften gelernt, die Gesichter wiederzuerkennen. Dabei ist die Qualität des zugrundeliegenden Datensets entscheidend für das sogenannte Training, also die Phase, in der das System die entscheidenden Eigenschaften abstrahiert und in einem statistischen Modell so abspeichert, dass später neue Daten eingelesen werden können und mit den alten verglichen werden können. Die Wiedererkennung funktioniert vor allen Dingen dann gut, wenn die Fotos, auf denen die Maschine trainiert wird und die späteren Eingaben unter sehr ähnlichen und sehr guten Bedingungen aufgenommen wurden: In der Vollansicht mit einer guten Auflösung und ohne viele Verschattungen.

Für den Einsatz in Menschenmassen, um beispielsweise Verdächtige oder Kriminelle zu fassen, sind sie allerdings bei Weitem noch nicht gut genug: Ein Pilotprojekt am Berliner Bahnhof Südkreuz testete drei Gesichtserkennungssysteme, die in der 1. Phase 312 und dann in der 2. Phase 201 Passanten unter den anderen Personen erkennen sollten [Bundespolizeipräsidium Potsdam, 2018]. Die Daten zeigten klar, dass kein einzelnes System gut genug war: 2018 erkannte das beste System in der 2. Testphase im Durchschnitt 82,8 % der Versuchspersonen – d. h. von 100 Malen, die eine der Versuchspersonen den Bahnhof betrat, wurde diese in ungefähr 83 der Situationen identifiziert. Gleichzeitig lag die Falschakzeptanzrate bei 0,07 % [Bundespolizeipräsidium Potsdam, 2018]. Das klingt auf den ersten Blick nach einer sehr geringen Prozentzahl, bis man sich ansieht, wie hoch die Ungleichverteilung zwischen gesuchten Personen und anderen Passanten ist: Pro Tag steigen laut der BVV-Bilanz 2018 (zitiert nach einem Artikel des Berliner Tagesspiegels) 110.000 Personen in diesem Bahnhof ein, aus oder um [Hasselmann, 2019]. Dazu kommen andere Personen, die den Bahnhof durchqueren. Ein wichtiges Qualitätsmaß bei dieser Frage ist die sogenannte *Falschakzeptanzrate*, also der prozentuale Anteil von fälschlicherweise erkannten Personen. Eine Falschakzeptanzrate von 0,07 % entspricht daher erwartet ca. 77 der 110 000 Personen pro Tag, die irrtümlicherweise „erkannt" wurden. Außerdem wäre eine Verbrecherdatenbank sicherlich nicht nur mit 200 oder 300 gesuchten Personen bestückt. Prinzipiell ist davon auszugehen, dass eine höhere Anzahl von gesuchten Personen die Falschakzeptanzrate erhöht. Zudem ist die Wahrscheinlichkeit nicht hoch, dass an einem Tag überhaupt eine der gesuchten Personen einen solchen Bahnhof betritt – insbesondere dann nicht, wenn bekannt ist, dass hier Gesichtserkennung verwendet wird. Es kommen damit pro Tag vermutlich mehrere Dutzend Falschmeldungen auf weniger als eine korrekte Meldung. Im Lichte dieser und anderer Verwendungszwecke haben sich mehrere Softwarefirmen für eine staatliche Regulierung eingesetzt, darunter auch Microsoft [Smith, 2018]. Diese proaktive Befürwortung von Regulierung der Verwendung von Software ist selten. Tatsächlich hat aber der Protest der Produzenten nun zu ersten Regulierungen im US-Bundesstaat Washington geführt, die unter anderem vorsehen, dass die Systeme mit einer Programmierschnittstelle (API) versehen werden müssen, die eine Evaluation der Qualität durch unabhängige Expertinnen und Experten erlaubt [Smith, 2020]. ■

Das genannte Beispiel der Gesichtserkennung ist damit ein klassischer *Dual-Use Case.* Aus technischer Sicht lassen sich bei diesem und anderen Fällen nicht alle der missbräuchlichen oder unerwünschten Nutzungen vermeiden. Daneben gibt es auch weitere Fälle der missbräuchlichen oder unerwünschten Nutzung von Software, deren Verantwortung vorrangig bei den Verwender:innen der Software liegt, und die sich kaum verhindern lassen, von denen wir zwei exemplarisch aufgreifen wollen:

1. In der letzten Zeit wurden mehrere Fälle von gesetzlich nicht gedeckten Zugriffen auf polizeiliche Datenbanken von Polizist:innen bekannt – dabei kann die Anzahl der verfügbaren Datenbanken über 100 liegen. Hier könnten klare Authentifizierungssysteme wenigstens für eine nachträgliche Identifikation der Nutzer:innen sorgen. Ausgeklügeltere Systeme, die beispielsweise jeweils die Genehmigung von Vorgesetzten verlangen, bevor ein Zugriff erfolgt, sind dagegen für den Alltag in der Polizeiarbeit kaum geeignet. Hier kann also technisch wenig gegen den Missbrauch ausgerichtet werden, da sich der erlaubte vom nicht erlaubten Zugriff nur durch den rechtlichen Kontext unterscheidet. Dieser ist bisher von Maschinen nicht ausreichend erkennbar, um den Zugang schnell, nach rechtlichen Gesichtspunkten und effizient rein maschinell zu erteilen.
2. Die Nutzung eines Textverarbeitungsprogramms, um einen digitalen, anonymen Drohbrief zu schreiben ist ein weiteres klassisches Beispiel für eine unethische Verwendung von Software, die vom Entwicklungsteam kaum verhindert werden kann. Hier liegt die Verantwortung klar bei der Person die den Text verfasst hat und kann nicht bei den Entwicklerinnen und Entwicklern der Software verortet werden.

Gibt es also nur diese zwei Extremfälle? Software, die falsche Funktionalitäten aufweist und dann von Informatiker:innen repariert werden muss, und Software, die von Nutzer:innen so genutzt wird, dass es zu ungewollten Folgen kommt, ohne das Informatiker:innen das sinnvoll verhindern können? Bei manchen Phänomenen schieben sich die Nutzer:innen und die Entwickler einer Software gegenseitig die Verantwortung zu: Die Verbreitung von Falschnachrichten auf sozialen Medien wurde in den letzten Jahren in dieser Hinsicht immer wieder kontrovers diskutiert. Bezüglich der Korrektheit politischer Anzeigen und der Frage danach, ob eine politische Werbung mit einer Lüge darin von Facebook akzeptiert werden würde, gab beispielsweise Zuckerberg in einer Anhörung im US-Kongress am 23.10.2019 zu Protokoll, dass er die Autorinnen und Autoren der Nachricht für verantwortlich hält:

> *In most cases, in a democracy, I believe that people should be able to see for themselves what politicians that they may or may not vote for are saying and judge their character for themselves.* [Zuckerberg, 2018]

Wenige Jahre zuvor schrieb Zuckerberg auch den Empfänger:innen der Nachrichten einen Teil der Verantwortung für die Verbreitung zu:

> *It's not a perfect system. Research shows that we all have psychological bias that makes us tune out information that doesn't fit with our model of the world. It's human nature to gravitate towards people who think like we do. But even if the majority of our friends have opinions similar to our own, with News Feed we have easier access to more news sources than we did before.* [Zuckerberg, 2016]

Er spielt damit auf den Bestätigungsfehler (Confirmation Bias, siehe Abschnitt 2.2.3) an, der uns dazu verleitet, diejenigen Nachrichten zu bevorzugen, die in unser Weltbild passen. Es ist unbestritten, dass in erster Linie die Autorinnen und Autoren eines Posts die Verantwortung für ihren Text tragen. In Deutschland wurde mit dem Erlass des „Netzwerkdurchsetzungsgesetzes" aber eine Teilverantwortung für die Verbreitung (aber nicht den Inhalt) solcher Posts bei den Plattformen gesehen. Und auch auf europäischer Ebene wurde mit dem „Recht auf Vergessen" eine Verantwortung bei den Suchmaschinen dafür gesehen, gewisse Informationen über Personen nicht mehr weiter zu verbreiten. Die Lösung für das Problem wird dabei in der Verwendung von weiteren Software-Tools gesehen, die wenigstens einen Teil der Falschnachrichten identifizieren sollen.

Wir argumentieren hier, dass es eine große Menge von Fällen gibt, in denen die Software selbst die Art und Weise verändert, wie Menschen handeln. Wenn diese dann auch noch reaktiv ist und damit das menschliche Handeln direkt belohnt oder bestraft, kommt es besonders schnell dazu, dass Menschen ihre Handlungen an das neue soziotechnische System anpassen. Die Art und Weise, wie Facebook beispielsweise Nachrichten verbreitet, verändert die Anreize für die Verfasser von Posts: Wenn es ihnen nur darum geht, eine möglichst hohe Verbreitung zu erfahren und der Wahrheitsgehalt dafür unerheblich ist, ist der Anreiz höher, eine Falschnachricht zu verschicken als in Systemen, in denen darauf geprüft wird. Dies wird im Fall von Facebook beispielsweise dadurch begünstigt, dass die Weiterverbreitung eines Posts im Wesentlichen davon abhängt, wie viele Personen damit interagieren und nicht von seinem Inhalt.

Um also zu verstehen, wie genau die Hard- oder Software dazu beiträgt, die Interaktions- und Anreizstrukturen der sozialen Akteure zu verändern, kann es notwendig sein, den Code und die dahinter liegenden Algorithmen und Heuristiken zu analysieren.

Eine möglichst frühe Technikfolgenabschätzung, die in einen agilen Softwareentwicklungsprozess eingebunden ist, benötigt daher Personen, die sowohl Softwareentwickler sind als auch um die menschlichen Verhaltenweisen unter verschiedenen rechtlichen und wirtschaftlichen Rahmenbedingungen wissen. Insbesondere benötigen Technikfolgenabschätzer:innen Hintergrundwissen in der Informatik, um die Implementierungsqualität und deren Auswirkungen beurteilen zu können – was uns zu unserer Ausgangsthese führt: Es bedarf eines neuen Forschungsfeldes, das in der Informatik verankert ist. Wir bezeichnen es als „Sozioinformatik“.

3.2 Definition des Forschungsfeldes

Das Ziel der **Sozioinformatik** ist es, die Auswirkungen von Software- und Hardwaresystemen auf Individuum, Organisation und Gesellschaft zu analysieren und – wo möglich – vorherzusagen. Mit Hilfe dieser Analysen und Vorhersagen sollen Soft- und Hardwaresysteme designt werden, die von vornherein die menschlichen Interaktionen antizipieren, gewünschte Technikfolgen ermöglichen und unerwünschte Technikfolgen so weit wie möglich verhindern. Wir definieren das Forschungsfeld der Sozioinformatik daher wie folgt:

Definition 7: Sozioinformatik

Die Sozioinformatik beschäftigt sich auf der einen Seite mit der Frage nach der methodischen Modellierung, Analyse und Risikobewertung von emergenten Phänomenen, die durch die Interaktion von Akteuren (Individuen, Organisationen, Gesellschaft als Ganzes) mit Software auftreten können und entwickelt die dafür notwendigen Modelle und Methoden. Auf der anderen Seite entwickelt die Sozioinformatik Methoden und Modelle der Softwareentwicklung und des Einsatzes von Software, die die Chancen von gewünschten Technikfolgen erhöht und die Risiken von unerwünschten vermindert. Damit erforscht die Sozioinformatik die Dynamik und die Möglichkeit der Steuerung von komplexen sozioinformatischen Systeme. ■

Sozioinformatiker:innen werden also dazu ausgebildet, eine Technikfolgenabschätzung bei oder nach der Einführung von gesellschaftlich relevanter Software durchzuführen und mit diesem Wissen Software so zu gestalten, dass gesellschaftliche Ziele damit bestmöglich erreicht werden können. Eine sozioinformatische Softwareentwicklung ist daher oftmals geprägt von einer abwechselnden Analyse der möglichen sozioinformatischen Effekte der Nutzung einer Software und der Anpassung sowohl auf Nutzungs- als auch der Softwareebene selbst, um gewünschte Effekte zu verstärken und ungewünschte Effekte zu vermindern (siehe Abbildung 3.2).

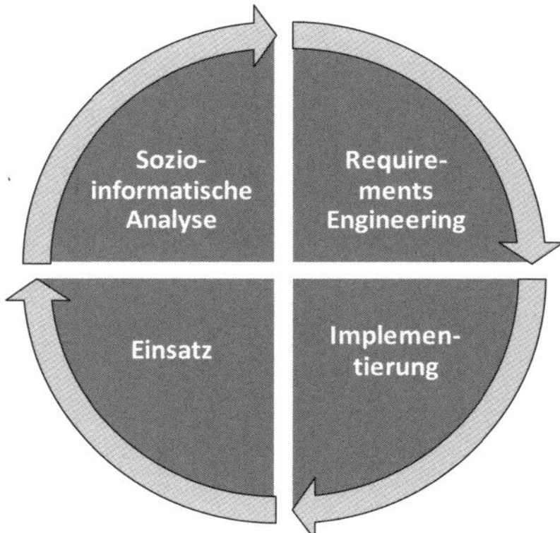

Abbildung 3.2 Sozioinformatischer Software-Entwicklungsprozess: Die notwendigen Anforderungen an die Software und ihre Nutzung werden zyklisch durch sozioinformatische Analysen evaluiert und, wenn notwendig, angepasst

Dieses Anforderungsprofil bedingt den vielschichtigen Aufbau des Studienganges Sozioinformatik: Aus dem Informatikstudium müssen vor allen Dingen Vorlesungen im Bereich der praktischen Informatik gehört werden (Einführung in die Programmierung, Software Engineering, Requirements Engineering, Human-Computer-Interaction, Einführung in die Webprogrammierung, Sicherheit in Rechnernetzen) und die dazu notwendigen mathematischen Grundlagen gelegt werden. Während eine einführende Vorlesung in Algorithmendesign und Laufzeitenberechnung Teil des Studiums ist, wird auf tiefergehende Kenntnisse der theoretischen Informatik im Bereich der formalen Sprachen, Automatentheorie, Logik und Komplexitätstheorie ebenso verzichetet wie auf vertiefte Kenntnisse der technischen Informatik wie Hardwaredesign oder Sensorik. Dieser Verzicht auf viele für das normale Informatikstudium unverzichtbare Inhalte ermöglicht das Einbringen der human- und gesellschaftswissenschaftlichen Grundlagen und das Angebot von Vorlesungen aus dem Bereich Complex Systems Science. Konkret haben wir Grundlagen der Psychologie, Soziologie, Wirtschafts- und Rechtswissenschaften und der Philosophie in den Studiengang integriert. Modelle und Verfahren aus dem Bereich Complex Systems Science werden in drei Vorlesungen vermittelt („Diskrete und kontinuierliche Modelle von komplexen Systemen" und „Analyse komplexer Netzwerke"). Nicht zuletzt haben alle Seminare, Hausarbeiten und Abschlussarbeiten immer einen sozioinformatischen Aspekt, um die vielen Facetten des Studiums in diesen Arbeiten zu integrieren.

3.3 Lehrziele des vorliegenden Buches

Worum geht es also in diesem Lehrbuch? Wir haben die folgenden Lehrziele:

Lehrziele:

- Die Leser:innen wissen, was ein sozioinformatisches System ist.
- Die Leser:innen wissen, dass zur Bewertung vieler Technikfolgen der digitalen Transformation neben der Software auch das gesamte sozioinformatische System betrachtet werden muss.
- Die Leser:innen können dieses sozioinformatische System für eine probleminduzierte oder technikinduzierte Technikfolgenabschätzung konstruieren. Sie wissen, welche Disziplinen dazu potenziell herangezogen werden müssen.
- Die Leser:innen kennen ein paar klassische Muster, die man in sozioinformatischen Systemen oft findet.
- Die Leser:innen können sowohl für eine technik- als auch eine probleminduzierte Technikfolgenabschätzung allgemeine Wirkungsgefüge aufstellen und diese auf weitere Muster analysieren.
- Die Leser:innen können erkennen, ob und wenn ja inwieweit es wahrscheinlich möglich ist, die Softwareseite des sozioinformatischen Systems oder die Bedingungen der Nutzung der Software so zu verändern, dass die Risiken unerwünschter (Neben-)wirkungen der Techniknutzung gemindert und Chancen auf gewünschte Wirkungen erhöht werden.

■

Informatiker:innen sollten nach dem Durcharbeiten dieses Buches vor allem in der Lage sein, zu erkennen, ob gesellschaftliche Folgen des Einsatzes der von ihnen gestalteten Software zu erwarten sind. Sozioinformatiker:innen sollten eine Technikfolgenabschätzung durchführen können und wissen, wo weitere Expertenmeinungen aus den anliegenden Bereichen eingeholt werden müssen.

Um diese Lehrziele zu verwirklichen, soll im nächsten Kapitel zunächst auf das Konzept des sozioinformatischen Systems und seine Definition näher eingegangen werden.

4 Sozioinformatische Systeme

Sozioinformatiker:innen werden dazu ausgebildet, eine Technikfolgenabschätzung bei der Einführung von gesellschaftlich relevanter Software durchzuführen, und mit diesem Wissen Software so zu gestalten, dass gesellschaftliche Ziele damit bestmöglich erreicht werden können. Wir haben dabei schon erwähnt, dass die Sozioinformatik einen besonderen Fokus auf die Frage nach sogenannten „emergenten Phänomenen" legt – also solchen, die erst durch die Interaktion von sozialen Akteuren mit der Software zutage treten (siehe Definition 9 auf S. 63). Dazu analysieren Sozioinformatiker:innen *sozioinformatische Systeme*, also solche Systeme, die menschliche und informatische Komponenten enthalten. Diese sind eine Teilmenge der sogenannten *soziotechnischen Systeme*. Die soziotechnischen Systeme sind wiederum eine Teilmenge der sogenannten *komplexen Systeme*, die ihrerseits *Systeme* sind (siehe Abbildung 4.1). Daher beginnen wir das Kapitel mit einer Definition des System-Begriffes, definieren dann die Teilmenge komplexer Systeme, diskutieren eine gängige Definition soziotechnischer Systeme kritisch und kommen dann zu einer Definition sozioinformatischer Systeme als Grundlage für eine Technikfolgenabschätzung.

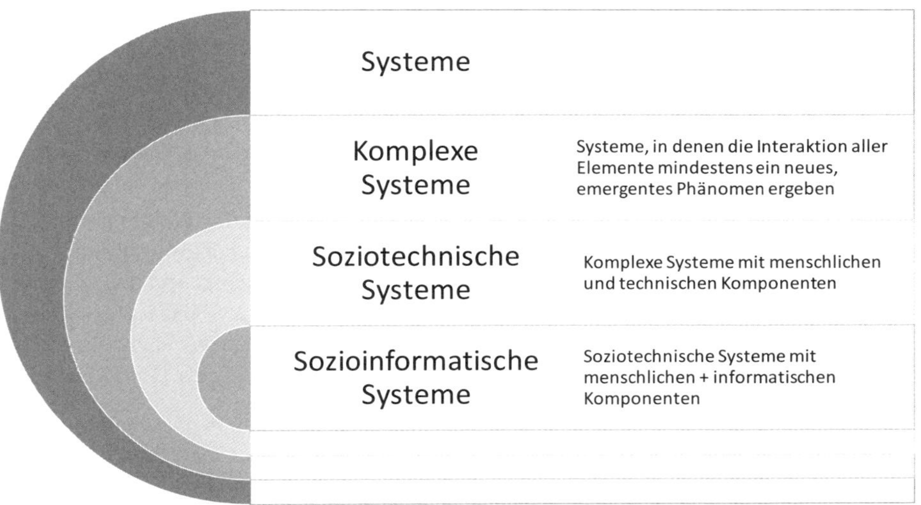

Abbildung 4.1 Hierarchie verschiedener Systemklassen. Sozioinformatische Systeme sind eine Teilmenge der soziotechnischen Systeme, die zur Oberklasse der komplexen Systeme gehören, welche wiederum der Menge der Systeme angehören

4.1 Definition von „System"

Der Begriff „System" kommt aus dem Altgriechischen, vom Wort *systema*. Dies bedeutet ein „aus mehreren Einzelteilen zusammengesetztes Ganzes" [Mackensen, 1985, S. 81]. In dem Begriff der „Zusammensetzung" steckt dabei die Idee einer beständigen Struktur, in der die einzelnen Teile miteinander wechselwirken, auch wenn konkrete Einzelteile ausgetauscht werden.

Eine reine Ansammlung von Dingen ist daher kein System, sondern nur ein Haufen oder eine Menge von Objekten. Ein Heizsystem eines Hauses ist dagegen immer noch das Heizsystem des Hauses, selbst wenn im Laufe der Jahre alle Rohre und Geräte ausgetauscht wurden. Das Beispiel der Ökosysteme zeigt, dass es zudem sinnvoll sein kann, in Hierarchien von Systemen zu denken, wobei die Systeme eines unteren Levels die Einzelteile eines Meta-Systems des nächsthöheren Levels bilden können. Hierbei spricht man auch von einem „Systems-of-Systems"-Ansatz.

Die Frage nach dem System, dem „Ganzen", die die Einzelteile bilden sollen, ist allerdings oft nicht einfach festzulegen: Dazu benötigt man eine Definition, die klar abgrenzt, was Teil des zu betrachtenden Systems ist und was nicht. Die einzigen Systeme, die einigermaßen klar von ihrer Umwelt abgegrenzt werden können, sind technische Systeme, die von Menschen mit Bezug zu einer klar definierten Funktion erstellt wurden: Daher sind Computersysteme, ein Heizungssystem, ein Informationssystem meist klar definiert im wahrsten Sinne des Wortes: Von ihrer Umgebung abgrenzbar (*finis*, lat. für „die Grenze").

Denkt man allerdings etwas länger darüber nach, ob man wirklich für irgendein bekanntes System sagen kann, wer oder was genau Teil des Systems ist und wer nicht, wird es schwierig. Spätestens auf der atomaren Ebene ist nicht mehr ganz klar, was noch zu einem System gehört: Gehört eine sich ablösende Hautzelle noch zu dem Organismus, der sie einst hervorbrachte? Wer genau gehört zum sozialen System „Schule", dessen Kern von einer Schulklasse gebildet wird: Sind es nur die Kinder und ihre Lehrer:innen, oder auch die Eltern der Kinder und die Schulleitung? Gehören dazu im weiteren Sinne auch die Hausmeister:innen und die anderen Schülerinnen und Schüler? Das Bildungsministerium? Ein interessantes Buch, das die Frage nach der Messbarkeit und Definition von physischen Systemen stellt, ist von Kees van Deemter und trägt den Titel „Not exactly. In praise of vagueness" [Van Deemter, 2012].

Konstruktivisten wie Paul Watzlawick oder Heinz von Foerster würden zudem darauf hinweisen, dass vermutlich jeglicher Versuch einer Definition für ein konkretes System auch von der sozio-kulturellen Einbettung der definierenden Person abhängt und in diesem Sinne von der Person konstruiert wird [Watzlawick, 1976, Watzlawick, 1981]. Watzlawick zitiert in diesem Zusammenhang den Physiker Heisenberg wie folgend: „Die Wirklichkeit, von der wir sprechen können, ist nie die Wirklichkeit an sich, sondern eine gewußte Wirklichkeit oder sogar in vielen Fällen eine von uns gestaltete Wirklichkeit."

In diesem Buch nutzen wir Systeme daher als eine Art Denkhilfe: Sie sind nicht naturgegeben, sondern werden von Menschen definiert, um ein bestimmtes Phänomen besser zu verstehen. Um beim Schulbeispiel zu bleiben: Ob Eltern nun dazu gehören oder nicht, ist eine Definitionsfrage. Sich „die Schule" als ein bestimmtes System mit bestimmten Akteuren und Strukturen vorzustellen hilft uns aber dabei, Ereignisse wie beispielsweise „Elternabende“ besser zu verstehen und das Verhalten der einzelnen Teilnehmer:innen zu analysieren.

Wie wir im Weiteren ausführen werden, liegt unserer Meinung nach die Nützlichkeit des Systembegriffs darin, ein Phänomen besser zu verstehen. Systeme an sich existieren im konstruktivistischen Sinne nicht, sondern werden konstruiert, um Komplexität zu reduzieren und zu verstehen, wie ein beobachtbares Verhalten entstehen kann, wie das Verhalten sich selbst erhält im Rahmen des Systems oder wie es endet. Im Folgenden werden wir ein solches beobachtbares Verhalten ein *Phänomen* nennen.

Für ein Informatiklehrbuch ist sowohl der Begriff des Phänomens als auch des Systems damit unangenehm unscharf. Informatiker:innen sind es gewohnt, dass Begriffe eindeutig definiert werden können. Das ist bei der oben genannten Definition eines Systems nicht so – welche Komponenten zu einem System gehören, ist davon abhängig, welches Phänomen wir genau untersuchen wollen. Dazu diskutieren wir als Beispiel ein System, das einen aktuell genutzten Suchmaschinenalgorithmus produziert.

Übungsaufgabe 8:

Diskutieren Sie in kleinen Gruppen, wer eigentlich alles zu dem System gezählt werden sollte, das den Code von einem heute viel genutzten Suchmaschinenalgorithmus beeinflusst. Welche Suchmaschine Sie dabei betrachten, ist Ihnen überlassen. Definieren Sie, welche Funktionalitäten zu dem von Ihnen betrachteten Suchmaschinenalgorithmus gehören. Wir würden beispielsweise die Funktionalitäten auf diejenigen einschränken, die die sogenannten *organischen Suchergebnisse* hervorbringen, also weder Werbung noch Nachrichtensnippets oder andere Medienarten und Dienste betreffen. Bedenken Sie bei der Frage nach den Einflüssen auf den Code, dass es auch indirekte Einflüsse gibt.

■

Gesucht ist das System aus Personen und Institutionen, das das Ziel hat, einen Suchmaschinenalgorithmus zu programmieren, jeweils entsprechend den aktuellsten technologischen Fortschritten und gesellschaftlichen Anforderungen. Technisch gesehen sind es natürlich verschiedene Codes, die jeweils Teile der Suchmaschine verwalten. Dazu gehört beispielsweise der Crawler, der den Webindex erstellt, also die Software, die regelmäßig die bekannten Webseiten abläuft, neue Webseiten erfasst und nicht mehr verfügbare Webseiten identifiziert. Der Webindex an sich muss verwaltet und auf mehreren Servern gesichert werden. Dann müssen die Webseiten bewertet und entsprechend der Bewertung sortiert werden, z. B. mit dem PageRank (siehe Abschnitt 7.1). Dies ist nur ein kleiner Teil der notwendigen Softwarefunktionen, die vermutlich auch in verschiedenen Programmiersprachen implementiert wurden. Der Einfachheit halber fassen wir hier alle Softwarefunktionen zu einem „Code“ zusammen, in dem Wissen, dass dies eine abstrahierende und vereinfachende Modellierung darstellt. Wer oder was genau gehört zu dem System, das diesen Code produziert? Sicherlich gehören dazu alle Softwareentwickler:innen, die am aktuellen Code der Suchmaschine gearbeitet haben. Vermutlich würde man diese Menge an Personen weiter eingrenzen auf diejenigen, deren Zeilen im heute laufenden Code enthalten noch sind. Aber ist das wirklich richtig? Jeder, der schon einmal einen Code weiterentwickelt hat, weiß, wie stark ein Code, der sich evolutiv verändert, von früheren Entscheidungen abhängig ist. Wäre es daher besser, alle Softwareentwickler:innen mit hinzuzunehmen, die **jemals** am Code gearbeitet haben? Was ist mit den Managerinnen und Managern, die selbst zwar keine Codezeile geschrieben haben, aber die Anweisungen dazu gegeben haben? Und gehören die Nutzer:innen zum System? Und wie finanziert es sich? Gehören auch finanziell Beitragende dazu? Was gehört noch zu dem System? Die intern gesetzten Erfolgsvariablen sind ein wichtiger, systeminterner Bezugspunkt für die Software-Entwickler:innen: Wann ist eine Suchmaschine für einen Suchmaschinenbetreiber erfolgreich? Ultimativ ist sie natürlich dann erfolgreich, wenn sie von vielen Nutzern zur Suche herangezogen wird. Aber oftmals werden während der Entwicklung auch andere Maße hinzugezogen, wie beispielsweise der Energieverbrauch oder die Zeit, die der Algorithmus benötigt, um die Suchergebnisse zu bestimmen.

Um zu verstehen, wie solche Erfolgsvariablen den Code einer Suchmaschine beeinflussen, kann es wichtig sein, explizit zu formulieren, wer **nicht** Teil des Systems ist. Es gibt ein weiteres Argument, das dafür spricht: In ihrem Buch „Algorithms of Oppression" [Noble, 2018] spricht Safiya Noble von Diskriminierung und Rassismus, der durch die Suchmaschinenalgorithmen fortgeschrieben wird – wobei sie sich auf die Algorithmen von Google beschränkt. Sie beschreibt, wie die Suche nach „black girls" hauptsächlich auf Pornoseiten führt, während dies bei „white girls" weniger oft der Fall sei (aber auch vorkommt). Noble und andere Autoren [Wachter-Boettcher, 2017, Buolamwini and Gebru, 2018] sehen einen Teil des Problems in der Komposition von Softwareentwicklungsteams, die in den letzten Jahrzehnten oftmals aus gebildeten, jungen, primär weißen Männern bestanden. Warum könnte es problematisch sein, wenn Softwareentwicklungsteams nicht divers sind?

Man kann gut beobachten, dass im Allgemeinen der kulturelle Hintergrund einer Software, die global genutzt wird, eine Rolle spielt: Bei amerikanischen Softwarefirmen sieht man beispielsweise, dass die amerikanische Interpretation von Meinungsfreiheit und Moral diejenige ist, die primär in den Algorithmen umgesetzt wird. Dadurch werden Bilder mit weiblichen Brustwarzen beispielsweise auf Facebook detektiert und gelöscht, während politisch extrem Aussagen, die in Deutschland verboten wären, nicht gelöscht werden. Diese amerikanische Sichtweise wird nur dann in anderen Ländern eingeschränkt wird, wenn sie dort gegen Gesetze verstößt. Amerikanische Softwareentwickler:innen werden also auf das achten, was bei ihnen als anstößig gilt, aber die kulturellen Tabus anderer Gesellschaften ignorieren.

So ist es erst der dunkelhäutigen Informatikerin Joy Buolamwini aufgefallen, dass viele Gesichtserkennungssysteme dunkelhäutige Gesichter wenig oder gar nicht erkennen – und dass dieses Problem bei Frauen stärker ausgeprägt ist als bei Männern [Buolamwini and Gebru, 2018]. Auch Safiya Noble, die für ihre Nichten etwas über „black girls" suchen wollte, ist eher zufällig darauf gestoßen, dass Suchmaschinen hier sehr unterschiedliche Ergebnisse für „black", „white", und „asian girls" erzeugte. Es steht zu vermuten, dass diversere Teams von Anfang an andere Testfälle in den Softwareentwicklungsprozess eingebracht hätten und damit den Code beeinflusst hätten. Es ist daher möglicherweise sinnvoll, alle jemals am Code beteiligten Personen als mit zum System zugehörig anzusehen. ■

Komplementär zur Definition eines Systems ist die Definition seiner Umwelt. Es kann daher bei der Frage danach, was zum System gehört, auch umgekehrt hilfreich sein, zu fragen, was definitiv **nicht** zum System gehört.

Grenze zwischen System und Umwelt

Grundsätzlich bezeichnen wir als *Umwelt* eines Systems alle diejenigen Elemente, die nicht in ihm enthalten sind. Darunter sind besonders diejenigen wichtig, die von ihm nicht verändert werden können. Bei natürlichen Systemen sind dies zum Beispiel physikalische Gesetze, gegen die sie nicht verstoßen können.

Bei sozialen Systemen ist die Abgrenzung zwischen System und Umwelt schwieriger, da soziale Normen sich mit der Zeit ändern und Verstöße gegen sie mehr oder weniger stark sanktioniert werden. Ähnlich ist es auch bei technischen Systemen, die mit anderen, schon existierenden technischen Systemen zusammenarbeiten müssen: Die schon vorhandenen Systeme grenzen oft ein, wie das neue System gebaut werden kann. Eine solche Abhängigkeit von Entscheidungen in der Vergangenheit bezeichnet man als *Pfadabhängigkeit* des Systems; in der Informatik sprechen wir von *Legacies*, also *Erbschaften* aus der Vergangenheit, die berücksichtigt werden müssen .

Insofern ist bei sozialen Systemen die Frage, was System und was Umwelt ist, häufig eine Frage der Zeitdauer des Phänomens, das untersucht werden soll: Ist der Zeitrahmen kurz, können weder aktuelle soziale Prozesse noch technische Schnittstellen geändert werden. Ist der Zeitrahmen lang und ist es denkbar, dass auch diese Teile geändert werden könnten, könnte es sinnvoll sein, die dafür notwendigen Akteure als Teil des Systems zu definieren.

Als Beispiel dient erneut die Frage nach dem System, das den Code einer Suchmaschine produziert: Gehören auch Gesetzgeber mit in das System? Schließlich können Gesetze die prinzipiell baubaren Suchmaschinen einschränken oder weitere Funktionalitäten erzwingen. Ein Beispiel ist das Urteil vom 13. Mai 2014, in dem der Europäische Gerichtshof auf Grundlage der Richtlinie 95/46/EG der Kommission entschied[1], dass Suchmaschinen auf Antrag bestimmte Links nicht mehr in den organischen Suchergebnissen anzeigen dürfen. Diese Gesetze ermöglichen es damit der Gesellschaft das *Recht auf Vergessen* zu etablieren und somit ihre Vorstellung von einer Suchmaschine zu kommunizieren – sie beeinflussen damit indirekt den Code. Ob nun Gesetzgeber mit zu dem System gezählt werden sollten, das direkten und indirekten Einfluss auf den Code hat, ist für uns eine Frage des zu analysierenden Phänomens: Wenn es zum Beispiel um eine Analyse des Phänomens von diskriminierenden Suchergebnisse geht, dann verstießen die Antworten erst einmal gegen kein Gesetz. Es gibt daher keinen Grund, die Gesetzgeber als Teil des Systems zu integrieren: Sie stellen im Rahmen der Analyse einen Teil der Umwelt des Systems her, gegen den die Antworten auf ihre Legalität untersucht werden können. Fragt man sich dagegen, auf welcher Ebene man diesem Phänomen begegnen könnte oder sollte, kann es sinnvoll sein, gesetzgebende Institutionen als aktive Elemente des Systems zu integrieren. Ob Gesetze und gesetzgebende Institutionen also als Teil des Systems oder eher als seine Umwelt modelliert werden, ist eine Frage der Langfristigkeit der zu analysierenden Fragestellung.

Ein zweites Beispiel der Abgrenzung zwischen System und Umwelt fragt nach der Zugehörigkeit der Webseitenbetreiber zum System. Grundsätzlich gehören diese zur Umwelt: Zwar interagieren die Webseitenbetreiber mit der Suchmaschine und versuchen, sie zu ihren Gunsten zu manipulieren um häufiger angezeigt zu werden. Sie können aber den Code nicht direkt beeinflussen – auch wenn ihr Verhalten sicherlich dazu führt, dass der Code so geändert wird, dass er möglichst wenig manipulierbare Rankings erzeugt. Die Websei-

[1] EuGH, Urt. v. 13.5.2014, C-131/12.

tenbetreiber gehören damit eher zur Umwelt des Produktionssystems. Dasselbe gilt für die Nutzer.

Diese Einschätzung ändert sich, wenn man das System auf ein bestimmtes Phänomen hin modelliert: Geht es beispielsweise darum, möglichst gute Suchergebnisse für Nutzer:innen zu erzeugen, sind daran sowohl die Suchmaschine mit ihren Designteams, die Webseitenbetreiber als auch die Nutzer:innen beteiligt. Jeder kann seinen Teil dazu beitragen, dass Suchende das finden, was sie suchen: Durch die zugrundeliegenden Algorithmen, eine gut aufgebaute Webseite und die möglichst präzise Suchanfrage.

Anmerkung aus der Praxis:

Auch für ein eigentlich wohldefiniertes Phänomen ist es oftmals schwierig, genau festzulegen, welche Komponenten Teil des Systems und welche Teil seiner Umwelt sind. Wenn man es alleine versucht, fehlen oft wichtige Teile. Es ist hier hilfreich, das System mit einer Gruppe von Personen zu definieren oder mehrere Einzelpersonen zu bitten, das System zu definieren, und die derart definierten Systeme dann zusammenzuführen. ■

In diesem Sinne definieren wir den Begriff des Systems folgendermaßen:

Definition 8: System

Ein System ist ein **Modell**, das die in die Betrachtung einbezogene Realität in zwei Hälften teilt: Es bestimmt zum einen eine Menge von Entitäten und ihre Beziehungen zueinander, die für einen bestimmten Kontext als wesentlich erachtet werden – **das System**. Zum Anderen wird damit auch **die Umwelt** des Systems mit definiert – das sind die Parameter, die Einfluss auf systeminterne Komponenten haben, aber nicht direkt zum System gehören, da sie von ihm nicht verändert werden können.

Relevant für diese Unterscheidung ist dabei der **Zweck des Modells**. Dieser Zweck ist meistens die Erklärung eines schon beobachteten Phänomens oder die Vorhersage möglicherweise auftretender Phänomene. Er ist damit der Ausgangspunkt für die Festlegung der Systemgrenzen, die so gewählt werden müssen, das damit alle für diesen Zweck ausschlaggebenden Elemente enthalten sind. Dabei ist es wahrscheinlich, dass erst im Rahmen der Analyse klar wird, welche Elemente und Beziehungen wichtig für das Verständnis oder die Vorhersage eines Phänomens sind – und welche nicht.

Ein System wird in diesem Sinne also immer modelliert und stellt niemals die Realität dar, sondern nur ein für einen bestimmten Kontext funktionales Modell. ■

Was aber ist nun ein Modell? Im folgenden skizzieren wir kurz den Begriff des Modells, wobei wir dem Wissenschaftsphilosophen Michael Weisberg folgen.

4.2 Systembeschreibungen als Modelle

Der Philosoph Michael Weisberg beschreibt in seinem Buch „Simulation and Similarity – Using Models to Understand the World“, dass erst die Beschreibung eines Modells dasjenige Zielsystem definiert, das es modellieren soll.

> *To generate a target, theorists choose some phenomenon in the world that they wish to study. From the full contents of the phenomenon, they abstract, omitting all but the relevant features of this phenomenon. This process generates the target system.* [Weisberg, 2012, S. 172]

Das Modell ist gedacht als eine vereinfachende, abstrakte Repräsentation von Systemen in der Welt – das genaue Zielsystem, das durch das Modell beschrieben wird, wird durch dieses aber erst erschaffen. Nach Weisberg gibt es in den meisten Fällen keine eindeutige Abgrenzung des zu beschreibenden Phänomens und den davon betroffenen Komponenten, sondern es liegt in der Kreativität der Modellierenden, diese Grenze zu schaffen.

In dieser sehr allgemeinen Form kann prinzipiell alles ein Modell für alles sein. Weisberg diskutiert das anhand einer blauen Glaskugel und deren Passgenauigkeit für die Art und Weise, mit der Wasser in eine Bucht strömt und kommt (natürlich) zu dem Schluss, dass die Glaskugel ein schlechtes Modell für die Bucht ist. Daher ist die getroffene Auswahl von Strukturelementen, also die Entitäten und ihre Beziehungen, die jeweils einen Teil der Welt repräsentieren, für ihn noch nicht das vollständige Modell. Neben diese Struktur (Entitäten + Beziehungen) stellt er noch die *Interpretation der Struktur* durch die Modellierenden, das sogenannte *Konstrual* (engl. *construal*). Das Konstrual wiederum besteht aus drei Teilen:

1. **Der Zuweisung (*assignment*)** von Modellelementen zu Entitäten in der realen Welt – dazu gehören auch die modellierten Beziehungen.
2. **Dem angestrebten Anwendungsbereich des Modells (*intended scope*)**.
3. **Den Anwendbarkeitskriterien (*fidelity criteria*)**. Hier unterscheidet er zwischen resultatsbezogenen (*dynamical fidelity criteria*) und modellbezogenen (*representational fidelity criteria*). Letztere beziehen sich darauf, ob und in welcher Weise verschiedene Verhalten Eingang in das Modell gefunden haben, während erstere Grenzen angeben, wieweit das Modell im Resultat von den in der Realität gemessenen Werten abweichen darf.

Zum Beispiel ist die Beschreibung des kürzesten-Wege-Problems in der klassischen Dijkstra-Formulierung [Dijkstra, 1959] ein Modell:

Gegeben: Ein gerichteter, gewichteter Graph $G = (V, E, \Omega)$ mit $V = \{v_1, v_2, \ldots, v_n\}$ einer Menge von Knoten, $E \subseteq V \times V$ einer Relation und $\Omega : E \rightarrow \mathbb{R}^+$ einer positiv-reellwertigen Gewichtungsfunktion. Gegeben sind weiterhin zwei Knoten $s = v_i$ und $t = v_j$.
Gesucht: Ein kürzester Pfad von v_i nach v_j, wenn dieser existiert und -1 sonst.

Es geht davon aus, dass reale Straßennetzwerke als gerichtete, gewichtete Graphen dargestellt werden können. Dabei werden – intentional – z. B. Durchflussgeschwindigkeiten in Realzeit vernachlässigt. Die Zuweisung zwischen Modellelementen und Elementen der realen Welt ist dabei relativ einfach: Kreuzungen sind Knoten im Graph, Straßen sind Kanten zwischen den Kreuzungen, die sie miteinander verbinden. Wenn es Einbahnstraßen sind, wird die Verbindung nur in die entsprechende Richtung eingetragen, sonst in beide. Sackgassen verbinden eine Kreuzung mit einem Straßenendpunkt, der ebenfalls als

Knoten dargestellt wird. Der Anwendungsbereich dieser vereinfachten Modellierung liegt darin, eine einfache Lösung berechnen zu können, die tatsächliche Nutzungen und dynamisch auftauchende Hindernisse ignoriert. Über die Anwendbarkeitskriterien kann man sicherlich streiten, aber vermutlich geht es den meisten Personen heute nicht um die längenmäßig kürzeste Strecke, sondern die mit der erwartet kürzesten Fahrzeit. Dafür muss eine aufwändigere Modellierung der Strecken mit ihren Durchflusskapazitäten und Stauwahrscheinlichkeiten vorgenommen werden. Sollte das Dijkstra-Modell Wege vorschlagen, deren tatsächliche Fahrtzeit stark von den idealisierten Bedingungen abweichen, wäre das für die meisten Nutzer:innen vermutlich der Punkt, an dem sie ein neues Navigationsgerät kaufen.

Wie können die Anforderungen an ein Modell auf den Begriff des Systems übertragen werden? Das zu untersuchende Phänomen bestimmt, welche Entitäten und welche ihrer Beziehungen zum System (zum Modell) gehören. Damit wird der Anwendungsbereich zum definierenden Element. Wenn das zu untersuchende Phänomen mit dem definierten System nicht erklärt werden kann, verlässt das Modell den Anwendungsbereich. Daneben können weitere Anwendungskriterien Verwendung finden: Wenn es beispielsweise mehrere Systeme gäbe, die die Untersuchung eines Phänomen zulassen, kann die Regel, die nach dem Philosophen Wilhelm von Ockham „Ockhams Razor" genannt wird, dazu genutzt werden, sich für eines davon zu entscheiden: Wenn zwei modellhaft beschriebene Systeme dieselbe Erklärkraft haben, soll das einfachere davon verwendet werden, also das mit der kleineren Struktur.[2] Als Naturwissenschaftler:in würde man zusätzlich die Bedingung an das Modell stellen, dass die einzelnen Beziehungen darin untersuchbar sind und auch ihr Einfluss auf das zu untersuchende Phänomen experimentell analysiert werden kann.

In der Sozioinformatik beschäftigen wir uns hauptsächlich mit solchen Systemen, die eine gewisse Komplexität aufweisen. Systeme kommen in unterschiedlichen Komplexitätsstufen vor: Ein Thermostat ist ein oft genanntes Beispiel für ein sehr einfaches System. Es sorgt dafür, dass ein Raum gleichmäßig temperiert wird. Die wesentlichen Bestandteile des Thermostats sind ein oder mehrere Temperatursensoren, ein Ventil, das den Zufluss von heißem Wasser zum Heizkörper reguliert, und eine Eingabemöglichkeit der Wunschtemperatur – diese Bestandteile müssen natürlich auch geeignet verdrahtet sein. Andere Systeme sind sehr kompliziert, beispielsweise ein Flugzeug. Interessant wird es aber vor allen Dingen dann, wenn durch die Interaktion der Bestandteile etwas völlig Neues entsteht – eben die schon beschriebene *Emergenz*. Dies ist das Erkennungszeichen von *komplexen Systemen*.

4.3 Komplexe Systeme

Es ist offensichtlich, dass die Welt durch die Digitalisierung schwieriger zu überblicken geworden ist. Kaum eine Person weiß wirklich, wie und warum sie welche Nachrichten im NewsFeed von Facebook angezeigt bekommt, welche Entscheidungen dafür sorgen, dass

[2] Natürlich gibt es kein Maß für die Größe einer Modellstruktur. Aber im Wesentlichen geht es um die Anzahl der Modellelemente und der Komplexität der zwischen ihnen angenommenen Beziehungen.

ihr ein Produkt empfohlen wird, oder warum wer welchen Kreditrahmen von einer Software eingeräumt bekommt. In der Umgangssprache würde man von einer komplexen Situation sprechen – aber was genau versteht man eigentlich unter diesem Begriff?

4.3.1 Zur Definition des Begriffs „komplex“

Der Begriff „komplex“ wird im Alltag sehr unterschiedlich verwendet und verschwimmt in seiner Bedeutung mit dem Wort „kompliziert“. Bei der Beschäftigung mit den verschiedenen Definitionen des Begriffs „komplex“ ist zunächst festzustellen, dass sich der umgangssprachliche Gebrauch grundlegend von der Bedeutung unterscheidet, die der Begriff in verschiedenen fachwissenschaftlichen Disziplinen einnimmt.

Der Duden definiert die alltagssprachliche Bedeutung von „komplex“ als „umfassend; vielfältig verflochten“ [Duden, 2009]. Oft ist damit auch einfach nur „kompliziert“ gemeint. Der Begriff „komplex“ ist allerdings in der Komplexitätswissenschaft anders definiert – und dieser Definition folgen wir in diesem Buch. Wir nähern uns dem Begriff, indem wir seine Nutzung in den drei Disziplinen Psychologie, Physik und Informatik einander gegenüberstellen.

4.3.2 Komplexität in der Psychologie

In seinem Buch „Logik des Misslingens“ malt der Bamberger Psychologe Dietrich Dörner ein düsteres Bild von der menschlichen Fähigkeit, große Systeme mit vielen Eingriffsmöglichkeiten zu steuern. Als einer der ersten verwendete er Simulationen solcher Systeme in Form von spielartigen Szenarien, um zu untersuchen, wie Menschen Entscheidungen treffen. In einer dieser Simulationen waren die Teilnehmer:innen als Bürgermeister gefragt, die Geschicke einer kleinen Stadt zu leiten. In einer anderen ging es darum, in einer Entwicklungshilfesituation die hohe Säuglingssterblichkeit in einem fiktiven, nomadisch lebenden Volk mit Hilfe von knappen Ressourcen zu begegnen [Dörner, 2004]. Die Systeme und ihr jeweiliger Zustand wurden durch eine Vielzahl von Variablen beschrieben. Im zweiten Beispiel waren dies z. B. die Säuglingssterblichkeit, die Anzahl an Rindern, der Nomaden und die der Wasserstellen. Hinter der Simulation steckten mathematische Funktionen, die die Abhängigkeiten der Variablen untereinander darstellten: Eine Erhöhung der Anzahl der Rinder spiegelt sich im nächsten Schritt beispielsweise in einem erhöhten Wasserverbrauch wider. Zusätzlich gab es in manchen Simulationen auch zufällige Ereignisse, die den Lauf der Dinge ändern konnten.

Das Ergebnis war: In beiden Szenarien verloren die Teilnehmer:innen den Überblick über die vielen Abhängigkeiten und waren meistens nicht in der Lage, ihre selbstgesteckten Ziele zu erreichen. Dörners Fazit ist mehr als deutlich: Menschen, die komplexe Systeme steuern, versagen aus einer ganzen Reihe von Gründen, die nur schwer zu vermeiden sind aufgrund der Art und Weise,wie Menschen sich verhalten und welchen Beschränkungen sie unterliegen.[3]

---

3 „Die Langsamkeit des Denkens und die geringe Zahl gleichzeitig zu verarbeitender Informationen, die Tendenz zum Schutz des Kompetenzgefühls, die geringe ‚Zuflusskapazität‘ zum Gedächtnis und die Fixierung

Welche Systemeigenschaften machen ein System nun komplex? Dörner identifiziert unter anderem die folgenden Komplexitätstreiber für menschliche Entscheider:innen:

- viele miteinander interagierende Variablen;
- unklare Interaktionsarten zwischen den Variablen, also Unkenntnis der Funktion, mit der sie im Zusammenhang stehen: Ist ein linearer Einfluss von A auf B gegeben, ein quadratischer – oder gar ein exponentieller?;
- zeitverzögerte Reaktionen der Variablen B, nachdem A verändert wurde;
- exponentielles Wachstum im Allgemeinen.

Viele der Internet- und Digitalisierungsphänomene der letzten Jahre gehören genau in diese Kategorie von Systemen, die von Menschen nur schwer durchschaubar sind. Es ist leicht ersichtlich, dass beispielsweise das oben kurz genannte System der Suchvervollständigung alle vier Dimensionen beinhaltet. Die Suchvervollständigungsalgorithmen schlagen schon während der Eingabe von Suchbegriffen Vervollständigungen vor, die von den vorherigen Suchen anderer Nutzer:innen beeinflusst werden. Dieses System ist nach Dörner sicherlich als komplex zu werten: Zuerst einmal gibt es sehr viele Variablen im System, wenn man das Verhalten jedes einzelnen Nutzers und jeder einzelnen Nutzerin von Googles Suchmaschine betrachtet. Damit ist die erste Dimension klar gegeben. Zweitens wissen wir als Nutzer:innen nicht, welche Aktionen – gemessen als Variablen – genau zu welchem Ergebnis führen. Zwar gibt die Google-FAQ-Seite [Yehoshua, 2016] zum Thema an, dass z. B. die aktuelle Popularität einer Suchanfrage eine Rolle spielt, es wird aber auch deutlich, dass dies nicht die einzige Inputvariable für das Ergebnis ist. Es fehlen auch die Verhaltensdaten, um zum Beispiel abzuschätzen, wie sehr sich eine suchende Person von einem Vorschlag verleiten lässt, nach etwas zu „suchen“, woran sie ursprünglich gar nicht interessiert war. Die zweite Dimension von psychologischer Komplexität ist damit ebenfalls vorhanden. Wenn auch das vergangene Suchverhalten der Nutzergemeinde mit einbezogen wird, ist es klar, dass die Reaktion des Vervollständigungsalgorithmus zeitverzögert erfolgt. Damit ist die dritte Dimension – je nach Implementierung des Algorithmus – vermutlich auch erfüllt. Nicht zuletzt kommt es bei manchen Suchbegriffen zu einem sich selbst verstärkenden Prozess: Dies kann man aus explosionsartig steigenden Suchanfragen zu bestimmten Themen gut erkennen (siehe Abbildung 4.2). Die zu sehenden Spitzen traten jeweils in der Woche nach dem erstem April des Jahres auf und gehen aller Wahrscheinlichkeit nach auf entsprechende Aprilscherze zurück. 2018 war es beispielsweise eine Plattform mit der URL *www.eine-zeitung.net*, die Angela Merkel auf Facebook und anderen sozialen Medien zur Schwangerschaft gratulierte. Und obwohl ein Blick auf die Quelle *Eine Zeitung* mit dem schönen Untertitel „In Satira Veritas“ vielleicht schon genügt hätte, um die Meldung als bewusste Falschmeldung zu enttarnen, wurden dem Fakt-Checking-Kollektiv Mimikama[4] mehrere Anfragen dazu gestellt. 2015 war der Song[5] des Entertainers Jan Böhmermann der wahrscheinlichste Auslöser. Wenn Nutzer dann erst einmal anfangen zu suchen, wird anderen dieser Vorschlag ebenfalls unterbreitet, die originär vielleicht nicht danach gesucht haben: Der Vorschlag generiert weitere Suchen, die wiederum die (scheinbare) Popularität erhöhen. Ohne zwischen organischem und künstlich ausgelösten Suchverhalten unter-

---

der Aufmerksamkeit auf die gerade aktuellen Probleme: das sind sehr einfache Ursachen für die Fehler, die wir beim Umgang mit komplexen Systemen machen“ [Dörner, 2004, S. 313–314].

4 *www.mimikama.at/allgemein/merkel-mutterschutz/*.

5 *https://www.youtube.com/watch?v=7CTYHT1Qs1w*.

scheiden zu können, ist unklar, welchen Anteil beide Verhalten zum Suchtrend beitragen – es ist aber auf jeden Fall vorstellbar, dass hier auch die vierte Dimension, ein exponentielles Wachstum, zu beobachten ist. Das Beispiel zeigt, dass ganz allgemein digitale Prozesse schwierig für Menschen zu überblicken sein können: Sie können viele Variablen enthalten, deren Beziehung ohne Blick in den Code unklar bleibt; die Variablen können einander beeinflussen und dabei zeitlich eine große Verzögerung aufweisen; und wenigstens für eine Zeit kann dabei eine Variablengröße auch exponentiell wachsen. Die Sichtweise von Dörner, was Komplexität aus der psychologischen Perspektive heraus ausmacht, ist damit eines der starken Argumente für These 1 (siehe Abschnitt 3.1.1) dieses Buches: Dass insbesondere Software in der Lage ist, viele komplexe Situationen zu erzeugen.

Abbildung 4.2 Die relative Anzahl von Suchanfragen zum Suchbegriff „Merkel schwanger" laut Google Trends. Normiert wird auf die höchste, absolute Anzahl von Suchanfragen im Zeitbereich. Man sieht deutliche Anstiege im Interesse im Jahr 2015 und 2018. In beiden Jahren gab es einen Aprilscherz zum Thema, die mutmaßlich durch die Google Suchvervollständigung angeheizt wurden (Daten heruntergeladen von *trend.google.com* am 16.02.2020)

Der psychologische Begriff der Komplexität legt also nahe, dass Systeme dann „komplex" sind, wenn sie uns überfordern: Wenn sie unübersichtlich sind und steuernde Eingriffe unklare, zeitlich verzögerte oder exponentielle Auswirkungen haben. ■

Auch in der Informatik gibt es den Begriff der „Komplexität". Dieser ist deutlich anders definiert, aber es gibt eine Überschneidung der beiden Bedeutungen, die wir im Folgenden aufweisen.

4.3.3 Komplexität in der Informatik

In der klassischen Informatik können nur „known knowns" modelliert werden, denn Algorithmen, die etwas berechnen, müssen dazu eine vollständige Eingabe bekommen und für jede Berechnung eine klar definierte Sequenz von Handlungsanweisungen und Entscheidungsregeln nutzen. Wenn weder klar ist, wie viele Variablen eine Rolle spielen noch deren Abhängigkeiten untereinander bekannt sind, können wir das System in der klassischen Algorithmik nicht modellieren und die auftretenden Fragestellungen nicht lösen.

Die klassische Informatik beschäftigt sich also von vornherein nur mit solchen Situationen, in denen die Problemstellung klar beschrieben werden kann. Damit fällt ein Großteil der Problematik echter komplexer Systeme weg, mit denen Menschen interagieren müssen. Für diejenigen Situationen, deren Variablen und ihre Beziehungen vollständig bekannt sind, stellt der Informatiker oder die Informatikerin dann ein mathematisch präzise definiertes Problem auf, wie beispielsweise das vorhin schon erwähnte „Kürzeste-Wege-Problem".

Ein solches Problem fragt nach einer (Menge von) Lösungen mit gewissen Eigenschaften, im Beispiel nach allen Pfaden mit der kürzesten Länge. Damit gehört dieses Problem zur Klasse der *Optimierungsprobleme*. Als *Entscheidungsproblem* gilt ein Problem, wenn das Problem durch die Antwort 0 oder 1 gelöst wird. Hier geht es beispielsweise um Existenzfragen, z. B.:

Gegeben: Gegeben ein ungewichteter, ungerichteter Graph $G = (V, E)$.
Gesucht: Gibt es eine Teilmenge $C \subseteq V$ von k Knoten, die alle miteinander verknüpft sind, d. h., $\forall v, w \in C, \{v, w\} \in E$?

Wenn das zugrundeliegende Problem spezifiziert wurde, dann suchen Algorithmendesignerinnen und -designer nach einem Algorithmus, dessen Lösungen immer und genau diese Spezifikation erfüllen. Die eigentliche Expertise von Informatikerinnen und Informatikern liegt dabei darin, den gefundenen Algorithmus so zu implementieren, dass er auch mit den größten Datenmengen klarkommt, auf eventuelle Fehler im Input (z. B. unzulässige negative Gewichte) sowie auf die Effizienz zu achten. Die **Komplexität eines Algorithmus** wird danach definiert, wie viel länger die Berechnung braucht, je größer die zu verarbeitende Datenmenge ist. Zum Beispiel sind Suchen nach bestimmten Einträgen in einer Datenbank so simpel, dass selbst eine Verdoppelung der Datenbank höchstens dazu führt, dass die Berechnung doppelt so lang wird. Wenn die Datenbank sortiert ist, sind es sogar nur eine Handvoll von zusätzlichen Rechenschritten. Das Finden eines Eintrages in einer Datenbank gilt daher als simples Problem, unabhängig davon, wie groß die Anzahl der Einträge wirklich ist. Andere Probleme können nicht so schnell berechnet werden: Manche sind derart, dass eine einzige weitere Information dazu führen kann, dass die Berechnungszeit sich verdoppelt. Dazu gehören solche, die beispielsweise Automobilkonfigurationen unter bestimmten Anforderungen berechnen: Heute sind viele Automobile modular aufgebaut und nicht alle Teile sind miteinander kompatibel. Ein Kundenwunsch, der verschiedene Ansprüche an Preis, Verbrauch, Zugkraft und Abgasqualität stellt, kann dann vielleicht nicht erfüllt werden. Ein solches Problem verdoppelt seine Berechnungszeit leicht, indem nur eine weitere Anforderung gestellt wird – es gilt als komplex. Probleme, bei denen die Größe der Eingabe n in einer Laufzeit resultiert, die nur polynomial steigt, also in der Form n^k für eine Konstante k, liegen in der Klasse der polynomialen Probleme. Solche, für die kein solcher Algorithmus bekannt ist, sind komplex.

Innerhalb dieses Rahmens ist also klar, dass nicht alles, was aus vielen Variablen besteht, aus Sicht der Informatik komplex ist: Nur weil ein Graph Millionen von Knoten hat, ist das Problem, den kürzesten Pfad zwischen zwei Knoten zu finden, im informatischen Kontext nicht „komplex“, es dauert einfach nur länger, das Ergebnis zu berechnen. Andersherum ist ein komplexes Problem, also eins, dass mit vielen Variablen eine exponentielle Laufzeit zur Lösung benötigt, auch dann komplex, wenn in der Realität nur ganz wenige Variablen berücksichtigt werden müssen.

In diesem Sinne ist für Informatiker:innen ein Problem komplex, wenn es erstens spezifizierbar ist und zweitens eine inhärent hohe Laufzeit hat, es also nicht möglich zu sein scheint, einen Algorithmus mit beispielsweise polynomialer Komplexität zu finden. ■

Ein Entscheidungsproblem ist in diesem Sinne also einfach, wenn es einen Algorithmus mit geringer Laufzeit gibt, und komplex, wenn es keinen Algorithmus mit polynomialer Laufzeit zu geben scheint. In vielen Fällen kann man dann mit Approximationen arbeiten. Ein Approximationsalgorithmus garantiert, dass die Lösung in einem festen Verhältnis zur optimalen Lösung steht. Auch damit lassen sich oft gute Entscheidungen treffen. Zuletzt gibt es noch Probleme, die man vor allen Dingen mit Heuristiken lösen kann. Eine Heuristik findet eine Lösung für ein Problem, kann aber nicht garantieren, wie gut diese Lösung in Bezug auf das theoretische Optimum ist.

Im Unterschied zu Menschen, die in komplexen Situationen entscheiden **müssen**, auch wenn nicht alle Eigenschaften der Situationen und deren Abhängigkeiten bekannt sind, würde man sich im klassischen Algorithmendesign solchen Entscheidungsproblemen gar nicht widmen **können**. Aus informatischer Perspektive kann eine Optimierung immer nur auf den bekannten Variablen und ihren Abhängigkeiten versucht werden.

Das Konzept der „Komplexität“ in der Informatik beruht also nur auf der Frage nach der Zeit, in der ein (allgemeines) Problem gelöst werden kann, unabhängig davon, ob eine konkrete Instanz des Problems viele oder wenige Eingabeinformationen verarbeitet.

Zuletzt betrachten wir nun noch den Begriff der Komplexität aus der Sicht der statistischen Physik.

4.3.4 Komplexität in der Physik

Die statistische Physik beschäftigt sich mit Makroeigenschaften von Systemen aus Partikeln, insbesondere Gaspartikeln und kleinen Magneten. Schon Ende des 19. Jahrhunderts wurde immer klarer, dass manche Systemeigenschaften wie Magnetismus oder der Druck und die Temperatur von Gasen nicht verstanden werden können, wenn man nur die Einzelteile betrachtet, sondern erst, wenn man deren Interaktion mit modelliert. Die sogenannte *statistische Physik* begann zu diesem Zeitpunkt allgemeine Gesetze zu entwickeln, die die Eigenschaften von diesen Systemen statistisch beschrieben. Am bekanntesten unter diesen Gesetzen sind sicherlich die Hauptsätze der Thermodynamik.

Die Statistik wurde ab diesem Zeitpunkt auch genutzt, um besser zu verstehen, wie sich Gesellschaft verhält:

Die Idee war beispielsweise, dass die Wahlentscheidung eines Menschen auch davon abhängig sei, in welcher sozialen Schicht der Gesellschaft er sich befindet. In den 1940er-Jahren begannen dann die ersten Sozialwissenschaftler:innen, die Interaktion von Individuen mit anderen als bestimmend für deren politische Meinungsbildung sowie anderes soziales Verhalten anzusehen – die Analyse sozialer Netzwerke entwickelte sich [Scott, 2003]. Dabei wurden die Sozialwissenschaften zuerst von Mathematiker:innen und Statistiker:innen unterstützt. Auch andere Sozialwissenschaftler:innen interessierten sich für das Makroverhalten sozialer Systeme, ausgehend von Regeln für das lokale Verhalten, beispielsweise der spätere Nobelpreisgewinner Thomas Crombie Schelling [Schelling, 1978], nutzten dafür aber nicht Methoden der Statistik, sondern empirische Methoden oder Simulationen. In den 1970er-Jahren wurden die beginnenden ökologischen Probleme immer sichtbarer und Klimamodelle wurden in Kooperation von Physiker:innen, Informatiker:innen und Meteorolog:innen entwickelt. Es wurde offensichtlich, dass globale Probleme globaler Lösungen bedürfen. In der Komplexitätswissenschaft wurden in den darauf folgenden Jahren einfache Modelle entwickelt, um Verhalten zu beschreiben, die erst durch das Zusammenwirken verschiedener Akteure entstehen: Zum Beispiel ein einfaches Modell dafür, wie Ameisen den kürzesten Weg finden, ohne den Überblick über ihre Umgebung zu haben [Camazine et al., 2003] oder für die Entstehung von Autostaus „aus dem Nichts".

Die Bildung von Staus ohne erkennbaren Grund auf der Autobahn ist tatsächlich ein bekanntes Beispiel für ein Verhalten, das erst aus der Interaktion von sozialen Akteuren und Technik entsteht, wie in einer Dokumentation des ZDF beschrieben: Diese Staus entstehen, wenn die Dichte von Autos auf einem Streckenabschnitt einen bestimmten Schwellenwert überschreitet. Dadurch kommt es lokal immer wieder zu Situationen, in denen ein:e Autofahrer:in bremsen muss. Wenn einzelne Fahrer:innen komplett zum Stillstand kommen und wieder anfahren müssen, entsteht ein Stop-and-Go-Verhalten, ohne dass es dafür einen äußeren Anlass geben muss. Es ist instruktiv, sich hierzu ein Experiment des ZDF anzusehen, in dem Autofahrer auf einem großen Parkplatz hintereinander im Kreis fahren und es tatsächlich innerhalb kürzester Zeit zu Stop-and-Go-Verhalten kommt [ZDF, 2011].

Ein Stau ohne erkennbaren Grund wird also durch die Interaktion von Autofahrer:innen und ihren Autos – also soziale Akteure und Technik – produziert. Das Verhalten auf der Systemebene – das Makroverhalten – kann durch die Interaktion auf der individuellen Ebene der Akteure – das Mikroverhalten – erklärt werden. Mit dieser Verbindung aus Mikro- und Makroverhalten hatten die statistischen Physiker im Rahmen der Thermodynamik, der Modellierung des Verhaltens von Gasen, Flüssigkeiten und Feststoffen und dem Energieaustausch im Allgemeinen, schon Erfahrungen gesammelt und Modelle dafür entwickelt.

In den späten 1990er-Jahren begannen Wissenschaftler:innen aus der statistischen Physik daher, ihre Modelle auf gesellschaftliche Phänomene anzuwenden. Auch hier ist die Modellierung von Staus ein gutes Beispiel: Viele der Modelle dafür sind inspiriert von Modellen aus der statistischen Physik. In einem Übersichtsartikel von Nagel, Wagner und Woesler aus dem Jahr 2003 schreiben die Autoren, wie eine solche Analogie aussieht. Im Fall es Staus beruht es auf der Modellierung, unter welchem Umständen eine Flüssigkeit gasförmig wird und welche Phänomene in der Umwandlungsphase auftreten. Sie schreiben: „In der Gas-Flüssigkeits-Analogie würde fließender Verkehr korrespondieren mit dem Zustand als Gas, Staus würden korrespondieren mit dem Zustand als Flüssigkeit, und Stop-and-Go-Phasen würden korrespondieren mit der gleichzeitigen Existenz von Flüssigkeit und Gas".[6] Auch wenn es merkwürdig anmuten mag, Menschen mit Gasen oder Flüssigkeiten zu vergleichen, konnten die einfachen Modelle eine Reihe von beobachtbaren Phänomenen erklären [Nagel et al., 2003].

Andere statistische Physiker:innen wandten sich den Interaktionsstrukturen in komplexen Systemen zu und modellierten diese als Netzwerke und Graphen. Daraus entstand der Forschungsbereich *Complex Network Analysis*, die Analyse komplexer Netzwerke [Barabási, 2013, Watts, 1999, Zweig, 2016]. Darunter verstehen die Physiker:innen alle Netzwerke, in denen Dinge oder Personen in einer definierten Beziehung zueinander stehen. Mit ihrer neuen Sichtweise explodierte das Feld der Netzwerkanalyse – durchaus zum Unmut derer, die diese Analyse beschränkt auf Beziehungen zwischen sozialen Akteuren schon seit den 1940er-Jahren unter dem Namen *Soziale Netzwerkanalyse* betrieben [Zweig, 2016, Kapitel 2]. Aber es ist einfach nur der logische Schluss: Wer versuchen will, Makrophänomene zu verstehen, die aufgrund der Interaktion von Beteiligten zustande kommen, tut gut daran, die Struktur der Interaktionen zuerst zu verstehen.

Somit ist die Sichtweise der Physik auf komplexe Systeme: In der Physik nennt man ein System komplex, wenn durch die Interaktion der Teile etwas Neues in die Welt kommt. Oder, wie die Encyclopaedia Britannica schreibt:

> *Complexity, a scientific theory which asserts that some systems display behavioral phenomena that are completely inexplicable by any conventional analysis of the systems' constituent parts. These phenomena, commonly referred to as emergent behaviour, seem to occur in many complex systems involving living organisms, such as a stock market or the human brain.* [Casti, 2017]

Unsere grundlegende Annahme ist es, dass diese *emergenten Phänomene*, die aus der Interaktion von Nutzer:innen und Software entstehen, diejenigen Technikfolgen ergeben, die im Vorhinein besonders schwierig vorherzusagen scheinen. Tatsächlich werden wir später zeigen, dass emergente Phänomene zwar komplex erscheinen mögen, aber trotzdem regelhaft sein können und damit auch vorhersagbar sind. Wir definieren dafür emergente Phänomene wie folgend:

Definition 9: Emergentes Phänomen

Als *emergente Phänomene* bezeichnen wir reproduzierbar beobachtbare Phänomene (Eigenschaften oder Verhalten) von Systemen, die durch die *Interaktion* zwischen Elementen dieses Systems verursacht werden und ohne diese Interaktion nicht zu erklären sind. Sie sind insbesondere nicht einfach nur Aggregationen der einzelnen Verhaltensweisen oder Eigenschaften der einzelnen Teile, sondern im Aristotelischen Sinne mehr als die Summe ihrer Teile. Dieses „mehr als die Summe ihrer Teile" drückt sich darin aus, dass durch die Interaktion etwas qualitativ Neues entsteht oder darin, dass ein bekanntes Verhalten (Eigenschaft) sich in kausaler Abhängigkeit von der Interaktion messbar verändert.

■

[6] Übersetzt aus dem englischen Original: „In the gas-liquid analogy, laminar traffic would correspond to the gas phase, jammed traffic would correspond to the liquid phase, and stop-and-go waves would correspond to the coexistence of liquid and gas" [Nagel et al., 2003].

In diesem Sinne **nicht** emergent sind Phänomene, die einfach nur die Aggregation der Eigenschaften der Einzelelemente darstellen. So ist das reine Zusammenrechnen der Stimmen, die eine Person über mehrere Wahlkreise hinweg in einer Wahl erhalten hat, kein emergentes Phänomen, wohl aber die Prozesse der Meinungsbildung, die zu dieser Zahl geführt haben. Genauso ist die reine Menge der Nutzer einer Social-Media-Plattform kein emergentes Phänomen, wohl aber die Tatsache, dass Menschen solche Plattformen schwer wieder verlassen können, wenn schon all ihre Freunde dort Mitglied sind (siehe Abschnitt 2.2.6). Ebenso ist es kein emergentes Phänomen, wenn bei einem Konzert oder anderen Veranstaltungen die Anzahl der Bestellungen von Getränken proportional zur Menge an Personen steigt – wenn es aber dann beim Verlassen der Veranstaltung an den Ausgängen zu Gedränge oder gar zur Panik kommt, sind diese wiederum emergente Phänomene.

4.3.5 Überblick „Komplexe Systeme“

Zusammenfassend kann man also zuerst festhalten, dass sich die Disziplinen im Detail nicht einig sind, was ein komplexes System ist und wie man dessen Verhalten modelliert oder vorhersagt. Informatik und Psychologie einigen sich darauf, dass es Situationen gibt, in denen so viele Individuen oder Parameter miteinander in so einer Art und Weise miteinander interagieren, dass eine Aussage über eine Eigenschaft der Situation oder über die weitere Entwicklung die Rechenkapazität des Menschen bzw. eines Computers überschreitet. Die Physik legt den Fokus auf solche Systeme, in der eine Vielzahl von Interaktionen zu einem neuen, emergenten Verhalten führt. Auch hier gilt: Je diverser die Elemente und Interaktionen, desto wahrscheinlicher ist das Auftreten solcher emergenten Phänomene.

Mit klassischen Algorithmen lassen sich in der Informatik auf jeden Fall nur vollständig bekannte Systeme behandeln – somit interessiert sich die klassische Informatik nur für die Systeme, bei denen dies möglich ist. Für den Computer werden die Fälle, die vollständig modellierbar sind, in ihrer Komplexität dann eingeteilt danach, ob es möglich ist, Algorithmen zu finden, die die Lösungsberechnung in polynomineller oder exponentieller Laufzeit garantieren können.

Für diese einfachen Fälle kann der Computer auch das, was der Psychologe vielleicht schon als „komplex“ für den menschlichen Verstand bezeichnen würde, noch bewältigen: Den kürzesten Weg innerhalb einer Stadt zu finden, ist für Menschen noch gut machbar, die dort lange wohnen. Den kürzesten Weg zwischen zwei europäischen Städten eindeutig zu bestimmen, dagegen nicht mehr. Das liegt daran, dass vom Computer weit größere Datenmengen noch zuverlässig verarbeitet werden können als vom Menschen. Auf der anderen Seite ist der menschliche Verstand in der Lage, komplexe Systeme zu erfassen, die der Computer mit klassischen Algorithmen oder klassischen Simulationsumgebungen nicht verarbeiten kann: Hier arbeitet der Mensch mit Analogien zu anderen Systemen oder Situationen, und basiert seine Vorhersagen auf diesen Analogien. Es gibt also sowohl Situationen, die für beide einfach oder für beide komplex sind als auch solche, die wechselseitig für den einen einfach und den anderen gar nicht lösbar oder komplex sind.

Die Fragen, die Mensch und Computer leicht beantworten können, sind also nicht hundertprozentig deckungsgleich. Die Einteilung von Systemen oder Problemen nach der Einfachheit, mit der sie überblickt oder gelöst werden können, ist damit abhängig von den genauen Details der Rechenkapazität bzw. Analysefähigkeit von Mensch oder Maschine. Zuletzt ist es aber stets der Mensch, der den Computer auf zu lösende Probleme ansetzt und der die dabei zu verfolgende Lösungsstrategie vorgibt. Damit ist es immer der Mensch, der ein Problem löst – manchmal mit dem Computer, manchmal ohne ihn. Aber Steine teilt man ja auch nicht nach ihrem Gewicht in Komplexitätsklassen ein, nur weil die meisten einen Kran benötigen, um bewegt zu werden. Wir folgen daher in diesem Buch dem Ansatz der Physik, dass ein System dann komplex ist, wenn es durch die Interaktion der Elemente auf einer Ebene zu einem neuen, emergenten Verhalten auf der Systemebene kommt. Emergente Verhalten tendieren dazu, stark vom Kontext der Interaktionen abhängig zu sein, so dass schon kleine Änderungen beim Aufstellen oder der Messungen von Eingaben zu großen Änderungen auf der Systemebene führen können. Daher sind die Details dieses Verhaltens oft schwer vorhersehbar, und damit auch im psychologischen bzw. informatischen Sinne komplex:

Definition 10: Komplexes System

Ein System ist *komplex*, wenn durch die Interaktion seiner Elemente auf der Systemebene mindestens ein neues (emergentes) Verhalten oder Eigenschaft erzeugt wird, also eines, das die einzelnen Elemente alleine nicht aufweisen können. ■

Die Interaktion zwischen Technik und sozialen Akteuren kann ebenfalls zu emergenten Phänomenen führen, wie oben am Beispiel von Staus demonstriert wurde. Um dieses emergente Verhalten zu verstehen, muss das System bestehend aus Technik und sozialen Akteuren ganzheitlich betrachtet werden.

4.3.6 Exkurs: Verändert maschinelles Lernen die Lösbarkeit komplexer Probleme?

Können Computer wirklich nicht mit Problemen umgehen, die unvollständig spezifiziert sind? Kann hier nicht künstliche Intelligenz bzw. die Methoden des maschinellen Lernens helfen?

Ein Problem, das für die Entwickler klassischer Systeme jahrzehntelang nicht lösbar war, ist die maschinelle Übersetzung. Obwohl Linguisten Sprachen seit Jahrhunderten untersuchen und es für viele von ihnen Tausende von Grammatikregeln gab, konnte daraus kein Softwaresystem gebaut werden, dass Texte sinnvoll übersetzte. Abbildung 4.3 zeigt drei Beispiele für Übersetzungen aus dem Englischen ins Deutsche aus einer State-of-the-art-Übersetzungssoftware namens Verbmobil aus den 1990er-Jahren [Stede and Tidhar, 1999]. Im Wesentlichen fehlten genügend detaillierte Entscheidungsregeln, die definierten, wie die möglichen Worte in zwei Sprachen jeweils zueinander in Beziehung stehen können. Lane Schwartz beschreibt in ihrem historischen Abriss zur maschinellen Übersetzung, dass erst ein Paradigmenwechsel in der Berechnung der Optionen automatische Übersetzungen ermöglichte, die in vielen Fällen wirklich hilfreich sind [Schwartz, 2018, S. 161]. Dazu werden Texte nebeneinander gestellt, die in verschiedenen Seiten denselben Inhalt haben. Beispielsweise werden von der EU alle relevanten Texte in die Nationalsprachen der Mitgliedsländern professionell übersetzt. Dort suchen nun statistische Verfahren nach gemeinsam oft auftauchenden Wortgruppen – die Methode nennt sich phrasenbasierte, statistische maschinelle Übersetzung. Wenn also der deutsche Teilsatz „die Frage, ob" und die Wortgruppe „the question of whether" im entsprechenden englischen Text oft beide enthalten sind, „lernt" der Computer irgendwann, dass das eine wohl die Übersetzung des anderen ist – und umgekehrt. Diese statistischen Verfahren finden also Korrelationen zwischen Eingaben – man nennt sie auch Algorithmen des maschinellen Lernens.

Abbildung 4.3 Drei maschinelle Übersetzungen aus dem Englischen ins Deutsche aus dem Jahr 1993. Beispiele nach Stede & Tidhar [Stede and Tidhar, 1999] (Grafik © Sandra Schulze, mit Genehmigung von Katharina A. Zweig verwendet)

Mit der Entwicklung von Algorithmen des maschinellen Lernens versuchen Programmierer:innen dem Computer im Wesentlichen eine Form der Analogiebildung zu ermöglichen. Um zum Beispiel vorherzusagen, wie ein Mensch sich in einem Online-Shop verhält, wird in Kaufdaten der Vergangenheit nach Mustern gesucht. Wenn genügend Kaufdaten einer Person vorhanden sind, können diese direkt genutzt werden, um vorherzusagen, was dieser Person gefällt. Dazu werden aus dem Kaufverhalten aller Kundinnen und Kunden Gruppen von Produkten gebildet, die oft gemeinsam gekauft werden.[7] Mit diesem „Personen, die dieses Produkt kauften, kauften auch" wird also eine interhumane Analogie erzeugt: „Weil Du Produkte gekauft hast, die auch Kund:innen 1 bis X gekauft haben, und diese darüber hinaus auch Produkt Y gekauft haben, empfehlen wir Dir ebenfalls Produkt Y."[8]

Die Analogie hierbei muss – beim heutigen Stand der Technik – durch den Menschen genau vorgegeben werden. Das geschieht durch die Auswahl der Daten, von denen die Algorithmen lernen sollen, und durch die Angabe der Datentypen, zwischen denen die Korrelation gefunden werden soll. Zudem bestimmt die vom Menschen gewählte Methode des maschinellen Lernens, wie genau die Analogie gezogen werden soll. Im Vergleich zu Menschen sind Computer dabei sehr datenhungrig – je nach Verfahren benötigen sie mindestens mehrere Hundert Datenpunkte, wenn neuronale Netzwerke genutzt werden sollen, besser mehrere Tausend oder gar Zehntausende. Trotz dieser Einschränkungen zeigen das bereits genannte Beispiel der Übersetzungen, aber auch viele andere, dass so tatsächlich nun auch vom Computer Fragen in Situationen beantwortet werden können, in denen die Kausalzusammenhänge nicht vollständig bekannt sind, sondern erst durch die Maschine entdeckt werden sollen. Sobald diese statistischen Korrelationen berechnet wurden und nach eigenen Regeln in ein statistisches Modell überführt wurden, ist dieses aber wieder in sich vollständig: Für jede Eingabe wird deterministisch berechnet, welche Ausgabe erfolgen soll.

4.4 Eine erste Definition soziotechnischer Systeme

Die Sozioinformatik will verstehen, wie Individuen, Organisationen oder Gesellschaft als Ganzes mit Software interagieren. Dazu muss zunächst definiert werden, woraus genau das System besteht, auf die die Hard- oder Software einwirkt und umgekehrt. Lange Zeit nutzten wir dazu die von Kienle & Kunau in ihrem Buch „Informatik und Gesellschaft – Eine soziotechnische Perspektive" [Kienle and Kunau, 2014] verwendete Definition. Diese Definition hatte vor allem den Einsatz von Software in bestehenden sozialen Systemen im Fokus. Durch die Entwicklung von Software, die Phänomene auf der gesellschaftlichen Ebene zur Folge hatten, und die damit von der Definition nicht erfasst werden, haben wir für diese Art der soziotechnischen Systeme eine alternative Definition entwickelt. Wir werden daher im Folgenden erst die bisher verwendete Definition vorstellen und diskutieren, und dann im nächsten Abschnitt die Passung der Definition an die gesellschaftlichen Phänomene analysieren und zuletzt eine neue Sichtweise auf die Frage nach der Modellierung als soziotechnisches System beschreiben.

7 „Gemeinsam" heißt dabei nicht, dass sie gleichzeitig gekauft werden, sondern nur über denselben Account innerhalb eines sinnvoll gewählten Zeitraums, z. B. innerhalb von fünf Jahren oder einem Jahr.

8 Diese Schlussfolgerung aus einem Verhaltensmuster von Benutzergruppen auf die möglichen Interessen eines einzelnen wird „kollaboratives Filtern" genannt (Details siehe Abschnitt 8.1).

4.4.1 Zur Historie des Begriffs eines soziotechnischen Systems

Mitte des 20. Jahrhunderts wurde erstmals in Großbritannien eine systemische Betrachtungsweise der Beziehungen zwischen Arbeitern und technischen Bedingungen eines Bergbaubetriebs durch das „Tavistock Institute for Human Relations" etabliert. Es befasste sich in den 1950er-Jahren beim britischen Steinkohlebergbau mit der Frage, warum trotz innovativer technischer Neuerungen die gewünschte Effizienzsteigerung ausblieb. Im untersuchten Fall wurden vor der Neuerung Teile der Kohle als Stützpfeiler in der Mine belassen. Diese Ressourcenverschwendung sollte durch ein effektiveres System ersetzt werden. Allerdings führte zum Erstaunen aller Beteiligten die Entwicklung einer fortschrittlicheren Technik mit Hilfe von Streben nicht zur gewünschten Effizienzsteigerung. Die Untersuchung des Tavistock Institute zeigte, dass die neue Arbeitsweise die Sozialstruktur der Arbeiter empfindlich verändert hatte: Vorher arbeiteten selbstverantwortliche Kleingruppen zusammen, danach wurde die Arbeit von drei verschiedenen, unabhängig voneinander arbeitenden Gruppen erledigt, die jeweils für Abbau, Transport und Verstrebung verantwortlich waren. Nur die gemeinsame Optimierung (engl. *joint optimization*) und die Erkenntnis, dass immer noch eine gewisse Freiheit in der Organisation bestand (*organizational choice*), konnte den Prozess verbessern.

Während dieser Forschung zu den Ursachen für die ausbleibende Effizienzsteigerung wurde der Begriff des „soziotechnischen Systems" begründet, indem vorhandene Arbeitsstrukturen sowohl in technische als auch soziale Systeme untergliedert wurden, die in verschiedenster Weise miteinander kombinierbar sind und nur als Ganzes verstanden bzw. gestaltet werden können [Mikl-Horke, 1995, S. 143ff].

4.4.2 Definition soziotechnischer Systeme nach Kienle & Kunau

In ihrem Buch: „Informatik und Gesellschaft – Eine sozio-technische Perspektive" greifen die Autorinnen Andrea Kienle und Gabriele Kunau die Idee auf, dass soziotechnische Systeme aus einem technischen und einem sozialen System bestehen, die in einer besonderen Beziehung zueinander stehen [Kienle and Kunau, 2014]. Wir beschreiben daher im Folgenden, wie das technische und das soziale System identifiziert wird und in welcher Beziehung sie nach Kienle & Kunau zueinander stehen müssen, damit sie ein soziotechnisches System bilden.

4.4.2.1 Technische Systeme nach Kienle & Kunau

Kienle & Kunau halten als Gemeinsamkeit aller technischen Systeme fest, dass sie „das Ergebnis eines Konstruktions- und Produktionsprozesses sind" [Kienle and Kunau, 2014, S. 84]. Demzufolge reagiert ein korrekt funktionierendes technisches System seinem Funktionscharakter entsprechend vorhersagbar. In Anlehnung an die von Niklas Luhmann im Rahmen seiner Systemtheorie eingeführten Terminologie bezeichnen Kienle & Kunau ein solches System als „allopoietisch" (*allo*, altgriech. für „anders" und *poieín* für „schaffen") [Kienle and Kunau, 2014, S. 84]. Bei einem technischen System handelt es sich also um ein System, das sich nicht selbst reproduziert – im Gegensatz beispielsweise zu biologischen Systemen.

4.4.2.2 Soziale Systeme nach Kienle & Kunau

Nach Kienle & Kunau sind soziale Systeme nicht hinreichend als einfache Ansammlung von Personen charakterisiert. Um aus Personen ein soziales System zu machen, ist es auch notwendig, die zwischen ihnen herrschenden Strukturen und Regeln zu betrachten. Sie definieren daher in Anlehnung an den Systemtheoretiker Luhmann: „Soziale Systeme bestehen aus Kommunikationen, die sich sinnvoll aufeinander beziehen“ [Kienle and Kunau, 2014, S. 86]. Dies bedeutet bei Kienle & Kunau, jede Kommunikation in einem sozialen System müsse „in dem Sinne anschlussfähig sein, dass sie wieder neue Kommunikation im System erlaubt“ [Kienle and Kunau, 2014, S. 88]. Demzufolge sind für Kienle/Kunau soziale Systeme „autopoietisch“, da diese von Menschen produziert werden und sich im Gegensatz zu technischen Systemen „von innen von selber“ [Kienle and Kunau, 2014, S. 87] entwickeln.

Es sind zwei Beobachtungen wichtig an dieser Stelle: Erstens wird der Begriff „Kommunikation“ von Kienle & Kunau viel weiter gefasst als in der Alltagssprache: Es geht nicht nur um den direkten Austausch von Informationen zwischen zwei oder mehr Personen, sondern um alle Prozesse, in denen ein Mensch eine Information auswählt, die er für wichtig genug hält, sie an andere Personen weiterzugeben, und in denen ein anderer Mensch dieser Information eine Bedeutung zuweist. Diese „Kommunikationen“ müssen zudem für das System relevant sein und es „erzeugen“. Kienle & Kunau bringen das Beispiel der Immatrikulation: In dem Moment, in dem eine Person das Formular abgibt, löst man universitätsinterne Prozesse aus, die am Ende dazu führen, dass ein weiterer Mensch Teil des Systems „Universität“ wird. Dies wiederum löst weitere Prozesse aus, beispielsweise die Einschreibung für verschiedene Veranstaltungen, das Ausstellen von Scheinen, die Teilnahme an Prüfungen und so weiter. Die zweite wichtige Beobachtung besteht darin, dass das soziale System nicht von seiner momentanen Zusammensetzung abhängt: Eine Universität, eine Firma, die UN, Gerichte und ähnliche soziale Systeme bleiben dasselbe System, auch wenn Individuen es verlassen oder neue aufgenommen werden. Das liegt im Wesentlichen daran, dass die Kommunikationen sich nicht ändern, also die Art und Weise, wie eine Mitteilung die anderen Mitteilungen bedingt, verändert und erzeugt. Im Gegensatz zu den allopoietischen technischen Systemen, werden solche soziale Systeme als „autopoietisch“, also „selbst-erzeugend“ bezeichnet.

Kienle & Kunau bezeichnen solche sozialen Systeme als „operativ geschlossen. Dies bedeutet, dass der Fortgang der Kommunikation ausschließlich innerhalb des sozialen Systems bestimmt wird“ [Kienle and Kunau, 2014, vgl. S. 88f]. Dadurch sind soziale Systeme zwar autonom, da sie sich „durch fortwährende Kommunikationen am Leben“ [Kienle and Kunau, 2014, S. 89] erhalten, jedoch nicht autark in dem Sinne, dass sie unabhängig von ihrer jeweiligen Umwelt wären: „Sie sind sehr wohl abhängig von den gegebenen Rahmenbedingungen und sie reagieren auch auf Impulse aus ihrer Umwelt“ [Kienle and Kunau, 2014, S. 8]. In dem Zusammenhang stellt sich für Kienle & Kunau für soziale Systeme jedoch die Frage nach der Abgrenzung: „Wo endet das System und wo beginnt seine Umwelt?“ [Kienle and Kunau, 2014, S. 90]. Da soziale Systeme von außen nicht determiniert werden können, schlussfolgern Kienle & Kunau, dass soziale Systeme ihre Grenzen durch Selbstbeschreibungen bestimmen müssen, womit sie das letzte zentrale Merkmal eines sozialen Systems definiert haben: „Mit Selbstbeschreibungen beschreiben soziale Systeme ihre Grenzen. Sie regeln, welche Kommunikationen zum sozialen System gehören und welche nicht“ [Kienle and Kunau, 2014, S. 91].

Nach Kienle & Kunau kann aus einem schon bestehenden sozialen System unter bestimmten Umständen ein soziotechnisches werden, wie im folgenden Abschnitt beschrieben.

4.4.2.3 Soziotechnische Systeme

Der Definition von Kienle & Kunau folgend wird aus einem sozialen ein soziotechnisches System, sobald es zur Unterstützung der Kommunikationsprozesse eine Beziehung zu mindestens einem technischen System eingeht, wobei sich beide Systeme **wechselseitig** prägen und das technische System in die Selbstbeschreibung des sozialen Systems einbezogen wird [Kienle and Kunau, 2014, S. 96f].
Damit gilt nach Kienle & Kunau zusammenfassend für ein soziotechnisches System, das Folgende:

1. Ein soziotechnisches System besteht aus einem sozialen und einem technischen System.
2. Das technische System bietet eine Möglichkeit der Kommunikation (auch indirekt) zwischen den sozialen Akteuren [Kienle and Kunau, 2014, S. 93] und beeinflusst das soziale System, welches wiederum das technische System gestaltet und nach Bedarf ändert [Kienle and Kunau, 2014, S. 94]. Dabei nutzt das soziale System das technische zur Unterstützung der Kommunikationsprozesse, sodass sich das soziale und das technische System wechselseitig prägen.
3. So findet das technische System Eingang in die Selbstbeschreibung des sozialen Systems und es entstehen soziotechnische Selbstbeschreibungen.

Es ist weiterhin zwischen einem „soziotechnischen" und einem „sozioinformatischen" System zu unterscheiden: Ein soziotechnisches System enthält mindestens eine technische Komponente, sozioinformatische Systeme dagegen bestehen aus mindestens einer zentralen IT-Komponente.

Definition 11: Sozioinformatisches System

Im Weiteren betrachten wir sozioinformatische Systeme als eine Teilmenge der soziotechnischen Systeme, bei denen der zentrale Technikteil ein Hard- und/oder Softwaresystem ist oder ein solches enthält. ■

Kienle & Kunau weisen in dem Zusammenhang explizit darauf hin, warum sich Informatiker:innen um solche soziotechnischen Systeme kümmern müssen: „Dahinter steckt die Erkenntnis, dass auch Softwaresysteme nur dann erfolgreich eingesetzt werden können, wenn sie sinnvoll in einen organisatorischen Zusammenhang eingebettet werden. [...] Die Beziehung sozialer, psychologischer und technischer Aspekte ist so eng, dass man sie nur in Kombinationen verstehen und gestalten kann" [Kienle and Kunau, 2014, S. 81]. Dabei ist ein soziotechnisches System immer auch in eine Umwelt eingebettet, die aus den Eigenschaften besteht, die während der Betrachtungszeit des Modells im Wesentlichen unveränderbar sind.

Als Beispiel für ein soziotechnisches System nennen die Autorinnen Kienle & Kunau eine Vorlesung, die teilweise über ein e-Learning-System organisiert wird. Das soziale System besteht hier aus den Studierenden und der Lehrkraft, das technische aus der e-Learning-

Plattform. Wenn ein vorher schon existierendes soziales System zur Unterstützung seiner sozialen Prozesse ein technisches System hinzunimmt, ist es tatsächlich ziemlich einfach, das soziale und das technische System getrennt voneinander zu bestimmen. Tatsächlich beschreiben die Autorinnen in ihrem Buch eine Reihe von Beispielen, in der ein soziales System mit einer hinreichend detaillierten Selbstbeschreibung ein technisches System hinzunimmt: Firmen, die ihre Arbeitsprozesse mit Computern neu organisieren, oder die Krankenkassen, die mit der Einführung der elektronischen Gesundheitskarte ihre Prozesse optimieren wollen. Tatsächlich zeigt aber schon das zweite Beispiel, dass es hier deutlich weniger klar ist, ob es eine Selbstbeschreibung gibt, die alle an dieser Einführung beteiligten Akteure umfasst: Das sind neben den Krankenkassen auch die Krankenhäuser, Ärzte- und Patientvertreter:innen und die Politik mit verschiedensten Institutionen. Entweder beschränkt man sich hier auf das soziale System der Krankenkasse, das (vielleicht) eine solche Selbstbeschreibung tatsächlich detailliert liefern könnte und sich damit hinreichend gut definieren lässt, oder man verzichtet auf diese Forderung, um alle für eine Technikfolgenabschätzung notwendigen Akteure betrachten zu können, und hat dann keine Grundlage für eine eindeutige Definition des sozialen Systems.

Daher muss die Definition von sozioinformatischen Systemen für die Technikfolgenabschätzung angepasst werden.

4.5 Ein neuer Ansatz für die Definition von sozioinformatischen Systemen

Wie oben dargelegt, liegt unser Fokus auf emergenten Phänomenen, die auf Interaktionen beruhen. Um eine Technikfolgenabschätzung durchführen zu können, ist es daher notwendig, dass in dem zu analysierenden System tatsächlich auch alle Akteure enthalten sind, die von diesen Technikfolgen betroffen sein könnten. Da diese durch den Einsatz der Technik auch zwischen (vorher klar voneinander abgrenzbaren) Systemen entstehen können, kann es auch notwendig sein, die Analyse auf das dadurch neu entstehende (Meta-)System zwischen verschiedenen sozialen Systemen zu gründen. Durch die Einengung von soziotechnischen Systemen auf solche, in denen ein vorher schon vorhandenes soziales System mit einer klaren Selbstbeschreibung das technische System in seine Kommunikationsprozesse einführt, können viele Fragen der Technikfolgenabschätzung in diesem Rahmen aber nicht beantwortet werden. Das war aber auch nicht die ausschlaggebende Perspektive der Autorinnen, die mit ihrem Buch überhaupt erst einmal die Augen dafür öffnen wollten, dass für den Erfolg des Einsatzes einer Software in einem sozialen System auch dessen Beschaffenheit mit in Betracht gezogen werden muss. In diesem Abschnitt werden wir daher zuerst drei Szenarien vorstellen, in denen entweder das soziale System vorher nicht existiert hat oder die Selbstbeschreibung nicht ausreichend detailreich ist, um das soziale System klar abgrenzen zu können. Danach werden wir einen zweiten Ansatz zur Definition von sozioinformatischen Systemen als Grundlage für eine Technikfolgenabschätzung vorstellen.

4.5.1 Technikfolgenabschätzung und die Definition soziotechnischer Systeme nach Kienle & Kunau

Es gibt drei exemplarische Szenarien, die zwar von der Definition soziotechnischer Systeme nach Kienle & Kunau nicht erfasst werden, die aus unserer Sicht aber ebenfalls ein sozioinformatisches System begründen:

Technik erschafft soziales System Wenn die Technik ein soziales System erst erschafft, ist es schwierig zu sagen, inwieweit das soziale System das technische System in seiner Selbstbeschreibung übernimmt. Beispielsweise erschafft jedes neue soziale Medium seine eigene Selbstbeschreibung der Personen und Kommunikationen, die innerhalb der App ablaufen können: Wie man ein Konto eröffnet, welche Funktionen der Interaktion möglich sind, welche Daten weitergegeben werden. Aber das soziale System, das dadurch entsteht, hatte vorher keine Selbstbeschreibung, in die nun die Benutzung des sozialen Mediums eingeht. Hier sind also die zeitlichen Ereignisse genau umgekehrt. Tatsächlich gibt es auch in diesem Zusammenhang Situationen, die der Definition nach Kienle & Kunau entsprechen: Wenn sich bspw. ein Sportverein entschließt, auf Facebook einen Account zu öffnen, über den ein Teil der Vereinskommunikation läuft, dann wäre das der Fall, der abgedeckt ist: Der Verein hat schon vorher eine Selbstbeschreibung, in die dann das technische System als ein Weg der Kommunikation aufgenommen wird. Dieses Problem ist uns in unseren sozioinformatischen Analysen oft begegnet, könnte aber durch eine kleine Änderung der Definition von Kienle & Kunau aufgegangen werden, in dem man auch eine Umkehrung der zeitlichen Reihenfolge erlaubt. Für die Technikfolgenabschätzung erwies sich auf Dauer aber die oftmals zu wenig explizite Selbstbeschreibung des zu analysierenden Systems als das Problem, dass sich innerhalb des Ansatzes von Kienle & Kunau nicht lösen ließ:

Soziale Systeme mit zu schwacher Selbstbeschreibung für eine Technikfolgenabschätzung Insgesamt sind Firmen, Universitäten und Nationen Beispiele für Systeme mit hochdetaillierten Selbstbeschreibungen. Für viele andere „Systeme" stellen wir aber ein allgemeines Problem der Granularität von Selbstbeschreibungen fest: Unserer Erfahrung nach sind viele der Regeln, wer zum System gehört und welche Kommunikationsakte aneinander anschließen, nicht bis ins letzte Detail ausformuliert. Meistens gibt es klare Regeln, wie man ein explizites Mitglied eines Systems wird, z. B. Aufnahmeprozesse bei einem Verein. Weniger klar ist meistens, ob beispielsweise inaktive Mitglieder noch als zum System gehörig definiert sein sollten. Für die Technikfolgenabschätzung ist aber klar, dass die Vergangenheit des Systems absolut relevant ist, um zu verstehen, welchen Zustand das System zum Zeitpunkt der Analyse hat.

Notwendigkeit der Analyse von Systemen aus Systemen (Meta-Systemen) Ein drittes Problem ist, dass für die Technikfolgenabschätzung oftmals auch Auswirkungen auf andere soziale Systeme abgeschätzt werden müssen. Beispielsweise könnte ein Produzent von einer Blechstanzmaschine entscheiden, ab jetzt mit Hilfe von Methoden des maschinellen Lernens die verschiedenen Geräusche der Maschine auf Abnutzungserscheinungen zu testen. Wenn die Geräusche beginnen, einem Muster zu ähneln, das für einen hohen Abnutzungsgrad spricht, kann ein Alarm ausgelöst werden und eine frühzeitige Wartung vereinbart werden. Dieses Verfahren nennt man prädiktive Instandhaltung (*predictive maintenance*). Tatsächlich verändert diese neue Funktionalität des Produktes nicht nur die Ablaufregeln beim Produzenten, dessen Techniker:innen auf Abruf die Wartung vornehmen, sondern auch beim Kunden. Wir können davon ausgehen, dass beide Firmen jeweils eine klare Selbstbeschreibung haben, dass sie in einem gemeinsamen, rechtlichen Kontext stehen (wie bspw. das deutsche Recht) und auch einen Teil ihrer Kommunikation miteinander explizit geklärt haben. Sie bilden ein „System-of-Systems", das aber in seiner Selbstbeschreibung deutlich lückenhafter ist als die jeweiligen Selbstbeschreibungen der einzelnen Firmen.

Wenn es diese Selbstbeschreibungen nicht explizit gibt oder wenn sie zu lückenhaft ist, um alle notwendigen Akteure zu identifizieren, dann bleibt nur der Weg, verschiedene Personen dazu zu befragen, welche Akteure sie als Teil des Systems sehen, wie Prozesse verlaufen, die jemanden zum Teil des (Meta-)Systems machen, und welche Art von Kommunikationen innerhalb des Systems geregelt sind. Hier folgen wir, wie oben bei der allgemeinen Diskussion der Definition von Systemen, den Erkenntnissen von Watzlawick und anderen Konstruktivisten, dass solche Grenzziehungen und Erkenntnisprozesse über Kommunikationsregeln auch bei der Teilmenge von sozioinformatischen Systemen den Gesetzen der subjektiven Wahrnehmung unterliegen [Watzlawick, 1976]. Damit argumentieren wir, dass für viele sozioinformatische Fragestellungen keine ausreichend detailgenaue Selbstbeschreibung vorhanden ist, um klar sagen zu können, wer Teil des Systems ist und wer nicht, und dass eine ergänzende Beschreibung des Systems wie es **wahrgenommen wird**, notwendigerweise vom befragten Subjekt abhängt. Diese konstruktivistische Sicht auf den Systembegriff heißt nicht, dass wir glauben, dass eine pragmatische Definition unmöglich ist: Tatsächlich ist die Erfahrung, dass Kernelemente von Systemen meistens zuverlässig von allen Personen erkannt werden, genauso wie die Hauptkommunikationsprozesse. Die Varianz der Ansichten, wer (gerade) noch zu einem System gehört, erhöht sich, je weniger explizite Regeln zur Mitgliedschaft für die in Frage stehende Person oder Personengruppe bekannt sind.

4.5.2 Definition von sozioinformatischen Systemen im Rahmen der Technikfolgenabschätzung

Aus dieser Perspektive wird klar, dass jegliche Definition des für eine Technikfolgenabschätzung zu analysierenden sozioinformatischen Systems nur ein Modell der verschiedenen Kommunikationsprozesse und der daran beteiligten Akteure sein kann (siehe Abschnitt 4.1). Da Modelle immer von der Wirklichkeit abstrahieren, stellt sich die Frage, welche Akteure und Kommunikationsprozesse relevant genug sind, um sie aufzunehmen. Diese Entscheidungen sind wiederum vom Zweck des Modells abhängig.

Damit definieren wir nun ein sozioinformatisches System als ein Modell mit einem von zwei Zwecken:

1. Ein beobachtetes emergentes Phänomen bei der Nutzung von Software durch Individuen, Organisationen oder die Gesellschaft als Ganzes möglichst gut erklären zu können, also eine *probleminduzierte Technikfolgenabschätzung* durchzuführen.

2. Explorativ mögliche emergente Technikfolgen der Nutzung von Software durch Individuen, Organisationen oder die Gesellschaft als Ganzes zu untersuchen, also eine *technikinduzierte Technikfolgenabschätzung* durchzuführen.

Dabei bestehen solche Modelle mindestens aus einer von Menschen geprägten Komponente (Individuum, Organisation oder Gesellschaft als Ganzes) und mindestens einem informatischen System. Da Menschen das informatische System designt und entwickelt haben und hier nur die Auswirkungen betrachtet werden, ist die wechselseitige Beeinflussung gegeben. Im Gegensatz zu Kienle & Kunaus Definition von soziotechnischen System ist nicht mehr notwendig, dass die menschliche geprägte(n) Komponente(n) ein in irgendeiner Form eigenständiges soziales System bilden und eine Selbstbeschreibung haben müssen. Die Nutzer:innen des Systems und andere betroffene Akteure können in verschiedenen sozialen Systemen mit jeweils eigenen Kommunikationsregeln (im erweiterten Sinne wie ihn Kienle & Kunau verwenden) eingebettet sein, als auch für die Nutzung der Software weitere Kommunikationsregeln festlegen. Diese müssen aber nicht in irgendeiner Form niedergeschrieben, ja noch nicht einmal kohärent sein. Zudem können je nach gewünschter zeitlicher Ausdehnung der Technikfolgenabschätzung soziale Akteure wie Gesetzgeber:innen oder andere, sich nur langsam verändernde soziale Prozessgestaltungen entweder als Teil des Systems oder als Teil seiner Umwelt definiert werden.

Dieser Teil der Modellierung wird also immer subjektiv bleiben. Dass die abstrahierende, vereinfachende Modellierung notwendig ist, ist allerdings unbestritten. Frederic Vester, Komplexitätsforscher insbesondere im Bereich biologischer komplexer Systeme, schrieb schon 2004 im Vorwort seines Buches „Die Kunst vernetzt zu denken“:

> *Wir leben in einer Welt, deren ineinander greifende Abläufe für unseren menschlichen Geist schon immer schwer zu begreifen waren – seien es die Nahrungsnetze lebender Organismen, das komplexe Spiel der Naturkräfte oder die weit greifende wirtschaftliche Vernetzung. Die exponentiell angestiegene Menschendichte und in ihrem Gefolge die als Fortschritt deklarierten immer stärkeren Eingriffe in den Naturhaushalt und in die menschliche Lebensqualität durch technologische Entwicklungen haben diese Wechselwirkungen so verdichtet, dass sie zu verstehen trotz aller wissenschaftlichen Erkenntnisse mit jedem Tag schwieriger zu werden scheint.* [Vester, 2004]

In Zeiten der fortgeschrittenen Globalisierung, einer dadurch mitverursachten Pandemie, einer durch digitalen Medien verursachten Informationskakophonie und der Klimakatastrophe gilt diese Aussage im Jahr 2021 umso mehr, wie Christian Stöcker in seinem Buch „Das Experiment sind wir“ [Stöcker, 2020] anschaulich beschreibt.

Abgrenzung zu konstruktivistischen und realistischen Ansätzen in der Technikfolgenabschätzung

Wir haben hier argumentiert, dass die Grundlage für eine Technikfolgenabschätzung, das soziointormatische System, durch die Definition erst abgesteckt wird und in diesem Sinne mit dem Zweck der Technikfolgenabschätzung abgestimmt sein muss. Dieser Ansatz sollte nicht verwechselt werden mit dem sogenannten *konstruktivistischen Ansatz* den Renn beschreibt [Renn, 2013, S. 25–26]. In diesem Ansatz wird angenommen, dass die in einer Kultur vermuteten Kausalketten hinter Technikfolgen soziale Konstrukte sind, sich also auf „zugeschriebene Eigenschaften auf der Basis sozialer Übereinkünfte“ beziehen. Der realistische Ansatz dagegen nimmt an, dass es durchaus möglich ist, Hypothesen über kausale Beziehungen aufzustellen, die zu gewissen Technikfolgen führen, und diese durch Messungen zu widerlegen.

Unser Ansatz der Modellierung des sozioinformatischen Systems dient nur der sachgemäßen Einengung des Sachgegenstandes, um die gewünschte möglichst effizient durchführen zu können. Die dabei aufgestellten Hypothesen basieren dabei ganz klar auf dem realistischen Ansatz: Die vermuteten Kausalbeziehungen dienen als Hypothesen, die möglichst überprüft und im Sinne einer falsifizierenden Überprüfung, wie sie der Philosoph Karl Popper beschreibt [Popper, 1962], ausgesetzt werden sollten. ■

In Abschnitt 3.1.1 haben wir argumentiert, dass die Kombination von Software und sozialen Akteuren deutlich mehr emergente Phänomene erzeugen kann, als es der Einsatz von analoger Technik vermag. Umso wichtiger ist es daher, zu verstehen, wie die Verwendung von Software das Verhalten der dadurch entstehenden sozioinformatischen Systeme steuert. In der sozioinformatischen Analyse, die wir im nächsten Buchteil beschreiben, suchen wir insbesondere nach zwei Eigenschaften, die potentiell unerwünschte Nebenwirkungen erzeugen können: Perverse Anreizstrukturen und Eigendynamiken. Beide werden im Folgenden kurz definiert.

4.6 Perverse Anreizstrukturen

Es gibt grundsätzlich zwei verschiedene Möglichkeiten, um komplexe soziale Systeme zu steuern:

1. Anreize (Belohnungen, Subventionen) sollen das gewünschte Verhalten belohnen.
2. Sanktionen verfolgen das Ziel, das unerwünschte Verhalten zu bestrafen.

Daneben gibt es natürliche, soziale oder ökonomische Prozesse, die gewisses Verhalten belohnen und anderes bestrafen: Wer sich gesund ernährt und regelmäßig Sport macht, wird vermutlich länger gesund bleiben. Wer sich sozialverträglich benimmt, wird es wahrscheinlich leichter haben, Freunde zu finden. Wer eine Ausbildung anstrebt, die auf dem Arbeitsmarkt gesucht wird, wird eher einen Job finden. Diese Prozesse sind entweder unveränderbar oder kulturell so stark verankert, so dass sie kurzfristig nur wenig geändert werden können.

Die Menge aller explizit von sozialen Systemen gesetzten Regeln und aller anderen Prozesse, die eine Teilmenge von menschlichen Verhaltensweisen befördern und/oder behindern, nennen wir die *Anreizstruktur*:

Definition 12: Anreizstruktur

Als *Anreizstruktur* bezeichnen wir die Menge aller Prozesse und Regeln, die sich auf das menschliche Verhalten auswirken, indem sie bestimmte Verhaltensweisen befördern und/oder behindern. ■

Diese Anreizstruktur ist von der Definition des Systems abhängig und kann zudem für jeden menschlichen Akteur im System unterschiedlich ausgeprägt sein: So sind beispielsweise in einer Schule Kinder und Erwachsenen unterschiedlichen Anreizstrukturen ausgesetzt. Auch unter den Kindern gibt es unterschiedliche Anreizstrukturen: Mädchen untereinander tolerieren und rügen andere Verhaltensstrukturen als Jungs untereinander. Im Allgemeinen ist es daher kaum möglich, die gesamte Anreizstruktur zu modellieren, und meistens auch schwierig, vorherzusagen, welche Effekte explizit gesetzte Anreize und Strafen haben werden. Nicht selten können solche Steuerungsversuche sogar den Mehrwert, der durch die Maßnahmen eigentlich angestrebt wurde, überschatten und somit die gesamte Intervention ad absurdum führen:

Die Problematik illustriert die im Jahr 2004 eingeführte und nach neun Jahren wieder abgeschaffte Praxisgebühr von 10 Euro. Ausgangspunkt war die Beobachtung, dass in einem System mit guter Krankenkassenunterstützung die Menschen zu oft zum Arzt gehen. So suchen die Deutschen durchschnittlich 14-mal pro Jahr einen Arzt auf. Die daraufhin eingeführte Praxisgebühr wurde durch die Überlegung motiviert, dass PatientInnen, die direkt an den Kosten beteiligt werden, nicht so schnell zum Arzt gehen. Allerdings zeigte sich eine in der Form nicht vorhergesehene Nebenwirkung, denn es stellte sich ein viel zu großer Aufwand für die Arztpraxen heraus. Es gab Ärger mit Patientinnen und Patienten und Mehraufwände für die Buchhaltung, sodass die Kosten nach Einführung der Praxisgebühr insgesamt höher waren als zuvor ohne Praxisgebühr.

Hier zeigte sich zwar keine Reaktion des Systems, die Nebenwirkungen wurden jedoch unterschätzt:

> *Am 9. November 2012 beschloss der Bundestag mit den Stimmen aller Fraktionen, die Praxisgebühr zum 1. Januar 2013 abzuschaffen. Das Ziel der Praxisgebühr, die Zahl der Arztbesuche zu verringern und die Inanspruchnahme von Vertragsärzten zu strukturieren, sei nicht erreicht worden. Geringverdiener würden aber von notwendigen Arztbesuchen abgehalten. Die Praxisgebühr belaste einseitig die Patienten, die Zusatzeinnahmen seien gering und deckten nur knapp ein Prozent der Ausgaben der gesetzlichen Krankenversicherung. Die Praxisgebühr verursache dagegen unnütze Bürokratie.* [Deutscher Bundestag, 2012]

Das Praxisgebühr ist somit ein Beispiel für einen Fehlanreiz: Das gewünschte Ergebnis wird von Nebenwirkungen so beeinträchtigt, dass der (soziale) Gewinn kleiner ist als die Verluste. Es gibt in analogen Systemen eine ganze Reihe an Beispielen von Anreizen, die genau das Gegenteil dessen erreicht haben, was damit geplant war. Solche Beispiele laufen unter dem Begriff *perverse incentives*, perverse Anreizstrukturen. Auf Wikipedia gibt es dazu eine Liste von Beispielen, die jeweils gut dokumentiert [9].

Code is Law

In seinem wegweisenden Buch „Code – Version 2.0“ hat Lawrence Lessig dargelegt, dass Software reguliert, wer Zugang zu welchen Informationen hat und wie Menschen miteinander interagieren können [Lessig, 2006]. Auch wenn sich sein Buch hauptsächlich mit der digitalen Vernetzung befasst, gilt auch für andere Formen von Code, dass sie „Gesetz“ sind: *Code is Law*. Die Verwendung von Software ist oftmals ein Mittel, das neue Anreize für soziale Akteure setzt, indem sie manches menschliche Verhalten erleichtert und anderes

9 *https://en.wikipedia.org/wiki/Perverse_incentive*

erschwert oder gar sanktioniert – Software ist damit gewollt oder ungewollt ein Weg, komplexe soziale System zu steuern oder zu beeinflussen. Natürlich unterscheiden sich diese „Gesetze“ von solchen, die innerhalb eines staatlichen Systems einer bestimmten Rechtsphilosophie und Rechtsauslegung folgend erlassen werden. Auf der anderen Seite werden digitale „(Gesetze)“ immer zuverlässig auch durchgesetzt – auch das unterscheidet sie von anderen.

Ein aktuelles Beispiel für eine fehlgeschlagene Anreizstruktur durch Code betrifft den Einsatz von Korrektursoftware für Hausaufgaben, die während der Corona-Krise von einigen Schulen eingesetzt wurde. Die Software „Edgenuity“ kann zum Beispiel verwendet werden, um Antworten auf kurze Fragen zu bewerten. Monica Chin von dem Journal *The Verge* berichtet von einem Schüler, der sich zuerst bemühte, die Fragen in ganzen Sätzen zu beantworten, damit aber nur wenig Erfolg hatte. Schnell lernten die Schüler:innen, dass sie deutlich bessere Chancen auf die volle Punktzahl hatten, wenn sie einfach eine Reihe von Schlüsselwörtern eingaben. Weder schienen ganze Sätze notwendig zu sein, um die volle Punktzahl durch das System zu erhalten, noch wurden unpassende Schüsselwörter mit Abzügen bewertet. Andere Schüler:innen kopierten laut Chins Recherchen einfach den Fragetext in das Antwortfeld mit der Hoffnung, dass darin alle wichtigen Schlüsselwörter enthalten seien und berichteten von hohen Bewertungen [Chin, 2020]. Es ist offensichtlich, dass die Verwendung der Software hier den Anreiz gibt, die volle Punktzahl durch Copy & Paste-Verfahren zu erreichen, weil die Abgabe von sinnvollem Text nicht bewertet wird. Das wirkliche Verständnis des Lerninhaltes wird damit untergraben – die Verwendung der Software hat einen perversen Anreiz geschaffen.

Neben den direkten Anreizen oder Sanktionen, die ein digitales System setzt, kann es auch interessant sein, die Eigendynamiken des soziοinformatischen Systems zu betrachten. Um das Gefühl für Eigendynamiken von Systemen zu vermitteln, führen wir seit Jahren die folgende, interaktive Übung durch, die eindrücklich vermittelt, dass sich in sozialen Systemen emergente Phänomene ergeben – die trotzdem vorhersagbar sind.

Übungsaufgabe 9:

Es gibt ein interessantes Gewinnspiel, das wir regelmäßig in unserer Vorlesung „Einführung in die Sozioinformatik“ mit den Erstsemestlern spielen. Es folgt diesen Regeln:

1. Jede Person schreibt eine beliebige rationale Zahl größergleich 0 und kleinergleich 100 auf ein Blatt Papier zusammen mit ihrem Namen. Werden ungültige Zahlen abgegeben oder mehrere, wird der jeweilige Zettel ignoriert.
2. Es gewinnt diejenige Person, deren Zahl am nächsten an 2/3 des Durchschnitts aller gültigen eingereichten Zahlen liegt. Sollten diese Zahl mehrere Personen angegeben haben, wird eine davon zufällig gezogen.

■

Die nachfolgende theoretische Überlegung, die spieltheoretischen Ideen folgt, zieht einen klaren Schluss darüber, welche Zahl alle Studierenden auf ihren Zettel schreiben sollten: Es ist offensichtlich, dass 2/3 des Durchschnitts aller eingereichten Zahlen kleiner gleich $66,\overline{6}$ sein muss. Wären alle Personen vollständig rational im Sinne der Spieltheorie, dürfte keine Person einen Wert über $66,\overline{6}$ angeben, sondern Zahlen bis höchstens 2/3 von diesem Wert. Denkt man dieses Ergebnis zu Ende, sollten alle Teilnehmer:innen eine 0 auf ihren Zettel schreiben. Das passiert in Wirklichkeit sehr selten. Tatsächlich weichen die genannten Zahlen erheblich von diesen theoretischen Überlegungen ab, das Ergebnis ist in dieser Hinsicht also *irrational*, aber trotzdem vorhersagbar (siehe Abschnitt 2.2.4 für allgemeines, irrationales, aber vorhersagbare Verhalten): Wir haben dieses Experiment nun so oft durchgeführt, dass wir Ihnen sagen könnten, mit welcher Zahl man gewinnt. Wir werden hier nicht spoilern, aber die im Durchschnitt von den Teilnehmer:innen gewählte Zahl ist seit Jahren dieselbe und entspricht den Werten, die auch andere in anderen Settings erhalten haben [Nagel, 1995, Schou, 2005]. Die Übung eignet sich daher sehr gut, um zu demonstrieren, dass auch irrationale und emergente Eigenschaften von sozialen Systemen vorhersagbar sein können. ■

Neben der reinen Beobachtung des Verhaltens von komplexen Systemen, greifen wir bei der Technikfolgenabschätzung aber auch auf Ideen der Kybernetik und der Selbstregulierung von Systemen zurück, die wir im Folgenden als Grundlage zusammenfassen.

4.7 Kybernetik

Der Begriff Kybernetik, wurde von Norbert Wiener in seinem 1948 erschienenen Buch „Cybernetics or Control and Communication in the Animal and the Machine" [Wiener, 1965] erstmalig erwähnt. Im Laufe der zweiten Hälfte des 20. Jahrhunderts fand der Begriff „Kybernetik" seinen Weg in den deutschen Sprachgebrauch und wurde nach Frederic Vester als ein „Erkennen, Steuern und selbstständiges Ineinandergreifenden von Regeln und vernetzten Abläufen bei minimalem Energieaufwand" [Vester, 2004, S. 124] definiert. Er kritisiert in dem Zusammenhang, dass Kybernetik dabei häufig als „Regeltechnik und Computersteuerung" missverstanden wurde, obwohl nach seiner Auffassung nichts „unkybernetischer als die Rechenweise eines Computers" [Vester, 2004, S. 124] sei. Wiener bezog sich in seiner kybernetischen Forschung zur Frage nach selbstständiger Steuerung bei sich selbst regulierenden Systemen sowohl auf technische als auch auf lebendige Systeme bzw. Organismen. Entsprechend prägte Vester den Begriff der *Biokybernetik* (*bios*, altgriech. für „Leben" und *kybernétes* für „Steuermann"), um die seiner Meinung nach vernachlässigte Bedeutung der Kybernetik für lebendige Systeme zu betonen. Die Biokybernetik betrachtet verschiedene Eigenschaften von Systemen, die durch das System selbst innerhalb bestimmter Wertegrenzen gehalten werden.

Vesters Weltbild geht dabei von der Überzeugung aus, dass Mensch und Natur nicht voneinander getrennt zu betrachtende Systeme sind: „Es gibt nicht hier den Menschen – dort die Natur. Wir selbst sind Natur, [...] sind ein Teil von ihr" [Vester, 2004, S. 30]. Die Betrachtung der Natur als übergeordnetes, alles Leben auf diesem Planeten umschließendes Supersystem sieht er durch ihr erfolgreiches Überdauern gestützt, denn das

> *Unternehmen Biosphäre hat es seit vier Milliarden Jahren geschafft, sich allen Widernissen zum Trotz auf einem Planeten zu behaupten und sogar noch weiterzuentwickeln. [...] Kein Lebewesen kann für sich allein existieren. Nur die enge Vernetzung zwischen allen Lebewesen macht ein Überleben möglich.* [Vester, 2004, S. 108]

Dabei hat das gigantisch komplexe System Natur ihr eigenes Überleben keineswegs durch detaillierte Vorprogrammierung oder zentrale Steuerung erreicht, sondern dies lediglich durch Impulsvorgaben zur sogenannten *Selbstregulation* geschafft: Zum Beispiel schwankt in vielen Ökosystemen zwar die Anzahl einer bestimmten Spezies, meist aber in einem gewissen Rahmen. Vester zog daraus den Schluss, dass komplexe Systeme am besten durch eine selbstständige Steuerung überleben, die durch sog. *kybernetische Regelkreise* erreicht wird.

Das Prinzip der Selbststeuerung in kybernetischen Regelkreisen

Vesters kybernetischer Regelkreis (Abbildung 4.4) lässt sich recht einfach am bereits bekannten Beispiel (S. 56) einer durch einen Thermostaten geregelten Heizung erläutern:

Die „Führungsgröße" gibt dabei den „Sollwert" an, in dem Fall die gewünschte Raumtemperatur, die mit einem Regler, hier also einem Thermostat konstant zu halten oder – kybernetisch ausgedrückt – zu regeln ist. Informationen zur „Regelgröße", der aktuellen Raumtemperatur, bekommt der Regler durch den so genannten Messfühler oder das Thermometer. Der auf diese Weise ermittelte „Istwert" wird vom Regler nun mit dem vorgegebenen Sollwert verglichen. Wird eine Abweichung infolge der Einwirkung einer „Störgröße" festgestellt, z. B. durch ein geöffnetes Fenster, so wird eine entsprechende Anweisung („Stellwert") an das „Stellglied", hier das Zulaufventil des Heizkörpers, übermittelt. Das Ventil korrigiert nun über die „Austauschgröße", die in dem Fall der zugeführten Menge an Warmwasser entspricht, die Raumtemperatur bzw. die Regelgröße. Diese wird nun wiederum vom Messfühler erfasst, sodass nach Vester „das zu regelnde System mit sich selbst rückgekoppelt ist" [Vester, 2004, S. 125]. Ein solcher „Durchgang" aus Abweichung, Messung und Korrektur wird als *Zykel* bezeichnet.

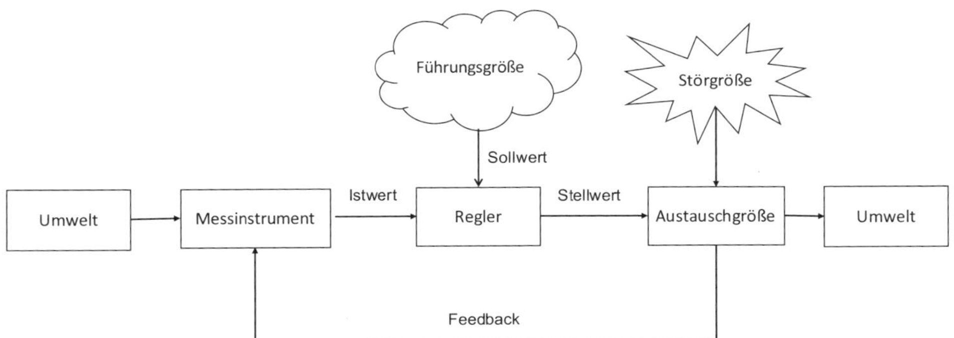

Abbildung 4.4 Regelkreis mit den gängigen kybernetischen Bezeichnungen

Die auf das System einwirkende Führungsgröße kann hier natürlich auch die Regelgröße eines anderen Regelkreises sein, wodurch sich direkte und indirekte Abhängigkeiten ergeben und ein Regelkreis nicht als isoliert oder abgeschlossen zu betrachten ist.

Die Natur als Vorbild vor Augen, sieht Vester, wie schon erwähnt, den entscheidenden Vorteil seines biokybernetischen Modells darin, dass der Steuermann selbst, also der „Regler", Teil des Systems ist, wobei seine Aufgabe innerhalb des Regelkreises nur in der „Impulsvorgabe zur Selbstregulation" [Vester, 2004, S. 110] besteht. Das Ziel sollte dabei nach Vester nicht im Erreichen eines bestimmten Zustands liegen, sondern in der Förderung der Lebensfähigkeit eines Systems [Vester, 2004, S. 110], denn nach seiner Ansicht besteht die einzige Zielsetzung eines komplexen Systems, in welcher Form es auch vorliegt, in der Steigerung der Überlebensfähigkeit.

Vester analysiert aber nicht nur das gegebene kybernetische System der Erde, sondern sieht es auch als mögliche Blaupause für das Design von sozialen, technischen oder soziotechnischen Systemen: Er betrachtet die Natur als übergeordnetes, gigantisch komplexes System, das uns die beste Orientierungshilfe bieten würde, „um zügig zu neuen energie- und rohstoffsparenden kybernetischen Lösungen zu kommen" [Vester, 2004, S. 142]. Durch ihre selbstständige Regelung ineinandergreifender, vernetzter Abläufe sollte sie uns nach Vester in vielen Bereichen als Vorbild dienen. So wälze die Biosphäre seit Äonen hunderte Milliarden Tonnen an Material um und hat ihr Überleben bis heute gesichert. Garantiert wird diese Überlebensfähigkeit gerade durch ihr gänzlich konträres Vorgehen im Vergleich zur wachstumsorientierten heutigen Zeit. Im Gegensatz zu unserer Wachstumsorientiertheit garantierte gerade das Nullwachstum an Biomasse von rund 2.000 Milliarden Tonnen [Vester, 2004, vgl. S. 118] nicht nur das Fortbestehen des Gesamtsystems, sondern ermögliche in den Jahrmillionen darüber hinaus auch noch eine stetige Weiterentwicklung ihrer Subsysteme bzw. oder Lebewesen zu immer höheren Formen. Dies war nach Vester nur möglich, da „das Management der Natur eine Handvoll kybernetischer Grundregeln befolgt hat" [Vester, 2004, S. 113].

Am Vorbild der Natur entwickelte Vester acht Grundregeln der Biokybernetik [Vester, 2004, S. 127ff], die ihm zufolge allgemeingültig für alle lebensfähigen Systeme seien, da sie entscheidende Fähigkeiten für ihre Selbstorganisation darstellten. Dazu gehört insbesondere die Regel, dass ungebremste, positive Rückkopplungen in einem System dazu führen, dass die dafür notwendigen Ressourcen schnell aufgebraucht werden und sich das System damit selbst die Grundlage entzieht. Seine Analyse von sozialen, technischen und natürlichen Systemen galt daher insbesondere der Identifikation von Rückkopplungszyklen.

Natürlich beziehen sich die meisten dieser Regeln tatsächlich eher auf biologische Systeme, und heute würde man die acht biokybernetischen Regeln vermutlich mit dem Begriff der „Nachhaltigkeit" erfassen. Trotzdem ist die Frage danach, welche Einflüsse auf sich selbst in sozioinformatischen Systemen vorhanden sind, von großer Bedeutung. Der bekannte Netzwerkeffekt (siehe Abschnitt 2.2.6) ist beispielsweise ein positiver Feedback-Zykel ohne Bremse: Wenn schon viele Personen, die man kennt, eine neue Technik nutzen, ist es wahrscheinlicher, dass man selbst die Technik auch zu nutzen beginnt. Wenn man die Technik schon benutzt und viele Freunde dies ebenfalls tun, ist es schwieriger, auf ein anderes System zu wechseln. Diesen Effekt kennt man insbesondere von digitalen Kommunikationsplattformen wie WhatsApp, Facebook oder Instagram. Es ist kein Regelkreislauf, weil die Regelgröße, die Anzahl an Nutzern, nicht wieder eingebremst wird. Der Effekt kommt aber auch zum Tragen, wenn viele Personen auf eine funktionalere Plattform wechseln, so wie es beispielsweise der Plattform StudiVZ erging, als Facebook nach Deutschland kam: Je mehr Personen die Plattform verließen, um auf Facebook zu wechseln, desto weniger attraktiv war es, auf StudiVZ zu verbleiben. Ungebremste Zykeln sind auch in technischen und soziotechnischen Systemen oft ein Anzeichen für ungewollte Nebenwirkungen. Es kann in einigen Fällen auch positiv sein: Im Bereich des Marketings wird ein ungebremstes, „virales" Weiterleiten von Werbung für ein Produkt sehr geschätzt. In jedem Fall basieren ungebremste Zykel immer auf emergenten Phänomenen und ihre Identifikation ist somit eine wichtige Basis für eine Technikfolgenabschätzung in soziοinformatischen Systemen.

Die Ideen von Vester zur Frage von Eigendynamiken von Systemen lassen sich aber auch bei anderen Fragen als der der Nachhaltigkeit dazu verwenden, sich zu fragen, welche Regelungsgrößen und -strukturen in einem vorhandenen soziotechnischen System zu ungewollten Technikfolgen führen, und wie man das kybernetische System ändern müsste, damit die Eigendynamik vorrangig zu gewollten Technikfolgen hin verändert wird.

Der nächste Buchteil beschreibt daher ein systematisches Framework, wie solche und andere Dynamiken in sozioinformatischen Systemen analysiert und ihre Konsequenzen abgeschätzt werden können.

TEIL II

Ein Ansatz für die Technikfolgenabschätzung von soziοinformatischen Systemen

Dieser Buchteil behandelt die Untersuchung von soziοinformatischen Systemen. Als eine Möglichkeit, dies zu tun, wird die **soziοinformatische Analyse** vorgestellt, eine Methodik zur Modellierung, Analyse (und Vorhersage) soziοinformatischer Phänomene.
Eine soziοinformatische Analyse kann eines von zwei Zielen haben:

1. **Phänomeninduziert**: Hier steht ein bestimmtes Phänomen im Mittelpunkt, das beobachtet wurde und gezielt analysiert werden soll, um seine Ursachen möglichst genau zu identifizieren und dann gegebenenfalls gegensteuern zu können.
2. **Technikinduziert**: Hier steht eine bestimmte Technik im Mittelpunkt, deren mögliche Folgen im Rahmen einer *explorative Technikfolgenabschätzung* eruiert werden sollen.

5 Phänomeninduzierte sozioinformatische Analyse

In den letzten Jahren wurden viele gesellschaftliche Phänomene daraufhin diskutiert, ob und inwieweit sie durch die digitale Transformation verschärft oder sogar als Technikfolgen durch diese erzeugt wurden: Von der zunehmenden gesellschaftlichen Polarisierung über die Verbreitung von Verschwörungstheorien bis zur Manipulation von Wahlen. Die allgemeine Frage nach der **Verantwortlichkeit von Softwareingenieuren und Softwareingenieurinnen für Technikfolgen** wurde bereits in Kapitel 3 angerissen: Basierend auf ihrer Ausbildung übernehmen Entwickler:innen die Verantwortung für die sachgemäße und korrekte Implementierung aller im Lastenheft oder in anderer Form festgelegten Anforderungen – diese Verantwortung kann beispielsweise der Leitlinie 2.1 „Strive to achieve high quality in both the processes and products of professional work" für die Mitglieder der Association for Computing Machinery (ACM) entnommen werden [Association for Computing Machinery, 2018]. Keine Verantwortung übernehmen sie für unzweckmäßige oder sogar illegale Verwendungen der informatischen Artefakte – die auch kaum durch sie zu verhindern wären. An diesen beiden Enden des Spektrums scheint die Verantwortlichkeit klar zu sein. Der interessante Mittelteil liegt aus unserer Sicht bei emergenten Phänomenen (siehe Definition 9 auf Seite 63), die aus der Interaktion von Hardware, Software und sozialen Akteuren resultieren, von denen bereits ein paar repräsentative Beispiele genannt wurden. Hier stellt sich jeweils die Frage, welcher Anteil des Phänomens durch die informatische Komponente angeregt wird und damit möglicherweise in der Verantwortung der beteiligten Informatiker:innen liegt. Eine zweite Frage ist, ob das Phänomen durch die Verwendung von Hardware und Software nur beschleunigt („skaliert") und dadurch auf eine neue Größenordnungen gehoben wird oder ob die informatische Komponente der einzige Grund für das Phänomen ist. Würde das Phänomen verschwinden, wenn es die informatische Komponente nicht (mehr) gäbe? Eine wichtige Frage ist nicht zuletzt, ob man das Phänomen steuern kann, indem man Teile der informatischen Komponente verändert, ob Informatiker:innen also das Phänomen mit Hilfe von Eingriffen in den Code verringern oder vermeiden könnten.

Zu diesen emergenten Phänomenen, bei denen unklar ist, welcher Teil der Verantwortung auf der Seite der Informatik liegt, gehören beispielsweise die Folgenden:

1. 2011 sprach Eli Pariser auf einem TED-Talk von der algorithmisch erzeugten Filterblase [Pariser, 2011] und legte auch sein Buch dazu vor [Pariser, 2012]. Er behauptete, dass Nachrichten auswählende, personalisierende Algorithmen dazu führen würden, dass Nutzerinnen und Nutzer solcher Dienste nur noch solche Nachrichten hören würden, die ihre eigene, vorgefasste Meinung bestätigen würden. Die Frage nach der Existenz

von Filterblasen und einer möglichen Verantwortung von Plattformbetreiber:innen ist bis heute ungeklärt.

2. Zeynep Tufekci hat in einer Kolumne in der *New York Times* mit dem Titel „YouTube, the Great Radicalizer" vom März 2018 anekdotische Beobachtungen geteilt, die darauf hindeuten, dass der Vorschlagsalgorithmus von YouTube zu immer radikaleren Inhalten führt:

   > *So I created another YouTube account and started watching videos of Hillary Clinton and Bernie Sanders, letting YouTube's recommender algorithm take me wherever it would. Before long, I was being directed to videos of a leftish conspiratorial cast, including arguments about the existence of secret government agencies and allegations that the United States government was behind the attacks of Sept. 11. [. . .] Intrigued, I experimented with nonpolitical topics. The same basic pattern emerged. Videos about vegetarianism led to videos about veganism. Videos about jogging led to videos about running ultramarathons.* [Tufekci, 2018]

   YouTube hat laut Auskunft des Chief Product Officers Neal Mohan im Oktober 2019 den Empfehlungsalgorithmus so angepasst, dass weniger solcher Inhalte empfohlen wurden, die zwar noch nicht gegen ihre Nutzungsrichtlinien verstoßen, aber doch auf der Grenze dazu liegen. [1]

3. Rund um die Präsidentschaftswahl von 2016 in den Vereinigten Staaten gab es eine Reihe von Phänomenen, die im digitalen Bereich beobachtbar waren. Google wurde beschuldigt, in ihrer Suchvervollständigung die demokratische Präsidentschaftskandidatin Hillary Clinton deutlich besser zu behandeln als den republikanischen Kandidaten Donald Trump [Epstein, 2016]. Dem Vorwurf, dass Google hier bewusst Wahlkampf für die Demokraten betreiben würden, begegnete der Suchmaschinenbetreiber damit, dass es sich hier im Wesentlichen um ein emergentes Phänomen der Interaktion zwischen Nutzern und Suchmaschine handeln würde und dass gewisse Suchvervollständigungen grundsätzlich geblockt seien [Yehoshua, 2016].

4. 2017 wurde in einer Reihe von Medienberichten betrachtet, dass sich mazedonische Jugendliche aus rein finanziellen Gründen in eben diesen Wahlkampf ebenfalls eingemischt hätten und dass ihre Entscheidung für eine Seite – Donald Trump mit Webseiten und Facebook-Posts, die über seine Konkurrentin herziehen, zu unterstützen – völlig unpolitisch gefallen sei [Silverman and Alexander, 2016]. Die Facebook-Seiten wurden teilweise gelöscht.

Tatsächlich liegt es in der Natur der Sache, dass es bei diesen und anderen emergenten, sozioinformatischen Phänomenen schwierig ist, die Verantwortlichkeiten dafür eindeutig zu verorten. Um festzustellen, welche Ursachen es für die Änderung menschlichen Verhaltens gibt, müssen im Allgemeinen sehr aufwändige Versuche und Studien durchgeführt werden, die die digitale Komponente isolieren und ihren Einfluss messbar machen. Dies ist insbesondere deswegen schwierig, weil die genaue Wirkungsweise der digitalen Komponente unbekannt ist. Wenn sie zudem noch eine Personalisierung enthält, müssen viele Beobachtungen durchgeführt werden, um die Wirkung des personalisierten Dienstes zu verstehen:

---

[1] Interview mit TechCrunch, hochgeladen am 8.10.2019, angesehen am 23.2.2021. *https://youtu.be/0xiza_x_IeY*, ab Minute 18.

So konnte beispielsweise Eli Pariser nur eine Handvoll Anekdoten anführen, die zeigten, dass seine Freunde sehr unterschiedliche Antworten auf dieselbe Suchanfrage bekamen. In Phänomenen, die durch eine personalisierte Dienstleistung erzeugt werden, kann eine Quantifizierung des Phänomens nur dann erfolgen, wenn eine möglichst repräsentative Menge an Nutzer:innen bereit ist, ihre Ergebnisse zu „spenden“. Eine solche Studie wurde beispielsweise im Rahmen der Bundestagswahl 2017 in Deutschland durchgeführt, um festzustellen, wie stark personalisiert die Antworten der Suchmaschine Google auf Suchanfragen nach Politikern und Politikerinnen und Parteien sind [Krafft et al., 2019]. Solche Analysen laufen häufig unter dem Namen *Datenspende*, da eine solche Spende der Daten von personalisierten Nutzeraccounts notwendig ist, um den Effekt zu quantifizieren. Die Frage, ob YouTubes Empfehlungsalgorithmus immer radikalere Videos vorschlägt, ist doppelt schwierig: Zuerst benötigt man dazu eine Datenspende von einer ausreichend großen und möglichst repräsentativen Menge an Nutzern und Nutzerinnen. Weiterhin muss man den Begriff der Radikalität messbar machen, also operationalisieren (siehe Definition 4 auf Seite 25). Das ist besonders schwierig, da sich Videos weniger leicht z. B. nach Schlüsselwörtern durchsuchen lassen.

Hat man sich aber davon überzeugt, dass es das Phänomen tatsächlich in einem Ausmaß gibt, dass eine Analyse sachdienlich erscheint, ist die zweite Frage die nach der Verantwortlichkeit. Wenn es einen informatischen Anteil an der Entstehung des Phänomens gibt, sollte dieser so gut wie möglich identifiziert werden. Solche Phänomene werden wir im folgenden als *soziointormatische Phänomene* bezeichnen:

Definition 13: Soziointormatisches Phänomen

Ein soziointormatisches Phänomen ist ein emergentes Phänomen, das sich nur aus dem Zusammenwirken von sozialen Akteuren (Personen, Gruppen und Institutionen) mit Software erklären lässt. Das Phänomen lässt sich also weder auf das Verhalten der Menschen alleine noch auf das Verhalten der Maschine reduzieren. Die Existenz eines soziointormatischen Phänomens impliziert daher das Vorhandensein eines komplexen soziointormatischen Systems.

Die Definition sollte so gelesen werden, dass das Phänomen fundamental von den Funktionalitäten der informatischen Komponente(n) abhängt, die prinzipiell nicht von beispielsweise elektronischen, elektromechanischen, mechanischen oder rein analogen Methoden ersetzt werden können. Dieser letzte Punkt unterscheidet ein emergentes soziotechnisches Phänomen von einem soziointormatischen Phänomen. ■

Übungsaufgabe 10:

Wie immer, wenn man einer neuen Definition begegnet, lohnt es sich, nach Beispielen zu suchen, die von der Definition inkludiert werden und solche, die von ihr ausgeschlossen werden. In diesem Falle also:

1. Finden Sie Fälle, die laut Definition soziointormatische Phänomene sind. Versuchen Sie, möglichst extreme Fälle zu finden, die noch eingeschlossen sind.
2. Finden Sie ein Phänomen der Digitalisierung, das eher kein emergentes Phänomen ist, sondern nur dem menschlichen Verhalten oder nur dem maschinellen Verhalten (ohne Interaktion mit anderen Maschinen) zu verdanken ist.

3. Diskutieren Sie danach, ob es sich bei den folgenden Beispielen um soziointormatische Phänomene handelt:
   (a) Bings Suchvervollständigung ergänzt die Eingabe von „Angela Merkel ist" zu „ist Angela Merkel Alkoholikerin" und die Eingabe „Donald Trump is" zu „Donald Trump is my president" und „Donald Trump is white obese trash" (siehe Abbildung 5.1).
   (b) Eine automatische Parkhilfe in einem modernen Wagen verursacht einen Unfall mit einem geparkten Auto.
   (c) Eine Sportlerin läuft jeden Tag eine von 10 verschiedenen Trainingsrouten und trägt die Laufstrecke abends in ihr Tagebuch ein. Seit Neuestem hat sie eine Smartwatch, die ihre Strecken für sie in einem Online-Tagebuch protokolliert. Sie läuft weiterhin ihre bekannten Strecken.
   (d) Immer mehr Menschen haben einen Blutzuckersensor unter der Haut implantiert, der mit einem Lesegerät ausgelesen werden kann.

■

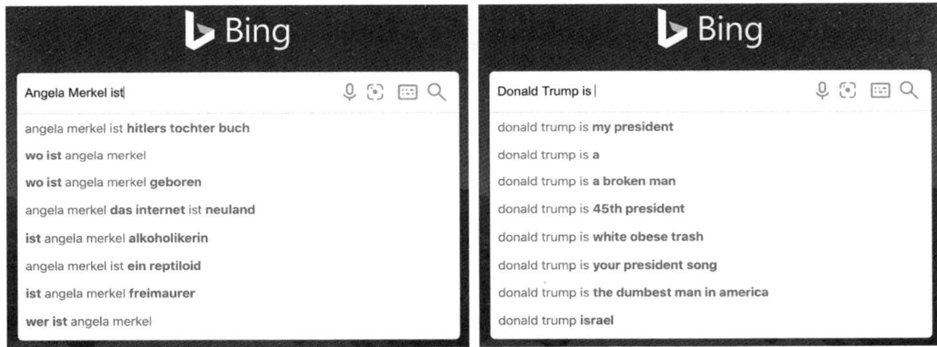

Abbildung 5.1 Suchvervollständigungen zu „Angela Merkel ist" und „Donald Trump is" von Bing (*www.bing.com*) vom 23.08.2020

Tatsächlich ist die Suchvervollständigung von Suchmaschinen ein exzellentes Beispiel für ein soziointormatisches Phänomen: Die Suchanfragen, die ein Nutzer selbst früher gestellt hat oder die andere Nutzer:innen in der letzten Zeit häufig gestellt haben, werden von einem Algorithmus bewertet und eine Auswahl daraus wird präsentiert, sobald man zu tippen beginnt. Dabei wurden in letzter Zeit von Google gewisse Suchvervollständigungen manuell unterdrückt. Insbesondere bei Personen ist es nicht mehr möglich, gewisse, möglicherweise die Intimsphäre betreffende Suchvervollständigungen zu erzeugen, die es noch vor einigen Jahren gab [Yehoshua, 2016]. Das Ergebnis der Suchvervollständigungen ist also eine Mischung aus von den Entwicklern und Entwicklerinnen getroffenen Entscheidung bei der Auswahl und Gewichtung von Suchanfragen, die Nutzer und Nutzerinnen in der letzten Zeit häufig gestellt haben.

Der Rempler beim automatischen Einparken dagegen ist ein Funktionalitätsproblem, solange das andere Auto geparkt ist. Es fand also nur Interaktion mit der statischen Umgebung statt, aber nicht mit einem sozialen Akteur. Wäre das andere Auto gerade von einem menschlichen Fahrer bewegt worden, wäre es vermutlich eher ein emergentes Phänomen gewesen, das aus der Interaktion entsteht. Die anderen zwei Beispiele liegen an der Grenze zu einem soziOinformatischen Phänomen: Die Sportlerin hat an ihrem Verhalten bisher nichts verändert und die Smartwatch macht automatisch das, was sie vorher per Hand gemacht hat. Insofern ist im Sinne der Emergenzdefinition (siehe Definition 9 auf Seite 63) kein qualitativ neues Verhalten zu bemerken und auch keine signifikante Änderung des bisherigen Verhaltens, das in einer kausalen Beziehung zur Interaktion mit dem Gerät steht. Aber natürlich bietet die Smartwatch die Grundlage für verschiedene soziOinformatische Phänomene, beispielsweise wenn die Sportlerin beginnt, sich in ihrem Laufpensum an anderen Nutzern und Nutzerinnen zu messen und ihr Training steigert. Ohne Änderung des Verhaltens oder der Beobachtung eines neuen Verhaltens, das auf die Interaktion mit dem digitalen Gerät zurückzuführen ist, handelt es sich also nicht um ein soziOinformatisches Phänomen.

Diese Abgrenzung wird auch am Beispiel eines Mobbingfalls aus Augsburg deutlich: Hier hatte ein 14 Jahre alter Schüler eine falsche Todesanzeige „für" einen Mitschüler in Auftrag gegeben. Die *Augsburger Allgemeine* titelte hierzu „Cybermobbing an Schule" [Mörzl, 2019]. Die eigentliche Beauftragung einer (falschen) Todesanzeige per Smartphone oder E-Mail bei der *Augsburger Allgemeine*n an sich stellt aber nach Definition 13 noch kein soziOinformatisches Phänomen dar: Auch wenn hier digitale Geräte verwendet wurden, um die Kommunikation zu erledigen, sind diese Aspekte nicht Ausdruck eines emergenten Verhaltens, das erst durch die Interaktion von Mensch und Computer ermöglicht wurde. Es handelt sich hier um den reinen Ersatz eines bestehenden Kommunikationskanals (bspw. Post oder Telefon) durch einen anderen, in diesem Fall digitalen Kommunikationskanal. Ein Aspekt, der erst durch die technische Komponente aufkommt, ist hier jedoch der *Skalierungsaspekt*. Sollte die *Augsburger Allgemeine* die Todesanzeige nicht nur in ihrer Druckvariante angeboten, sondern auch auf ihrer Webpräsenz aufgenommen haben, so erweitert sich der Kreis der Empfänger nicht nur erheblich, sondern es wird auch schwerer, eine solche Falschinformationen wieder aus dem Internet zu entfernen. Noch Jahre nach dem Löschen der Anzeige können Referenzen oder Kopien der Anzeige auffindbar sein, zum Beispiel durch eine einfache Suche nach dem Namen des gemobbten Jugendlichen.

Ähnlich würden wir den reinen Befund, dass nun mehr Diabetiker:innen einen digitalen Blutzuckersensor nutzen, noch nicht als emergentes soziOinformatisches Phänomen, sondern nur als soziotechnisches Phänomen verstehen: Es ist der Stand der Technik, die Krankenkassen übernehmen in vielen Fällen die Kosten und somit ist es nicht primär eine Frage der Interaktion mit dem Gerät, dass es mehr Anwender:innen gibt. Wenn aber die neue Leichtigkeit des Ablesens dazu führt, dass Diabetiker:innen darauf aufbauend eine künstliche Nebenniere bauen, die Insulin dynamisch ausschüttet in Interaktion mit dem Messgerät und dem Blutzucker der Person, beobachten wir ein emergentes Verhalten (siehe Kapitel 10).

Im Folgenden skizzieren wir den Prozess der **phänomeninduzierten soziOinformatischen Analyse**, mit der man sich der Frage nähert, ob man es bei einem beobachtbaren Phänomen überhaupt mit einem soziOinformatischen Phänomen zu tun hat und wenn ja, welche Teile der informatischen Komponente und welches Verhalten der sozialen Akteure vermutlich kausal auf das Phänomen einwirken. Im Folgenden modellieren wir nur solche Einflüsse, die gemessen werden können, für die es also eine geeignete *Operationalisierung* gibt (siehe Definition 4 auf Seite 25). Diese werden als Systemvariablen modelliert und ihre Kausalbeziehungen in Form eines Wirkungsgefüges (siehe Definition 3 auf Seite 14) dargestellt. Ein Teil dieser kausalen Zusammenhänge ist in der Software codiert, andere werden durch die verschiedenen Motivationen von sozialen Akteuren beeinflusst, und wieder andere sind von keinem der beiden beeinflussbar, z. B. weil sie Naturgesetzen entspringen. Im Rahmen des Verfahrens wird eine möglichst kleine Menge von Systemvariablen und kausalen Zusammenhänge identifiziert, die dann durch geeignete Experimente und Studien überprüft werden können. Zum Schluss kann die Analyse als Grundlage für Überlegungen dienen, wie man die informatische Komponente oder deren Einbettung in den sozialen Prozess so verändern kann, dass das erwartete Verhalten des sozioinformatischen Systems gewollte emergente Phänomene erzeugt und ungewollte vermeidet.

5.1 Phasen einer phänomeninduzierten sozioinformatischen Analyse

Eine phänomeninduzierte sozioinformatische Analyse besteht somit aus den folgenden Prozessschritten (siehe Abbildung 5.2):

Phase 1: Beschreibung der technischen Grundlagen der informatischen Komponente(n);

Phase 2: Identifikation der relevanten sozialen Akteure und ihrer Motivationen;

Phase 3: Erstellen des Wirkungsgefüges;

Phase 4: Analyse des Wirkungsgefüges;

Phase 5: Identifikation möglicher Gegenmaßnahmen.

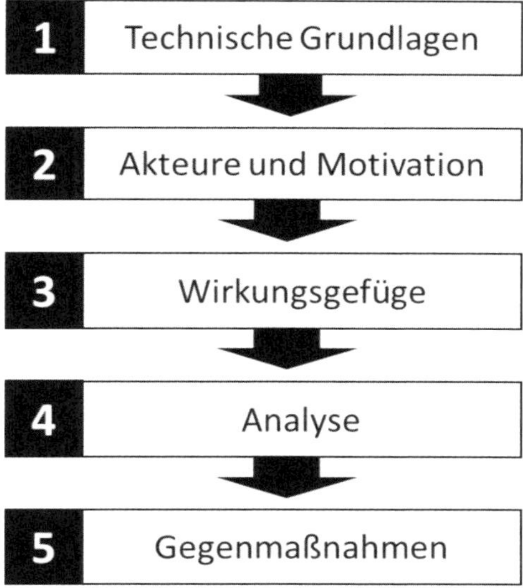

Abbildung 5.2 Struktur einer phänomeninduzierten sozioinformatischen Analyse

Diese einzelnen Schritte der phänomeninduzierten sozioinformatischen Analyse werden im Folgenden am Beispiel einer Analyse des oben genannten Phänomens der mazedonischen Jugendlichen im Detail beschreiben.

Beispiel: Mazedonische Jugendliche entdecken Fake News als Geschäftsmodell

Im August 2016 war der Autor Dan Tynan der erste, der in der britischen Tageszeitung „The Guardian" warnte: Mit Hilfe der Webseite Domaintools.com, die es erlaubt, Besitzer:innen von Webseiten ausfindig zu machen, hatte er herausgefunden, dass sich eine ganze Reihe von Webseiten aktiv in den amerikanischen Präsidentschaftswahlkampf einmischten, die von Personen aus Mazedonien registriert worden waren. Einer der Betreiber ließ sich dazu interviewen und gab zu, Inhalte von amerikanischen Webseiten zu kopieren und dann ihre Titel in Form von *Clickbait* zu skandalisieren, damit mehr Personen sie auf sozialen Netzwerken wie Facebook anklicken und teilen würden. Beispiele aus dem Artikel von Dan Tynan [Tynan, 2016] sind: „Hillary's Illegal Email Just Killed Its First American Spy" und „This is How Liberals Destroyed America". Laut Tynans Quellen erhielten einiger dieser Webseiten monatlich Millionen Aufrufe und generierten Tausende bis Zehntausende Dollar Einnahmen über auf diesen Seiten platzierte Werbung. Er schreibt: „All of them exist primarily for one reason – to cash in on the seemingly endless appetite for news about Donald Trump." Eine seiner Quellen behauptete, dass ungefähr die Hälfte der Webseite-Besuche über Facebook generiert werden.

Diese erste Beschreibung erlaubt es, die wesentlichen informatischen Komponenten des Phänomens zu identifizieren und sich die Frage zu stellen, ob und inwieweit das Phänomen von diesen informatischen Komponenten erzeugt wurde. Wir beginnen daher eine phänomeninduzierte sozioinformatische Analyse. Diese startet mit der Beschreibung der technischen Grundlagen.

5.1.1 Phase 1: Beschreibung der technischen Grundlagen

In dieser Phase gilt es, die für das Phänomen relevanten informatischen Komponenten zu identifizieren. Die Frage ist also, welche Software oder Algorithmen konkret an welchem Schritt des beobachten Phänomens beteiligt sind.

Hier eine kurze Zusammenfassung der Beobachtungen, die für die Identifikation des technischen Systems des untersuchten Phänomens nützlich sind: Als Betreiber einer Webseite ist es möglich, Werbung einzubinden, für die bei jedem Seitenaufruf bezahlt wird. Um die nötige Aufmerksamkeit für ihre Beiträge zu erzeugen, teilten die mazedonischen Jugendlichen jeden ihrer Beiträge auch auf Facebook. Jede Person, die einen Beitrag aufrief, wurde auf die Webseite geleitet und generierte so durch die angezeigte Werbung einen kleinen Umsatz für die mazedonischen Jugendlichen.

Übungsaufgabe 11:

Welche Algorithmen kennen Sie, die in diesem Rahmen beteiligt sein könnten? Machen Sie sich mit deren Funktionsweise so weit wie möglich vertraut. Wie kommen Webseite-Betreiber an Werbung? Wie kommen Werbetreibende an Werbeflächen? Nach welchen Kriterien landet Werbung auf einer bestimmten Webseite? Wie könnten Facebooks Algorithmen die Anzahl der Besuche erhöht haben? Gibt es weitere Software, die relevant sein könnte?

■

Bei der Untersuchung dieses Phänomens zeigt sich, dass drei unabhängige, informatische Systeme beteiligt sind (siehe Abbildung 5.3).

Die mazedonischen Jugendlichen betrieben eine eigene **Webseite**, auf der sie fremde journalistische Inhalte aufbereiteten. Diese Webseite beinhaltete neben den Texten auch Platz für Werbung, der von den Jugendlichen über *AdSense*,[2] das Werbenetzwerk von Google, an Werbetreibende vermarktet wurde.

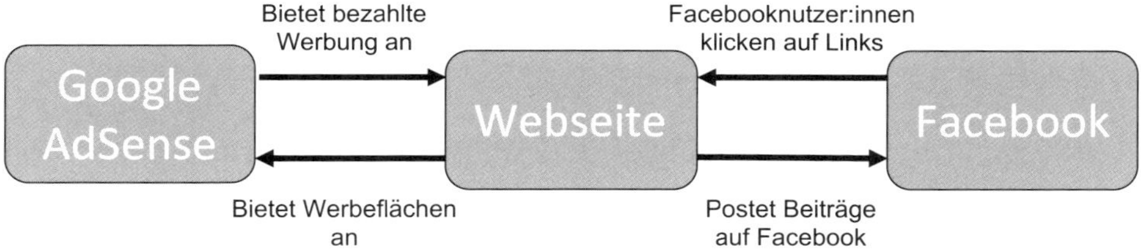

Abbildung 5.3 Fake News im amerikanischen Präsidentschaftswahlkampf als lukratives Geschäftsmodell zu verwenden, wurde durch das Zusammenwirken dreier verschiedener informatischer Systemen ermöglicht: Der Einrichtung einer Webseite, der Nutzung eines Werbenetzwerkes sowie eines sozialen Netzwerkes

Dieses **Werbenetzwerk** bietet Werbetreibenden die Möglichkeit, auf einfache Art und Weise Werbeflächen auf einer Vielzahl von Webseiten zu mieten. Werbetreibende können hier Werbekampagnen planen und hierbei sehr spezifische Anforderungen an die gewünschten Leser:innen der Werbeanzeige stellen (siehe Abbildung 5.4): Zum Beispiel, dass Werbung auf Spanisch hauptsächlich spanisch sprechenden Besucher:innen angezeigt werden soll, Werbung für Kleidung vielleicht nur Leser:innen eines bestimmten Alters und solche für Luxusuhren nur Personen mit entsprechendem Einkommen. Außer einer Ausschlussliste für Webseiten, auf den sie ihre Werbung gar nicht sehen wollten, gab es 2016 aber keine Möglichkeit für Werbetreibende, Anforderungen an die Webseiten-Inhalte oder deren Qualität zu stellen, neben denen ihre Werbung ausgerollt werden soll.

Das soziale Netzwerk, auf dem die Jugendlichen versuchten, ihre Reichweite zu maximieren, war Facebook. Dieses bietet unter anderem Firmen und Blogbetreibern die Möglichkeit, eigene Facebookseiten zu erstellen und teil-automatisiert auf der Webseite erstellte Blogbeiträge als Posts über die Facebookseite zu bewerben. Mit diesen Posts können normale Facebooknutzer interagieren, insbesondere diese kommentieren und teilen.[3] Eine weitere wichtige technische Komponente von Facebook ist der Algorithmus, der die individuellen Startseiten der Nutzer:innen mit Beiträgen füllt. Diese Startseite wird bei Facebook *News-Feed* genannt und der Algorithmus trifft hier eine Selektion und Sortierung der zur Verfügung stehenden Beiträge von Freunden und abonnierten Facebookseiten – einen guten Überblick über das Verhalten dieses Algorithmus hat Michael DeVito zusammengestellt [DeVito, 2017]. Auch wenn Facebook selbst die Funktion des News-Feed hauptsächlich darin sieht, normale Benutzer miteinander zu verbinden [Facebook, 2012], werden damit auch Nachrichten von kommerziellen Anbietern verteilt. Die Nutzung von Facebook zur Nachrichtenbeschaffung ist in den USA zwar rückläufig, im Jahr 2018 gaben aber un-

2 *https://www.google.com/adsense/*.

3 Einen Post zu teilen bedeutet, diesen an seine Facebookfreunde weiterzuschicken.

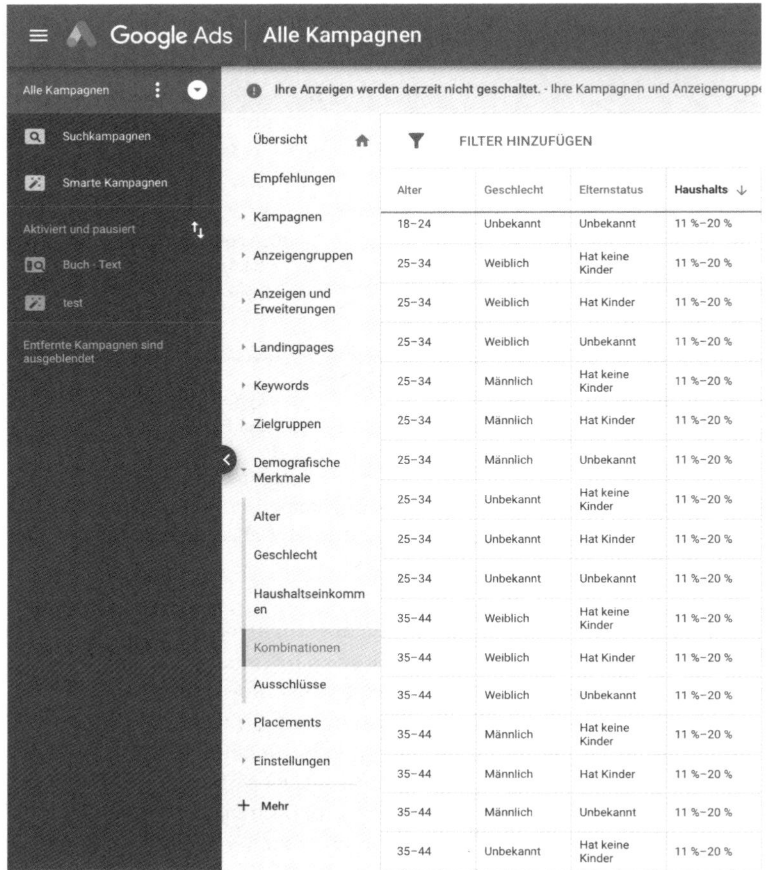

Abbildung 5.4 Das Werbenetzwerk AdSense von Google bietet Werbetreibenden eine Vielzahl von Kategorien zur Präzision der gewünschten Zielgruppe

gefähr 39 % der Befragten einer Umfrage des *Reuters Digital News Report* an, innerhalb der letzten Woche Nachrichten auf Facebook gelesen zu haben [Brandt, 2018].

Im Allgemeinen lassen sich die informatischen Komponenten aus der Beschreibung des Phänomens herleiten, manchmal fällt auch erst später auf, dass weitere technische Komponenten relevant sind. Wenn es möglich ist, sollte die Software oder die Algorithmen so detailliert untersucht werden, dass klar wird, wann die entscheidenden Messgrößen des Phänomens dadurch beeinflusst werden. Die informatischen Komponenten müssen so gut verstanden werden, dass die dadurch gestellten, relevanten Anreizstrukturen klar sind. Oftmals verbergen sich Anreize für gewisse Handlungen im Design der Nutzeroberfläche oder in Optimierungsfunktionen. Insbesondere die internen Optimierungsfunktionen sind jedoch häufig nicht einsehbar, was ein großes Hindernis für die Analyse sozioinformatischer Phänomene darstellt. ■

Nach der Identifikation der in das Modell zu integrierenden informatischen Komponenten folgt die Identifikation der sozialen Akteure.

5.1.2 Phase 2: Identifikation der relevanten sozialen Akteure und ihre jeweiligen Motivationen

Um ein soziοinformatisches Phänomen zu analysieren, ist es notwendig, die aktiven sozialen Akteure zu erfassen; das können Individuen, Organisationen aber auch oder die Gesellschaft als Ganzes sein.

Im Falle der mazedonischen Jugendlichen und der von ihnen produzierten skandalösen Beiträge gibt es die folgenden Kandidaten als soziale Akteure:

1. Die Jugendlichen selbst.
2. Die Nutzer:innen von Facebook und teilweise späteren Leser:innen der Webseite-Beiträge.
3. Die Werbetreibenden.
4. Die Entwickler:innen von Facebooks *News-Feed* und Googles *AdSense*.

Übungsaufgabe 12:

Diskutieren Sie in Kleingruppen, inwieweit die genannten sozialen Akteure aktiv am Phänomen beteiligt oder eher passive Mitspieler waren. Fehlen weitere Akteure?

■

Identifikation der sozialen Akteure

Selbstverständlich treten im besprochenen Phänomen die mazedonischen **Jugendlichen** als Akteure auf, da sie versuchen, durch die Optimierung der Inhalte ihrer Webseite größtmöglichen Profit zu erwirtschaften.

Man könnte an dieser Stelle argumentieren, dass die **Nutzer:innen** von Facebook zwar aktiv an dem beschriebenen Effekt mitwirken, jedoch verändert sich ihr Verhalten über den Analysezeitraum nicht, weshalb sie nicht als Akteur auftreten.

Da im untersuchten Fall die **Werbetreibenden** nicht über die Webseiten aufgeklärt werden, auf denen ihre Werbung letztendlich geschaltet wird, treten sie in dieser Analyse nicht als aktive soziale Akteure auf. Die Entscheidung, diese Gruppe nicht aufzunehmen, sondern sie und ihr Handeln für den Zeitraum der Analyse als „unveränderliche" Umwelt anzusehen, dient der Übersichtlichkeit der Analyse.

Ähnlich verhält es sich mit den **Entwicklern von Facebook und Google**. Obwohl sie als Entwickler:innen der Algorithmen zur Erstellung des News-Feed auf Facebook oder zur Bespielung von Googles Werbenetzwerk Einfluss auf sehr wichtige Designentscheidungen haben, werden sich diese im untersuchten Zeitraum nicht verändern. Es ist also festzuhalten, dass die beiden Internet-Giganten in diesem Szenario zwar wirtschaftliche Interessen verfolgt haben, jedoch keine aktive Rolle im dynamischen Entstehen des untersuchten Phänomens einnehmen. Auch sie stellen somit für diese Analyse einen Teil der Umwelt dar (siehe auch Kapitel 4.1).

■

Für die aktiven sozialen Akteure werden in einem zweiten Schritt die jeweiligen Motivationen identifiziert. Diese kann man aus der Beschreibung des Phänomens ableiten oder aus allgemein bekannten, psychologischen Erkenntnissen zum menschlichen Verhalten. Der erste Artikel von Dan Tynan zu dem Phänomen wies bereits darauf hin, dass mit dem Erstellen der Webseiten und deren Bewerbung auf Facebook derart große Besucherströme zu erreichen waren, dass damit signifikante Werbeeinnahmen erzielt werden konnten. Ein Artikel von Samanth Subramanian beziffert das monatliche Durchschnittseinkommen in Mazedonien mit 371 US-Dollar [Subramanian, 2017] und die Arbeitslosigkeit im Sommer 2016 mit 24 %. Es einfach zu argumentieren, dass das Erstellen und Befüllen der Webseiten und die damit verbundene Aussicht auf einen möglichen finanziellen Gewinn hoch motivierend war.

Etwas komplexer ist die Frage, warum sich die Jugendlichen gerade für Donald Trump in den Ring warfen. Während Tynan im August 2018 noch vom „endless appetite for news about Donald Trump" sprach, wurde später klar, dass es eigentlich mehr um den Appetit nach Nachrichten gegen Hillary Clinton ging. In dem Artikel von Subramanian wird auch beschrieben, wie die Webseiten-Betreiber experimentierten, um ihre Besucherströme zu maximieren: Sie übernahmen fremde Texte, die sie auf Webseiten für die damals noch größere Vielzahl an Kandidaten und Kandidatinnen fanden, kopierten sie auf ihre eigenen Webseiten und verteilten dann die Links in verschiedene Facebook-Gruppen der entsprechenden Wählerschaften [Subramanian, 2017]. Einige skandalisierten die Titel dabei so, dass der Anreiz auf den Link zu klicken, noch größer wurde – diese Technik ist als *Clickbait* bekannt. Einer der Jugendlichen berichtet davon, dass er Experimente mit Inhalten für die Wähler von Bernie Sanders machte, diese sich aber kaum bewegen ließen, auf diese erscheinenden Nachrichten zu klicken.

Die Anzahl der Pro-Trump-Gruppen auf Facebook und deren Drang, auf skandalisierende Nachrichten über ihn oder seine Gegner zu klicken, war so hoch, dass sich die meisten Webseiten nach und nach auf diese Gruppe spezialisierten. Dieses Verhalten nach skandalisierenden Nachrichten steht im Einklang mit den Befunden von Jonah Berger, der sich mit der Frage beschäftigt, warum manche Inhalte so viel Verbreitung finden. Er kommt zu dem Schluss, dass es solche Inhalte sind, die starke Gefühle erzeugen, also Ehrfurcht, Begeisterung und Spaß, aber auch Angst und Wut [Berger, 2013] (siehe auch Abschnitt 2.2.2). Zudem möchten sich viele Menschen in ihrer Meinung bestätigen lassen, das führt zum Confirmation Bias (siehe Abschnitt 2.2.3).

Identifikation der Motivationen der sozialen Akteure

In den letzten Kapiteln gab es verschiedene Termini dafür, was soziale Akteure antreibt: Maslow spricht von Bedürfnissen, wir sprechen von Anreizstrukturen. Während Anreize extern gesetzt werden, erwachsen Bedürfnisse aus dem Inneren des Akteurs. Daneben kommen ähnliche Konzepte wie Treiber, Ziele oder Motivation, die ebenfalls teils eher extern gesetzt und teils intern gesetzt sind oder eine Mischung daraus darstellen.

Am Ende geht es bei den soziointormatischen Analysen um eine Analyse und Vorhersage von möglichen Dynamiken im Verhalten von Personen aufgrund der Interaktion mit digitalen Artefakten oder der durch diese Artefakte vermittelten Interaktion zwischen den Akteuren. Dazu müssen diejenigen Systemvariablen identifiziert werden, deren Wert mindestens ein sozialer Akteur aus einem externen Anreiz oder aus einem internen Bedürfnis heraus entweder erhöhen will oder verringern will. Im Folgenden haben wir uns für den Begriff der *Motivation* entschieden, um zu beschreiben, wann immer ein Akteur eine solche Änderung anstrebt, unabhängig davon, was dieses Streben verursacht hat. ■

In diesem Sinne lag die Motivation der Leser:innen also darin, sich ihre Meinungen über Donald Trump und seine Gegner:innen bestätigen zu lassen und dabei wurden skandalisierende Nachrichten bevorzugt.

In vielen soziοinformatischen Analysen sehen wir vier Gruppen von sozialen Akteuren:

1. Die Entwickler:innen einer Software. Darunter verstehen wir die Personen, die direkten Einfluss auf den Code haben.
2. Die Verwender:innen einer Software. Das sind die Personen, die eine Software erwerben oder entwickeln lassen, um sie anderen Personen, den eigentlichen Nutzer:innen, zur Verfügung zu stellen.
3. Die Nutzer:innen einer Software. Diese Personen benutzen die Software, um einen Service zu erhalten.
4. Neben diesen Gruppen sind die für den zu analysierenden Zeitraum relevanten sozialen Akteure zu identifizieren, die ebenfalls mit den informatischen Komponenten interagieren, wie z. B. der Gesetzgeber. Ein Beispiel dafür ist das Parlament der Europäischen Union, das mit der Datenschutz-Grundverordnung (DSGVO) ein Gesetz geschaffen hat, das die Entwicklung und den Einsatz aller Softwareprodukte betrifft, die mit personenbezogenen Daten arbeiten.

Da die sozialen Akteure fast immer einer dieser vier Gruppen angehören, kann man für ihre Identifikation strukturiert vorgehen. Grundsätzlich sollte in der Sammlungsphase erst einmal ohne Wertung jeder vorgeschlagene Akteur aufgeschrieben werden. Da es sich um eine **Modellierung** handelt, gibt es keine klaren Grenzen dafür, welche Akteure noch zum soziοinformatischen Gesamtsystem gehören und welche nicht. In einer zweiten Phase sollte dann für alle vorgeschlagenen Akteure diskutiert werden, ob sie wahrscheinlich bei dem Phänomen eine aktive Rolle spielen und eigene Motivationen in das System einbringen, die das Phänomen beeinflussen könnten. Falls dies nicht der Fall ist, sollten sie als Teil der Umwelt des Systems betrachtet werden, um das Modell so klein wie möglich zu halten (Ockhams Razor, s. Abschnitt 4.2).

1. **Aufstellung des Akteurssatzes.**
   (a) Betrachten Sie zunächst die Entwicklerseite des technischen Systems. Wer erstellt und wartet das technische System?
   (b) Als nächstes geht es um die Betreiberseite des technischen Systems. Wer nimmt das System tatsächlich in Betrieb, wer trifft im laufenden Betrieb Entscheidung bezüglich des technischen Systems?
   (c) Sammeln Sie anschließend alle Nutzergruppen des technischen Systems. Wer benutzt das technische System tatsächlich?
   (d) Wer ist beim zu untersuchenden Phänomen darüber hinaus beteiligt oder betroffen?
   (e) Tritt der Gesetzgeber als Akteur auf oder bildet die Gesetzgebung einen festen Rahmen?

2. **Reduktion des Akteurssatzes**
   (a) Diskutieren Sie in der Gruppe über jeden Akteur, ob er im Rahmen des Ablaufs des Phänomens eine aktive oder passive Rolle einnimmt.
   (b) Hat der soziale Akteur eine Motivation, das Phänomen zu beeinflussen?
   (c) Abstimmung über die wichtigsten Akteure. Unserer Erfahrung nach sollten es maximal 3–4 sein, um das Modell übersichtlich zu halten.

■

Um das Handeln der erfassten Akteure voraussagen zu können, ist es wichtig, deren jeweilige Motivation zu identifizieren. Bei Firmen können deren wirtschaftlichen Interessen in einem ersten Ansatz mit dem Modell des *Homo Oeconomicus* (siehe Modelle kollektiven Handelns im Abschnitt 2.2.6) beschrieben werden. Andere Motivationen wie ethisches Handeln oder der Wunsch nach weiterem Wachstum können aber natürlich auch handlungsleitend sein.

Bei menschlichen Akteueren kann das Homo-Oeconomicus-Modell dagegen nur selten verwendet werden. Die Maslowsche Bedürfnispyramide gibt aber einen groben Überblick über Grundmotivationen von menschlichen Akteuren (siehe Abschnitt 2.2.2). Dabei ist beispielsweise Geld ein indirekter Anreiz, der viele Bedürfnisse in der Bedürfnispyramide nach Maslow (wie Sicherheit, aber auch Selbstverwirklichung) erfüllen kann. Es ist damit fast immer ein starker Treiber, aber wenn damit höhere Bedürfnisse in Konflikt stehen, ist es eben nicht der einzige Treiber.

Mit diesen beiden Schritten sind die Motivationen der sozialen Akteure bekannt und die Anreizstrukturen durch die informatische Komponente identifiziert. Dazu können noch Anreize kommen, die sich die sozialen Akteure gegenseitig bieten. Der nächste Schritt besteht nun darin, das untersuchte Phänomen als Zusammenspiel von sozialem und technischen System zu modellieren. Dies geschieht in der Form eines Wirkungsgefüges.

5.1.3 Phase 3: Erstellen von Wirkungsgefügen

Wie oben schon erwähnt, enthält das untersuchte Phänomen immer die Beschreibung mindestens einer messbaren Eigenschaft oder eines Verhaltens, das sich gebildet oder verändert hat, und von dem man annimmt, dass digitale Artefakte dieses (mit-)verursacht haben. Die Frage ist nun, wie die Software und die identifizierten sozialen Akteure das Phänomen erzeugt haben könnten.

Eine sprachliche Beschreibung der verschiedenen Handlungen und Kausalitäten kann der erste Schritt sein. Wir empfehlen aber eine möglichst kompakte Modellierung des Geschehens in einem *Wirkungsgefüge*. Eine solche möglichst minimale Visualisierung erzwingt Klarheit, identifiziert mögliche kausale Zusammenhänge, die dann auf Korrektheit untersucht werden können und erlaubt es, nach Möglichkeiten der Steuerung des Phänomens zu suchen. Im Folgenden werden wir kurz die Syntax und Semantik hinter der von uns verwendeten Wirkungsgefüge-Modellierung beschreiben.

Unsere ursprünglichen Wirkungsgefüge und ihre Erstellung folgten Frederic Vesters Vorschlägen in seinem Buch „Die Kunst vernetzt zu denken“ [Vester, 2004]. Er schlug vor, biologische, ökonomische und soziale Systeme auf ihre Überlebensfähigkeit hin zu untersuchen und dafür Wirkungsgefüge auf ungebremste Feedbackzykeln zu untersuchen, die oftmals auf langfristig nicht haltbaren Ressourcenverbrauch hindeuten. In der Sozioinformatik geht es aber um eine einfache Methode, Verhaltensdynamiken zu modellieren oder vorherzusagen, daher sind auch andere Muster im Wirkungsgefüge von Bedeutung und insbesondere diese Systemvariablen relevant, die soziale Akteure erhöhen oder verringern wollen, weswegen wir Wirkungsgefüge um soziale Akteure und deren Motivationen ergänzen.

Wie in Abschnitt 2.1.3 schon definiert, handelt es sich bei einem Wirkungsgefüge um ein sehr einfaches visuelles Modell von kausalen Abhängigkeiten zwischen messbaren Eigenschaften oder messbarem Verhalten des Systems. Diese messbaren Eigenschaften oder *Systemvariablen* werden als Knoten in einem Graphen dargestellt: *Graphen* sind mathematische Strukturen aus zwei Bestandteilen: Einer Menge von sogenannten *Knoten* und einer Teilmenge aller möglichen Paare von Knoten, den sogenannten *Kanten*. Diese Kanten geben mathematisch gesehen Teilmengen von Beziehungen zwischen Paaren von Knoten an. Kanten können ungerichtet oder gerichtet sein. In der Visualisierung eines solchen Graphen werden die Knoten durch eine Fläche präsentiert und, bei gerichteten Beziehungen, die Kanten durch Pfeile, die die Richtung der Beziehung angeben. In unseren Wirkungsgefügen können tatsächlich nur zwei sehr grobe Formen solcher Kausalbeziehungen dargestellt werden, die eine Richtung aufweisen und jeweils darstellen, wie eine Wertveränderung von Systemvariable A sich auf Systemvariable B auswirkt. Wir unterscheiden zwischen folgenden zwei Beziehungsarten (siehe Abbildung 5.5):

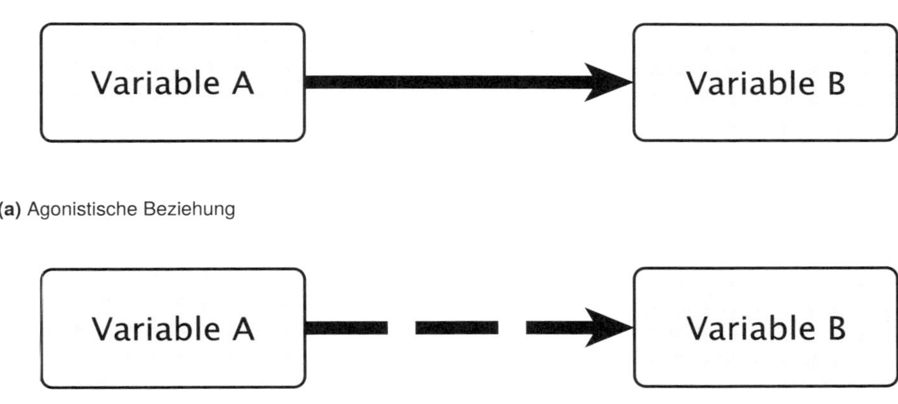

(a) Agonistische Beziehung

(b) Antagonistische Beziehung

Abbildung 5.5 Beziehungsarten von Systemvariablen in einem einfachen Wirkungsgefüge

- Agonistische Beziehungen, in der eine Erhöhung (Verringerung) des Wertes von A kausal für eine Erhöhung (Verringerung) von B ist: „Je mehr von *A*, desto mehr von *B*“ oder „Je weniger von *A*, desto weniger von *B*.“
- Antagonistische Beziehungen, in der eine Erhöhung (Verringerung) des Wertes von A kausal für eine Verringerung (Erhöhung) des Wertes von B ist: „Je mehr von *A*, desto weniger von *B*“ oder „Je weniger von *A*, desto mehr von *B*.“

Dabei verwenden wir den sehr breiten Begriff der Kausalität von Pearl, Glymour und Jewell, der jede Form der Einflussnahme des Wertes der Systemvariablen A auf den der Systemvariablen B einschließt [Pearl et al., 2016] (siehe Abschnitt 2.1.3), die wir hier aber aufsplitten in agonistische kausale Zusammenhänge und antagonistische kausale Zusammenhänge.

In einem solch simplen Wirkungsgefüge werden daher nur sehr grobe Kausalbeziehungen repräsentiert. Die Definition der darstellbaren Beziehungen erzwingt aber, dass die gewählten Systemvariablen in irgendeiner Form quantifizierbar sind. Für jede dieser Systemvariablen muss also erkennbar sein, ob sich ihr Wert erhöht oder senkt. Es muss aber nicht notwendigerweise ein Mechanismus bekannt sein, der diesen Wert erfasst: So ist es beispielsweise heute nicht möglich, genau zu sagen, wieviele Webseiten zu diesem Zeitpunkt aktiv im WWW erreichbar sind, trotzdem wäre die Systemvariable „Anzahl der aktiven Webseiten“ definierbar und in der Theorie (aber nicht in der Praxis) messbar. Zudem ist es möglich, zu plausibilisieren, ob sich die Anzahl der Webseiten eher erhöht oder verringert hat. Auch der „Anteil skandalisierender Inhalte der Webseite der Jugendlichen“ lässt sich sicherlich nicht eindeutig ermitteln, ist aber in dem Sinne quantifizierbar, dass man angeben kann, ob sich dieser tendenziell erhöht oder verringert hat. Diese Größen werden als Systemvariablen bezeichnet. Bei ihrer Aufstellung fängt man zweckmäßigerweise bei den im beobachteten Phänomen schon benannten Größen an und fügt dann der Reihe nach weitere Systemvariablen hinzu. In einem zweiten Schritt führt man dann die (groben) Kausalbeziehungen ein.

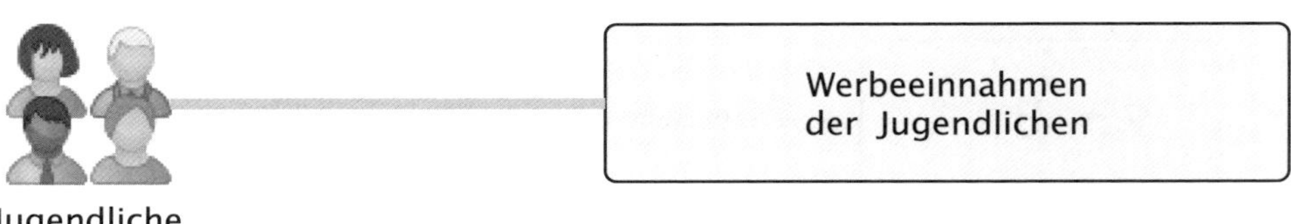

Abbildung 5.6 Motivationskante: Visualisierung des Akteurs „Jugendliche“ und seiner Motivation, Einfluss auf die Systemvariable „Werbeeinnahmen der Jugendlichen“ zu nehmen.

Als Vorbereitung für diesen Schritt lassen sich auch aus den in der letzten Phase identifizierten Motivationen bereits erste Vorschläge für mögliche Systemvariablen ableiten. So sind die „Werbeinnahmen der Jugendlichen“ offensichtlich eine sehr wichtige Stellgröße, auf die die „Jugendlichen“ als Akteure gerne Einfluss nehmen würden. Die Einnahmen sind klar messbar – dies ist die erste Systemvariable. Um Motivationen zusammen mit dem Wirkungsgefüge repräsentieren zu können, führen wir an dieser Stelle einen weiteren Typus von Kante ein. Eine „Motivationskante“ stellt dar, dass ein sozialer Akteur an der Änderung einer Systemvariable interessiert ist. Wünscht der soziale Akteur eine Erhöhung des Wertes, wird dies durch eine graue durchgezogene Linie ohne Pfeil zwischen Akteuer und Systemvariable dargestellt. Wünscht der Akteur eine Verminderung, ist die Linie zwischen Akteur und Systemvariable grau gestrichelt. Abbildung 5.6 zeigt eine solche Motivationskante zwischen der Akteursgruppe der Jugendlichen und der Systemvariable „Werbeeinnahmen der Jugendlichen“, die durchgezogen ist, weil die Jugendlichen sich wünschen, dass der Wert dieser Variablen möglichst hoch ist.

Die Identifikation von Systemvariablen ist im Allgemeinen nicht trivial und immer auch zu einem gewissen Grad subjektiv: Setzt man mehrere Kleingruppen auf dasselbe Phänomen an, wird man daher nie dasselbe Wirkungsgefüge erhalten. Wir haben im Folgenden einige Hinweise zusammengestellt, die bei der Identifikation der Systemvariablen hilfreich sein können.

1. **Aufstellung des Variablensatzes.** Wie auch bei der Zusammenstellung der sozialen Akteure, sollten in der ersten Phase mögliche Systemvariablen großzügig und ohne Bewertung gesammelt werden, bevor diese Sammlung dann nach und nach auf das Notwendige reduziert wird:
   (a) Aus den bereits identifizierten Motivationen der beteiligten Akteure lassen sich erste Systemvariablen generieren.
   (b) Leiten Sie aus der Beschreibung des Phänomens die wichtigen Schritte ab und übersetzen Sie diese in Variablen. Gehen Sie dabei von denen aus, die im ursprünglichen Phänomen als Veränderungen beschrieben wurden.
   (c) Übernehmen Sie Stell- oder Messgrößen des informatischen Systems in den Variablensatz, die vermutlich Auswirkungen auf diese veränderten Eigenschaften oder Verhalten haben.
2. **Reduktion des Variablensatzes.** In der zweiten Phase werden die gesammelten Systemvariablen reduziert:
   (a) Untersuchen Sie jede der gefundenen Variablen im Hinblick auf folgende Fragestellungen. Hierbei können bspw. schwache Kausalbeziehungen, die vermutlich nur wenig zur Veränderung anderer Variablen beitragen, aussortiert werden:
      - Wie relevant sind sie für die Veränderungen der Systemvariablen, die sie beeinflussen könnten?
      - Wie glaubhaft sind die von der Systemvariablen ausgehenden Kausalbeziehungen?
   (b) Welche der Systemvariablen ist glaubhaft direkt oder indirekt für eine Veränderung der Haupt-Messgrößen des Phänomens verantwortlich zu machen? Alle anderen sollten aussortiert werden. Wir versuchen, Wirkungsgefüge mit weniger als 15 Variablen zu entwickeln, weil sonst eine Analyse nicht mehr übersichtlich und systematisch erfolgen kann.

Das Ziel ist immer eine minimale Version der kausalen Zusammenhänge, um diese der Überprüfung zugänglich zu machen.

Übungsaufgabe 13:

Verwenden Sie das beschriebene Schema, um die wichtigsten Variablen für das Phänomen „Fake News als Geschäftsmodell" zu identifizieren und jeweils kurz zu beschreiben. Welche Systemvariablen sind notwendig um darzustellen, wie die Jugendlichen mit Hilfe von Webseiten, Facebook und AdSense ihre Werbeeinnahmen maximieren können? Einige Systemvariablen haben wir oben schon genannt: Die Anzahl der Webseitenaufrufe, die Werbeeinnahmen durch AdSense und den Skandalisierungsgrad der Beiträge. Benötigen Sie all diese Variablen? Andere Systemvariablen, besonders solche, die Facebooks Rolle widerspiegeln, aber auch die Handlungen der Facebook-Nutzer:innen fehlen in jedem Fall noch. ■

Der folgende Variablensatz für das Phänomen „Fake News als Geschäfsmodell" stellt lediglich einen Vorschlag dar. Je nach erarbeitetem technischen System und herangezogenen Akteuren sind unterschiedliche Variablen denkbar, *den einen* Variablensatz gibt es nicht. Erst die weitere Modellierung zeigt, ob mit dem erarbeiteten Variablensatz das Phänomen adäquat nachvollzogen werden kann oder nicht.

1. **Anteil skandalisierender Inhalte auf der Webseite der Jugendlichen**:
   Die Tests der Jugendlichen zeigten, dass mit skandalisierenden Beiträgen die Anzahl der Interaktionen und Klickzahl stiegen.
2. **Anteil skandalisierender Beiträge auf der Facebookseite der Jugendlichen**:
   Diese Variable beschreibt die bereits bekannte Beobachtung von Tynan [Tynan, 2016].
3. **Anzahl der Nutzer-Interaktionen mit den Beiträgen der Jugendlichen auf Facebook**:
   Die Nutzer:innen von Facebook können Beiträge kommentieren, teilen oder mit einem „gefällt mir" versehen; all diese Interaktionen werden in dieser Variable aggregiert. Sie ist notwendig, weil darüber der Algorithmus des News Feed entscheidet, wie oft der Beitrag im News Feeds anderer Nutzer:innen auftaucht.
4. **Aufrufe einer der Webseiten der Jugendlichen**:
   Die Anzahl der Aufrufe der Webseiten der mazedonischen Jugendlichen ist ein direkter Indikator für die Anzahl der verkauften Werbeplätze.
5. **Anzahl ausgespielter Werbungen**:
   Die aufgerufenen Webseiten der Jugendlichen werden mit Werbung aus Googles AdSense bespielt.
6. **Werbeeinahmeninnahmen der Jugendlichen**:
   Die Werbeinnahmen sind wie beschrieben die Hauptmotivation der Jugendlichen.
7. **Anteil der Beiträge der Jugendlichen am News Feed der Facebook-Nutzer**:
   Nutzer:innen von Facebook erhalten in ihrem News Feed auf Facebook Beiträge von Freunden und Seiten, denen sie aktiv folgen. Da nur gesehene Beiträge zu Interaktionen führen können, ist dieser Anteil relevant.
8. **Reichweite der Facebookseite der Jugendlichen**:
   Die Anzahl an Personen, denen die Webseite der Jugendlichen gefällt, ist eine wichtige Kennzahl zur Messung der Reichweite einer Facebookseite, die direkten Einfluss auf das Verhalten der Jugendlichen hat. ■

Als nächstes müssen für die genannten Variablen die kausalen Beziehungen (agonistische oder antagonistische) bestimmt werden. Das Wirkungsgefüge soll als Grundlage für die Analyse und mögliche Steuerung eines beobachteten Phänomens genutzt werden können. Daher ist es notwendig, dass die in ihm enthaltenen Kanten plausibel sind. Bevorzugt sollten nur solche in das Wirkungsgefüge integriert werden, bei denen der Kausalzusammenhang beispielsweise mit einer Theorie oder Ergebnissen einer Studie zu belegt werden kann. Für jede eingefügte Kante muss zumindest eine Begründung angegeben werden, warum die Kausalbeziehung plausibel ist. Um als Grundlage für vertiefende Analysen dienen zu können, müssen alle in das Wirkungsgefüge aufgenommenen Kausalbeziehungen auf ihre Existenz und möglichst auch ihre Intensität und genaue Form der Kausalität überprüfbar sein.

Übungsaufgabe 14:

Versuchen Sie das Phänomen „Fake News als Geschäftsmodell" mit Hilfe der Variablen 1–9 zu modellieren. Welche wirken agonistisch aufeinander? Welche antagonistisch? Welche beeinflussen sich gar nicht?

Falls Sie diese Aufgabe in mehreren Kleingruppen lösen, so werden Sie auch hier feststellen, dass es reichlich unterschiedliche Herangehensweisen und damit Lösungen gibt.

■

Tatsächlich ist es selten möglich, auf Anhieb und ohne gleichzeitige Betrachtung der möglichen Kausalbeziehungen alle notwendigen Systemvariablen zu identifizieren. Daher fängt man am besten mit der Identifikation möglicher Kausalbeziehungen an, sobald man eine erste, stabile Systemvariablenmenge identifiziert hat. Erfahrungsgemäß werden im Verlauf der Sammlung der Kausalbeziehungen sowohl weitere Variablen hinzugefügt werden als auch überflüssige entfernt werden.

Oft kann hier die Anwendung von Ockham's Razor sinnvoll sein (siehe Abschnitt 4.2): Eine Menge an Variablen kann dadurch reduziert und verdichtet werden, dass schrittweise einzelne Variablen eingespart oder zusammengefasst werden und der Einfluss dieses Vorgangs auf das Wirkungsgefüge beobachtet wird. Lässt sich das untersuchte Phänomen auch nach der Löschung oder Zusammenfassung einzelner Variablen weiterhin in seiner Entwicklung nachvollziehen, so können diese Variablen guten Gewissens entfallen. Auf diese Weise können Wirkungsgefüge zunächst bewusst großzügig und umfassend aufgestellt und anschließend durch Anwendung von Ockham's Razor schrittweise reduziert und verdichtet werden.

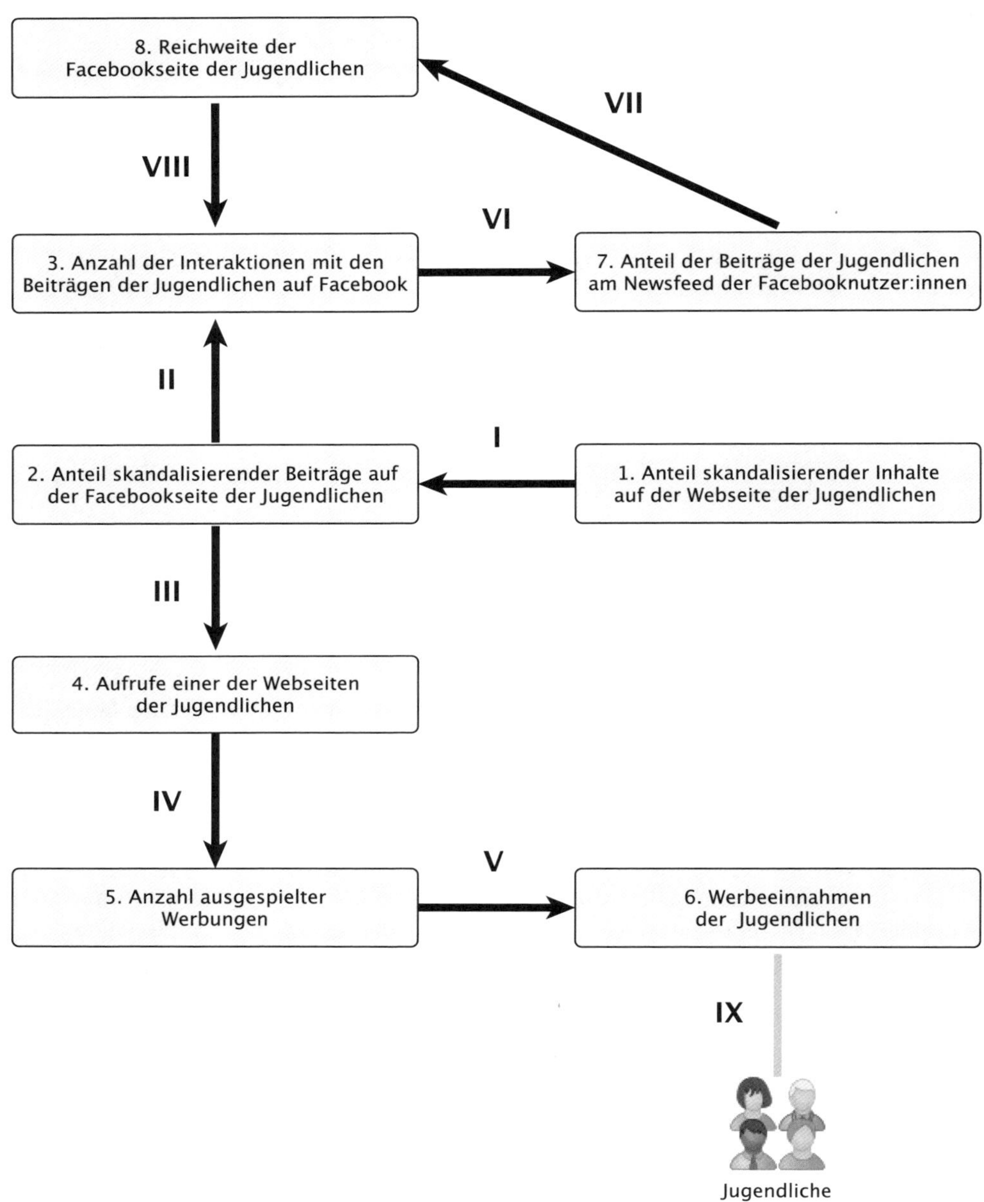

Abbildung 5.7 Visualisierung der Beziehungen zwischen den Variablen. Es ergibt sich ein Wirkungsgefüge

In Abbildung 5.7 finden Sie ein mögliches Wirkungsgefüge aus den Variablen 1–8. Die Beziehungen der Variablen werden im Folgenden kurz erläutert, hierbei wurden nur für das Phänomen relevante Abhängigkeiten aufgenommen.

Kante I: Da die Jugendlichen ihre Inhalte über Facebook verbreiten wollten, erstellten sie für jeden Artikel auf ihrer Webseite einen Beitrag auf Facebook ⇒ agonistische Beziehung.

Kante II: Menschen können grundsätzlich nur einer Sache ihre Aufmerksamkeit schenken [Wu, 2016]. Die Wahrscheinlichkeit, dass ein Beitrag nicht nur wahrgenommen, sondern auch weiterverbreitet wird, hängt dabei insbesondere auch von den Emotionen, die er hervorruft [Berger, 2013]. Dieser Effekt führt dazu, dass die Anzahl der skandalisierenden Beiträge, die die Jugendlichen posten, die Anzahl der Interaktionen der Nutzer:innen mit diesen Beiträgen erhöht ⇒ agonistische Beziehung.

Kante III: Es ist plausibel, das mit steigender Anzahl an Interaktionen auch die Anzahl der Klicks auf den Link zur Webseite steigt [Lee et al., 2018], ⇒ agonistische Beziehung.

Kante IV: Bei jedem Aufruf der Webseite der mazedonischen Jugendlichen wird den Aufrufenden Werbung angezeigt ⇒ agonistische Beziehung.

Kante V: Je mehr Werbung über die Aufrufe ausgespielt wird, desto mehr Einnahmen erhalten die Jugendlichen ⇒ agonistische Beziehung.

Kante VI: Je mehr Facebook-Nutzer:innen mit den Beiträgen der Jugendlichen interagieren, umso relevanter scheint der Beitrag zu sein. Es ist davon auszugehen, dass eine höhere Interaktionsrate den News Feed-Algorithmus dazu bringt, die Beiträge häufiger und an mehr Nutzerinnen und Nutzer auszuspielen [DeVito, 2017] ⇒ agonistische Beziehung.

Kante VII: Je mehr Menschen die Beiträge der Facebookseite der mazedonischen Jugendlichen sehen, um so mehr Nutzerinnen und Nutzer von Facebook folgen der Facebookseite der Jugendlichen ⇒ agonistische Beziehung.

Kante VIII: Je mehr Nutzerinnen und Nutzer einer Facebookseite folgen, an umso mehr Personen kann der Algorithmus von Facebook die von den Jugendlichen erstellten Beiträge verteilen. Da so die Anzahl der Betrachter der Beiträge steigt, steigt in der Folge auch die Anzahl der Interaktionen mit den jeweiligen Beiträgen durch Kommentare und „Likes" ⇒ agonistische Beziehung.

Kante IX: Die in Phase 2 beschriebene Motivation der Jugendlichen, ihre Werbeeinahmen zu erhöhen, ist in dieser Motivationskante dargestellt.

■

Bei genauerer Betrachtung des Wirkungsgefüges in Abbildung 5.7 fällt auf, dass die Kanten IV und V zusammengefasst werden können: Zwar liegt der Mechanismus der Einnahmen in den angezeigten Werbungen, aber sie ist damit auch direkt proportional zu der Anzahl der Aufrufen der Webseiten. Da es das Ziel ist, ein minimales Wirkungsgefüge zu entwickeln, mit welchem sich das untersuchte Phänomen bestmöglich nachvollziehen lässt, kann man auf Variable 5 verzichten und eine direkte Kante von 4. auf 6. einzeichnen (minimiertes Wirkungsgefüge in Abbildung 5.8, Kante X). Des weiteren hilft die Variable 8 zwar beim Erklären des technischen Systems, welches sich hinter dem News Feed-Algorithmus verbirgt, aber auch hier ließe sich, der Forderung nach Minimierung folgend, die Systemvariable 8 „Reichweite der Facebookseite der Jugendlichen" mit der Variablen 7 identifizieren. Solche Reduktionen können beim Modellieren immer wieder auftreten, manchmal auch erst sehr spät. Jedoch helfen sie den Nutzen des entwickelten Systems zu erhöhen, da nicht notwendige Zwischenschritte oder Dopplungen entfernt werden. Nach diesen Anpassungen entsteht das Wirkungsgefüge in Abbildung 5.8. Mit diesem Wirkungsgefüge ließe sich bereits das untersuchte Phänomen gut analysieren.

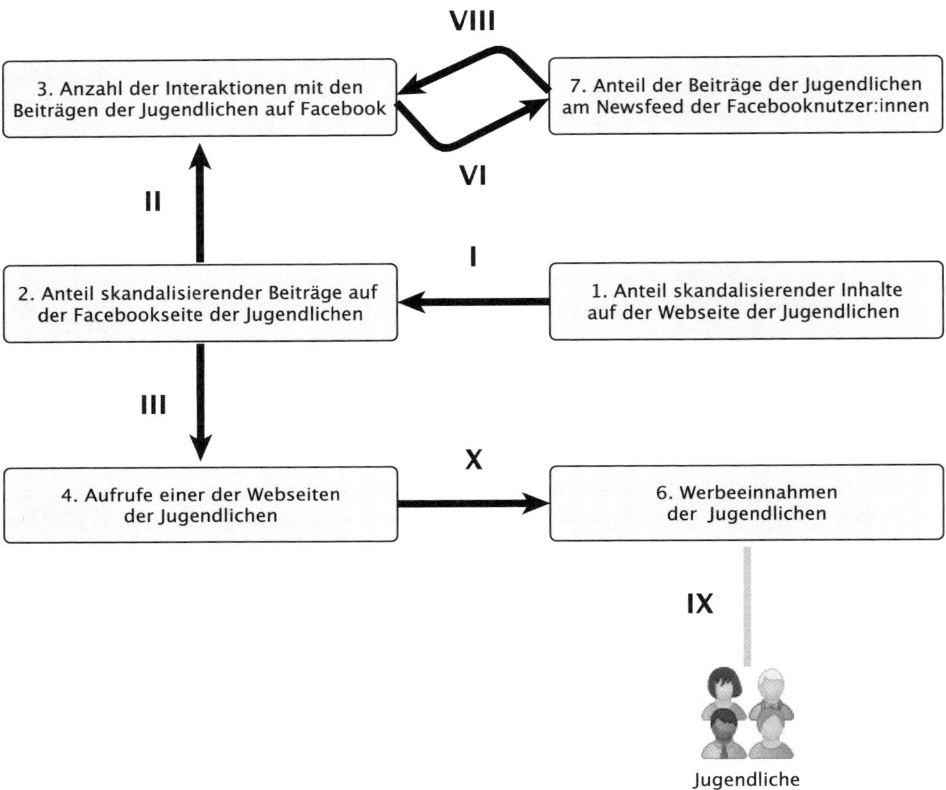

Abbildung 5.8 Angepasstes Wirkungsgefüge nach der Ersetzung von Kante IV und V durch Kante X, der Entfernung von Variable 5 und der Identifizierung von Variable 7 und 8

Eine letzte, zusätzliche Kausalbeziehung erklärt, warum das Geschäft mit den skandalisierten News so gut funktionierte und warum es den Jugendlichen möglich war, in wenigen Wochen so große Werbeeinnahmen zu generieren: Wenn man die Reaktion auf die Variable 7 genauer untersucht, so war die Reichweite für die Jugendlichen eine leicht zu messende Rückmeldung, wie gut sie es geschafft haben, Aufmerksamkeit für ihre Beiträge zu generieren. Wie oben beschrieben, haben die Jugendlichen mit den Inhalten in ihren Beiträgen experimentiert, um ihre Werbeeinnahmen über die Steigerung ihrer Reichweite zu optimieren. Es zeigte sich die Tendenz der Facebooknutzer:innen, auf skandalöse Beiträge häufiger zu reagieren. Daher hatte diese Variable auch direkten Einfluss auf die Entwicklung der immer stärker skandalisierenden Clickbaits und begründete den immer höheren Anteil skandalisierender Inhalte auf der Webseite der Jugendlichen. Wir führen daher Kante X als agonistische Beziehung zwischen Variable 7 und Variable 1 ein.

Mit dieser Beziehung lässt sich das untersuchte Phänomen noch eingängiger visualisieren. In Abbildung 5.9 entsteht nun ein Feedbackzyklus, der bei der Analyse (im nächsten Schritt) herangezogen werden kann, um die Dynamik des Phänomens zu verdeutlichen.

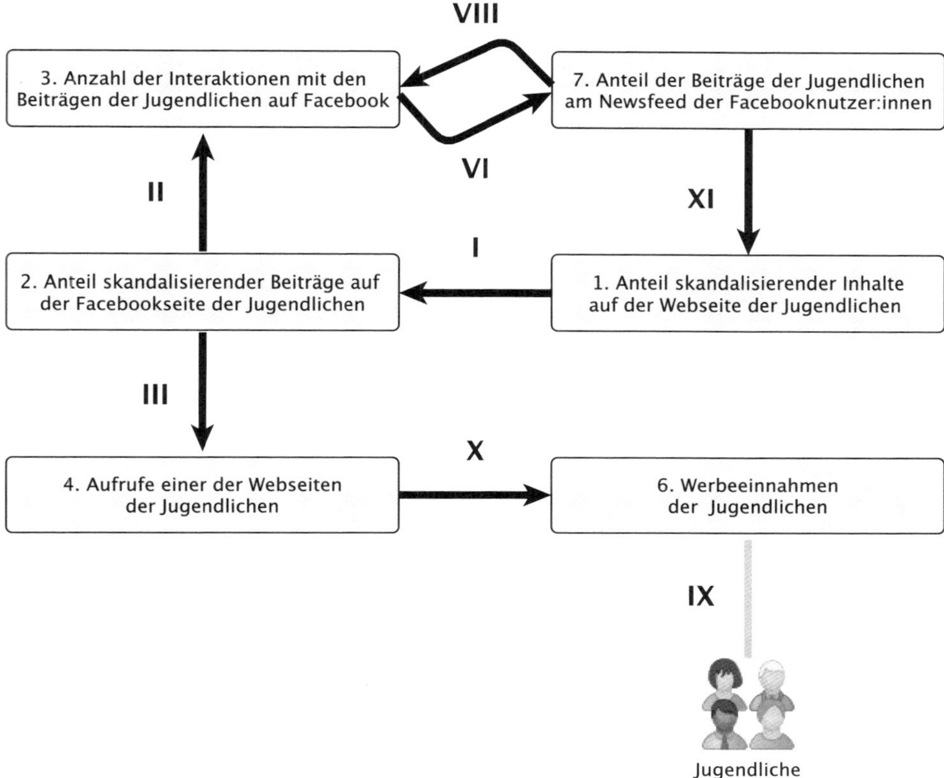

Abbildung 5.9 Wirkungsgefüge mit Feedbackzyklus. Durch die rekursiv aufeinander wirkenden Einflüsse verstärken sich die Variablen gegenseitig

Es gibt keine uns bekannte Methode, an der das optimale Wirkungsgefüge für eine bestimmte Fragestellung zweifelsfrei erkannt werden kann. Aber es gibt ein paar Kriterien, die Hinweise auf seine Qualität geben.

Die Bewertung eines Wirkungsgefüges kann qualitativ anhand der folgenden Kriterien erfolgen:

1. Sind die identifizierten Kausalbeziehungen jeweils logisch und plausibel? Gibt es Wege, sie zu untersuchen und zu falsifizieren oder weitere Indizien für ihre Korrektheit zu finden?
2. Sind die genannten Motivationen glaubwürdig? Stehen ihnen andere, ungenannte Motivationen entgegen?
3. Fehlen im Wirkungsgefüge wichtige Systemvariablen? Diese Frage stellt sich vor allen Dingen in den nachfolgenden zwei Phasen; daher kann es auch notwendig sein, die Phasen 2–5 mehrmals hintereinander zu durchlaufen.
4. Können weitere Kausalbeziehungen oder sogar Systemvariablen gestrichen werden, ohne dass sich die Plausibilität der Erklärung für die Entstehung des Phänomens ändert?
5. War das Team hinter der Erstellung der soziotinformatischen Analyse divers genug, um möglichst alle Perspektiven abzudecken? Dies verringert die „Unknown Unknowns" (siehe Abschnitt 2.1.4) des menschlichen Verhaltens.

Für uns liegt der Wert der Aufstellung des Wirkungsgefüges sowohl im Prozess als auch im Resultat: Je besser der Brainstorming-Prozess moderiert wird und je diverser das Team ist, desto eher findet sich eine stabile Beschreibung der Systemkomponenten, die alles Relevante berücksichtigt. Das resultierende Wirkungsgefüge soll dabei trotzdem möglichst klein gehalten werden: Das zwingt zur Kondensation der wahrscheinlichsten Kausalbeziehungen, die ein Phänomen erklären könnten. Das Wirkungsgefüge selbst ist zuletzt ein gutes Kommunikationsmittel, um auch anderen Personen, die nicht an diesem Prozess teilgenommen haben, die Hauptmechanismen der Entstehung des soziotinformatischen Phänomens zu vermitteln. ■

Basierend auf dem resultierenden Wirkungsgefüges erfolgt im nächsten Schritt dessen Analyse.

5.1.4 Phase 4: Analyse des Wirkungsgefüges

Das Wirkungsgefüge dient nun in Phase 4 der soziotinformatischen Analyse der Beschreibung und Analyse des zugrunde gelegten Phänomens: Ist es plausibel, dass die Einmischung von mazedonischen Jugendlichen in den Präsidentschaftswahlkampf durch die vorgestellten informatischen Komponenten begünstigt, sogar erst ermöglicht wurde? Ist es plausibel, dass die Jugendlichen damit in kurzer Zeit Werbeeinnahmen von Zehntausenden Dollar erreichten? Es geht hier also um die Dynamik des Systems. An dieser Stelle starten wir von den in Phase 2 identifizierten Motivationen der sozialen Akteure hinzu: Was wollen sie, welche Messgröße des Systems wollen sie erhöht oder verringert sehen? Wir gehen bei der Analyse davon aus, dass Menschen, die einer bestimmten Motivation folgen, herausfinden werden, welche möglichen Kausalbeziehungen sie nutzen müssen, um das Gewünschte zu erreichen. Dabei müssen sie natürlich auch Messgrößen des Systems finden, die sie überhaupt verändern können.

Geht man nun von der Motivationskante rückwärts im aufgestellten Wirkungsgefüge, sieht man, dass die Jugendlichen nur auf die Erstellung der Beiträge einen Einfluss hatten, der ihnen dann, wenn sie diese in geeigneter Weise schrieben, indirekt die Werbeeinnahmen erhöhte.

Bei der Nutzung von sozialen Medien gibt es dabei immer die Möglichkeit, dass ein Beitrag viral geht. Bei Facebook kann dieser Effekt durch den News-Feed-Algorithmus ausgelöst werden. Dieser nutzt ihm zur Verfügung stehende Signale, um zu bewerten, wie relevant die Beiträge für die jeweilige Nutzer:innen sind. Neben vielen Signalen über das bisherige Nutzungsverhalten der Nutzer:innen zieht der Algorithmus auch die Interaktionen der jeweiligen Beiträge in diese Bewertung mit ein und begünstigt so Beiträge mit hohen Interaktionszahlen. Viele Interaktionen mit den Beiträgen der Jugendlichen bewegen somit den News-Feed-Algorithmus dazu, die Beiträge als relevanter zu bewerten und diese dann häufiger bzw. bei mehr Nutzerinnen und Nutzer anzuzeigen. Es entsteht an dieser Stelle ein selbstverstärkender Effekt (Kante VI, VIII). Die Information, wie oft ein Beitrag angezeigt wurde und die Rückmeldung, dass Skandalisierung am besten geeignet ist, um diese Reichweite zu erhöhen, stachelte dabei die Jugendlichen an, diese Skandalisierung weiter hochzutreiben (Feedbackzyklus durch Kanten I, II, VI, XI). Diese beiden Feedbackschleifen können zusammen die Reichweite von Beiträgen schnell nach oben treiben: Laut journalistischen Berichten wurden Facebookbeiträge der Jugendlichen mit bis zu 480.000 Interaktionen gefunden, was dann auch die hohen Werbeeinnahmen plausibilisiert [Silverman and Alexander, 2016].

Ist diese grundlegende Plausibilisierung des Phänomens nun erfolgt, kann dann die Frage beantwortet werden, ob es sich überhaupt um ein sozioinformatisches Phänomen handelt: Gibt es das Phänomen also nur, weil soziale Akteure mit Softwarekomponenten interagieren? Die Antwort ist klar: Das Phänomen ist emergent, weil es durch Interaktion von sozialen Akteuren und technischen Komponenten zustandekommt. Ist es nur soziotechnisch oder auch sozioinformatisch? Auch diese Frage ist zu bejahen: Nur durch informatische Komponenten können Personen, die ansonsten keine Beiträge in traditionellen Massenmedien platzieren können, so schnell so viele Leser und Leser:innen erreichen. Nur durch die informatischen Komponenten konnten die Jugendlichen so schnell herausfinden, dass es sich mehr lohnt, Anti-Clinton-Beiträge zu posten als Anti-Trump- oder Anti-Sanders-Beiträge. Nur durch die automatisierte Vermarktung von Werbeplätzen (ohne Qualitätsüberprüfung der Webseite) können unbekannte Autoren und Autorinnen ihre Webseiten heute in so großem Ausmaß monetarisieren.

Nichts davon wäre in diesem Tempo ohne informatische Komponenten denkbar. Hier gibt es also klar digitale Elemente, die einen Einfluss auf das Phänomen haben, und klar menschliche Elemente, ohne die das Phänomen nicht zustande gekommen wäre. In diesem Fall ist das insbesondere die Freude mancher Wähler:innen an den Skandalen der Gegner ihres Favoriten. Es handelt sich damit ohne Frage um ein sozioinformatisches Phänomen. Die nachfolgenden Diskussionen rund um dieses Phänomen zeigte auch deutlich, dass es sich hierbei um eine unerwünschte Technikfolge handelte.

Die letzte Phase der sozioinformatischen Analyse sucht nach Gegenmaßnahmen, wobei die Informatik insbesondere an solchen Gegenmaßnahmen interessiert ist, die sich durch Änderungen der Implementierungen erreichen lassen.

5.1.5 Phase 5: Identifikation möglicher Gegenmaßnahmen

In Phase 5 einer phänomeninduzierten sozioinformatischen Analyse kann das Wirkungsgefüge dann dazu verwendet werden, Steuermöglichkeiten des sozioinformatischen Systems zu identifizieren: Was passiert, wenn an dieser Stelle ein anderer Anreiz implementiert wird oder neue Funktionalitäten es erschweren, Belohnungen durch manipulatives Verhalten zu erhalten oder Sanktionen auszuweichen? Dadurch ändern sich unter Umständen die Anzahl und Art der Systemvariablen und/oder ihre Kausalbeziehungen untereinander – es können aber auch neue Motivationen relevant werden. Hierbei sind die identifizierten Möglichkeiten zu Gegenmaßnahmen meistens akteursspezifisch: So kann zum Beispiel nur der Softwarebetreiber Gegenmaßnahmen in der jeweiligen Software einbauen.

Übungsaufgabe 15:

Diskutieren Sie, an welchen Stellen des Wirkungsgefüges in Abbildung 5.9 Änderungen durchgeführt werden müssten, damit die Jugendlichen aktiv davon abgehalten werden, fragwürdige Inhalte zur Steigerung ihrer Werbeeinkünfte zu verbreiten. ■

Um geeignete Gegenmaßnahmen zu finden, kann man nun systematisch die Kanten des Wirkungsgefüges durchgehen, die zu einer unerwünschten Technikfolge beitragen: Gibt es die Möglichkeit, sie zu schwächen oder die Kausalität aufzulösen? Wir beginnen bei Knoten 1: In Abbildung 5.9 ist Kante I eine direkte Verbindung zwischen der Webseite der Jugendlichen und ihrer Facebookseite. Die Verbindung könnte unterbrochen werden, wenn Facebook sich entschließt, ihren Account zu blockieren oder versucht, skandalisierende Inhalte zu identifizieren und diese nicht anzuzeigen. Dies war bei den amerikanischen Plattformen und Intermediären für viele Jahre nicht denkbar: Tatsächlich begannen viele Plattformen erst im Jahr 2020 mit diesen und ähnlichen Ideen wie der Markierung von fragwürdigen Posts zu experimentieren, nachdem im amerikanischen Präsidentschaftswahlkampf 2020 insbesondere Donald Trump Twitter und Facebook dazu nutzte, um Falschinformationen zu verbreiten [Roth and Achuthan, 2020, Twitter, 2021]. Es ist wahrscheinlich, dass Plattformen und Intermediäre auch weiterhin solche Maßnahmen nur in Ausnahmefällen erwägen werden. Kante II unterliegt psychologischen Faktoren und ist daher schwierig abzuschwächen. Kante VI resultiert aus Facebooks News-Feed-Algorithmus, der in vielen Situationen so, wie er momentan implementiert ist, tatsächlich in der Lage ist, relevante Beiträge in die jeweiligen Timelines der Nutzer:innen zu sortieren. Wollte man ihn an dieser Stelle verändern, würde man Facebooks Service damit nachhaltig verändern. Diese Kausalbeziehung könnte also im Prinzip verändert werden, aber nur zu einem hohen Preis. Kante XI stellt nur dar, aufgrund welcher Rückkopplung die skandalisierenden Inhalte immer mehr zunahmen, nämlich weil die Jugendlichen erkannten, dass skandalisierende Inhalte mehr Reichweite bringen. Man könnte im Prinzip den Facebooknutzer:innen die Reichweite ihrer Inhalte nicht mehr vermitteln, um solche missbräuchlichen Nutzungen zu erschweren – das wäre aber ganz sicher nicht im Sinne der Erfinder. Im Gegenteil soll ja gerade die beobachtbare Reichweite von gut gelungenen Inhalten dafür sorgen, dass mehr Personen gute Inhalte auf der Plattform anbieten. Damit wird es schwierig, den Zykel an sich zu durchbrechen. Ein alternativer Weg, die mazedonischen Jugendlichen daran zu hindern, mit Fake-Inhalten Werbeeinnahmen zu erzielen, könnte darin bestehen, den Werbetreibenden mehr Rückkopplung zu bieten, anhand derer sie sehen können, auf welchen Webseiten ihre Werbung gezeigt wird – damit würde im vorliegenden Fall Kante X geschwächt oder gar verschwinden. Da Werbetreibende die Möglichkeit haben, Blacklists von Webseiten anzulegen, auf denen ihre Werbung nicht gezeigt werden soll, könnte damit der Geldfluss gestoppt werden. Das war auch die Idee hinter der Initiative „Sleeping Giants", die auf Twitter öffentlich zeigte, welche Firmen mit ihrer Werbung die Nachrichten auf der rechtspopulistschen Plattform *Breitbart News* unterstützten [Maheshwari, 2018]. Aus Sicht der Firmen, die die digitale Werbung platzieren, würde eine solche Gegenmaßnahme dafür sorgen, dass die Verantwortung an die Werbetreibenden geht und die notwendige Qualitätsüberprüfung der Webseiten ebenfalls von diesen geleistet wird. Andererseits könnten auch die Werbetreibenden fordern, dass die Plattformen, die die Werbung platzieren, ebenjene Qualitätsüberprüfung für ihre Kunden und Kundinnen durchführen sollten. ■

Die Analyse zeigt, dass das beobachtete Phänomen tatsächlich plausiblerweise ein sozioinformatisches Phänomen ist und dass es verschiedene Punkte gibt, an denen die jeweiligen informatischen Komponenten anders implementiert werden könnten, um die unerwünschten Technikfolgen abzuschwächen oder zu verhindern. Ein Teil der Gegenmaßnahmen, insbesondere die Verschiebung der Verantwortung für das Schalten von Werbung auf bestimmten Webseiten, stellt allerdings eine Veränderung der Nutzung oder Einbettung der informatischen Komponenten in den sozialen Prozess der Bewerbung von Produkten und Dienstleistungen dar. In den meisten Fällen ist es möglich, Gegenmaßnahmen sowohl auf der Akteursseite als auch auf der Informatikseite zu finden.

Zusammenfassend beruht die Methode der phänomeninduzierten sozioinformatischen Analyse auf fünf einfachen Phasen. Das Resultat ist ein möglichst einfaches Wirkungsgefüge, anhand dessen zuerst die Frage beantwortet werden kann, ob es sich überhaupt um ein sozioinformatisches Phänomen handelt und wo mögliche Gegenmaßnahmen zur Abschwächung ungewollter Technikfolgen möglich sind.

Es wurde schon erwähnt, dass der hier vorgestellte Typus von Wirkungsgefüge sehr einfacher Natur ist und keine komplexen Kausalitätsbeziehungen darstellen kann. Im Verlaufe der folgenden Analysen wird immer wieder klar werden, wo die Schwächen und Grenzen diese Ansatzes liegen, die wir in Abschnitt 11.1 auch noch einmal zusammenfassen werden. Nichtsdestotrotz ist auch diese einfache Form des Wirkungsgefüges erstaunlich vielseitig und ermöglicht es, interessante Phänomene in wenigen Schritten gut erfassbar zu machen. Insbesondere in Buchteil III werden wir zeigen, dass es wiederkehrende emergente Phänomene gibt, die sich gut durch generische Wirkungsgefüge beschreiben lassen und damit auch eine Vorhersage von bestimmten Technikfolgen ermöglichen.

Die phänomeninduzierte sozioinformatische Analyse beruht entscheidend darauf, dass die informatischen Komponenten schon im Einsatz sind und dass das emergente Verhalten sich bereits entwickelt hat. In vielen Fällen würde man eine solche Technikfolgenabschätzung lieber bereits vor dem Einsatz durchführen. Eine solche Technikfolgenabschätzung bedarf einiger kleiner Änderungen im Vorgehen, weil sie explorativer Natur ist. Daher führen wir im folgenden Kapitel für solche Fragestellungen eine Variante der sozioinformatischen Analyse ein, die *technikinduzierte sozioinformatische Analyse*.

6 Technikinduzierte sozioinformatische Analyse

Im letzten Kapitel haben wir die phänomeninduzierte sozioinformatische Analyse vorgestellt. Sie ist die etwas einfachere Form der sozioinformatischen Analyse, weil das bereits beobachtbare Phänomen, das durch sie plausibilisiert werden soll und für das der informatische Anteil bestimmt werden soll, die möglichen Richtungen der Analyse einschränkt. Sie liefert aber quasi nur noch die Autopsie einer möglicherweise ungewollten Technikfolge: Im Sinne des Collingridge-Dilemmas (siehe Abschnitt 2.1.5) erfolgt sie also erst dann, wenn der Wandel schwer ist, weil die Technik schon umfangreich genutzt wird – es handelt sich damit um eine **Technikfolgenanalyse.** Es wäre aber mit Blick auf das Collingridge-Dilemma wünschenswert, informatische Artefakte bereits vor ihrem Einsatz auf ihre möglichen Technikfolgen hin zu untersuchen, also eine **Technikfolgenabschätzung** durchzuführen. In diesem Fall muss die zugrundeliegende sozioinformatische Analyse unter einer anderen Perspektive begonnen werden. Wenn nur die zugrundeliegende Technik bekannt ist, startet die sozioinformatische Analyse bei den Anreizen, die das informatische System stellt und versucht von dieser Grundlage ausgehend, die möglichen Motivationen von möglicherweise betroffenen sozialen Akteuren zu eruieren. Die technikinduzierte sozioinformatische Analyse lässt sich daher nur auf Hardware- und Softwaresysteme anwenden, die auf menschliches Verhalten reagieren. Ohne eine solche Reaktion gibt es kein sozioinformatisches Phänomen, das ja erst durch die Interaktion von Akteur und Software oder durch die informatische Vermittlung von Interaktionen zwischen Akteuren entsteht. Eine technikinduzierte sozioinformatische Analyse ist entsprechend insbesondere dann sinnvoll, wenn informatische Artefakte explizit mit dem Ziel eingeführt werden, das Verhalten von sozialen Akteuren zu verändern, also eine Steuerung des komplexen sozioinformatischen Systems erzielt werden soll. Mit der im Folgenden vorstellten Methode lassen sich nicht alle möglichen Technikfolgen erforschen, die durch den Einsatz von informatischen Artefakten denkbar sind, sondern nur die emergenten Phänomene als Ergebnis der Interaktion von sozialen Akteuren mit dem Artefakt oder miteinander in der Vermittlung durch das Artefakt. In dieser Form der Technikfolgenabschätzung geht es daher vor allem um die folgenden Leitfragen:

1. Kann die Implementierung der gewollten Anreizstruktur die gewünschte Steuerungswirkung prinzipiell entfalten?
2. Lässt sich die implementierte Anreizstruktur manipulieren („Gaming the System"), d. h., können einzelne soziale Akteure sich besser stellen, auch ohne die dafür eigentlich gewünschte Leistung zu zeigen?

3. Sind Reaktionen oder Gegenreaktionen von sozialen Akteuren innerhalb oder außerhalb des Systems möglich, die den Versuch der Steuerung des komplexen Systems langfristig konterkarieren?

Wir stellen zuerst die verschiedenen Phasen einer technikinduzierten Analyse vor und beschreiben diese dann detailliert anhand eines Beispiels, dem **Surge Pricing** von Uber.

6.1 Phasen einer technikinduzierten sozioinformatischen Analyse

Die Analyse selbst folgt im Wesentlichen denselben Prozessschritten wie die phänomengeleitete sozioinformatische Analyse (siehe Abbildung 6.1):

Phase 1: Beschreibung der technischen Grundlagen.

Phase 2: Identifikation der relevanten sozialen Akteure und ihrer Motivationen.

Phase 3: Erstellen des Wirkungsgefüges.

Phase 4: Analyse des Wirkungsgefüges auf möglicherweise ungewollte Nebenwirkungen und Manipulierbarkeit.

Phase 5: Zweite-Gedanken-Denken.

Abbildung 6.1 Struktur einer technikinduzierten sozioinformatischen Analyse

Um zu verstehen, welche Auswirkungen die dynamische Preisanpassung namens Surge Pricing der Carsharing-Plattform „Uber" haben könnte, führen wir im weiteren eine technikinduzierte sozioinformatische Analyse durch.

6.1.1 Phase 1: Beschreibung der technischen Grundlagen

Wenn informatische Artefakte auf menschliches Verhalten reagieren, setzen sie damit automatisch Anreize, auf die wiederum die Menschen reagieren können. In dieser Phase geht es darum, ein möglichst vollständiges Bild der Anreize zu bekommen, die durch ein informatisches Artefakt gesetzt werden. Beim Surge Pricing ging es Uber um die Implementierung einer Funktion, die ihre Fahrer:innen dazu bringen soll, dann ihre Dienste anzubieten, wenn es den meisten Bedarf gibt. Wir beschreiben das *Surge Pricing* von Uber, soweit dieses aus Dokumenten und auch Reverse-Engineering-Projekten möglich ist.

Uber ist ein 2009 in den USA gegründetes Unternehmen, das über eine Online-Plattform Fahrgäste an private Fahrer:innen vermittelt. Nutzer:innen können in Städten, in denen der Dienst angeboten wird, über eine App Ausgangsort und Ziel einer gewünschten Fahrt eingeben und sich den potenziellen „Fahrpreis“ kalkulieren lassen. Dieser Preis folgt vermutlich einer linearen Gleichung der folgenden Form, wie ein Reverse-Engineering-Versuch von Todd W. Schneider nahelegt [Schneider, 2020]:

$$\text{Grundpreis} = a + b \cdot \text{Kilometer} + c \cdot \text{Fahrzeit}. \tag{6.1}$$

Anfangs wurden die Preise laut dieser Gleichung also nicht dynamisch an den Bedarf angepasst. 2012 hatte Uber in Boston dann aber mit einem großem Fahrer:innen-Mangel während der Morgenstunden (ab 1 Uhr) an Wochenenden zu kämpfen [Gurley, 2014]: Es schien so, als dass gerade um Mitternacht viele Fahrer wenige Aufträge erhielten und daher Feierabend machten – der große „Ansturm“ an Nachtschwärmerinnen und Nachtschwärmern, die nach Hause gefahren werden wollten, jedoch erst ab ungefähr 1 Uhr in der App nach Fahrgelegenheiten suchte. Die Entwickler stellten also ein Ungleichgewicht zwischen Angebot und Nachfrage fest. Uber fügte daher der Gleichung für die Berechnung des Fahrpreises einen sogenannten *Surge-Price*-Faktor hinzu, mit dem der Fahrpreis bei hoher Nachfrage erhöht werden sollte. Laut einem längeren Blogbeitrag eines der Vorstandsmitglieder von Uber, Bill Gurley, wurde die Erwartung, dass dadurch in Zeiten mit zu wenig Angebot über die Erhöhung dieses Faktors eine Anreizstruktur für Fahrer:innen geschaffen würde, Fahrten zu übernehmen, erfüllt [Gurley, 2014]. Damit handelt es sich bei der Implementierung dieser Grundidee um eine Software, die auf menschliches Verhalten reagiert und versucht, dieses zu steuern. Es wird auf den ersten Blick ein einziger Anreiz gesetzt, nämlich der steigende Fahrpreis bei steigendem Bedarf. Dieser Versuch, das Verhalten der Fahrer:innen mittels einer informatischen Komponente zu verändern, macht das Surge Pricing damit zu einer idealen Grundlage für die technikinduzierte sozioinformatische Analyse.

Übungsaufgabe 16:

Surge Pricing klingt nach einem Win-Win-Modell: Fahrgäste bekommen die Möglichkeit, in Situationen mit wenig Fahrer:innen doch noch eine Mitnahme zu finden und zahlen dafür etwas mehr, während die Fahrer:innen vom erhöhten Preis profitieren.

Diskutieren Sie die folgenden Fragen:

- Glauben Sie, dass es Kontexte gibt, in denen Surge Pricing zu unangemessenen Preisen führt?
- Können Sie sich Manipulationsversuche von Fahrer:innen oder Nutzer:innen oder vielleicht auch von Konkurrent:innen wie Taxifahrer:innen vorstellen?

■

Um diese Fragen beantworten zu können, muss man sich noch etwas genauer ansehen, wie das Surge Pricing umgesetzt wird, denn die Formel sagt noch nicht, wie genau Angebot und Nachfrage gemessen werden.

Übungsaufgabe 17:

Recherchieren Sie so genau wie möglich die Implementierungsdetails der technischen Komponenten, die Uber nutzt, um das Surge Pricing zu realisieren. Sollten Sie keine klaren Anhaltspunkte finden, stellen Sie Vermutungen an, wie die Implementierung aussehen könnte. ■

Das System von Uber hat die jeweilige Straßenkarte in so genannte „Surge Areas" unterteilt, für die jeweils der Surge-Price-Faktor bestimmt wird [Chen et al., 2015]. Die zugrundeliegende Technik muss dafür erkennen können, in welchem Gebiet welches Angebot und welche Nachfrage bestehen. Das läuft einerseits über die Uber-App, über die Nutzer:innen ihren Bedarf anmelden und Fahrer:innen ihr Bereitschaft, Fahrgäste aufzunehmen, an- und abmelden. Zudem kann die Uber-App jeweils die Standorte beider Personengruppen bestimmen und für die Nutzer:innen die durchschnittliche Wartezeit berechnen. Welche Eigenschaften das System zur Berechnung des Faktors darüber hinaus heranziehen könnte, wird deutlich, wenn man sich das dazugehörige Patent von Uber aus dem Jahr 2013 anschaut [Novak and Kalanick, 2013]: In dem Patent werden zur Vorhersage der zukünftigen Nachfrage noch das prognostizierte Wetter und der Verkehr genannt. Die genaue Art und Weise, wie man Angebot und Nachfrage basierend auf diesen Grundfakten messen kann, stellt in jedem Fall eine Operationalisierung dar (siehe Definition 4 auf Seite 25). Der Surge Price-Faktor wird laut Studien ungefähr alle 3–5 Minuten aktualisiert [Chen et al., 2015]. ■

Damit ist die neue informatische Komponente, die das Surge Pricing implementiert, in ihren technischen Grundlagen so weit erklärt, wie es ohne Insider-Kenntnisse möglich ist. Da es sich hierbei explizit um ein informatisches Artefakt handelt, dass zur Steuerung menschlichen Verhaltens geplant war, kann man an dieser Stelle ein Wirkungsgefüge für die geplante Steuerung aufstellen. Abbildung 6.2 zeigt das sehr einfache Wirkungsgefüge hinter dem Surge Pricing.

Es zeigt zwei Wirkungsbeziehungen, die direkt in der Software implementiert sind, nämlich die Erhöhung des Preises, wenn die gemessene Fahrerdichte bezogen auf die erwartete zusätzliche Nachfrage zu gering ist (Kante I). Eine erhöhte Anzahl aktiver Fahrer:innen führt zu einer geringeren erwarteten Anzahl zusätzlicher Fahrer:innen (Kante III). Daneben gibt es eine psychologisch motivierte Kante, nämlich die Erwartung, dass der höhere Fahrpreis dazu führt, dass mehr Fahrer:innen im Gebiet X zur Verfügung stehen werden (Kante II).

Das Surge Pricing ist eine relativ einfache Technik, über die zudem relativ viel bekannt ist. Im Allgemeinen ist es nicht so einfach, die Anreizstruktur, die durch ein informatisches Artefakt entsteht, vollständig abzubilden. Die folgende Textbox enthält ein paar Hinweise dazu.

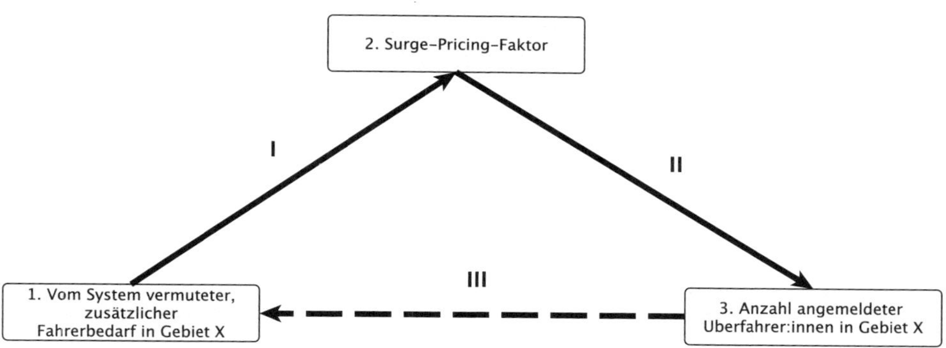

Abbildung 6.2 Von Uber angestrebte Wirkung durch die Einführung des Surge Pricing, visualisiert als Wirkungsgefüge

Bei der durch ein informatisches Artefakt erzeugten Anreizstruktur muss man unterscheiden zwischen den vom Entwicklerteam bewusst gestaltetn Anteilen und den von den Entwickler:innen unbewusst getroffenen Entscheidungen, die Auswirkungen auf die gesetzten Anreize haben. Beide Anteile können zu den Zielen der Implementierung beitragen und/oder zu Nebenwirkungen führen, die erwünscht oder unerwünscht sein können. Um all diese Anteile der implementierten Anreizstruktur möglichst umfassend zu identifizieren, ist in Phase 1 eine ausführliche Recherche zur und um die angewendete Technik notwendig.

Um die gewollten Anreizstrukturen zu identifizieren, sind Gespräche mit den Entwickler:innen empfehlenswert. Sollten keine Entwickler:innen an der Technikfolgenabschätzung beteiligt sein, kann es auch hilfreich sein, die Patente der jeweiligen Firmen zu sichten und einzuordnen. Oftmals werden dort wichtige Eigenschaften einer technisch Komponente sehr detailliert beschrieben, um diese Erfindung gegen Plagiate möglicher Konkurrenten zu schützen. Die ungewollt implementierten Anreizstrukturen sind ihrer Natur nach schwierig zu entdecken und entfalten ihre Technikfolgen daher meistens erst im Einsatz, wo sie unter Umständen mit Hilfe einer phänomeninduzierten sozioinformatischen Analyse entdeckt werden können. ■

In der nächsten Phase einer technikinduzierten Analyse werden die relevanten sozialen Akteure und ihre möglichen Motivationen identifiziert.

6.1.2 Phase 2: Identifikation der relevanten sozialen Akteure und ihre jeweiligen Motivationen

Der Prozess der Identifikation der sozialen Akteure und ihrer Motivationen entspricht dem im Abschnitt 5.1.2 vorgestellten Prozess. Die folgende Sammlung stellt eine mögliche Menge an Akteuren dar, die am Surge Pricing von Uber beteiligt sind: Die menschlichen Akteure sind die Fahrer:innen und die Fahrgäste. Während erstere einen hohen Fahrpreis erzielen möchten, wollen die Fahrgäste einen Transport zu einem möglichst günstigen Preis.

Ein weiterer möglicher Akteur ist offensichtlich Uber, der die Fahrt erst vermittelt. Man kann sich darüber hinaus überlegen, ob auch alle sonstigen Mobilitätsanbieter betrachten werden sollten: Taxiunternehmen, der ÖPNV, vielleicht sogar andere Car Sharing-Plattformen? Je genauer die Analyse werden soll, umso wichtiger ist es, den Markt möglichst genau zu modellieren. Hier entscheiden wir uns in einer ersten, groben Analyse nur für die Teilnehmer:innen am Uber-Markt: Die Fahrer:innen, die ihre Dienste über die App anbieten, und die Nutzer:innen der App. Als nächstes stellt sich die Frage nach regulativen Akteuren wie beispielsweise dem Gesetzgeber. Die Antwort auf diese Frage hängt wieder davon ab, wie weit in die Zukunft die Analyse reichen soll. Eine erste Analyse ohne diese Akteure kann zeigen, wie sich der Markt kurzfristig einstellt. Sollte diese Analyse auf Schwachstellen des soziοinformatischen Systems stoßen, die durch eine Regulierung verbessert werden könnten, müssen diese Akteure mit in das System eingebunden werden. An dieser Stelle entscheiden wir uns (vorläufig) gegen eine Einbindung und modellieren die Akteure und die von ihnen bisher getroffenen Entscheidungen als die Umwelt des soziοinformatischen Systems.

6.1.3 Phase 3: Erstellen des Wirkungsgefüges

Ähnlich wie bei der phänomeninduzierten soziοinformatischen Analyse müssen nun Systemvariablen bestimmt werden. Da es viele Möglichkeiten gibt, kann es hier hilfreich sein, diese Phase iterativ mit der Identifikation der Motivationen der sozialen Akteure zu verbinden. D. h., man beginnt bei den Systemvariablen, die in der gewollten Anreizstruktur genannt werden. Basierend darauf, kann man sich fragen, welche Systemvariablen die sozialen Akteure verändern wollen und in welche Richtung sie das tun wollen. Zudem sollten Systemvariablen, die die sozialen Akteure direkt verändern können, und die einen Einfluss auf die gewünschte Änderung haben könnten, genannt werden. Wie vorher auch, sind die Kausalbeziehungen zwischen den selektierten Systemvariablen dann erfahrungsgemäß wenig strittig – wie vorher auch sollte aber jede davon möglichst durch Fakten oder empirische Resultate plausibiliert werden.

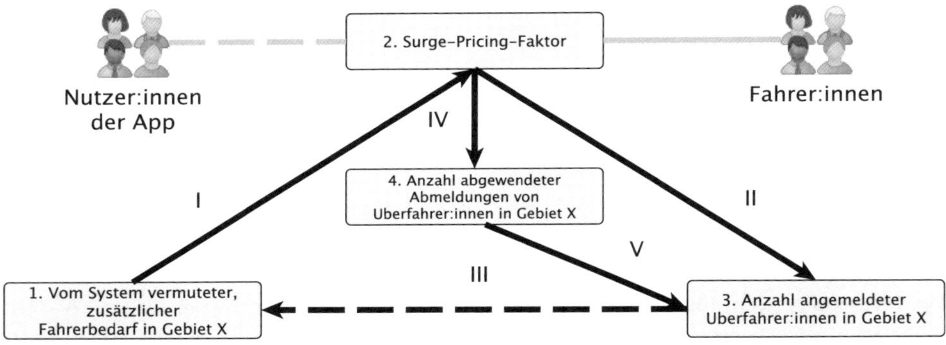

Abbildung 6.3 Erweitertes Wirkungsgefüge, es wurde die Variable „4. Anzahl abgewendeter Abmeldungen von Uberfahrer:innen in Gebiet X" ergänzt

Tatsächlich kann sich die Anzahl der aktiven Fahrer:innen in einem Gebiet auf mindestens zwei Wegen verändern, die die sozialen Akteure in der Hand haben: Fahrer:innen können sich anmelden, wenn sie vorher inaktiv waren, aber sie können auch eine Abmeldung, die sie eigentlich geplant hatten, verschieben, um den erhöhten Fahrpreis auszunutzen. Unser Wirkungsgefüge wird daher um eine Systemvariable ergänzt: „Anzahl abgewendeter Abmeldungen von Uberfahrer:innen in Gebiet X" (siehe Abbildung 6.3):.

In dieser Form sind nun zwei Kanten hinzugekommen: Die Erwartung laut Uber ist, dass sich Abmeldungen verschieben lassen: Je höher der Preis, desto höher die Anzahl der abgewendeten Abmeldungen (Kante IV). Die zweite Kante zwischen „Anzahl abgewendeter Abmeldungen von Uberfahrer:innen in Gebiet X" und „Anzahl angemeldeter Uberfahrer" scheint zuerst logisch zu sein: Je weniger Abmeldungen, desto höher die Anzahl der Angemeldeten. Das ist aber nicht ganz logisch, denn wenn in einem Gebiet vorher 100 Fahrer:innen waren und sich niemand davon abmeldet, aber auch niemand dazukommt, erhöht das noch nicht die Anzahl der angemeldeten Fahrer:innen. Es ist jetzt also notwendig, die dritte Systemvariable anzupassen. In unserem Beispiel haben wir die Systemvariable so angepasst, dass sie nun die Erhöhung der Anzahl angemeldeter Fahrer:innen im Vergleich zur Situation ohne Surge-Pricing-Faktor misst (siehe Abbildung 6.4). Wie auch bei vorherigen Wirkungsgefügen ist diese Änderung nicht die einzig mögliche.

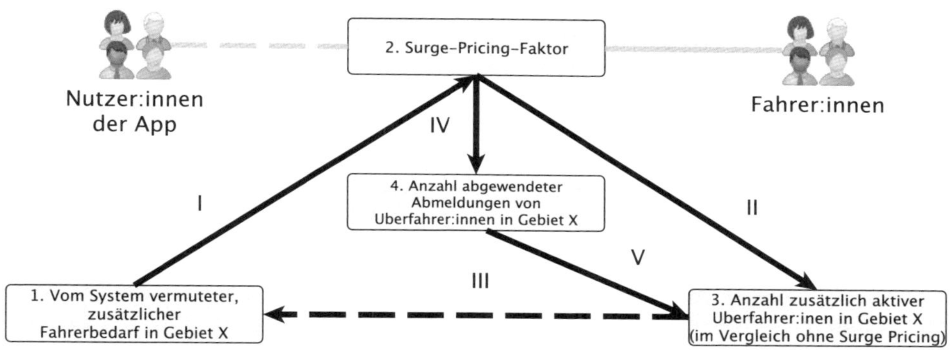

Abbildung 6.4 Wirkungsgefüge nach der Umbenennung von Systemvariable 4

Damit ist ein Wirkungsgefüge entstanden, das nun weiter analysiert werden kann.

6.1.4 Phase 4: Analyse des Wirkungsgefüges

Der wirkliche Unterschied zwischen der phänomeninduzierten und einer technikinduzierten sozioinformatischen Analyse liegt im Zweck der Analyse, wie zuvor bereits skizziert: Im ersten Fall soll ein schon beobachtetes Phänomen erklärt werden. Hier wird das erstellte Wirkungsgefüge daraufhin überprüft, ob es das beobachtete Phänomen plausibel erklären kann und inwieweit die informatischen Komponenten dazu beigetragen haben. In der technikinduzierten Frage geht es dagegen um die Frage, wie soziale Akteure basierend auf ihren eigenen Motiven und der Anreizstruktur, die die Software in ihrer genauen Verwendung bietet, reagieren könnten. Dazu bieten wir zwei aufeinander aufbauende Methoden an: Die erste Methode umfasst die Analyse von Wirkungsgefügen auf das Vorkommen einer Musterform, die Frederic Vester besonders wichtig fand, nämlich sogenannte Feedbackzyklen. Die zweite Methode versucht, die Perspektive zu wechseln und den Motiven der sozialen Akteur:innen konsequent zu folgen, um ihre Reaktionen vorherzusagen und dort, wo diese zu ungewünschten Konsequenzen führen, Gegenreaktionen zu erproben. Diese zweite Methode nennen wir „Zweite-Gedanken-Denken" und sie wird in der nächsten Phase beschrieben.

Ein wichtiger Gegenstand der Untersuchung eines durch eine technikinduzierte sozioinformatische Analyse entstehenden Wirkungsgefüges sind so genannte **Feedbackzyklen**, die Rückkopplungen erzeugen. Gemeint sind Systemvariablen, die durch eine Menge von Kausalbeziehungen bei einer initialen Änderung wieder auf sich selbst zurückwirken. Hierbei unterscheiden wir zwischen selbstverstärkenden und gedämpften Zyklen.

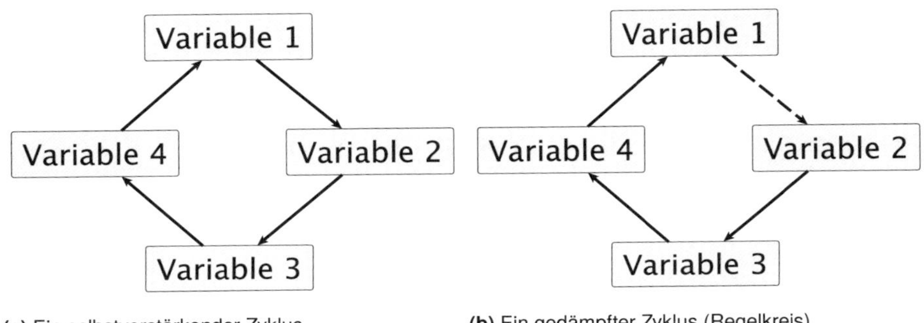

(a) Ein selbstverstärkender Zyklus **(b)** Ein gedämpfter Zyklus (Regelkreis)

Abbildung 6.5 Zwei einfache Feedbackzyklen

Selbstverstärkende Zyklen

Besteht ein solcher Feedbackzyklus ausschließlich aus agonistischen Beziehungen (Abbildung 6.5a), so spricht man von einem selbstverstärkenden Zyklus mit einer **positiven Rückkopplung** [Vester, 2004, vgl. S. 211]. Wenn eine solche Rückkopplung in einem System existiert und sich der Wert einer der beteiligten Variablen verändert, führt der Zyklus dazu, dass sich die Werte aller beteiligten Systemvariablen erhöhen oder verringern, bis eine ihr Maximum oder Minimum erreicht hat.

Gedämpfte Zyklen

Wenn in einem Wirkungskreis jedoch eine antagonistische Kante vorliegt (Abbildung 6.5b), so dämpft diese die Reaktion des Feedbackzyklus und macht ihn zu einem Regelkreis im Sinne der Kybernetik (siehe Abschnitt 4.7). Solche Regelkreise führen zu einer Selbstregulation im System und können „für Stabilität gegen Störungen und Grenzüberschreitungen" [Vester, 2004, S.128] sorgen.

Am Beispiel

Eine Analyse der geplanten Anreizstruktur in Ubers Surge Pricing zeigt, dass es sich hier, wie gewünscht, um einen gedämpften Regelkreis handelt, der die Regelgröße „Anzahl zusätzlich aktiver Uberfahrer:innen in Gebiet X im Vergleich zur Situation ohne Surge Pricing" auf den Sollwert der Führungsgröße „Vom System vermuteter zusätzlicher Fahrer:innenbedarf in Gebiet X" einpegeln soll und dazu die Stellgröße des „Surge-Pricing-Faktors" nutzt.

Um zu verstehen, inwieweit eine solche Anreizstruktur auch zu Manipulationen oder ungewollten Nebenwirkungen führt, ist es nicht ausreichend, nur das Wirkungsgefüge auf Muster zu untersuchen. Dafür ist es notwendig, aus den Motivationen der sozialen Akteure heraus zu denken – etwas, das wir als „Zweite-Gedanken-Denken" bezeichnen.

6.1.5 Phase 5: „Zweite-Gedanken-Denken"

In „Die Farben der Magie", einem Scheibenwelt-Roman von Terry Pratchett, brennt die Hauptstadt Ankh-Morpork. Wie konnte es dazu kommen? Ankh-Morpork wurde von Pratchett als eine Art fantastische Spiegelwelt zu mehreren europäischen Städten wie Tallinn, Prag, Florenz oder London zwischen dem 18. und 19. Jahrhundert erdacht. Die Menschen, die in Ankh-Morpork leben, sind stets auf ihren Vorteil bedacht und leben in einem sehr komplexen Geflecht von Gilden, Obrigkeit und den „Gesetzen der Gesetzlosigkeit". In seinen 41 Romanen über die Scheibenwelt testet Pratchett immer wieder aus, was passiert, wenn in diesem komplexen Kosmos etwas Neues entsteht und sich so Anreizstruturen verändern: Als beispielsweise ein Neuankömmling den Einwohnern die erste Versicherung anbietet, setzt einer seiner Kunden die ganze Stadt in Schutt und Asche, um an die Prämie heranzukommen. Ein typischer Fall von falsch implementierten Anreizstrukturen und kreativen Personen, die diese ausnutzen.

Zweite Gedanken sind diejenigen, die Perspektiven ändern. Sie können nur erreicht werden, wenn man sich in jeden der sozialen Akteure hinein versetzt. Um diese „Zweiten Gedanken" zu erleichtern, identifiziert man zunächst, welche Akteure am meisten profitieren bzw. verlieren durch die neuen Anreizstrukturen und dann die sozialen Akteure, für die die neuen Anreizstrukturen den höchsten Verlust an Werten aus der Maslowschen Bedürfnispyramide bedeuten könnten und solche, die von ihnen am meisten profitieren könnte. Dann überlegt man sich einzeln oder im Team, am besten sogar in mehreren Teams parallel, was die wahrscheinlichste Reaktion der sozialen Akteure unter den neuen Gegebenheiten ist. Dazu ist es notwendig, dass diese soziale Akteure neben der Motivation (Verlust von Erreichtem; Gewinnaussicht) auch die Mittel und die Gelegenheit zu dieser Reaktion haben – ähnlich wie bei Mordfällen in Krimis. In der Textbox auf der nächsten Seite leiten wir den Begriff des Zweite-Gedanken-Denkens her – diese etwas ausführlichere Herleitung ist eine Hommage an Terry Pratchett und kann übersprungen werden.

Warum wir vom Zweite-Gedanken-Denken sprechen – Eine Hommage

In Terry Pratchetts erstem Scheibenwelt-Buch „Die Farben der Magie" betritt Zweiblum, der erste Tourist der Scheibenwelt, die Stadt und erzählt den Einwohnern von diesem fantastischen Konzept der **Föhr-sicher-ung**, das er in seinem Land anbietet:

> *Angenommen, du hast ein mit Goldbarren beladenes Schiff. Es könnte in einen Sturm geraten oder von Piraten überfallen werden. Da du so etwas vermeiden möchtest, besorgst du dir eine Fähr-sicher-ungs-Polließ. Ich rechne die Wahrscheinlichkeit für einen Verlust der Ladung aus, wobei ich die Wetterberichte und das Piratenaufkommen der letzten zwanzig Jahre berücksichtige. Dann füge ich ein bisschen hinzu, und du bezahlst Geld auf der Grundlage des von mir ermittelten Risikofaktors [...] Nun, wenn die Fracht tatsächlich verlorengeht, entschädige ich dich.* [Pratchett, 2015, S. 49f]

Die Städter verstehen das Konzept schnell und weiten es auf Unfälle und Brandschäden aus. Einer der ersten Ankh-Morporkianer, der sich eine Feuer-Fähr-sicher-ung gönnt, ist Breitmann, der Wirt der *Gebrochenen Trommel*. Es hätte ihm jedoch jemand sagen sollen, dass die Fähr-sicher-ung nicht zahlt, wenn man den Brand selber legt. Anreizstrukturen – es ist wichtig, sie gut zu implementieren!

In Pratchetts Büchern versuchen immer wieder Personen, etwas Neues einzuführen und gehen dabei davon aus, dass sich neben der von ihnen geplanten Änderung sonst nichts ändern wird. Diese Ansicht ist dem linearen Denken verhaftet, das sowohl Dörner [Dörner, 2004] als auch Vester [Vester, 2004] für völlig ungeeignet für die Steuerung komplexer Systeme halten. Ihr Gegenstück sind Charaktere, die die neuen Anreizstrukturen zu ihrem Vorteil nutzen. Die besten Charaktere in Pratchetts Büchern sind aber diejenigen, die die Reaktionen der zweiten Gruppe erahnen und ihnen bei Bedarf entgegenwirken. Dazu gehört Lord Vetinari, der als Patrizier von Ankh-Morpork die Anreizstrukturen der Stadt bis in ihr finsterstes Herz verstanden hat. Er entwirft neue Regeln so, dass die erwartbaren Reaktion der Personen genau dahin zielt, wohin er das System steuern will. Daher reformierte er die Diebesgilde wie folgend:

> *One of the remarkable innovations introduced by the Patrician was to make the Thieves' Guild responsible for theft, with annual budgets, forward planning and, above all, rigid job protection. Thus, in return for an agreed average level of crime per annum, the thieves themselves saw to it that unauthorised crime was met with the full force of Injustice, which was generally a stick with nails in it.* [Pratchett, 1989]

Er kann damit die Diebe für sich arbeiten lassen, ohne einen Finger krumm zu machen.

Die Kunst, darüber nachzudenken, wie man selbst denkt oder wie andere denken, wird in Pratchetts Büchern manchmal als „Zweite Gedanken" bezeichnet:

> *First Thoughts are the everyday thoughts. Everyone has those. Second Thoughts are the thoughts you think about the way you think. People who enjoy thinking have those.* [Pratchett, 2004]

In diesem Abschnitt geht es um Reaktionen – und Gegenreaktionen – auf digitale Transformationen, und wie man diese möglichst systematisch und methodisch antizipieren kann. Zu Ehren von Terry Pratchett nennen wir dieses Vorgehen „Zweite-Gedanken-Denken". ■

Die Methode des Zweite-Gedanken-Denkens ist eine angeleitete und strukturierte Brainstormingmethode, die auf den Ergebnissen der phänomen- oder technikinduzierten sozioinformatischen Analyse beruht. Bei dieser Methode versetzen sich das Analyseteam der Reihe nach in die verschiedenen Akteure. Sie besteht aus den folgenden Schritten:

Definition 14: Zweite-Gedanken-Denken

Schritte des Zweite-Gedanken-Denkens:

1. Welche Anreize werden durch die Software verändert? Dazu müssen die unterschiedlichen Anreize der identifizierten sozialen Akteure beachtet werden: Was ist deren Motivation und inwieweit wird diese durch die Software ermöglicht oder behindert? Wo liegen Gewinnmöglichkeiten, wo drohen Verluste? Wo könnte der Verlust des einen sozialen Akteurs zum Gewinn eines anderen werden?

2. Gibt es Aktionen, die die Software dazu bringen, diese Gewinne zu ermöglichen oder Verluste zu verhindern? Gibt es Aktionen, die die Software dazu bringen, die Gewinne anderer zu verhindern und ihre Verluste zu ermöglichen?
3. Überlegen Sie sich, wie aufwändig eine Umsetzung dieser möglichen Aktionen wäre, z. B. finanziell, zeitlich, physisch.
4. Welche der identifizierten sozialen Akteure haben neben der Motivation auch die Mittel und die Gelegenheiten, die gerade identifizierten Aktionen durchzuführen? Diese Durchführung bezeichnen wir als „Reaktionen des sozioinformatischen Systems" auf die Software.
5. Denken Sie noch einen Schritt weiter: Welche Gegenreaktionen auf die identifizierten Reaktionen könnten erfolgen? Naturgemäß sind die möglichen Antworten in diesem Schritt noch weniger eindeutig und schwieriger in ihrer Wahrscheinlichkeit einzuschätzen. Sie helfen aber dabei, die möglichen Kosten einer Gegenreaktion für die sozialen Akteure zu bewerten – wenn es eine einfache Abwehr zu geringen Kosten bspw. durch die Softwarehersteller oder gesetzliche Strafen für das geplante Handeln geben könnte, wird das die Wahrscheinlichkeit der Initialhandlungen verringern.

■

Die Entwicklung der Zweiten Gedanken sollte dabei den Gepflogenheiten des Brainstormings folgen: In einer ersten Phase können Ideen ohne Kritik geäußert werden, dann folgt in einer zweiten Phase die Wahrscheinlichkeitsbewertung (Kostenbewertung, Analyse von Mittel und Gelegenheit für die sozialen Akteure zu dieser Reaktion) und die Ausarbeitung. Eine Konsolidierung der Ideen mehrerer unabhängig arbeitender, kleiner Teams zeigt die Bandbreite verschiedener Reaktionen auf und ermöglicht die Abschätzung der jeweiligen Wahrscheinlichkeiten noch besser. Wir folgen hierin dem *Wisdom-of-Crowds*-Ansatz von James Surowiecki [Surowiecki, 2004].

In seinem Buch „The Wisdom of Crowds" (dt. „Die Weisheit der Vielen") analysiert der Autor James Surowiecki, zu welcher Art von Fragestellung und unter welchen Bedingungen eine Gruppe von Menschen intelligentere Lösungsansätze finden kann als eine einzelne Person [Surowiecki, 2004]. Er identifiziert die folgenden fünf Charakteristiken:

1. **Diversität der Meinungen** – Die Mitglieder der Gruppe dürfen nicht zu homogen in ihren Ansichten und Ansätzen zur Problemlösung sein.
2. **Unabhängigkeit** – Diese Meinungen müssen voneinander unabhängig sein.
3. **Gleichgestellt** – Die Meinung einer Teilmenge darf nicht wesentlich stärker bewertet werden als die der Mehrheit – wie es oft in hierarchisch geführten Systemen vorkommt. In letzteren kann die Weisheit der Vielen nicht durchdringen.
4. **Aggregation** – Die Meinung der Vielen muss in sinnvoller Art und Weise aggregiert werden können.
5. **Vertrauen** – Die Mitglieder der Gruppe müssen einander vertrauen.

■

In diesem Sinne kann man sich nun fragen, ob die im Surge Pricing genannten sozialen Akteure die Movitation und die Gelegenheit haben, das Surge Pricing zu ihren Gunsten zu manipulieren.

Tatsächlich können **Nutzer:innen**, die einen echten Bedarf haben, den Preis nicht zu ihren Gunsten verändern, da sie nicht dafür sorgen können, dass mehr Fahrer:innen aktiv werden.

Das erweiterte Wirkungsgefüge, das die Motivationen der Fahrer:innen mitbetrachtet (siehe Abbildung 6.4), zeigt aber, dass es einen Zyklus gibt, mit dem die Fahrer:innen ihren Umsatz erhöhen können, ohne dass sie über die gewünschten Arbeitszeiten hinaus arbeiten müssen: Da das System von Uber das Angebot an zur Verfügung stehenden Fahrer:innen lediglich über die Anzahl angemeldeter Uber-Fahrer ermittelt, können Fahrer sich an bestimmten Orten verabreden und dort kollektiv vom System abmelden [UberDriver, 2014]. Damit senken sie das Angebot künstlich und das System von Uber reagiert wie gewünscht mit einem höheren Surge-Pricing-Faktor. Ein aktives Eingreifen der Fahrer auf die Anzahl der angemeldeten Fahrer löst hier also eine Preiserhöhung im jeweiligen Gebiet aus.

Tatsächlich ist diese Manipulationsmöglichkeit der Uber-Fahrer:innen ein inhärentes Problem des Geschäftsmodells von Uber: Solange die Fahrer:innen nicht angestellt sind und ein Gig-Working-Verhältnis das Ziel ist, können kaum Arbeitszeiten vorgeschrieben werden. Jegliche Form der Belohnung, die auf Nachfrage und Angebot basiert, ist damit durch das gezielte, kollektive Abmelden manipulierbar. Unter Umständen kann Software helfen, solche kollektiven Manipulationsversuche zu entdecken, was durch komplexere Manöver wieder ausgebootet werden würde. Die Technikfolgenabschätzung ergibt hier also, dass das grundsätzliche Geschäftsmodell an dieser Stelle inhärente systemische Effekte erzeugt, die ungewollt sein können.

Neben dieser Problematik gibt es aber noch ein weiteres Problem, nämlich die Erkenntnis, dass Surge Pricing nicht in allen Situationen mit erhöhtem Bedarf auch ethisch angemessen ist.

Ein Beispiel für dysfunktionale Anwendungen von Surge Pricing: Der Terrorangriff von Sydney

2014 saßen in einem Eckhaus in Sydney Menschen beim Frühstück in einem Cafe, als ein Terrorist den Raum betrat, eine Schrotflinte zog und 17 der Anwesenden als Geiseln nahm. Da er mit weiteren Bomben im Gebäude drohte, wurde der Platz weiträumig abgesperrt, mehrere Häuser evakuiert und auch der öffentliche Nahverkehr eingeschränkt [Doherty et al., 2014]. Wenig überraschend erhöhte sich der Bedarf an Taxis in diesem Viertel sprungartig. Die Fahrpreise für Uber-Fahrten aus dem Gefahrengebiet waren durch das Surge Pricing viermal höher als normalerweise, bis Uber das Surge Pricing für Fahrten aus der Gefahrenzone heraus manuell deaktivierte [Ries and Ryall, 2014]. ■

Die Tatsache, dass Uber den Surge-Pricing-Faktor für Fahrten aus dem Gefahrengebiet heraus deaktivierte, liefert die wichtige Erkenntnis, dass viele Menschen die Anwendung von Marktmechanismen in einer Notfallsituation für ethisch unvertretbar halten. Sie finden es verwerflich, Menschen in Not lebensnotwendige, aber rare Ressourcen gegen Höchstgebote zu verkaufen [Ries and Ryall, 2014]. Tatsächlich tendieren viele Menschen dazu, rare Güter in Notsituationen tendenziell an die besonders schwachen Personen zu verteilen:

In Krankenhäusern oder bei schweren Notfällen mit sehr vielen Verletzten gelten spezielle *Triage-Regeln,* die vom Einzelfall unabhängige Priorisierungskriterien zur Behandlung aufstellen. Behandelt wird weder, wer wahrscheinlich sowieso überlebt noch wer wahrscheinlich sowieso stirbt, sondern bevorzugt die Personen, bei denen die Überlebenswahrscheinlichkeit von der Behandlung abhängt.

Die bisherige Analyse hat gezeigt, dass Surge Pricing eine angemessene technische Lösung für viele Situationen sein kann, in denen Menschen Bedarf an einer Transportmöglichkeit haben. Die Notfallsituation in Sydney demonstriert aber auch klar, dass diese Lösung in bestimmten Kontexten nicht akzeptabel ist. An dieser Stelle endet aus unserer Sicht die Verantwortung der Informatiker:innen: Die Frage danach, wann Surge Pricing angemessen ist und wann nicht, ist eine politische, und muss von der Gesellschaft entschieden werden. Die Anforderungen, die sich daraus ergeben, können dann wieder von Informatikerinnen und Informatikern umgesetzt werden.

Das Beispiel zeigt auch, dass es schwierig sein kann, alle Kontexte vorherzusehen, in denen eine bestimmte Technik Anwendung findet. Das wird noch schwieriger, wenn soziale Akteure versuchen, bestehende Anreizstrukturen von soziointormatischen Systemen für ganz andere Ziele zu verwenden als die, für die diese Systeme entwickelt wurden.

6.2 Verwendung eines sozioinformatischen Systems für einen neuen Zweck

Manchmal kann man beobachten, dass ein sozioinformatisches System, das für einen spezifischen Kontext unter bestimmten Annahmen auf ein Ziel ausgerichtet war, zu ganz anderen Zwecken genutzt wird. Das Surge-Pricing-Modell wurde beispielsweise von Uber für die Uberfahrer:innen entwickelt und auch nur in dieser App so verwendet. In vielen Fällen werden Hardware und Software aber so entwickelt, dass sie in unterschiedlichen Situationen und für unterschiedliche Zwecke verwendet werden können. Wir sprechen dabei von der *Einbettung eines informatischen Artefaktes in einen sozialen Prozess.* Dieser Prozess kann die implementierte Anreizstruktur abschwächen oder verstärken und kann weitere Anreize generieren. Diese müssen in Phase 3 der technikinduzierten sozioinformatischen Analyse daher explizit mitberücksichtigt werden, um die möglichen Reaktionen und Gegenreaktionen abzuschätzen.

Ein gutes Beispiel für die unerwartete Nutzung eines informatischen Artefaktes ist die Nutzung von personalisierter Werbung für Wahlwerbung, einen Prozess, den man als *Microtargeting* bezeichnet. Gegenüber normaler Werbung für Produkte verändern sich damit die Anreizstrukturen, es kommen neue Akteure hinzu (Parteien, Politiker) und neue emergente Technikfolgen entstehen, wie im Folgenden skizziert wird.

Wahlmanipulation durch Ausnutzung von personalisierter Werbung In den letzten zehn Jahren wurden von politischen Kampagnen und Interessengruppen immer ausgeklügeltere Instrumente entwickelt, um noch differenziertere, kleinere Gruppen der Wählerschaft anzusprechen. Parteien können je nach Land und Rechtslage für ihre Kampagnen häufig nicht nur Daten zu Wahlhistorien oder Wohnorten heranziehen, sondern auch auf detaillierte Informationen zu Freizeitgestaltung oder Fernseh- und Internetgewohnheiten von Einzelpersonen zugreifen. Die explosionsartige Zunahme von Verbraucherdaten, die unter anderem aus der Nutzung von Kredit- und Kundenkarten oder der Auswertung der Einschaltquoten im Fernsehen stammen, können daher zu einer mächtigen Waffe in den Händen von Politikern werden. Das Analysieren von Daten gibt ihnen bei ihren Kampagnen die Möglichkeit, Teilmengen der Wählerschaft zu identifizieren und mit ihnen zu kommunizieren, was vor nicht allzu langer Zeit in dieser Granularität noch undenkbar gewesen wäre [Edsall, 2012]. Diese Praxis bezeichnet man als „Microtargeting".

Übungsaufgabe 18:

Wie schon erwähnt, ist es bei Werbenetzwerken häufig möglich, recht kleinteilig die gewünschte demographische Gruppe auszuwählen. So konnte man beispielsweise bei Werbung auf Facebook vor Kurzem noch auswählen, welchen Bevölkerungsgruppen diese Anzeige **nicht** angezeigt werden sollte. Diskutieren Sie, ob soziale Plattformen überhaupt politische Werbung zulassen sollten. Wenn ja, sollten dann kleinteilige Zielgruppen-Auswahlmöglichkeiten gestattet werden oder vielleicht sogar jede Form der Personalisierung ausgeschaltet werden? Was könnten wiederum die Nachteile einer solchen Anpassung sein? Versuchen Sie, möglichst viele Argumente für Pro und Contra zu finden.

■

So berichtete der Guardian 2018, dass John Bolton – ein sehr konservativer Politiker in den USA – in einem Projekt für eine politische Initiative Videos erstellte, die verschiedene Persönlichkeitstypen ansprachen. Eines der Videos richtet sich an Personen, die nach dem Persönlichkeitsmodell OCEAN zu den „Neurotikern" gehören und beginnt mit dem Satz: „Terrorists love porous borders!"[1] In einer anderen Kampagne betonte Bolton zu Bildern von fröhlich laufenden Kindern, dass „Sicherheit alle angeht" und richtete sich damit laut dem Artikel an die „gewissenhaften" Zuschauer:innen.[2] Ob und inwieweit solche personalisierten Kampagnen erfolgreich sind, ist völlig unklar. Während des Präsidentschaftswahlkampfes 2016 wurden auf Twitter Anzeigen gezeigt, die dazu anhielten, Hillary Clinton per SMS zu wählen, statt dafür in die Wahllokale zu gehen – was nicht möglich ist. Diese Werbungen richteten sich vornehmlich an Afroamerikaner:innen und Latinos [Hawkins, 2016]. Es handelt sich um „Voter disengagement"-Werbung, also solche, die bestimmte Bevölkerungsgruppen von der Wahl abhalten soll – in diesem Fall solche, die traditionell eher demokratisch wählen. Nachdem Twitter alarmiert wurde, wies der Twitter-Support zuerst darauf hin, dass diese Art der Fehlinformation nicht gegen die Twitter-Richtlinien verstieße, Twitter-CEO Jack Dorsey ließ die Welt aber wenig später wissen, dass die Anzeigen entfernt wurden.[3] Ein Teil derjenigen Anzeigen, die auf Facebook von einer russischen

[1] *https://youtu.be/ReAQcReXXaQ*, aus dem Artikel von Paul Lewis [Lewis, 2018b].

[2] *https://youtu.be/fmLFJi2vaWw*, aus dem Artikel von Paul Lewis [Lewis, 2018b].

[3] *https://twitter.com/jack/status/793914791379095552*.

Hackergruppe finanziert wurden, gehörten auch zu diesem Typ von wahlunterdrückenden Anzeigen.

Insgesamt sieht man, dass hier ein Algorithmus, der grundsätzlich für die Personalisierung von Produktwerbung erdacht worden war, auch die notwendigen Möglichkeiten und Anreize für politische Manipulationen bot. Das soziale System reagierte auf die vom technischen System gebotene Anreizverschiebung mit einer Handlungsverschiebung.

Wie könnte nun ein Wähler oder eine Wählerin darauf reagieren? Eine mögliche Gegenreaktion bot der Blogger Shya Scanlon unter dem Namen „Hateclicking" an. Das sollte dafür sorgen, dass der Gegner für die Anzeigen bezahlen muss, ohne dafür einen Gegenwert in Form eines Wählers zu bekommen. Er schlug auch vor, deren Merchandise-Artikel in Webshops zum Einkaufskorb hinzuzufügen, um diese für den Verkauf zu blockieren. Unter Umständen wäre es sogar möglich, den von ihm vorgeschlagenen Weg des „Hateclickings" durch Bots zu automatisieren – womit Bots dann Werbung verteilen würden, damit andere Bots diese lesen. Ein absurder Endpunkt einer Eskalationsspirale.[4]

Übungsaufgabe 19:

Ist es wirklich ein Endpunkt? Oder könnte es auf diese Gegenreaktion eine weitere Gegengegenreaktion der Wahlkampleiterteams geben? Finden Sie eine möglichst kreative Gegenreaktion auf „Hateclicking", die auf den möglichen Verlust von Werbungsbudgets reagiert.

■

Insgesamt zeigt sich hier, dass zwei technische Systeme, die für ein bestimmtes Ziel in einem bestimmten Kontext unter bestimmten Annahmen konstruiert wurden, jeweils für einen anderen Zweck gebraucht, vielleicht auch missbraucht, wurden: Personalisierte Werbung wurde zuerst für die gezielte Manipulation von Wechselwählerinnen bzw. Wählern der gegnerischen Partei genutzt, daraufhin schlug ein Nutzer vor, sich als Mitglied der gegnerischen Partei zu präsentieren, um über dieselben Mechanismen der personalisierten Werbung die andere Partei finanziell zu schädigen.

Die technikinduzierte sozioinformatische Analyse ist nur eine Möglichkeit, Technikfolgen des Einsatzes von informatischen Artefakten abzuschätzen. Sie hilft, solche Technikfolgen zu erkennen, die sozioinformatischer Natur sind. Aufgrund der beschränkten Modellierungsmöglichkeiten durch die hier verwendete Form des Wirkungsgefüges eignet sie sich vor allen Dingen für kleine Artefakte, die einem Ziel oder Zweck dienen. Daneben treten die traditionellen Methoden der Technikfolgenabschätzung, die in Abschnitt 2.1.3 beschrieben wurden.

Im folgenden Buchteil beschreiben wir, dass manchmal auch Technikfolgen für spezielle Teilfunktionen von größeren informatischen Artefakten mit Hilfe sogenannter *generischer Wirkungsgefüge* vorhergesagt werden können.

4 Shya Scanlon: „How To Hurt The Trump Campaign Every Day", veröffentlicht auf Medium (ein Blogging-Dienst ohne redaktionelle Kuration) [Scanlon, 2020].

TEIL III

Typische Muster von Technikfolgen in sozioinformatischen Systemen

Gewisse Reaktionen auf die Einführung von Software mit bestimmten Funktionen können in unterschiedlichen sozioinformatischen Systemen immer wieder beobachtet werden; sie entsprechen damit gut identifizierbaren und damit auch prinzipiell vorhersagbaren Mustern. In diesem Teil des Buchen stellen wir drei davon vor, die wir versucht haben durch generische Wirkungsgefüge zu beschreiben: Die Reaktionen auf digitale Rankings (Kapitel 7), auf personalisierte digitale Angebote sowie auf verschiedene Muster (Kapitel 8), um Aufmerksamkeit für digitale Produkte zu erheischen und zu binden (Kapitel 9).

7 Emergente Phänomene der Einführung digital berechneter Rankings

Die menschliche Aufmerksamkeit ist begrenzt. Diese Tatsache führt dazu, dass Informationen gefiltert und priorisiert werden müssen, damit Menschen sie verarbeiten können – häufig im Rahmen von sogenannten Rankings. Die Methode ist schon aus analogen Beispielen bekannt: Abiturient:innen nutzen Universitätsrankings, um in der Fülle von Studiengängen passende Angebote zu finden, Wissenschaftler:innen bewerten Journals und Konferenzen nach ihrem Prestige, und Produkte finden sich in Rankings wie denen der Stiftung Warentest wieder. Gerade letztere zeigen, wie relevant solche quantifizierten Bewertungen für den alltäglichen Umgang der Menschen mit Informationen sind. Eines der bekanntesten Beispiele für ein digitales Ranking, das unseren Alltag stark beeinflusst, ist Googles PageRank.

7.1 Ranking von Webseiten durch Googles PageRank

Im Jahr 1998 veröffentlichten Lawrence Page, Sergey Brin, Rajeev Motwani und Terry Winograd den algorithmischen Grundpfeiler für ihre Suchmaschine Google, den PageRank-Algorithmus [Page et al., 1999]. Das Internet war zu diesem Zeitpunkt noch ziemlich jung, aber doch immerhin so groß geworden, dass es schwierig geworden war, einen Überblick zu behalten. Yahoo versuchte es damals noch eine Weile mit einem händisch kuratierten Katalog aller Webseiten, also einer Verschlagwortung, so wie es in alten Tagen in den Bibliotheken üblich war [Callery and Proulx, 1997]. Es wurde aber immer klarer, dass dieser Ansatz nicht „skalieren" würde, also mit der exponentiell steigenden Anzahl an Webseiten nicht mithalten könnte. Tatsächlich gab Yahoo 2014 diesen Ansatz auch auf [Rossiter, 2014].

Page, Brin, Motwani und Winograd folgten einem neuen Ansatz: Sie wollten den Inhalt, aber auch die Netzwerkstruktur der Webseiten nutzen, um zu ermitteln, welche Webseite für welche Suchanfrage in einer linearen Reihenfolge zuerst angezeigt werden sollte [Page et al., 1999]. Dazu entwickelten sie den PageRank, der für eine Webseite v wie folgend beschrieben wird:

$$PR[v] = \frac{1-d}{n} + d \sum_{w \in N_-(v)} \frac{PR[w]}{deg_+(w)}. \tag{7.1}$$

Der Faktor d ist dabei eine Wahrscheinlichkeit aus dem Bereich zwischen 0 und 1, der sogenannte *Dämpfungsfaktor*[1]. Die Menge $N_{-}(v)$ bezeichnet die Menge aller Webseiten, die mit einem Link auf die Webseite v weisen; $deg_{+}(w)$ bezeichnet die Anzahl der Nachbarn, auf die w verweist. Der PageRank $PR[v]$ der Webseite v berechnet sich also einerseits aus dem PageRank $PR[w]$ dieser Nachbarn: Dabei wird aber jeder dieser PageRanks auf alle Nachbarn von w verteilt, daher wird $PR[w]$ jeweils durch $deg_{+}(w)$ geteilt. Die Summe aller dieser Werte wird mit d gewichtet. Mit dem Faktor $(1-d)$ gewichtet kommt andererseits noch $1/n$ dazu, wobei n die Menge aller Webseiten im System ist. Es handelt sich

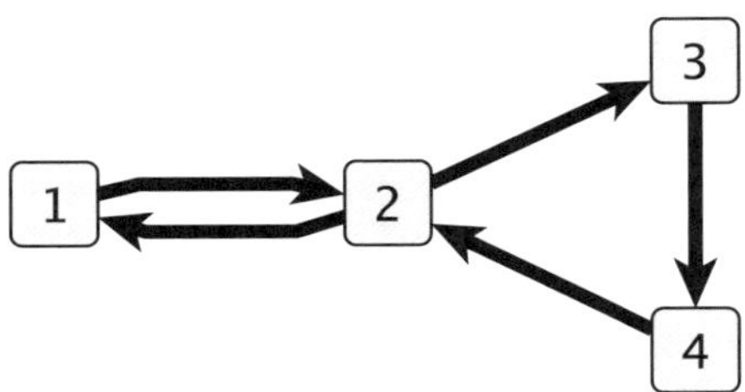

Abbildung 7.1 Beispielnetzwerk mit vier Webseiten (Knoten), die durch Links (Kanten) miteinander verbunden sind

hier um eine rekursive Definition: Der PageRank von Webseite v hängt von den PageRank-Werten der auf sie verweisenden Webseiten ab. Gleichzeitig wirkt sich der PageRank von v auf die von ihr verlinkten Webseiten aus. Da das Internet gut verlinkt ist, kann es also zu Rückkopplungseffekten kommen. Man sieht damit, dass die PageRank-Werte in komplexer Form voneinander abhängen. Die obige Definition muss nun so verstanden werden, dass man Zahlen für die einzelnen PageRank-Werte so finden möchte, dass für jede dieser Webseiten die obige Gleichung gilt. Die PageRank-Werte sollen sich damit in genau dieser Form aus den PageRank-Werten ihrer auf sie verweisenden Nachbarn ergeben. Es ist auf den ersten Blick gar nicht klar, ob es überhaupt möglich ist, Zahlen so zu finden, dass Gleichung 7.1 für alle Webseiten gleichzeitig gilt. Abbildung 7.1 zeigt ein kleines Beispielnetzwerk mit vier Webseiten, die aufeinander verlinken. Für $d = 0{,}8$ sind die Formeln für die PageRank-Werte dementsprechend:

$$\begin{aligned}
PR(A) &= \frac{0{,}2}{4} + 0{,}8 \cdot \frac{PR(B)}{2} \\
PR(B) &= \frac{0{,}2}{4} + 0{,}8 \cdot (PR(A) + PR(D)) \\
PR(C) &= \frac{0{,}2}{4} + 0{,}8 \cdot \frac{PR(B)}{2} \\
PR(D) &= \frac{0{,}2}{4} + 0{,}8 \cdot PR(C)
\end{aligned}$$

[1] Die ältere Form des PageRanks von 1998 enthält zweimal denselben Faktor c statt einmal d und einmal $1-d$. In einem Artikel von 1999 beschreiben Brin und Page dann die Formel ähnlich wie hier, aber ohne den Faktor $1/n$ im zweiten Term. Die hier diskutierte Formelvariante ist vermutlich die am meisten diskutierte (siehe auch Rebecca Wills' Artikel [Wills, 2006]).

Tatsächlich ist es mathematisch möglich, eine solche Lösung für den PageRank zu berechnen mit Hilfe von Methoden der linearen Algebra [Wills, 2006]. Für das kleine Beispielnetzwerk ergeben sich beispielsweise die (gerundeten) Werte von $PR(A) = 0,203$; $PR(B) = 0,382$; $PR(C) = 0,203$ und $PR(D) = 0,212$. Dass diese Werte (gerundet) tatsächlich die Bedingungen erfüllen, lässt sich leicht durch Einsetzen nachrechnen.

Das Zustandekommen dieser Formel kann man sich wie folgend vorstellen: Ein Mensch surft im Internet ohne konkretes Ziel vor sich hin – im Englischen bezeichnet man das Modell als *Random Surfer-Modell.* Meistens folgt er einfach irgendeinem der Links auf der Webseite, die er sich gerade ansieht. Die Wahrscheinlichkeit liegt bei d, dass er sich so durch das Internet treiben lässt. Manchmal aber hört er zufällig von einer beliebigen Internetseite und tippt diese direkt in seinen Browser ein – dies macht er mit einer Wahrscheinlichkeit von $1 - d$.

Wie hoch ist in diesem Fall nun die Wahrscheinlichkeit, dass er auf Webseite v landet? Wir gehen nun davon aus, dass der PageRank $PR[w]$ in diesem Modell die Wahrscheinlichkeit bezeichnet, dass sich der Random Surfer gerade auf einer Webseite w befindet. Dann ist die Wahrscheinlichkeit, dass sich der Surfer von einer dieser Seiten auf eine andere Webseite v bewegt, nur dann gegeben, wenn w überhaupt einen Link nach v hat, wenn der Surfer gerade im „Surfermodus" ist und wenn er diesen Link dann von $deg_+(w)$ vielen Links auswählt. Diese Wahrscheinlichkeit ist also $d \cdot \frac{PR[w]}{deg_+(w)}$. Wenn der Surfer im „Sprungmodus" ist, und das ist er mit einer Wahrscheinlichkeit von $(1 - d)$, landet er mit der Wahrscheinlichkeit $1/n$ auf der Webseite v, die ja eine von den n Webseiten ist. Ausgehend von der Annahme, dass $PR[w]$ die Wahrscheinlichkeit ist, dass der Random Surfer auf der Seite w ist und wir diesen Wert für alle Webseiten kennen würden, würde sich mit Gleichung 7.1 tatsächlich die Wahrscheinlichkeit $PR[v]$ berechnen lassen, also die Wahrscheinlichkeit, dass der Random Surfer nach dem nächsten Schritt auf Webseite v ist. In dieser Sichtweise ist also $PR[v]$ die Wahrscheinlichkeit, dass unser sich herumtreibender Surfer gerade auf der Webseite v ist, gegeben die Wahrscheinlichkeiten für alle anderen Webseiten [Wills, 2006]. Tatsächlich kann man diesen Prozess der Wahrscheinlichkeitsberechnung für alle Webseiten einfach mit einer Gleichverteilung der Wahrscheinlichkeit beginnen. Das heißt, man nimmt an, dass der Random Surfer überall mit der gleichen Wahrscheinlichkeit startet und im nächsten Schritt entweder auf eine beliebige Seite springt oder einen der Links auf der Webseite wählt und diesem folgt. Dadurch können sich die Wahrscheinlichkeiten für die einzelnen Webseiten verändern, dass sich der Random Surfer im nächsten Schritt auf ihnen befindet. Die neuen Wahrscheinlichkeiten benutzt man wiederum als Ausgangssituation für den nächsten Schritt des Surfers. Man kann nun zeigen, dass man dieses iterative Verfahren für viele Werte von d weniger als 100 mal durchführen muss, damit sich die Werte stabilisieren.[2] Die Werte, die man bei diesem Verfahren erhält, sind dieselben, die auch mit der algebraischen Lösungsmethode berechnet werden können.

Die Formel des PageRanks wandelt die Netzwerkstruktur für jede Webseite in eine Zahl um, die korrelieren soll mit der Qualität der Webseite – es handelt sich um eine Operationalisierung (siehe Definition 4 auf Seite 25), d. h. eine mögliche Quantifizierung eines komplexen sozialen Konstrukts, nämlich das der „Relevanz einer Webseits". Als Operationalisierung enthält der PageRank gewisse Annahmen darüber, wie Qualität zu erkennen ist (nämlich

---

2 Technisch gesehen handelt es sich um eine Markovkette, deren Konvergenzgeschwindigkeit durch die Wahl des Dämpfungsfaktors dominiert wird [Wills, 2006]: Für $d = 0.85$ z. B. 29 Mal, für $d = 0.9$ 44 Mal [Wills, 2006].

durch Links auf die jeweilige Webseite) und er setzt Anreize für soziale Akteure, wie z. B. Webseitenbetreiber:innen. Diese sollen in der folgenden Übung im Rahmen einer technikinduzierten sozioinformatischen Analyse identifiziert werden:

Übungsaufgabe 20:

Diskutieren Sie, inwieweit das PageRank-Maß die Anreizstrukturen für Webseitenbetreiber:innen verändert.

1. Welche Eigenschaften einer Webseite führen laut PageRank-Formel zu einem hohen Rang, welche zu einem niedrigen?
2. Für welche Webseiten sähen Webseitenbetreiber:innen gerne einen höheren PageRank und für welche vielleicht auch lieber einen niedrigeren PageRank?
3. Webseiten, die gut besucht sind, können zur Bewerbung von Produkten dienen oder anderweitig für Erlöse sorgen. Überlegen Sie, gemäß dem Ansatz des „Zweite-Gedanken-Denkens" (siehe Kap. 6.1.5), welche Möglichkeiten verschiedene soziale Akteure haben, um den PageRank von Webseiten zu erhöhen oder zu senken. Die von allen sozialen Akteuren vorgenommenen Änderungen können dabei sowohl dazu dienen, die wirklich qualitativ hochwertigen Webseiten besser sichtbar zu machen, als auch dazu genutzt werden, Qualität nur vorzuspiegeln.
4. Denken Sie über mögliche Gegenreaktionen seitens Google oder anderer sozialer Akteure in derselben Art und Weise nach.

■

Die Antworten auf diese Fragen geben wir im Rahmen einer technikinduzierten sozioinformatischen Analyse zur Frage nach den Technikfolgen der Einführung eines Webseitenrankings wie des PageRanks. Die technischen Grundlagen des PageRanks, Phase 1, wurden schon erläutert. Um die relevanten sozialen Akteure zu benennen (Phase 2) ist es in diesem Fall zunächst wichtig, sich klar zu machen, welchen Anreiz der PageRank (als Teil eines komplexeren Suchmaschinenalgorithmus) bietet. Ist es überhaupt notwendig, einen hohen Rang für seine eigenen Webseiten zu erzielen? Wie gut ist es, auf Platz 3 der Suchmaschinenergebnisliste zu sein gegenüber Platz 7? Gegenüber Platz 5? Zu diesen Fragen haben wir im Folgenden zwei Studien zusammengefasst.

Wie sehr verlassen sich Nutzer:innen auf die Anordnung der Suchergebnisse?

Wie schon in Abschnitt 2.2.2 gezeigt, haben Menschen nur eine beschränkte Aufmerksamkeit. Wenn Suchmaschinenergebnisse in linearer Form angezeigt werden, suggeriert diese Anordnung, dass der jeweils erste Eintrag der beste Vorschlag sei, der zweite der zweitbeste und so weiter. Wie weit lassen sich Menschen in ihrer Aufmerksamkeit darin leiten? In einem Experiment, dessen Ergebnisse 2007 veröffentlicht wurden, ließen Edward Cutrell und Zhiwei Guan Menschen einfache Suchaufgaben mit Hilfe einer Suchmaschine erledigen und beobachteten dabei mit Hilfe von Eyetrackern, wo ihre Probanden und Probandinnen hinsahen [Cutrell and Guan, 2007] [3]. Ihre Ergebnisse zeigten, dass die Versuchspersonen dazu tendierten, dem ersten Vorschlag am meisten Zeit zu widmen, dem zweiten deutlich weniger und dem dritten bzw. weiteren Vorschlägen höchstens halb so viel wie dem ersten (siehe hierzu Abbildung 7.2). Cutrell und Guan zeigten auch, dass die Personen, die schlussendlich auf den ersten Link klickten, auch im Durchschnitt nur die ersten vier Resultate angesehen hatten. Die, die irgendeinen der ersten vier Links anklickten, schauten sich im Durchschnitt nur die ersten fünf Links an. Die Studie zeigt – für die Art von Suchanfragen und unter der Einschränkung, dass die Anzahl der Versuchspersonen klein ist –, wie sehr Personen sich auf die Vorsortierung durch die Suchmaschine verlassen.

In einer Studie von Mark T. Keane, Maeve O'Brien, and Barry Smyth, deren Ergebnisse 2008 veröffentlicht wurden, zeigten die Autoren, dass der Anteil der Klicks, die auf die jeweiligen Positionen fielen, sogar noch stärker divergierten [Keane et al., 2008]. In ihrem Experiment bekamen 30 Studierende die Aufgabe, 16 informatikrelevante Informationen mit Hilfe einer Suchmaschine zu finden, wie zum Beispiel die Frage nach dem Erfinder der Programmiersprache *Java*. Betrachtet wurde der jeweils erste Klick zur Beantwortung der entsprechenden Fragen. 70 % dieser Klicks gingen auf den jeweils zuerst positionierten Link, nur ca. 10 % auf den zweiten Link. Die restlichen Positionen wurden von weniger als jeweils 5 % der Proband:innen angeklickt.

Wurden die Links **nur** deswegen angeklickt, weil sie an der jeweiligen Position waren? In ihrer Studie sind Keane, O'Brien & Smyth dieser Frage auf zwei Arten nachgegangen:

1. Sie haben weitere Probandinnen und Probanden gebeten, die jeweiligen Suchergebnisse nach ihrer Qualität in Bezug auf die Frage zu bewerten. Diese Bewertung zeigte, dass es oft klare Unterschiede in deren Qualität gab und dass sich menschliche Bewerter:innen und die Suchmaschine in ihrer Bewertung weitgehend einig waren. Damit war das Vertrauen in die Topergebnisse auch berechtigt.
2. In einem zweiten Experiment wurden der Hälfte der Proband:innen in einer Simulation die ersten 10 Suchergebnisse in genau der umgekehrten Reihenfolge präsentiert, wie die Suchmaschine sie ausgegeben hatte (natürlich sah das Interface genauso aus). Hier vertrauten die Proband:innen in immer noch 40 % der Fälle ihren ersten Klick dem jeweils ersten Link an – aber tatsächlich wurden zu je ca. 10 % auch die letzten beiden Links zuerst angeklickt, die in der normalen Sortierung ja auch die besten gewesen wären. D. h., wir können davon ausgehen, dass Nutzer:innen momentan erwarten, auf den ersten Blick die beste Lösung zu finden, aber durchaus auch – wenigstens zum Teil – in der Lage sind, einen besseren Link an weniger prominenter Position zu finden.

■

Nach der Studienlage ist es also ziemlich eindeutig, dass ein hoher Rang der eigenen Webseite in den Suchergebnislisten wichtig ist, und dass es darüber hinaus einen großen Unterschied für die Reichweite der Webseite machen kann, wenn man auf den ersten Rang oder nur auf einen der dahinterliegenden Plätze kommt.

Die offensichtlichen sozialen Akteure sind also:

1. Nutzer:innen von Suchmaschinen;
2. Suchmaschinenbetreiber:innen.
3. Betreiber:innen von Webseiten;

Warum diese sozialen Akteure definitiv betroffen sind, argumentieren wir im Rahmen von Phase 2 der technikinduzierten sozioinformatischen Analyse wie folgend: Grundsätzlich wollen Nutzer:innen möglichst relevante Webseiten für ihre Suchanfragen möglichst schnell finden können. Webseitenbetreiber:innen wollen möglichst hoch im Ranking auftauchen, da laut der empirischen Studien der erste Platz deutlich höhere Klickzahlen bringen könnte als alle darauf folgenden Positionen. Die Suchmaschinenbetreiber:innen

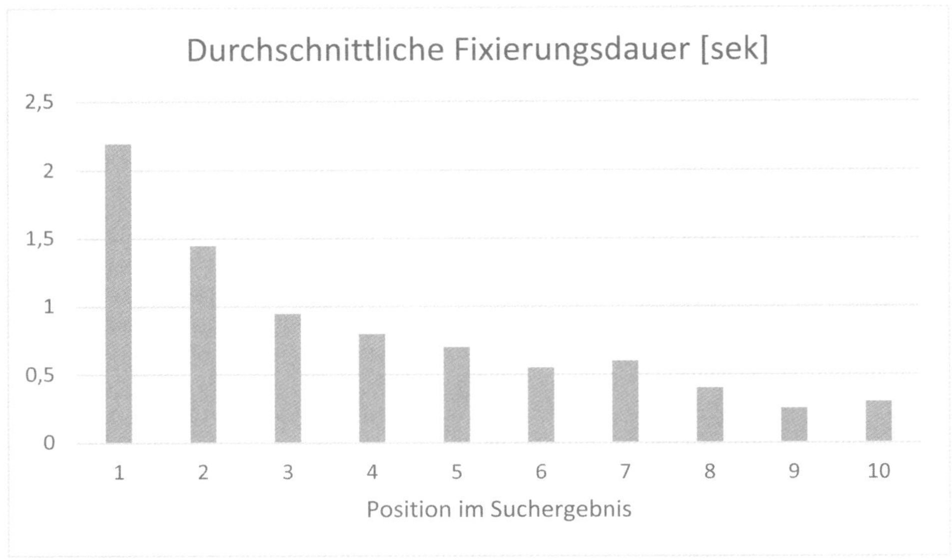

Abbildung 7.2 Die durchschnittliche Fixierungsdauer der Suchergebnisse durch 18 Versuchspersonen in einem Experiment mit verschiedenen Aufgaben von Cutrell & Guan. Die Aufgaben waren entweder von dem Typ, die Homepage einer Institution zu finden oder eine bestimmte Information zu finden. Adaptierte Abbildung 3 aus [Cutrell and Guan, 2007]

sind (bezüglich des Suchmaschinenalgorithmus) hauptsächlich ihren Nutzer:innen verpflichtet, damit diese den Dienst weiterhin nutzen.[4]

In Phase 3 der technikinduzierten sozioinformatischen Analyse wird das Wirkungsgefüge erzeugt. Abbildung 7.3 zeigt ein solches, auf die essentiellen Kausalbeziehungen reduziertes Wirkungsgefüge. Neben den oben genannten Akteuren wurden die folgenden Systemvariablen ergänzt:

1. „Qualität der Webseite", da diese für Nutzer:innen das entscheidende Kriterium zur Nutzung eines bestimmten Suchalgorithmus darstellt;
2. „Anzahl an Links auf die Webseite", da die Annahme des PageRanks ist, dass die Anzahl der auf eine Webseite verweisenden Links Rückschlüsse auf ihre Qualität zulässt;
3. „Position in der Liste", da diese das Ergebnis des PageRanks ist;
4. „Klicks auf die Webseite", weil dies die Variable ist, die die Webseitenbetreiber:innen erhöht sehen wollen: Sie wollen, dass ihre Inhalte bekannter werden.
5. „Anzahl Nutzer:innen", weil dies die Systemvariable ist, die Google erhöhen möchte.

Die Variablen haben untereinander die folgenden Kausalbeziehungen:

[4] Das wäre dann nicht mehr der Fall, wenn Webseitenbetreiber:innen ihren Platz in der Positionierung der Suchmaschinen kaufen könnten – bei den bekannten Suchmaschinen ist das momentan nicht möglich. Heutige Suchmaschinen finanzieren sich meistens über Werbung; gekauft werden können dabei nur Werbeanzeigen, die als solche gekennzeichnet werden, und meistens auch abgesetzt von den anderen, sogenannten *organischen* Suchergebnissen platziert werden. Damit bleibt das Ziel des Suchmaschinenalgorithmus, den Nutzer:innen möglichst hochwertige Suchergebnisse zu liefern. Mehr über Monetarisierungsaspekte findet sich in Kapitel 9.

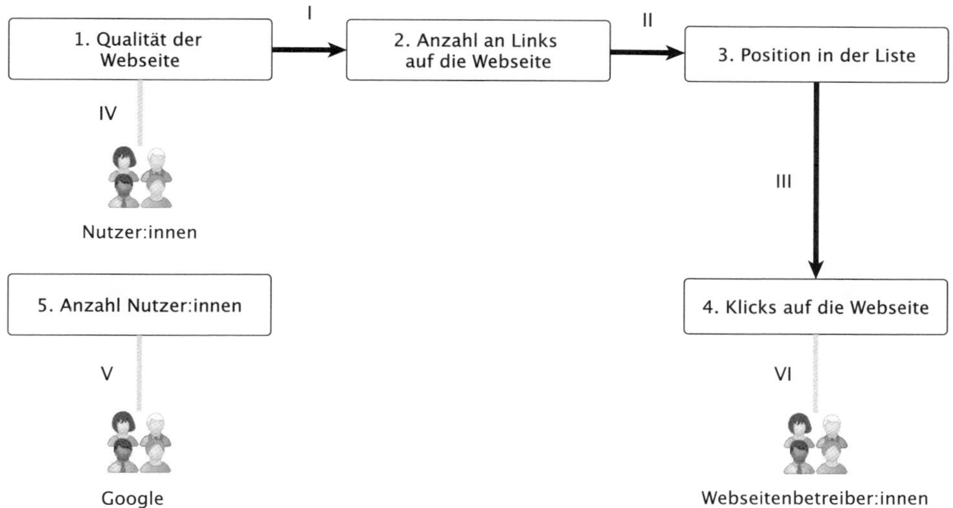

Abbildung 7.3 Wirkungsgefüge, das die Kausalbeziehungen beschreibt, die bei Einführung des PageRanks entstanden sind

Kante I: Je höher die Qualität einer Webseite ist, desto wahrscheinlicher setzen Webseitenbetreiber:innen anderer Webseiten einen Link auf diese Seite ⇒ agonistische Beziehung.

Kante II: Je mehr Links es auf eine Webseite gibt, um so höher ist der PageRank und um so höher platziert Google diese Seite in seinen Suchergebnissen ⇒ agonistische Beziehung.

Kante III: Wie oben beschrieben, steigt mit höherer Position die Wahrscheinlichkeit, dass der Link einer Webseite angeklickt wird ⇒ agonistische Beziehung.

Die Motivationskanten IV–VI wurden oben bei der Nennung der jeweiligen Systemvariablen bereits begründet.

In Phase 4 wird die Dynamik des beschriebenen sozioinformatischen Systems anhand des Wirkungsgefüges analysiert. Dabei folgt man den genannten Motivationen der sozialen Akteure und prüft, ob diese dazu beitragen können, die Systemvariablen in die von ihnen gewünschte Richtung zu beeinflussen. Im vorliegenden Wirkungsgefüge und der durch sie modellierten Situation können Nutzer:innen nicht viel dafür tun, dass sinnvolle Webseiten hoch positioniert werden – sie können nur die Suchmaschine auswählen, die das ihrer Meinung nach am besten tut. Die Suchmaschinenbetreiber:innen können dagegen die Software ändern, um möglichst qualitativ hochwertige Suchergebnisse zu berechnen. Was können Webseitenbetreiber:innen tun?

Übungsaufgabe 21:

Webseitenbetreiber:innen könnten natürlich etwas an der Qualität ihrer Webseite ändern und hoffen, dass dies von anderen bemerkt wird, die dann auf ihre Webseite verlinken. Schneller können sie aber die Position ihrer Webseite verbessern, wenn sie direkt dafür sorgen, dass mehr Webseiten auf ihren Inhalt verlinken. Mit welchen Methoden können sie das beispielsweise erreichen? Finden Sie mindestens drei Wege. ■

Tatsächlich gibt es eine ganze Reihe von Ideen, mit denen Webseitenbetreiber:innen die Anzahl der auf sie verweisenden Links erhöhen können, von denen wir hier nur ein paar nennen. Alle Methoden, die dazu führen, dass die Position einer Seite in den Suchergebnissen sich verbessert, werden unter dem Stichwort *Search Engine Optimization* (SEO) beschrieben. Dabei gehören die folgenden Ideen zu den unerwünschten und von Google sanktionierten, sogenannten *black hat* SEO-Tricks:

1. Man bittet beispielsweise andere Webseitenbetreiber:innen, einen Link auf die eigene Seite zu setzen. Wenn dies reziprok erfolgt, nennt man das Vorgehen *Linktausch*. Oder man baut diese Webseiten in Form von sogenannten *Linkfarmen* einfach gleich selbst.
2. Wenn man eine solche Linkfarm selbst baut, sorgt man dafür, dass die Webseiten darin sich auch untereinander gut vernetzen, damit sie überhaupt erst einen hohen PageRank bekommen. Die Anzahl ihrer Links auf Webseiten außerhalb der Linkfarm hält man aber insgesamt eher niedrig, damit die ursprüngliche Webseite, deren PageRank man erhöhen möchte, davon am meisten profitiert.
3. Auf der eigenen Webseite setzt man viele ausgehende Links, so dass die Nachbarn nicht vom eigenen PageRank profitieren. Unter Umständen kann man dadurch deren PageRank soweit verringern, dass der eigene Rang relativ dazu höher ist. Damit die eigentlich überflüssigen Links die eigenen Leser:innen nicht stören, kann man z. B. diese Links in der Hintergrundfarbe der Webseite färben. So sieht sie zwar der Suchmaschinenbot („Crawler"), der die Webseite regelmäßig besucht, aber menschliche Leser:innen nicht.
4. Man jubelt anderen Webseiten Links unter, z. B. in den Kommentaren zu Blogs oder Artikeln und verweist dabei auf die eigenen Webseiten. Dies wird als *Link Spamming* bezeichnet. Solange der Suchmaschinenbot diese Links nicht anders behandelt als genuine Links, kann das zu einem erhöhten PageRank führen.

Google unterhält eine laufend aktualisierte Liste von solchen unerwünschten Methoden, die bei Nutzung zwar kurzfristig dazu führen können, dass die eigene Webseite eine bessere Position erhält, langfristig aber sanktioniert werden, indem eine solche Webseite aktiv in den organischen Suchergebnissen heruntergesetzt wird.[5] ■

Es sind also vor allem die Verlinkungen auf der eigenen Webseite und der Aufbau neuer Webseiten, die den PageRank der eigenen Webseite verbessern können. Mit solchen Reaktionen – also Manipulationen des PageRanks – wird die grundlegende Annahme über die Natur der Links im WWW zerstört, die Page, Brin, Motwani und Winograd wie folgend be-

[5] Google Support-Seite: *https://support.google.com/webmasters/answer/35769?hl=en* .

schreiben: „Th [sic!] intuition behind PageRank is that it uses information which is exernal to the Web pages themselves - their backlinks, which provide a kind of peer review" [Page et al., 1999]. Durch den Bau von Linkfarmen oder durch Linktausch ist ein Link auf eine ander Webseite eben nicht immer eine externe Information über die Qualität der Webseite, sondern kann beliebig im Wert sinken, bis die Verlinkung weder einen Hinweis auf Qualität noch auf Ähnlichkeit der Inhalte der verlinkten Webseiten gibt.

Einige Webseitenbetreiber:innen waren noch kreativer: So stellte der Autor David Segal der New York Times (NYT) fest [Segal, 2011], dass auf die verschiedensten Suchbegriffe als „beste" Webseite immer wieder die der Firma JC Penney gelistet wurde. JC Penney war eine Firma für Möbel und Dekoartikel im unteren bis mittleren Preissegment mit über 1.100 Läden im Jahr 2011. Es war also nicht erstaunlich, dass ihre Webseite für manche Anfragen in dieser Zeit auch wirklich als die Nr. 1 galt. Aber warum sollte ausgerechnet sie die beste Webseite für die Anfrage nach „Samsonite carry on luggage" (Samsonite Handgepäck) sein und nicht die des Kofferherstellers selbst? War sie wirklich die beste Webseite für die Anfrage „skinny jeans" (hautenge Jeans)? Eine von der NYT in Auftrag gegebene Studie von Blue Fountain Media ergab, dass Links von über 2000 Webseiten auf die Webseite der Firma zeigten, von denen nur wenige auf inhaltlich passenden Seiten zu finden gewesen seien. Laut Bericht von Segal war ein Link mit dem Linktext „black dresses" zu finden auf der Webseite *nuclear.engineeringaddict.com*, während ein Link mit dem Label „evening dresses" von der Webseite *casino-focus.com* auf JC Penneys Webseite verwies. Andere Links seien von Webseiten über Zahnärzte, über das Angeln oder Aluminiumfolien und vielen weiteren, ähnlich weit entrückten Themen gekommen. Ein Webseitenbetreiber äußerte sich dazu, wie der Link von JC Penney auf seine Webseite gekommen war: Er war Kunde der Firma TNX, die für das Setzen von Webseitenlinks entweder Geld oder ein eigenes Punktesystem anbot, mit dem man wiederum für das Setzen von Links bei anderen bezahlen konnte – es handelte sich also um ein elaboriertes, durch Intermediäre vermitteltes Linktauschsystem. JC Penney bestritt, diese Links bezahlt zu haben. Natürlich ist ein solcher Umgang mit Links bei Google wenig willkommen, oder, wie es Segal formuliert: „The penalty for getting caught is a pair of virtual concrete shoes: the company sinks in Google's results" [Segal, 2011]. ■

Dies ist ein typisches Beispiel dafür, was passiert, wenn Rankings eingeführt werden – ob sie nun analoger oder digitaler Natur sind. Wir haben das Buch begonnen mit dem Beispiel des automatischen Essaybewertungssystems und bereits dort argumentiert, dass deren Einsatz dazu führen könnte, dass Personen die Eigenheiten der Software ausnutzen, um ihre Noten zu verbessern (siehe Kapitel 1). Im Allgemeinen gilt: Wenn Menschen davon profitieren, dass sie selbst oder ihre Produkte und Services eine gute Position in einem Ranking einnehmen, werden sie versuchen, die dafür verwendeten Metriken zu erhöhen oder gar zu manipulieren. Das PageRank-Beispiel und die Reaktionen der sozialen Akteure darauf sind daher ein ganz typisches Beispiel dafür, dass solche Signale, die vor Einsatz der Software sinntragend waren und beispielsweise auf Qualität oder Relevanz hinwiesen, durch die dann eingesetzte, neue Anreizstruktur der Software manipuliert werden. Damit wird der Informationsgehalt der Signale schwächer. Es handelt sich hierbei um eine Variante von *Goodharts Gesetz*, das wie folgend lautet: „When a measure becomes a target, it ceases to be a good measure" [Strathern, 1997]. Dies ist ein immer wiederkehrendes Problem und auch Teil der Notwendigkeit, warum Google und andere Suchmaschinen nicht beliebig transparent darüber sein können, welche Signale in welcher Form zur Positionierung einer Webseite führen.

Dass die Signale manipuliert werden, die von einem System bewertet werden, wird auch als „Gaming the System“ bezeichnet. Der Zweck der Manipulation besteht oftmals darin, mit Hilfe einer übersteigerten Aufmerksamkeit für digitale Dienste oder Inhalte Werbung schalten zu können und damit die Dienste oder die Produktion der Inhalte zu finanzieren. Die dafür verwendeten aufmerksamkeitsheischenden und aufmerksamkeitsbindenden Techniken werden in Kapitel 9 diskutiert.

Im Folgenden werden wir das an den PageRank angepasste Wirkungsgefüge generalisieren und es dann auf ein weiteres Beispiel anpassen, um zu zeigen, dass ein generisches Wirkungsgefüge dazu beitragen kann, Technikfolgenabschätzungen, die auf diesem Effekt beruhen, zu vereinfachen und beschleunigen.

7.2 Generisches Wirkungsgefüge beim Einsatz von verhaltensbasierten Rankings

Wir werden im Folgenden ein generisches, abstraktes Wirkungsgefüge aufstellen, das dann gilt, wenn menschliches Verhalten als Proxy für die Güte eines digitalen Produktes bewertet wird. Wir sprechen im weiteren von einem *verhaltensbasierten Ranking*. Das generische Wirkungsgefüge für solche verhaltensbasierten Rankings erstellen wir im Rahmen einer technikinduzierten soziοinformatischen Analyse.

Die technischen Grundlagen eines Rankingsystems, das menschliches Verhalten als Signal für die Qualität eines Inhaltes wertet, haben wir oben am Beispiel von PageRank erklärt (Phase 1). Dort ist das Setzen eines Links als Signal für die Qualität des verlinkten Inhaltes verwendet worden. Wir gehen für die generische Analyse davon aus, dass es eine Software gibt, die eine bestimmte Art menschlichen Handelns (z. B. einen Klick auf einen Link, ein „Liken“, ein Weiterleiten oder ähnliches) als Qualitätsbewertung des konsumierten Inhaltes interpretiert und darauf aufbauend die Position des Inhaltes für andere Personen bestimmt. Damit ist Phase 1 der technikinduzierten soziοinformatischen Analyse für das generische Wirkungsgefüge beendet.

In Phase 2 geht es um die Bestimmung der sozialen Akteure und ihrer Motivation. Im Wesentlichen sind bei allen Rankings, die auf eher impliziten Signalen beruhen – wie beispielsweise dem Setzen oder Anklicken von Links bzw. dem „Liken“ oder Weiterleiten von Beiträgen – vor allem drei soziale Akteure von Bedeutung:

1. Die Betreiber:innen des Rankingalgorithmus auf einer Plattform, die die Inhalte anbietet – der sogenannte *Intermediär* (hier: Google).
2. Die Produzenten und Produzentinnen der Inhalte (hier: Webseitenbetreiber:innen).
3. Die Nutzer:innen der Inhalte, die wir hier als Konsumenten und Konsumentinnen bezeichnen.

Jeder dieser sozialen Akteure bringt seine eigene Motivation mit: Die **Produzenten und Produzentinnen** möchten möglichst viele ihrer Inhalte konsumiert sehen, wobei das Wort

„Konsum" jede Form von Interaktion mit dem Inhalt umfasst, beispielsweise etwas zu lesen, zu hören, zu kaufen, oder ähnliches. Die **Konsumenten und Konsumentinnen** der Inhalte möchten dagegen möglichst schnell an die Inhalte kommen, die in irgendeiner Form relevant für sie sind. Wir werden im Folgenden von der Qualität der Produkte sprechen, ohne zu spezifizieren, worin genau die Qualität besteht – das definieren die Konsumenten und Konsumentinnen für sich selbst. Die **Plattformbetreiber:innen** wiederum sind sowohl auf ihre Konsumierenden angewiesen als auch auf die Produzierenden: Ohne Konsumenten und Konsumentinnen können sie weder durch direkte Beteiligung an eventuellen Umsätzen noch durch Werbung ihre Dienste finanzieren. Daher ist ein Ranking, das diesen Personen keine qualitativ hochwertigen Inhalte anzeigt, auf Dauer geschäftsschädigend. Die Motivation der Plattformbetreiber:innen besteht also darin, dass die Positionierung eines Inhaltes seiner Qualität entspricht, damit die Nutzer:innen weiterhin ihren Dienst verwenden. Ohne Personen, die etwas produzieren, gibt es wiederum nichts zu ranken.

Die implizite Annahme eines verhaltensbasierten Rankings ist nun, dass die Qualität der Produkte dazu führt, dass die sie konsumierenden Nutzer:innen die Signale geben, die auf deren Qualität hinweisen, und dass die Rankingsoftware diese korrekt interpretiert.

Die Systemvariablen des generischen Wirkungsgefüges weichen an drei Stellen von denen des spezifischen Wirkungsgefüges für den PageRank in Abbildung 7.3 ab:

1. In Variable 1 steht statt „Qualität der Webseite" nun die generische Formulierung „Qualität des Inhalts";
2. in Variable 2 steht anstatt „Anzahl an Links auf die Webseite" nun „Anzahl positiv interpretierter Qualitätssignale";
3. in Variable 3 steht anstatt „Position in der Liste" nun „Position auf dem Ranking";
4. Variable 4 verallgemeinert die „Klicks auf die Webseite" zur „Konsumptionsrate des Inhalts".

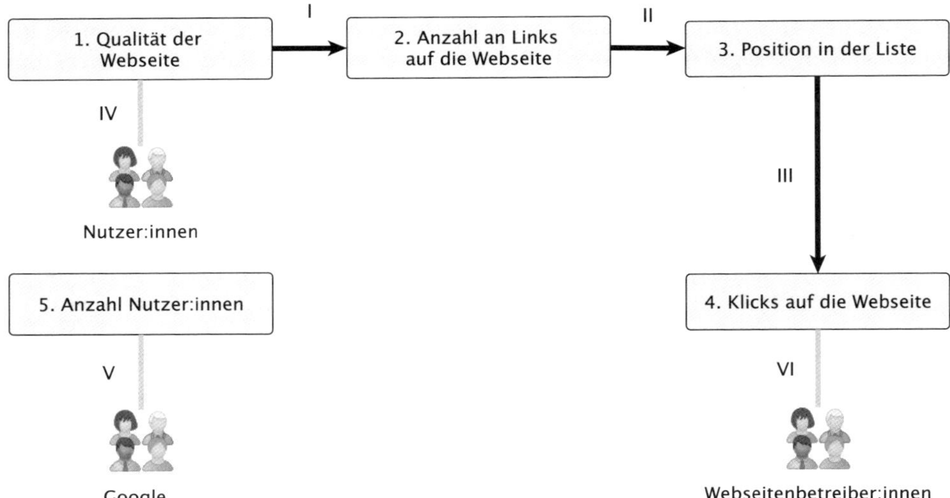

(a) Spezifisches Wirkungsgefüge für den Einsatz des PageRanks (aus Abbildung 7.3)

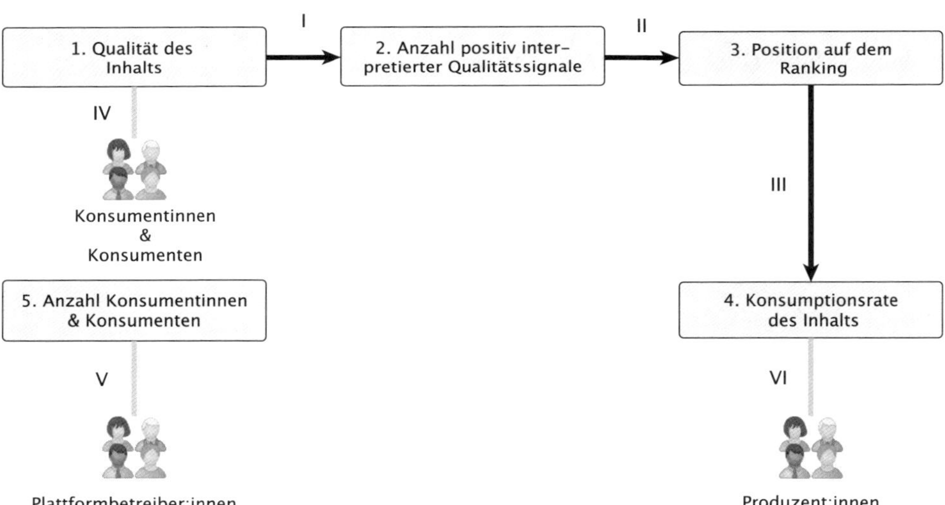

(b) Abgeleitetes generisches Wirkungsgefüge für verhaltensbasierte Rankings

Abbildung 7.4 Ableitung des generischen Wirkungsgefüges eines verhaltensbasierten Rankings, also einem Ranking, das auf der Auswertung von menschlichem Verhalten beruht, um die Qualität von Produkten indirekt abzuleiten, aus dem spezifischen Wirkungsgefüge für den Einsatz des PageRanks

In Phase 3 wird das generische Wirkungsgefüge erstellt, das die Kausalbeziehungen beschreibt, von denen das Ranking ausgeht. Für das verhaltenbasierte Ranking gilt (siehe Abbildung 7.4):

Kante I: Je höher die Qualität des Inhalts, desto höher ist die Wahrscheinlichkeit, dass Menschen damit interagieren und es damit zu dem menschlichen Verhalten kommt, das vom Rankingalgorithmus als positiv interpretiert wird. Im PageRank-Beispiel war dies das Setzen eines Links auf die konsumierte Webseite.

Kante II: Eine hohe Anzahl positiv interpretierter Signale führt zu einer hohen Positionierung durch die Rankingsoftware.

Kante III: Wie in der Textbox zum Vertrauen auf die Anordnung der Suchergebnisse auf Seite 134 ausgeführt, führt eine hohe Positionierung der Inhalte aufgrund der selektiven Aufmerksamkeit der Nutzer:innen zu einer hohen Konsumptionsrate.

Damit die Positionierung im Ranking tatsächlich auch der durch die konsumierenden Personen empfundenen Qualität der Inhalte entspricht ist es also notwendig, dass mit der Qualität auch die Anzahl der von den Konsumenten und Konsumentinnen ausgesendeten Signale steigt und dass diese Signale korrekt interpretiert werden.

Die Analyse des generischen Wirkungsgefüges in Phase 4 der technikinduzierten sozioinformatischen Analyse ergibt, dass neben denjenigen, die eine Plattform betreiben, jeweils die Produzenten und Produzentinnen versuchen können, diejenigen menschlichen Verhaltensweisen, die als Signal für hohe Qualität des Inhaltes interpretiert werden, anzuregen bzw. zu manipulieren, damit ihr eigener Inhalt mehr konsumiert wird. Im spezifischen Anwendungsfall kann diese Analyse dazu führen, Schwachstellen eines Rankings schon vor der eigentlichen Implementierung zu entdecken und wenn möglich zu beseitigen.

Damit wurde nun ein generisches Wirkungsgefüge für alle verhaltensbasierten Rankings erzeugt, also für solche Rankings, die statt wirklich die Qualität von Inhalten zu bewerten, menschliches Verhalten als Proxy für die vermeintliche Qualität verwenden. Wir zeigen im Folgenden an zwei Beispielen, wie ein solches generisches Wirkungsgefüge helfen kann, die Technikfolgenabschätzung zu beschleunigen, da man jetzt im Wesentlichen nur noch die Platzhalter der sozialen Akteure an den jeweiligen Fall anpassen muss. Das erste Beispiel betrifft die Bewertung von wissenschaftlichen Leistungen durch den sogenannten *h-Index*.

7.3 Ranking von wissenschaftlicher Leistung durch den h-Index

Im Folgenden betrachten wir die Technikfolgen durch die Einführung des h-Index zur Bewertung wissenschaftlicher Leistung, indem wir das generische Wirkungsgefüge auf die neue Fragestellung nach möglichen Manipulationen dieses Index anpassen. In Phase 1 der technikinduzierten sozioinformatischen Analyse muss dazu zuerst die technische Grundlage gelegt werden: Da Wissenschaftler:innen jeweils ihr eigenes Spezialgebiet haben, ist es oftmals schwierig, ihre Leistung miteinander zu vergleichen. Trotzdem ist genau dies manchmal notwendig, z. B. für die Verleihung von Preisen oder um jemanden auf eine Professur zu berufen. In solchen Situationen behilft man sich mit verschiedenen Mechanismen: Die wichtigste ist sicherlich das Einholen von schriftlichen Gutachten von Kolleginnen und Kollegen. Daneben werden aber auch sogenannte *bibliometrische Kennzahlen* immer öfter zur Bewertung herangezogen: Dazu gehören erst einmal die Anzahl der wissenschaftlichen Publikationen, die eine Person (mit-)verfasst hat, wie oft diese zitiert wurden und wo diese veröffentlicht wurden. Diese und andere Rohdaten werden oftmals relativiert, z. B. als „Anzahl der Publikation pro wissenschaftlich aktivem Jahr". Mit der Beschränkung auf die Anzahl der „wissenschaftlich aktiven Jahre" kann man die Leistungen unterschiedlich alter Personen vergleichbar machen und auch Eltern- oder Krankheitszeiten berücksichtigen. Natürlich kann man die verschiedenen Rohdaten auch gewichten und auf andere Arten und Weisen aggregieren. Ein wichtiger Index ist der sogenannte h-Index, der 2005 von Jorge E. Hirsch vorgestellt wurde [Hirsch, 2005]. Tatsächlich ist der h-Index für viele Wissenschaften in Berufungsverfahren so wichtig geworden, dass sich eine genaue Betrachtung lohnt.

Um den h-Index einer Person X zu berechnen, benötigt man zuerst die Menge aller Artikel $A(X) = (A_1, A_2, \dots, A_k)$ einer Person X. Technisch gesehen erhält man diese Grundmenge durch die Suche in einer dafür geeigneten Datenbank, in der man nach allen Artikeln mit dem jeweiligen Autorennamen sucht. Sei nun $Z : A(X) \to \mathbb{N}$ die Anzahl an Artikeln, die auf die Artikel in der Menge $A(X)$ verweisen, diese also referenzieren. Technisch gesehen muss es zur Berechnung dieser Zahl an Referenzen möglich sein, in einer Datenbank all diejenigen Artikel zu finden, die den jeweiligen Artikel zitieren. Sei nun $\Pi : A(X) \to [1, k]$ eine Sortierung von den Artikeln der Person X, nicht-ansteigend nach der Zitatzahl, d. h. wenn $\Pi(A_j) = 5$, ist der entsprechende Artikel A_j der fünftmeist zitierte Artikel. Der h-Index ist nun definiert als diejenige, maximale Position desjenigen Artikels für den gilt: $Z(A_j) \geq \Pi(A_j)$. Man prüft also für jeden Artikel in der Reihenfolge der nicht-ansteigenden Zitatzahlen, ob er mindestens noch so oft zitiert wurde, wie es seiner Position in der Liste entspricht. Ein h-Index von 20 bedeutet damit, dass die Person schon 20 Artikel publiziert hat, die mindestens 20 mal zitiert wurden. Der h-Index wurde 2005 von Jorge E. Hirsch vorgeschlagen mit der Begründung, dass er besser geeignet sei als vorher verwendete Maße. Mit der Frage, ob das so ist, beschäftigt sich die nächste Übung.

Übungsaufgabe 22:

Lesen Sie die erste Seite des Artikels „An index to quantify an individual's scientific research output" [Hirsch, 2005] von Jorge E. Hirsch. Hirsch nennt verschiedene Maße, um die wissenschaftliche Publikationsleistung einer Person zu messen und nennt deren Nachteile. Diskutieren Sie den h-Index und die anderen genannten Maße für die Qualität des wissenschaftlichen Outputs einer wissenschaftlich arbeitenden Person. Ist der h-Index Ihrer Meinung nach geeignet, diese Qualität angemessen widerzuspiegeln?

■

Die Antwort erarbeiten wir wieder im Verlauf der nun folgenden Technikfolgenabschätzung. In seinem Artikel warnt Hirsch selbst davor, dass eine einzige Zahl niemals alle Facetten einer Person bewerten kann – es handelt sich also wieder um eine **Operationalisierung** (siehe Definition 4 in Abschnitt 2.2.3). Er geht in seinem Artikel darauf ein, dass insbesondere der Vergleich über Fachgrenzen hinweg schwierig ist, da es unterschiedliche Fachkulturen gibt, die sich in der Publikationskultur widerspiegeln. Insgesamt optimistisch, beendet Hirsch seinen Artikel wie folgt:

> *In summary, I have proposed an easily computable index, h, which gives an estimate of the importance, significance, and broad impact of a scientist's cumulative research contributions. I suggest that this index may provide a useful yardstick with which to compare, in an unbiased way, different individuals competing for the same resource when an important evaluation criterion is scientific achievement.* [Hirsch, 2005]

In einer Studie haben Hauer et al. gezeigt, dass verschiedene Implementierungen des zu berechnenden Index zu sehr unterschiedlichen Werten für dieselbe wissenschaftliche Leistung kommen [Hauer et al., 2020], der Wert in der Praxis also nur vermeintlich einfach zu berechnen ist: Im Mittel lag die Standardabweichung der h-Indizes derselben Person über fünf Datenbanken hinweg so hoch wie der Mittelwert. Um ein illustrierendes Beispiel zu geben: Der h-Index eines Wissenschaftlers der TU Kaiserslautern wurde angegeben als 5 (Web of Science), 10 (Scopus), 13 (AMiner), 17 (Research Gate) und 35 (Google Scholar). Der von den Autoren per Hand ermittelte Wert lag bei 36 [Hauer et al., 2020]. Diese enorme Bandbreite bei der Berechnung des h-Index zeigt, wie abhängig der Wert von den zugrundeliegenden Datenbanken ist. Um daher die Nützlichkeit eines solchen Maßes mit Hilfe einer Technikfolgenabschätzung bewerten zu können, ist es notwendig, sich die tatsächlich Implementierung eines Systems anzusehen. Zwar wurde oben schon erwähnt, dass man Datenbanken benötigt, die für die Autoren und Autorinnen ihre Publikationen bereithalten und solche, die beantworten können, wie oft diese Publikationen dann zitiert wurden. Tatsächlich ist aber nichts davon trivial. Zuerst ist zu klären, welche Art von Publikationen als „wissenschaftlich" zu werten sind. Da die jeweiligen Publikationskulturen in den Disziplinen sehr unterschiedlich sind, müsste man dies eigentlich pro Feld machen: Informatiker:innen publizieren bekanntlich gerne auf Konferenzen, die meisten anderen Wissenschaften bevorzugen Journale, während Philosophen und Philosophinnen immer noch das Buch schätzen. Immer mehr Wissenschaften unterstützen aber auch sogenannte *Preprints*, also Artikel, die wissenschaftlichen Gestaltungskriterien folgen, aber nicht notwendigerweise auch schon einen vollständigen Peer-Review-Prozess durchlaufen haben.[6] Wie nun sollte man mit diesen Artikeln umgehen, wenn sie schon als Preprint zitiert werden und nachher noch in einem Journal veröffentlicht werden? Ist ein Zitat nicht auch eine Art Peer-Review von den Autor:innen – ähnlich wie beim PageRank das Setzen eines Links als Signal für die Qualität der Webseite gewertet wird? Eine ähnliche Frage betrifft die technischen Reports, die von Universitäten ebenfalls ohne Peer-Reviews veröffentlicht werden. Sollten sie als wissenschaftliche Publikationen gezählt werden? Was ist mit studentischen Abschlussarbeiten? Die vielen Plattformen, die solche bibliometrischen Maße berechnen, haben auf diese und viele weitere Fragen in diesem Bereich höchst unterschiedliche Anworten gewählt, die zu grundsätzlich unterschiedlichen Zahlen führen [Hauer et al., 2020]. Hat das Entwicklungsteam hier seine Entscheidungen getroffen, ist die nächste technische Hürde die sogenannte *Entity Recognition*, also die Frage, welche gefundenen digitalen Einheiten zu derselben physischen Einheit gehören. Hier gibt es einige Probleme, die gut an einem Ausschnitt der Ergebnisse der Software „Publish or Perish" von Anne-Wil Harzing, einer britischen Professorin,[7] demonstriert werden können. Die Software der Wirtschaftswissenschaftlerin verwendet die Google Scholar-Suche, mit der nach wissenschaftlichen Artikeln gesucht werden kann. Basierend auf den gefundenen Artikeln werden dann gleich eine Reihe von Metriken berechnet, u. a. die Gesamtzahl der Artikel, die Anzahl pro Jahr, die Anzahl der auf die Artikel verweisenden Referenzen, die der durchschnittlichen Anzahl von Zitaten pro Artikel und der h-Index. Das Problem mit der Entity Recognition gilt sowohl für die Person des Autors oder der Autorin, als auch für die gefundenen Publikationen: Wenn Autoren und Autorinnen beispielsweise Namen haben, die vielfach vorkommen, können ihnen gegenseitig die Publikationen zugeordnet werden. Wenn Autor:innen ihren Namen ändern, z. B. durch Heirat, fehlen ihnen in vielen Systemen die Publikationen unter dem jeweils anderen Namen.

Das Problem lässt sich am besten mit einem Beispiel illustrieren: Bei der Suche nach dem vollen Namen von „Katharina A. Zweig" wird ein relativ mageres Ergebnis präsentiert: 64 Publikationen, die um die 500 mal zitiert wurden und einen h-Index von 11 ergeben. Basierend auf Hirschs Einteilung von wissenschaftlichen Leistungen, erwartet er für erfolgreiche Wissenschaftler einen Zuwachs des h-Index von 1 pro wissenschaftlich tätigem Jahr. Daher wäre ein h-Index von 11 bei 15 Jahren wissenschaftlicher Arbeit ein Indiz für Minderleistung. Tatsächlich fehlen hier wichtige Publikationen, insbesondere die unter dem Geburtsnamen der Autorin und ein paar Varianten, die den zweiten Vornamen teilweise verwendeten und teilweise nicht. Die Software und die Datenbanken, auf denen die Software aufbaut, können diese Art der Entity Recognition nicht leisten: Insbesondere der Namenswechsel ist kritisch. Bei der Software „Perish or Publish" können die Artikel von verschiedenen Autorennamen kombiniert gesucht werden. Im konkreten Beispiel der Autorin kommt es dabei dazu, dass ihr auch Artikel von Personen mit gleichlautendem Namen (insbesondere bei Abkürzung der Vornamen) der Autorin zugeordnet werden. Tatsächlich wurde ihr dabei von der Software auch ein wissenschaftlicher Artikel von 1892 zugesprochen, was zu der nach menschlichem Ermessen kaum möglichen Publikationsspanne von 128 Jahren (von 1892 bis 2020) führen würde. Durch die erneute Suche nach allen Namensvari-

[6] Unter einem Peer-Review versteht man die Begutachtung eines bei einer Konferenz oder einem Journal eingegangenen Artikels durch erfahrene Kolleginnen und Kollegen.

[7] Harzing, A. W. (2007) Publish or Perish, erhältlich unter *https://harzing.com/resources/publish-or-perish*.

anten und nach einer Bereinigung der fälschlicherweise zugewiesenen Artikel beträgt der h-Index nun 22, genau doppelt so hoch wie vorher. Da dieser Wert über Berufungen oder die Genehmigung von wissenschaftlichen Projektanträgen entscheiden kann, ist die Motivation der Wissenschaftler:innen also hoch, dass dieser einerseits präzise und andererseits so hoch wie möglich ist. Daher ist es wichtig, dass man möglichst bei allen Publikationen immer denselben Autorennamen trägt und diesen auch immer in der gleichen Art und Weise schreibt. Eine weitere Frage, die man sich stellen sollte, ist wie man mit Sonderzeichen in seinem Namen umgeht: Es hat sich nämlich gezeigt, dass die verschiedenen Arten und Weisen, wie Journale und Konferenzen mit weniger häufigen Akzenten oder (aus westlich-amerikanischer Sicht) Sonderzeichen umgehen, die Entity Recognition erschweren kann: Ein Herr Müller, der mal als Muller, mal als Mueller und mal als Müller gespeichert wird, wird es schwer haben, seine Publikationen zusammenzusuchen.

Die Publikationen selbst sind auch nicht immer zweifelsfrei zuzuordnen, beispielsweise dann, wenn sie fehlerhaft zitiert werden. Das Problem wird in der Informatik verschärft, wo es vielfach Konferenz- und Journalversionen gibt, die unter Umständen den selben Titel tragen. Die Autorin Zweig versucht beispielsweise seit Jahren, Google Scholar davon zu überzeugen, dass es sich bei zwei ihrer Publikationen mit dem Namen „Network Analysis Literacy“ einmal um einen Artikel für eine Konferenz und einmal um ein Buch handelt, während das System hier darüber befindet, dass es sich um dieselbe digitale Einheit handelt.

Nachdem die technischen Grundlagen für die Berechnung des h-Index gelegt wurden, kann nun in Phase 2 der sozioinformatischen Analyse das generische Wirkungsgefüge leicht auf die neue Situation angepasst werden: Das „Produkt“, dessen Qualität bewertet werden soll, ist die Leistung des Wissenschaftlers oder der Wissenschaftlerin in der Form ihrer wissenschaftlichen Publikationen. Die Konsumenten und Konsumentinnen des Produkts sind wissenschaftliche Institutionen bzw. Forschungsabteilungen in Firmen. Die Personen, die Plattformen betreiben oder Software zur Berechnung von bibliometrischen Kennzahlen bereit stellen, sind beispielsweise Google Scholar, Anne-Wil Harzing, ResearchGate oder das Web of Science. Die Motivation der Nutzer:innen besteht darin, den oder die beste wissenschaftliche Leistung zu identifizieren, die Motivation für die bewertete Person besteht darin, möglichst hoch gerankt zu werden.

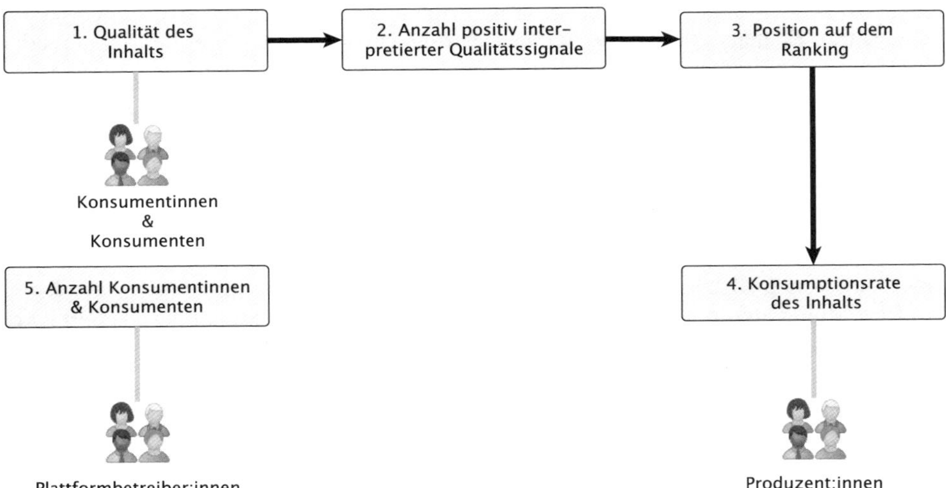

(a) Generisches Wirkungsgefüge für verhaltensbasierte Rankings aus Abbildung 7.4

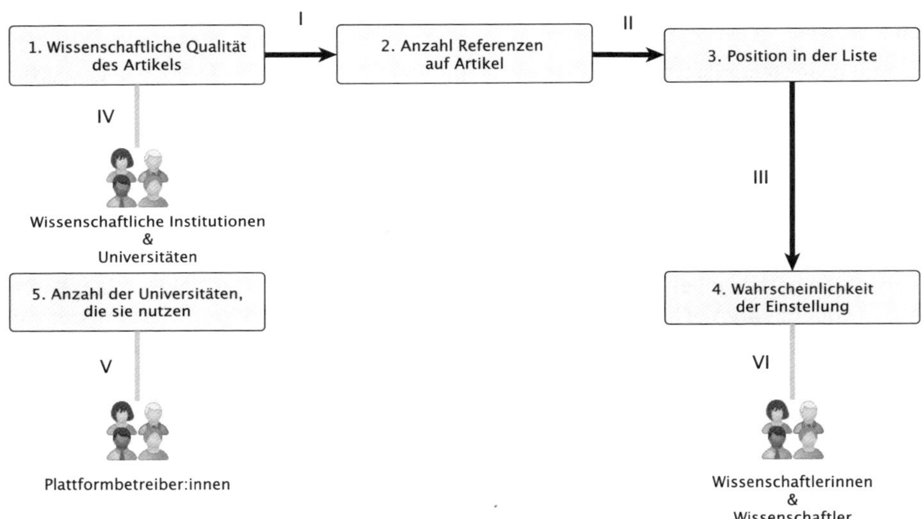

(b) Spezifisches Wirkungsgefüge für den Einsatz des h-Index zur Bewertung wissenschaftlicher Leistungen

Abbildung 7.5 Ableitung des spezifischen Wirkungsgefüges für die Technikfolgenabschätzung beim Einsatz des h-Index zur Bewertung wissenschaftlicher Leistungen vom generischen Wirkungsgefüge für verhaltensbasierte Rankings

Der Zeitgewinn bei der Aufstellung des spezifischen Wirkungsgefüges in Phase 3 ist hier groß: Im Wesentlichen müssen nur die Systemvariablen an die Spezifika angepasst werden (siehe Abbildung 7.5):

1. Systemvariable 1 heißt jetzt „Wissenschaftliche Qualität des Artikels“ statt im generischen Wirkungsgefüge „Qualität des Inhalts“.
2. Systemvariable 2 heißt anstatt „Anzahl positiv interpretierter Qualitätssignale“ jetzt angepasst auf die spezifische Situation „Anzahl Referenzen auf Artikel“.
3. Systemvariable 4 bezeichnet nun nicht mehr die „Konsumptionsrate des Inhaltes“ sondern die „Wahrscheinlichkeit der Einstellung“ einer wissenschaftlich arbeitenden Person.
4. Die Plattformbetreiber:innen wollen in diesem Fall die „Anzahl der Universitäten, die sie nutzen“ erhöhen.

Bei dieser Anpassung des generischen Wirkungsgefüges bleiben die Kausalbeziehungen direkt bestehen – sie sollten aber für den jeweiligen Fall immer darauf geprüft werden, ob sie im spezifischen Kontext weiterhin plausibel sind. Es kann im Allgemeinen bei der Anpassung eines generischen Wirkungsgefüges an eine spezifische Software oder einen digitalen Dienst auch notwendig sein, weitere Systemvariablen und/oder Kausalbeziehungen hinzuzufügen.

Der Vollständigkeit halber führen wir jetzt auch noch Phase 4, die Analyse des Wirkungsgefüges, durch mit der Frage, welcher soziale Akteur das Ranking in seinem Sinne beeinflussen kann. Die wissenschaftlichen Institutionen können hier wenig mehr tun, als sich eines zuverlässigen Softwaresystems zu bedienen. Die Plattformbetreiber:innen können versuchen, die Datenbanken möglichst qualitativ hochwertig zu füllen und aktuell zu halten. Die Wissenschaftler:innen aber können es den Systemen durch verschiedene Taktiken erleichtern, ihren echten h-Index zu berechnen, und zudem ihren h-Index durch verschiedene Aktivitäten überhöhen:

1. Eine wichtige Technik erleichtert es den Systemen, alle Publikationen, die jemand geschrieben hat, diesem auch zuzuordnen: Dazu legen sich junge Wissenschaftler:innen z. B. durch das Hinzufügen von Initialen und das Weglassen von international ungewöhnlichen Sonderzeichen einen digital eindeutig zuordenbaren Namen zu, der sie dann ihr wissenschaftliches Leben lang begleitet.
2. Weiterhin können Wissenschaftler:innen die Anzahl an Publikationen erhöhen, da diese eine Obergrenze für den h-Index bieten. Folglich führt die Nutzung solcher und anderer bibliometrischer Kennzahlen oftmals zur sogenannten „Salamitaktik“, der Veröffentlichung von wissenschaftlichen Resultaten in *least publishable units*, also kleinstmöglichen, noch publizierbaren Einheiten.
3. Eine andere Taktik hängt davon ab, wie genau die Software arbeitet: Manche Plattformen zählen beispielsweise bei Monographien jedes einzelne Kapitel als wissenschaftliche Publikation, da diese ja auch einzeln referenziert werden können. Wenn es also um eine solche Plattform geht, kann es aus der Sicht der Wissenschaftler:innen sinnvoll sein, ein Buch mit vielen Kapiteln zu veröffentlichen. Das ist insbesondere dann effizient, wenn der Peer-Review-Prozess bei Büchern weniger stringent ist als bei den in der jeweiligen Disziplin anerkannten Journalen oder Konferenzen.
4. Die Anzahl der Zitate kann ebenfalls leicht manipuliert werden: Viele der Plattformen zählen Selbstzitate mit. Dann kann es taktisch klug sein, in den eigenen Artikeln so viele

der eigenen Vorarbeiten wie möglich zu zitieren. Bei vielen Journalen und Konferenzen haben die Organisator:innen aber diesem Trend inzwischen ein Ende gesetzt.

5. Eine andere Strategie, die dem „Linktausch“ bei Webseiten entspricht, besteht darin, mit befreundeten Kollegen „Zitatkartelle“ zu bilden, deren Mitglieder sich gegenseitig zitieren, wo es nur möglich ist.

Alle diese und weitere Manipulationen, führen dazu, dass das ursprünglich authentische Signal des wissenschaftlichen Zitats verwässert wird.

Das Beispiel zeigt deutlich, dass es schneller ist, ein generisches Wirkungsgefüge an eine artverwandte Technik anzupassen als eine komplett neue sozioinformatische Analyse durchzuführen. Das zu erwartende dynamische Verhalten des entstehenden sozioinformatischen Systems bezüglich der im generischen Wirkungsgefüge modellierten Kausalbeziehungen ist damit ebenfalls schneller einzuschätzen. Die Sammlung verschiedener Varianten des selben Verhaltensmusters hilft, die Analyse weiter abzukürzen. Daher skizzieren wir ein weiteres Beispiel für ein verhaltensbasiertes Ranking, nämlich das Ranking von Produkten in Onlineshops anhand von Nutzerbewertungen.

7.4 Ranking von Produkten in Onlineshops durch Nutzerbewertungen

Das Ranking von Produkten, wie es beispielsweise der Onlineshop Amazon durchführt, bringt diejenigen Produkte in eine Reihenfolge, die zu einer Suchanfrage passen könnten – es handelt sich damit um ein Produktempfehlungssystem. Die technische Grundlage der Produktempfehlungssoftware ist proprietär, es ist also nicht genau bekannt, welche Eigenschaften des Produkts und welche menschlichen Verhalten zu einer hohen Positionierung auf der Suchergebnisliste führen. Einer der Faktoren ist aber die Anzahl und die durchschnittliche Zufriedenheit der Produktbewertungen von Nutzer:innen der Amazon-Webseite, die 1996 eingeführt wurden [Pinch and Kesler, 2011]. Diese Beobachtung ist ausreichend für die Phase 1 der sozioinformatischen Analyse. Die sozialen Akteure, die in Phase 2 benannt werden sollen, sind ebenfalls schnell identifiziert, da sie denen im generischen Wirkungsgefüge entsprechen: Es sind die Onlineshopbetreiber, die Kunden und Kundinnen des Shops sowie die Produktanbieter:innen. In Phase 3 wird nun das generische Wirkungsgefüge angepasst und dazu überprüft, ob die darin enthaltenen Kausalbeziehungen weiterhin plausibel sind (siehe Abbildung 7.6). Bei den Systemvariablen wird im Wesentlichen das Wort „Inhalt“ durch „Produkt“ ersetzt und die positiv interpretierten Qualitätssignale sind nun die positiven Nutzerbewertungen. Die Plattformbetreiber:innen sind nun nicht mehr primär an der Anzahl der Nutzer:innen ihrer Plattform interessiert sondern direkt an der „Anzahl der Verkäufe des Produktes“. Diese ersetzt die generische Systemvariable 4 namens „Konsumptionsrate des Inhalts“. Die Kausalbeziehungen bleiben ansonsten erhalten.

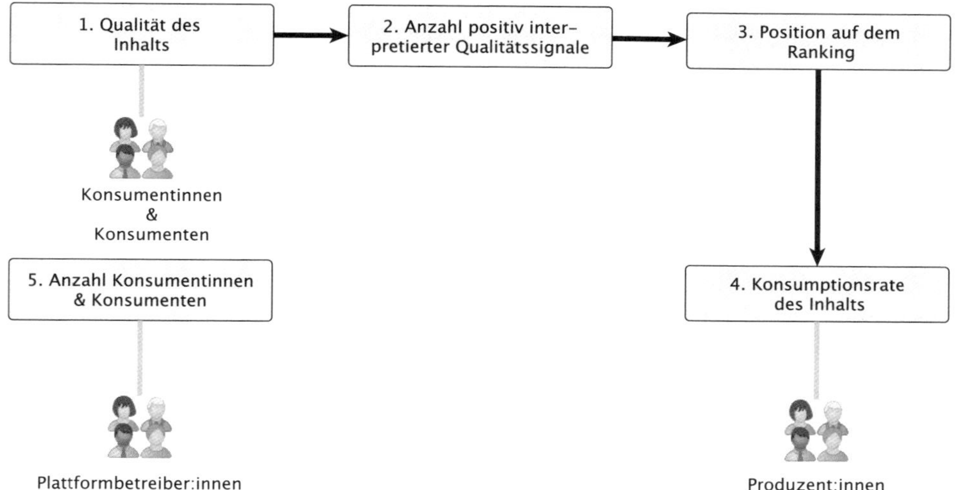

(a) Generisches Wirkungsgefüge für verhaltensbasierte Rankings aus Abbildung 7.4

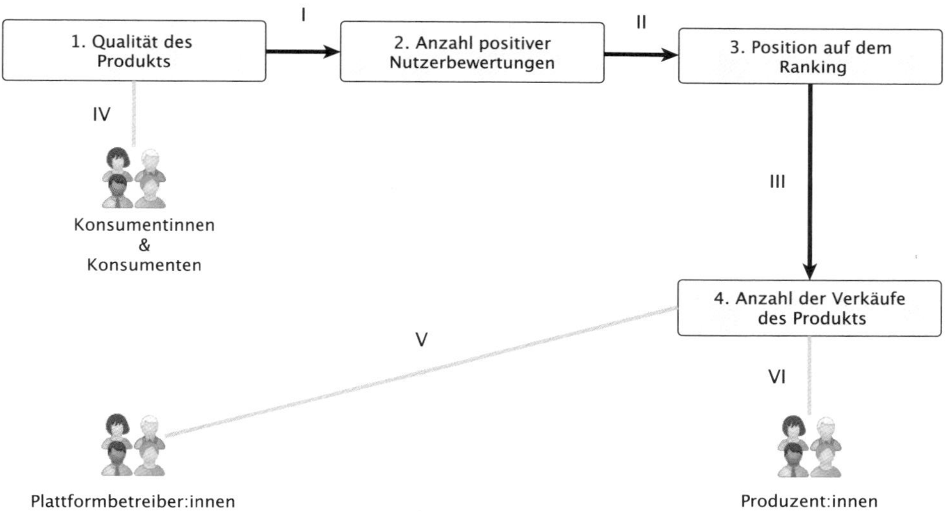

(b) Spezifisches Wirkungsgefüge für den Einsatz von verhaltensbasierten Rankings basierend auf Nutzerbewertungen

Abbildung 7.6 Wirkungsgefüge, das durch die Anpassung des generischen Ranking-Wirkungsgefüges bei der Untersuchung von Rankings von Produkten bei Onlineshops entsteht

Somit kann nun in Phase 4 nach den möglichen Eingriffen der verschiedenen sozialen Akteure in das Ranking gesucht werden. Auch in diesem Fall gilt, dass dank derselben psychologischen Aufmerksamkeitsproblematik Kunden und Kundinnen vor allem die Produkte auf den ersten Plätzen ansehen werden. Daher haben Anbieter:innen der Produkte einen hohen Anreiz, möglichst viele und gute Kundenbewertungen zu erhalten. Wieder kann die Software selbst nur von denjenigen verändert werden, die die Plattform betreiben, und wieder können die Konsument:innen wenig anderes tun, als sich eine Plattform auszusuchen, deren Ranking das Gewünschte leistet. Diejenigen, die am meisten Interesse an der Manipulation haben und auch verschiedene Möglichkeiten dazu haben, sind die Anbieter:innen der Produkte. Die offensichtlichste Manipulation besteht darin, Personen anzustellen oder zu überreden, übermäßig viele und gute Kundenbewertungen zu schreiben. Und tatsächlich musste man zu Beginn laut Pinch und Kesler nur mindestens ein Produkt von Amazon gekauft haben, um für alle Produkte Reviews schreiben zu können [Pinch and Kesler, 2011]. Da Kunden und Kundinnen sich über ihre Emailadresse identifizieren konnten, konnte auch eine einzige Person beliebig viele Reviews zu demselben Produkt schreiben, wenn sie dafür jeweils andere Emailadressen verwendete. Es kam daher zu einer ganzen Reihe an wenig vertrauenswürdigen Produktbewertungen: Pinch und Kesler erwähnen unter anderem, dass ein Kunde namens „Gott" ein Buch namens „Die Bibel" bewertete. Sie schreiben auch, dass 2004 durch ein technisches Problem die Verfasser von Produktbewertungen kurzfristig bekannt wurden: Dabei zeigte sich, dass viele der Buchbewertungen von Ehegatten oder guten Freunden der jeweiligen Autoren und Autorinnen geschrieben wurden [Pinch and Kesler, 2011].

Gegenmaßnahmen vorhersagen

Bisher sind wir in der technikinduzierten sozioinformatischen Analyse immer nur bis Phase 4 (Analyse des Wirkungsgefüges) gegangen. Es kann gerade bei generischen Wirkungsgefügen und den damit erwartbaren, ja geradezu vorhersagbaren Dynamiken nützlich sein, schon vor der Softwareentwicklung über eine möglichst robuste Implementierung nachzudenken, um dem Collingridge-Dilemma auszuweichen (siehe Abschnitt 2.1.5). Dazu haben wir in der technikinduzierten sozioinformatischen Analyse Phase 5 hinzugefügt, das Zweite-Gedanken-Denken. Diese können hier genutzt werden, um Gegenmaßnahmen zu den erwartbaren Manipulationsversuchen zu entwickeln bzw. von vornherein möglichst robuste und schwer manipulierbare Qualitätssignale zu verwenden. Hierfür kann es hilfreich sein, möglichst viele Beispiele von Manipulationen und Gegenmaßnahmen zu sammeln. Das Amazon-Beispiel ist hier lehrreich:

Als eine der Gegenmaßnahmen zu den allzu vielen zu guten Produktbewertungen wurde beispielsweise der Bezeichner „Amazon verified purchase" hinzugefügt: Hierfür muss die bewertende Person das Produkt über das Konto, mit dem sie sich einloggt, tatsächlich gekauft haben, bevor sie es bewertet. Aber natürlich gibt es auch auf diese Schutzmaßnahme inzwischen eine Gegen-Gegenreaktion: Verschiedene Produktbewertungs-Agenturen bieten für bestimmte Produkte eine Rückzahlung des Kaufpreises an, wenn die Kunden dafür ein Review schreiben. In einem Erfahrungsbericht der Zeitschrift *test* wurden eine Handvoll dieser Agenturen genannt und das Prozedere getestet [Stiftung Warentest, 2020].

Auf solche Manipulationen von verifizierten Käufe hat wiederum Amazon reagiert, indem nun die Zusammenfassung der Kundenbewertungen nicht einfach nur als Durchschnitt über alle Bewertungen berechnet wird, sondern über ein gelerntes, statistisches Modell Gewichte an die einzelnen Bewertungen verteilt werden. Amazon schreibt dazu auf seiner Webseite:

> *Um die Gesamtbewertung der Sterne und die prozentuale Aufschlüsselung nach Sternen zu berechnen, verwenden wir keinen einfachen Durchschnitt. Stattdessen betrachtet unser System Faktoren wie die Aktualität einer Rezension und ob der Rezensent den Artikel bei Amazon gekauft hat. Außerdem analysiert es Rezensionen, um die Vertrauenswürdigkeit zu überprüfen.*[8]

Es ist anzunehmen, dass hier auch eine Bewertung darüber erfolgt, ob die Rezension vermutlich gekauft war oder nicht. Man darf gespannt sein, was sich in diesem Hase-und-Igel-Spiel die Gegenseite als nächstes einfallen lässt.

Eine interessante Nebenentwicklung ist, dass inzwischen auch die Reviews selbst von anderen Kunden und Kundinnen als hilfreich oder nicht hilfreich bewertet werden können. Damit ergibt sich ein zweites Ranking, das ebenfalls von menschlichem Verhalten auf die Qualität eines Produktes schließt, nämlich die Qualität der Produktbewertungen. Dieses Ranking der Bewerter:innen geht dann wiederum in die Wertung der Produkte ein. Die Zeit wird zeigen, ob und wie das Problem von Fake-Bewertungen am besten behoben werden kann.

Abschließend besprechen wir ein zweites emergentes Phänomen, das bei Rankings oft auftaucht, nämlich einen selbstverstärkenden Effekt für die Inhalte, die oben im Ranking positioniert sind.

7.5 Selbstverstärkende Effekte von Rankings

Die auf Seite 135 bereits angesprochene Studie von Keane, O'Brien und Smyth zeigte, dass es passieren kann, dass die Position im Ranking als Qualitätssignal missverstanden wird und eine Interaktion mit dem Inhalt ausgelöst wird, einfach nur **weil** der Inhalt auf Platz eins des Rankings steht. Die stärkere Bekanntheit des dort platzierten Inhalts kann dann dazu führen, dass Menschen mehr von dem Verhalten zeigen, das von dem Rankingalgorithmus als Qualitätssignal interpretiert wird. Im Beispiel des PageRanks kann also eine hohe Positionierung einer Webseite dazu führen, dass sie häufiger angeklickt wird, auch wenn sie nicht das bestmögliche Suchergebnis ist. Ist sie dann noch akzeptabel in ihrer Qualität, könnten Webseitenbetreiber:innen trotzdem auf sie verlinken, obwohl sie nicht optimal ist, da das den Suchenden ja nicht bekannt ist. Die höhere Bekanntheit durch die gute Positionierung in der Suchergebnisliste führt in diesem Szenario dazu, dass noch mehr Webseiten auf sie verlinken und ihre Position daher weiter verstärkt wird im Vergleich zu einer qualitativ ähnlichen Webseite, die aber zu Beginn nicht so weit oben im Ranking stand. Für

[8] Dieser Text wird auf allen Produktseiten, bei der Sternebewertung als Ausklapptext unter dem Text „Wie werden Bewertungen berechnet?" angezeigt, abgerufen am 16.02.2021.

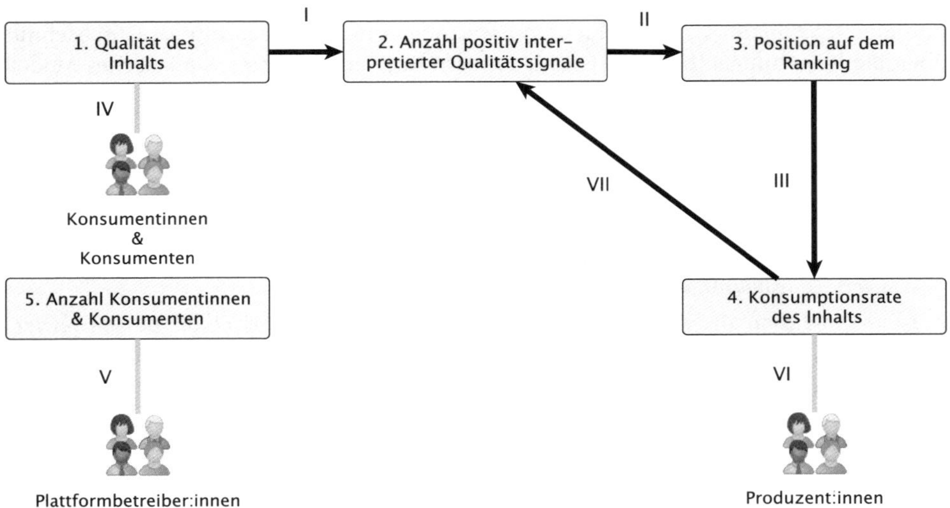

Abbildung 7.7 Um Kante VII erweitertes, generisches Ranking-Wirkungsgefüge. Je höher die Konsumptionsrate eines digitalen Gutes ist, um so mehr positiv interpretierbare Qualitätssignale sind zu erwarten

das Online-Shop-Beispiel würde eine hohe Kundenbewertung eines guten Produktes dazu führen, dass mehr Personen es ansehen und kaufen als ein ähnlich gutes Produkt ohne gute Bewertungen. Es wird dann wahrscheinlich auch mehr Bewertungen erhalten, die die Güte des Produktes bestätigen. Da viele Online-Shops bei den Kundenbewertungen nicht nur nach dem Mittelwert gehen, sondern Produkte höher ranken, die von vielen Personen gut bewertet werden als solche, die von wenigen gut bewertet werden, stellt sich auch hier ein selbstverstärkender Prozess ein.

Wir modellieren diese Situation im generischen Wirkungsgefüge so, dass wir eine weitere Kausalbeziehung einfügen (siehe Abbildung 7.7): Kante VII besagt, dass die höhere Konsumptionsrate die Wahrscheinlichkeit dafür erhöht, dass Menschen das Verhalten zeigen, das der Rankingalgorithmus als Qualitätssignal interpretiert. Diese Kausalbeziehung muss im Einzelnen natürlich begründet werden, da sie nicht notwendigerweise überall gültig ist: Beim h-Index-Beispiel werden Personen zwar eher eingestellt, wenn sie eine hohe wissenschaftliche Leistung zeigen. Es ist aber schwierig zu begründen, dass durch diese Einstellung wirklich mehr Personen ihre Publikationen lesen und diese dann auch zitieren. In vielen Fällen, insbesondere dann, wenn die Qualitätssignale digitaler Natur und eher schlechte Indikatoren für die Qualität des konsumierten Inhaltes sind, kann man aber gut argumentieren, dass es diese zusätzliche Kante gibt.

Wir vermuten, dass einige Skandale rund um die Suchvervollständigungsalgorithmen von diesem selbstverstärkenden Effekt ausgelöst wurden. Ein Suchvervollständigungsalgorithmus versucht während des Schreibens vorherzusagen, was eine Person in das Suchfeld eintippen möchte. Sobald der Algorithmus zu einer Entscheidung kommt, bietet er der tippenden Personen eine Reihe von Vorschlägen an, die sortiert sind anhand der Wahrscheinlichkeit, die der Algorithmus den einzelnen Vorschlägen zugeordnet hat. Diese hängt unter anderem davon ab, wie populär die Suchanfrage in letzter Zeit im Allgemeinen war [Google, 2021]. Am 10.12.2004 berichtet Kevin Gibbs, ein Softwareentwickler von Google, von diesem neuen Werkzeug, dass er gerade entwickelt hatte: „Google Suggest".[9] Gibbs nennt drei Vorteile der Vervollständigung:

1. Das schnellere Suchen durch die Vervollständigung.
2. Herauszufinden, was andere Nutzer:innen schon zu dem Thema gesucht haben.
3. Fragen (und Antworten) zu finden auf Dinge, die man sich im Traum nicht hätte vorstellen können.

Tatsächlich ist es gerade dieser dritte Punkt, der auch für ungewollte und unerwünschte Technikfolgen sorgen kann: So sendete beispielsweise das ZDF am 7. Mai 2015 in Jan Böhmermanns Sendung „Neo Magazin Royale" ein Spottlied, dessen Musikvideo Angela Merkel schwanger zeigte .[10] Worauf hin Anzahl der Suchen nach „Merkel schwanger" stiegen (siehe Abbildung 4.2 auf Seite 59).

Andere Personen waren durch Googles Suchvervollständigung noch weitaus mehr betroffen: So klagte die ehemalige Bundespräsidentengattin Bettina Wulff vor Gericht, um zu erreichen, dass kompromittierende Suchvervollständigungen zu ihrem Namen nicht mehr angezeigt würden. Einen Tag vor der Verhandlung wurden die Ergänzungen entfernt und Google änderte seine Richtlinie hierzu, um es Personen zu erleichtern, rufschädigende Vervollständigungen streichen zu lassen [Tota, 2015]. 2017 fügte Google als weitere Gegenmaßname auch ein direktes Feedbackwerkzeug zu seiner Suche hinzu, mit dem unangemessene Suchvervollständigungen direkt gemeldet werden können [Gomes, 2017]. Einen gut recherchierten Rückblick auf die Geschichte der Suchvervollständigung bei Google hat Liz Gannes 2013 unter dem Titel: „Nearly a Decade Later, the Autocomplete Origin Story: Kevin Gibbs and Google Suggest" im Onlinemagazin AllThingsD veröffentlicht [Gannes, 2013]. Laut diesem Artikel war Google das Problem der falschen oder zumindest ehrverletztenden Suchvervollständigungen schon früh bewusst. Liz Gannes berichtet hier, dass der Entwickler Gibbs von Anfang an eine „Blacklist" führte: Er musste beispielsweise entscheiden, ob das Wort „hooters" verwendet werden sollte, dass wahlweise „Eulen", eine Restaurantkette oder „Brüste" bedeuten kann oder ob die Worte „lesbischer Sex" ergänzt werden dürfen mit „Video". Der Entwickler wird in diesem Artikel auch so zitiert, dass er sich durchaus der ethischen Implikationen bewusst war, die eine Zensur von Wörtern bedeuten könnte: Denn „etwas aus den Resultaten zu streichen impliziert, dass es gar nicht existiert" [Gannes, 2013]. Dieses Zitat zeigt noch einmal, wie schwierig die Balance zwischen einer eigentlich sinnvollen Funktionalität und den vielen ungewollten Technikfolgen sein kann, die in manchen, vielleicht sogar nur wenigen Situationen, daraus erwachsen können.

Zusammenfassend zeigen die in diesem Kapitel diskutierten emergenten Phänomene, dass es sinnvoll sein kann, bei digital erzeugten, verhaltensbasierten Rankings von Anfang an darüber nachzudenken, wie leicht die von dem Rankingalgorithmus verwendeten Signale zu manipulieren sind und zu welchen unerwünschten Technikfolgen sie führen können. Tatsächlich haben Page, Brin, Motwani und Winograd auch schon in ihrem techni-

[9] Kevin Gibbs: „I've got a suggestion", Veröffentlicht auf Googles offizielem Blog unter *https://googleblog.blogspot.com/2004/12/ive-got-suggestion.html*, zuletzt heruntergeladen am 29.03.2020.

[10] *https://de.wikipedia.org/wiki/Neo_Magazin_Royale/Episodenliste*.

schen Report zum PageRank darüber nachgedacht, wie sie Manipulationen entgegenwirken könnten: Dafür diskutierten sie eine personalisierte Variante des Webseitenrankings, die darin besteht, dass der Zufallssprung nicht mehr zu allen möglichen Seiten mit einer Wahrscheinlichkeit von $1/n$ führt, sondern stattdessen zu den persönlichen Lieblingsseiten des Nutzers oder der Nutzerin. Je kleiner der Dämpfungsfaktor d in Gleichung 7.1 ist, desto mehr kommen diese persönlichen Seiten zum Tragen. Page et al. kommen zu dem Schluss, dass ihr personalisierter Algorithmus im Wesentlichen manipulationssicher sei:

> *These types of personalized PageRanks are virtually immune to manipulation by commercial interests. For a page to get a high PageRank, it must convince an important page, or a lot of non-important pages to link to it. At worst, you can have manipulation in the form of buying advertisements links on important sites. But, this seems well under control since it costs money. This immunity to manipulation is an extremely important property.* [Page et al., 1999]

Die Zeit nach der Publikation hat natürlich gezeigt, dass den Webseitenbetreiber:innen doch eine ganze Reihe von Manipulationsmöglichkeiten – auch der personalisierten Suchmaschinenheuristik – eingefallen sind. Und tatsächlich ist die Personalisierung von Internetdienstleistungen zwar mit vielen Vorteilen verbunden, kommt aber auch mit ihren eigenen emergenten Phänomenen, die wir im nächsten Kapitel diskutieren werden.

8 Emergente Phänomene der Einführung personalisierter Dienstleistungen

Die Idee, eine Dienstleistung oder ein Produkt individuell auf die sie empfangende Person zuzuschneiden, ist nicht neu. Jahrhundertelang galt es als Luxus, Produkte und Inhalte zu personalisieren: Kleidung vom Schneider war den wortwörtlich „Betuchten" vorbehalten, für den Rest gab es Mode „von der Stange". Mit dem Aufkommen von digitalen Dienstleistungen ist es deutlich einfacher geworden, personalisierte Produkte für große Mengen an Kunden und Kundinnen anzubieten. Unter einer *Personalisierung* verstehen wir dabei jegliche Anpassung eines Dienstes oder Produktes unter Nutzung von Informationen über den Nutzer oder die Nutzerin.

Für alle Plattformen und Intermediäre, die Inhalte anbieten, besteht ein prominenter Weg der Personalisierung darin, ihren Kunden und Kundinnen jeweils ein auf sie persönlich angepasstes Ranking von Inhalten anzubieten. Im letzten Kapitel haben wir gezeigt, dass eine hohe Positionierung eines Inhaltes in einem Ranking zu einem selbstverstärkenden Effekt führen kann. Durch die hohe Positionierung wird der Inhalt vielen Personen bekannt, was wiederum die Wahrscheinlichkeit erhöht, dass diese Personen ein Verhalten zeigen, das von dem Rankingalgorithmus als Qualitätssignal interpretiert wird und damit die Position des Inhaltes in der Liste weiter erhöht. Bei der Personalisierung von Empfehlungen geht es im Wesentlichen um diesen selbstverstärkenden Prozess, aber nicht auf der Ebene von einzelnen Inhalten, sondern auf der Ebene von Gruppen von Inhalten, die zueinander ähnlich sind.

8.1 Personalisierung durch kollaboratives Filtern

Obwohl der Begriff des „kollaborativen Filterns" nicht selbsterklärend ist, ist das Ergebnis des kollaborativen Filterns den meisten spätestens nach folgendem Satzanfang sofort klar: „Kunden, die dieses Produkt kauften, kauften auch ...". Das Grundprinzip von kollaborativem Filtern basiert dabei auf der schlichten Annahme von Homogenität innerhalb von Gruppen: Oftmals ähneln sich bestimmte Vorlieben über mehrere Individuen hinweg. Die grundlegende Annahme besteht darin, dass, wenn Person A dieselbe Meinung zu Film X hat wie Person B, es eine erhöhte Wahrscheinlichkeit gibt, dass die beiden auch zu Film Y eine ähnliche Meinung haben werden. Andersherum können ähnliche Bewertungen von Personen für zwei Filme darauf hinweisen, dass diese Filme zueinander ähnlich sind.

Der Term „kollaboratives Filtern" wurde 1992 von Goldberg, Nichols, Oki und Terry geprägt: Sie beschrieben eine Software namens „Tapestry", die große Dokumentmengen nicht nur basierend auf den Dokumenteigenschaften filtert („Filtern" im Sinne von Selektion), sondern auch basierend auf den Interaktionen von anderen Nutzer:innen mit dem Dokument [Goldberg et al., 1992]. Z. B. konnte man sich mit Hilfe der Software automatisch solche Dokumente zumailen lassen, die bestimmte Schlagwörter enthielten und von mindestens drei anderen Personen schon annotiert wurden [Goldberg et al., 1992]. Die Regeln für die Selektion mussten sich die Nutzer:innen für Tapestry allerdings noch persönlich zusammenstellen.

Definition 15: Kollaborativen Filtern

Heute versteht man unter dem Begriff des „kollaborativen Filterns" alle solchen Systeme, die basierend auf den Interaktionen von Nutzer:innen mit Inhalten automatisch ein persönliches Ranking von anderen Inhalten erstellen. Dieses Ranking stellt solche Inhalte nach vorne, die denjenigen Inhalten ähnlich sind, mit denen die Person auch vorher schon viel interagiert hat. ■

Um typische emergente Phänomene beim Einsatz personalisierter Empfehlungssysteme zu beschreiben, führen wir eine technikinduzierte sozioinformatische Analyse durch. Wir beschreiben die technischen Grundlagen (Phase 1) hier anhand eines persönlichen Filmempfehlungsalgorithmus, der auf kollaborativem Filtern beruht [Su and Khoshgoftaar, 2009]: Dazu wird eine Datenbank aufgebaut, die für alle Nutzer:innen speichert, mit welchem der Filme die Person schon wie sehr „interagiert" hat. Eine „Interaktion" kann dabei alles mögliche sein: Die Person hat sich vielleicht den Trailer angesehen oder den Film auf ihrer Watchlist gespeichert. Es könnte auch die Anzahl der Minuten sein, die die Person den Film schon gesehen hat, oder die Bewertung, die sie ihm gegeben hat. Im Folgenden werden wir vereinfachend davon ausgehen, dass sich die Anzahl und Intensität dieser Interaktionen mit dem Film durch eine einzige Zahl ausdrücken lassen, die in der Datenbank gespeichert ist. Basierend auf dieser Datenbank kann man nun ähnliche Inhalte identifizieren. Wenn also Film x von einer Person gemocht wird, kann man sich beispielsweise ansehen, welche anderen Personen diesen Film mochten und welche anderen Filme von diesen Personen ähnlich gut bewertet wurden. Dazu kann man sich zwei Vektoren vorstellen, die für den Film x und einen anderen Film y beinhalten, wie sehr die Nutzer:innen die beiden Filme jeweils mochten. Auf diesen Vektoren können verschiedene Ähnlichkeitsbewertungen berechnet werden, wie beispielsweise Pearsons Korrelationskoeffizient [Su and Khoshgoftaar, 2009]. Als je ähnlicher der Film y bezüglich seiner Bewertungen durch andere Nutzer:innen zu Film x gesehen wird, desto eher wird er einer Person empfohlen, die den Film x schon gesehen und gemocht hat. Die Personalisierung der Empfehlungen basiert also auf dem Verhalten der Person und nutzt das Verhalten anderer Personen, um dann die Ähnlichkeit aller anderen Filme zu denjenigen zu bewerten, die der Nutzer oder die Nutzerin schon gesehen und gemocht hat. Dieser grundlegende Ansatz kann vielfältig ergänzt werden: Bei den meisten Filmen ist natürlich noch viel mehr bekannt als nur die Frage, inwieweit andere Nutzer:innen damit interagiert haben. Die Ähnlichkeit zweier

Filme kann daher zusätzlich auch z. B. über das Genre, die darin mitarbeitenden Schauspieler:innen oder über ihre jeweilige Beschreibung mitbestimmt werden. In jedem Fall aber beeinflusst das bisherige Verhalten des Nutzers oder der Nutzerin die Empfehlungsreihenfolge und damit bekommen Nutzer:innen oftmals unterschiedliche Empfehlungen zu sehen – dies definiert die *Personalisierung* des Verfahrens.

Nach dieser Beschreibung der technischen Komponente (Phase 1) müssen im Folgenden die beteiligten Akteure und ihre jeweiligen Motivationen erfasst werden (Phase 2). Zunächst einmal verwenden die Nutzer:innen die Plattform, um Filme zu sehen. Sie haben dabei individuelle Präferenzen und hoffen, dass für sie persönlich relevante und qualitativ hochwertige Filme enthalten sind und vorgeschlagen werden. Jeder Film, der für Nutzer:innen relevant ist, ist für die Plattformbetreiber:innen wichtig, da die Anzahl der für gut befundenen Filme einer der wichtigsten Indikatoren für die Zufriedenheit ihrer Nutzer:innen ist, die sich dann auch in der Anzahl der Nutzer:innen der Plattform niederschlägt.

Aus diesen Motivationen der Akteure lassen sich nun in Phase 3 erste Systemvariablen ableiten: Im Gegensatz zu den bisherigen Wirkungsgefügen im Kapitel über Rankings betrachten wir nun das Wirkungsgefüge aus der Sicht eines einzelnen Nutzers oder einer einzelnen Nutzerin. Der Nutzer oder die Nutzerin möchte weiterhin eine hohe „Relevanz und Qualität des Films“, wohingegen die Plattformbetreiber:innen vornehmlich an der Menge der gesehenen Filme über alle Nutzer:innen hinweg interessiert sind. Weil sie vermuten, dass die Menge der angesehenen Filme am ehesten erhöht wird, wenn den Nutzerinnen und Nutzern ähnliche Filme vorgeschlagen werden, wie diejenigen, die diese bereits mögen, gibt es daneben noch die Systemvariable „Konsumptionsrate ähnlicher Filme“, die sich jeweils auf den Filmgeschmack des einzelnen Kunden oder der einzelnen Kundin bezieht.

Die restlichen Systemvariablen sind im Wesentlichen Anpassungen der Systemvariablen aus dem generischen Wirkungsgefüge für den selbverstärkenden Effekt eines Rankings aus Abbildung 7.7 mit zwei Ergänzungen:

1. Aus Systemvariable 1 „Qualität des Inhalts“ wird „Relevanz und Qualität des Films“.
2. Die positiv interpretierten Qualitätsignale in Variable 2, die wir in diesem Kontext messen, sind die „Anzahl und Intensität der Relevanzsignale bezüglich des Films.“
3. In Systemvariable 3 wird ergänzt: „Position **ähnlicher Filme auf dem personalisierten** Ranking“.
4. Analog ergänzen wir in Systemvariable „Konsumptionsrate **ähnlicher** Filme“.
5. Die neue „Konsumptionsrate von Filmen“ im Sinne aller Filme wird zur neuen Systemvariablen 6.
6. Da es bei den Nebenwirkungen insbesondere auch auf die Inhalte ankommt, die das System **nicht** empfiehlt, ergänzen wir die Systemvariable 5: „Position nicht ähnlicher Filme auf dem personalisierten Ranking“.

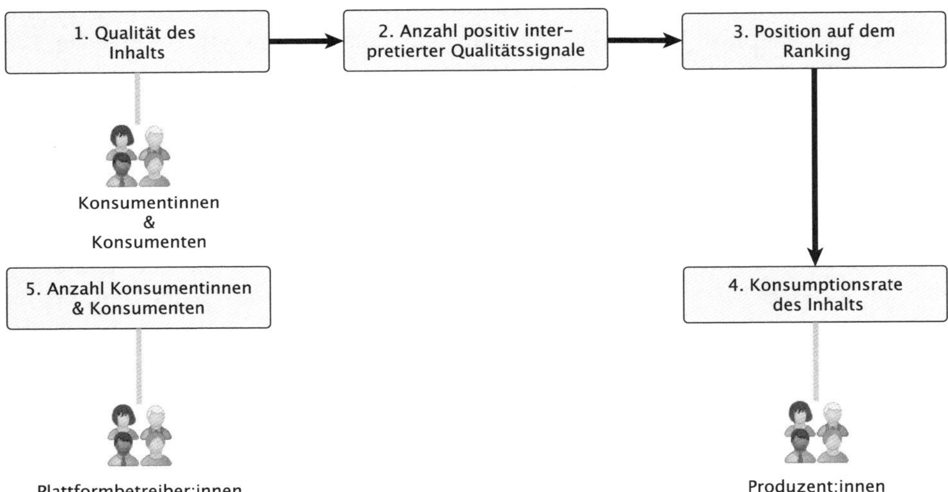

(a) Generisches Wirkungsgefüge für verhaltensbasierte Rankings aus Abbildung 7.4

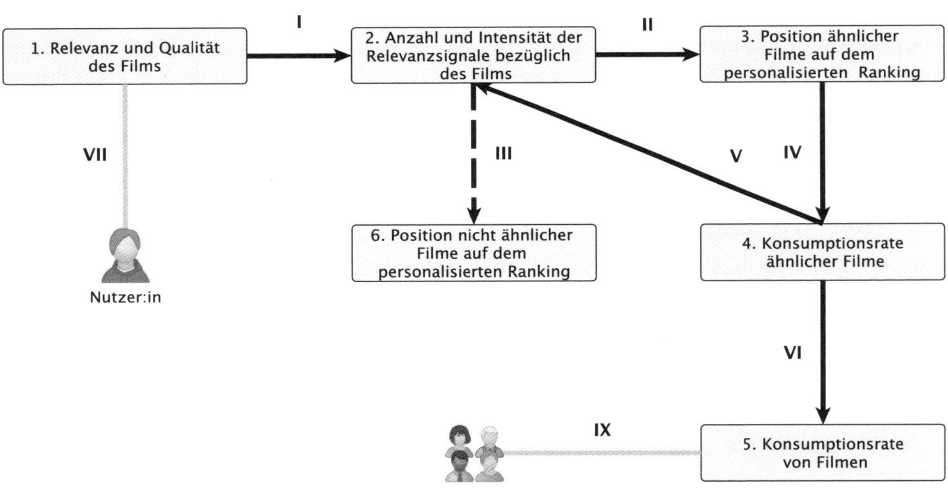

(b) Spezifisches Wirkungsgefüge für den Einsatz von personalisierten Rankings

Abbildung 8.1 Ableitung des spezifischen Wirkungsgefüges für die Personalisierung von Filmempfehlungen aus dem generischen Wirkungsgefüge für verhaltensbasierte Rankings

Abbildung 8.1 zeigt das Wirkungsgefüge beim Einsatz von personalisierten Empfehlungsalgorithmen für Filme. Wir begründen im Folgenden die Kanten I–VI; die Motivationskanten wurden schon erläutert.

Kante I: Die grundlegende Annahme des personalisierten Empfehlungssystems ist, dass Menschen ein bestimmtes Verhalten zeigen, wenn sie einen Film mögen oder ihn für relevant halten. Die Anzahl und Intensität dieser Relevanzsignale steigen also mit der Relevanz und Qualität des Films ⇒ agonistische Beziehung.

Kante II: Diese Kante wird durch den oben beschriebenen Filmempfehlungsalgorithmus umgesetzt. Je mehr positive Relevanzsignale vom System erfasst werden, um so höher werden als ähnlich bewertete Filme für diese Person gerankt ⇒ agonistische Beziehung.

Kante III: Dementsprechend werden andere Filme, die den bisher gemochten Filmen nicht oder weniger ähnlich sind, schlechter positioniert oder tauchen gar nicht mehr unter den Empfehlungen auf ⇒ antagonistische Beziehung.

Kante IV: Durch die hohe Positionierung und die Tendenz der Nutzer:innen, ihre Aufmerksamkeit auf die hohen Positionen in einem Ranking zu konzentrieren, führt eine gute Position zu einer erhöhten Konsumptionsrate von ähnlichen Filmen ⇒ agonistische Beziehung.

Kante V: Diese höhere Konsumptionsrate von ähnlichen Filmen führt dazu, dass der Mensch für diese wahrscheinlich auch wieder positiv gewertete Signale hinterlässt ⇒ agonistische Beziehung.

Kante VI: Die Konsumptionsrate von Filmen, die ähnlich sind zu denen, die ein Kunde oder eine Kundin schon vorher gemocht hat, erhöht natürlich auch die absolute Konsumptionsrate von allen Filmen, also der Systemvariable, die die Plattformbetreiber:innen besonders interessiert ⇒ agonistische Beziehung.

Phase 4 besteht in der Analyse des spezifischen Wirkungsgefüges, die ebenfalls nur adaptiert werden muss: Anstatt hier allgemeine Inhalte für alle Personen zu ranken, bekommen hier verstärkt solche Inhalte Spitzenpositionen, die denen ähneln, die eine einzelne Person schon mit Genuss konsumiert hat. Das Ranking findet also auf der Ebene der Ähnlichkeiten von Inhalten statt. Es kommt zu einer Konzentration von ähnlichen Filmen in den Empfehlungslisten, die damit ganz andere, neue und unerwartete Filmereignisse unwahrscheinlich machen.

Das emergente Phänomen der Konzentration von ähnlichen Inhalten in personalisierten Diensten führt dazu, dass die Nutzer:innen nun in Teilgruppen zerfallen, die jeweils dieselbe Anpassung des Dienstes erfahren.

Granularisierung der Nutzer:innen

Noch wichtiger beim Einsatz von personalisierten Dienstleistungen, insbesondere dann, wenn sie auf so feingranularen Beobachtungen beruhen, wie sie nur im Digitalen möglich sind, ist die Tatsache, dass dadurch die Gruppe der Nutzer:innen in sehr kleine Teilgruppen aufgesplittert werden kann. Tatsächlich ist ja nicht jede Personalisierung eine Anpassung an einzelne Individuen, sondern basiert auf mehr oder weniger detaillierten Informationen, die mehr oder weniger große Teilmengen von Nutzer:innen ansprechen. So bieten beispielsweise Werbenetzwerke wie Google AdSense den Werbetreibenden an, die Werbung nur einer bestimmten Altersgruppe unter ihren Nutzern und Nutzerinnen anzuzeigen – eine Angebot, das als *personalisierte Werbung* bekannt ist, obwohl die Personalisierung nicht so feingranular ist, dass man damit Werbung gezielt an Individuen schicken könnte. Google gibt seinen Nutzern und Nutzerinnen übrigens einen Einblick in das über sie erstellte Werbeprofil (siehe Abbildung 8.2) und bietet die Möglichkeit, unpassende oder unerwünschte Kategorien zu entfernen. Den Vorgang der Individualisierung und immer feineren Charakterisierung nennt Christoph Kucklick in seinem Buch „Die granulare Gesellschaft: Wie das Digitale unsere Wirklichkeit auflöst“ *Granularisierung* [Kucklick, 2014].

Definition 16: Granularisierung

Als *Granularisierung* im Sinne von Kucklick bezeichnen wir im Folgenden die immer stärkere Individualisierung von digitalen Diensten basierend auf immer detaillierteren Informationen über die Nutzer:innen. Im Extremfall bekommt jeder einzelne Nutzer und jede einzelne Nutzerin den auf ihn oder sie persönlich angepassten Dienst. Kucklick spricht hier von *Vereinzelung* bzw. *Singularisierung* [Kucklick, 2014]. ■

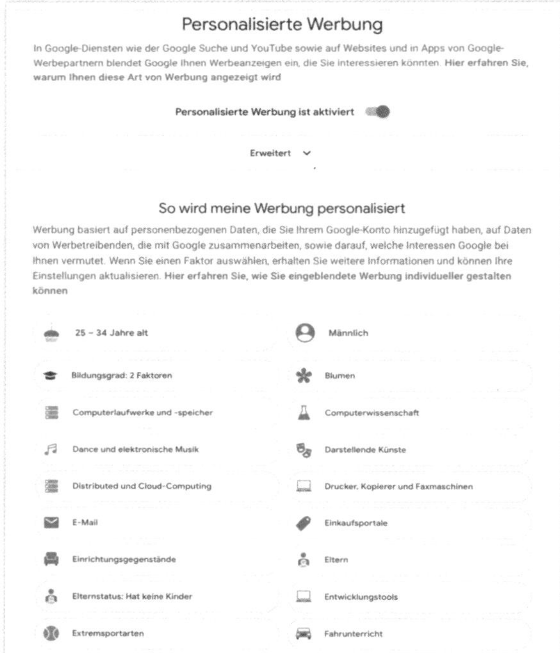

Abbildung 8.2 Werbeprofil als Teil des Nutzerprofils eines der Autoren auf Google vom 23.11.2020, *https://adssettings.google.com*

Im Filmempfehlungsbeispiel gibt es beispielsweise vermutlich keine zwei Nutzer:innen, die genau dieselben Filme in derselben Reihenfolge empfohlen bekommen. Während also ein allgemeiner Rankingalgorithmus alle Nutzer:innen gleich behandelt, führt ein personalisierter Empfehlungsalgorithmus dazu, dass kaum noch zwei Nutzer:innen gleich behandelt werden. Diese Idee der Vereinzelung und totalen Personalisierung lässt sich auf alle möglichen Inhalten übertragen. Schon 1995 skizzierte Nicholas Negroponte in seinem Buch „Being Digital" das Konzept einer persönlichen Zeitung basierend auf solchen Empfehlungsalgorithmen: „Imagine a future in which your interface agent can read every newswire and newspaper and catch every TV and radio broadcast on the planet, and then construct a personalized summary. This kind of newspaper is printed in an edition of one" [Negroponte, 1995, S. 153]. Diese radikale Vereinzelung zusammen mit den daraus resultierenden Möglichkeiten zur ungleichen Behandlung nennt Kucklick die *Differenz-Revolution* [Kucklick, 2014]. Er schreibt dazu: „Die Neue Auflösung lässt bislang verborgene Unterschiede hervortreten auch zwischen uns Menschen. Wir werden radikal vereinzelt, singularisiert – und diese Unterschiede werden wiederum sozial zugespitzt und verwertet." Das klingt etwas übertrieben, solange man sich nur Empfehlungssystem für Filme ansieht, die von kuratierten Plattformen stammen wie beispielsweise Netflix oder Amazon Prime. Wenn es dagegen allgemein um die Empfehlung von Inhalten jeglicher Form geht, wird klar, dass eine Personalisierung der Inhaltsempfehlungen auch den Nachteil hat, dass nicht mehr alle Personen den gleichen Zugang zu den Inhalten der Plattform haben. Dieses emergente Phänomen resultiert aus der limitierten Aufmerksamkeitsspanne der Nutzer:innen, ihrem Wunsch, für sie relevante Inhalte möglichst schnell zu finden und dem Wunsch der Plattformbetreiber:innen, den Nutzer:innen den von ihnen gewünschten Service zu bieten, damit sie sich finanzieren können. Es ist also ein Paradebeispiel für ein sozioinformatisches Phänomen.

Um das Phänomen der Granularisierung und die daraus oftmals erwachsenden negativen Technikfolgen zu modellieren, führen wir eine phänomeninduzierte sozioinformatische Analyse durch. Die technischen Grundlagen für Phase 1 haben wir oben schon genannt, wir wollen sie hier aber erweitern: Während das kollaborative Filtern nur für jeden angebotenen Inhalt und alle Nutzer:innen einer Plattform berechnet, wie sehr der Inhalt den jeweiligen Interessen entspricht, kann man in allgemeinen Inhaltsempfehlungssystemen davon ausgehen, dass die Plattform zusätzlich ein *Nutzerprofil* aufbaut.

Dazu überwachen Plattformen, Intermediäre und weitere Firmen das Verhalten der Nutzer:innen im Internet und legen über sie mehr oder weniger anonymisierte Datensätze und Verhaltensprofile an. Verschiedene Techniken von einfachen Cookies über das Login bei den jeweiligen Diensten bis hin zu so obskuren Methoden wie das Abspielen von für Menschen unhörbaren Ultraschallklängen werden genutzt, Nutzer:innen über die Grenzen verschiedener Apps, Webseiten und sogar Geräte hinweg wiederzuerkennen [Arp et al., 2017].

Diese Techniken werden Tracking genannt und sind Voraussetzung für eine weitere Technik: Das Targeting.

Tracking: Das Beispiel Facebook

Vor einigen Jahren war es populär, den Facebook-Like-Button auf eigenen Webseiten einzublenden. Er sollte es Nutzer:innen ermöglichen, auf Webseiten außerhalb von Facebook ein positives Feedback zu hinterlassen und dies im eigenen Facebook-Profil zu zeigen. Hierzu stellte Facebook den Web-Entwickler:innen vorgefertigten Programmcode zur Verfügung, der mit sehr geringem Aufwand im Quelltext der eigenen Webseite eingefügt werden konnte. Das führte dazu, dass mit jedem Seitenaufruf immer auch Kontakt mit Facebook-Servern aufgenommen wurde. Bei dieser Kontaktaufnahme wurden Daten an Facebook übertragen. Wenn Facebook einen Nutzer oder eine Nutzerin anhand von Cookies wiedererkannte, konnten Informationen über den Seitenaufruf dem jeweiligen Nutzerprofil hinzugefügt werden. Auf diese Weise konnte Facebook für eine große Zahl von Menschen überwachen, welche Webseiten sie besuchen. Zu einem großen Teil handelte es sich dabei um Personen, die sich bewusst bei Facebook angemeldet hatten und damit Facebook auch überwiegend namentlich bekannt sein dürften. Darüber hinaus legte Facebook unter Umständen aber auch Schattenprofile für Kontakte an, die sich selbst nie bei Facebook angemeldet hatten [Garcia, 2017].

Mittlerweile ist der Like-Button selten geworden, und wo er im deutschsprachigen Raum noch vorhanden ist, wird er datenschutzfreundlich implementiert, sodass kein Kontakt mit Facebook aufgenommen wird, solange man den Like-Button nicht bewusst anklickt. Facebook wiederholt das Prinzip aber in Smartphone-Apps: Den Entwicklungsteams stellt Facebook eine Bibliothek zur Verfügung, die frei in eigene Apps eingebunden werden kann. Sie erlaubt es den Teams, Werbung in der eigenen App zu platzieren, aber auch Statistiken über das Verhalten der eigenen Nutzer:innen zu erstellen, selbst wenn gar keine Werbung eingeblendet werden soll. Dieser Service ist für Entwickler:innen sehr attraktiv und hat dazu geführt, dass die Bibliothek große Verbreitung in zahlreichen populären Apps gefunden hat. Wie früher beim Like-Button führt die Benutzung dieser Apps dazu, dass Facebook seine eigenen Profile weiter anreichern und die App-Nutzung außerhalb von Facebook verfolgen kann [Privacy International, 2018]. ■

Ein Nutzerprofil enthält damit einerseits Informationen, die die Nutzer:innen selbst eingegeben haben, wie beispielsweise E-Mail-Adressen oder das Geburtsdatum. Oftmals enthält es aber auch Eigenschaften, die aus dem getrackten Verhalten der Nutzer:innen nur abgeleitet werden. Insbesondere Werbenetzwerke wie Googles Adsense, das Werbung verteilt an die Personen, für die diese Werbung „relevant" sein könnte, beruht auf solchen Eigenschaften. Wir sprechen daher im Folgenden verallgemeinernd über das Nutzerprofil, das in diesem Sinne alle bekannten oder berechneten Informationen über einen Nutzer oder eine Nutzerin enthält, also sowohl die Fakten, als auch angenommene Eigenschaften als auch die berechnete (und damit auch ebenfalls nur „angenommene") Relevanz der Inhalte. Nachdem die technischen Grundlagen gelegt wurden, werden in Phase 2 der sozioinformatischen Analyse die wichtigsten sozialen Akteure und ihre Motivationen identifiziert: Die sozialen Akteure sind weiterhin die Nutzer:innen und die Plattformbetreiber:innen.

In Phase 3 wird das Wirkungsgefüge erstellt; Abbildung 8.3 zeigt das generische Wirkungsgefüge für das Phänomen der Granularisierung für allgemeine Inhaltsempfehlungsssysteme. Die Systemvariablen in diesem Wirkungsgefüge lassen sich zum einen aus den Motivationen der sozialen Akteure gewinnen: Dies ist insbesondere die hohe „Güte der personalisierten Vorhersage relevanter Inhalte" (Systemvariable 7), die von Nutzer:innen und

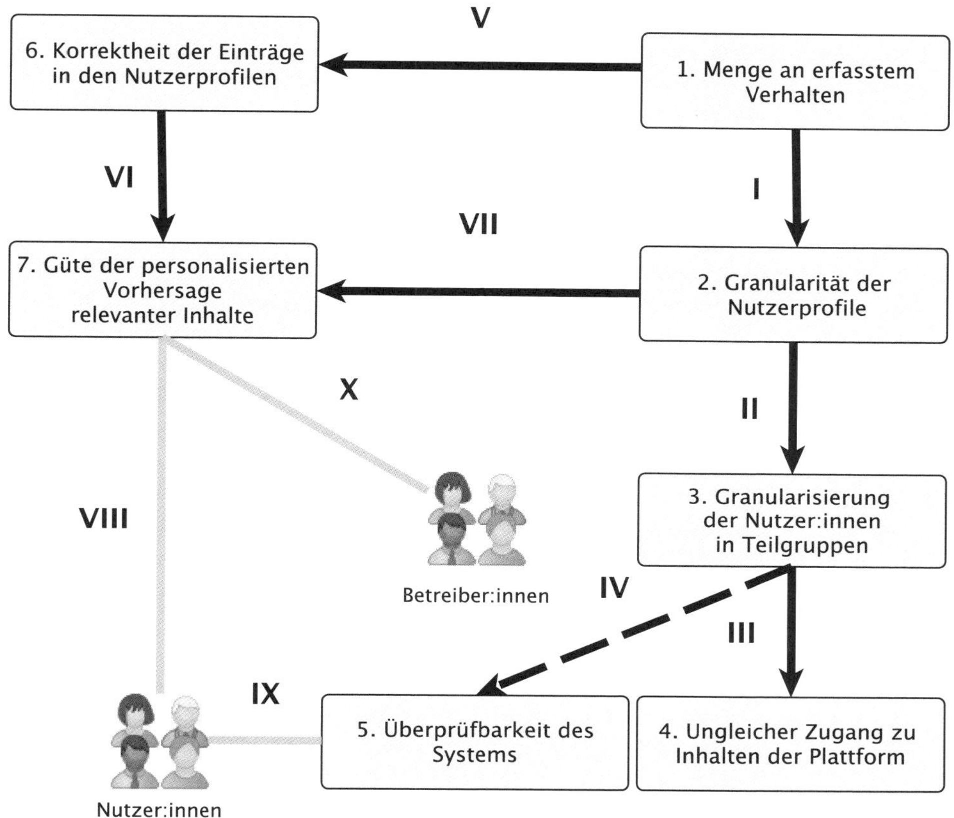

Abbildung 8.3 Generisches Wirkungsgefüge einer Personalisierung von Inhaltsempfehlungen, die auf der Auswertung von menschlichem Verhalten beruhen

Plattformbetreiber:innen gewünscht ist. Diese kann erzeugt werden, indem möglichst viel menschliches Verhalten erfasst wird (Systemvariable 1: „Menge an erfasstem Verhalten"), damit die „Korrektheit der Einträge in den (daraus erzeugten) Nutzerprofilen" steigt (Systemvariable 6). Die Kausalbeziehung zwischen diesen beiden Systemvariablen, der Menge an erfasstem Verhalten und der Korrektheit der Einträge in den Nutzerprofilen (Kante VI), ist natürlich kein Selbstläufer: Nur, weil man viele Daten sammelt, müssen die noch lange nicht korrekt sein. Und wenn die Einträge in den Nutzerprofilen bereits korrekt sind, können weitere Informationen auch nicht weiter zur Korrektheit beitragen. Im Allgemeinen aber ist anzunehmen, dass es möglich ist, die Korrektheit der Fakten und Annahmen zu steigern, wenn mehr über die Person bekannt ist. Bei dem Begriff der Korrektheit gehen wir übrigens von einer graduellen Bewertung zwischen Annahme und Wahrheit aus, wie sehr die Annahme der Wahrheit entspricht und nicht von einer binären Bewertung darüber, ob eine Annahme entweder wahr oder falsch ist. Mit der Menge des erfassten Verhaltens bietet sich auch die Möglichkeit, das Nutzerprofil granularer zu gestalten – dieses agonistische

Verhalten repräsentiert Kante I, die von Systemvariable 1 zu Systemvariable 2: „Granularität der Nutzerprofile" verläuft. Auch diese Kante ist kein Selbstläufer, sie soll ausdrücken, dass die Menge an erfasstem Verhalten eine Grundlage für ein granulares Nutzerprofil ist. Die Menge an erfasstem Verhalten ist also notwendig aber nicht hinreichend, um die Granularität zu erhöhen. Eine hohe Korrektheit und Granularität der Einträge im Nutzerprofil trägt jeweils zur Güte der Vorhersage bei.

Es wurde bereits erwähnt, dass ein solches Nutzerprofil auch dafür genutzt werden kann, politische Werbung an sehr kleine Zielgruppen zu adressieren – also für Microtargeting (siehe Abschnitt 6.2). Es ist offensichtlich, dass ein hoher Grad der Granularisierung dazu führt, dass kaum noch überprüft werden kann, welche politischen Ziele welcher Personengruppe versprochen werden und ob sich diese vielleicht sogar gegenseitig ausschließen. Diese mangelnde Überprüfbarkeit der personalisierten Dienstleistungen ist ein häufiges Problem in der Personalisierung von digitalen Diensten, daher haben wir als Systemvariable 5 die „Überprüfbarkeit des Systems" eingefügt, zusammen mit Kante IV, die diesen antagonistischen Zusammenhang beschreibt. Die Nutzer:innen würden aber bevorzugen, darüber informiert zu sein, wenn die Personalisierung zu Nachteilen für sie führt. Daher haben wir eine Motivationskante IX von den Nutzer:innen zur Systemvariablen 5 gezogen.

Die Granularität der Nutzerprofile erhöht nun aber auch die „Granularisierung der Nutzer:innen in Teilgruppen" (Systemvariable 3). Das klingt trivial, aber aus dieser zweiten Seite der Medaille erwächst der „Ungleiche Zugang zu Inhalten der Plattform" (Systemvariable 4) und damit auch möglicherweise ungewollte Technikfolgen, die wir im Folgenden anhand der Filterblasentheorie von Eli Pariser exemplarisch besprechen.

8.2 Emergente Phänomene beim Einsatz von personalisierten Inhaltsempfehlungen

In seinem TED Talk von 2011 [Pariser, 2011] und seinem Buch „Filter Bubble: Wie wir im Internet entmündigt werden" beschreibt Eli Pariser, welche Hoffnung er und viele andere in den späten 1990er-Jahren für das neue Internet hegten: Dass es die Menschen verbinden und die Demokratie stärken würde [Pariser, 2012]. Die Idee hinter dieser Hoffnung war, dass durch das Internet mehr Menschen zu mehr Meinungen Zugang haben würden und sich daher ihre (politische) Meinung robuster bilden können. Er selbst bemühte sich daher, sich auf Facebook sowohl mit Demokraten als auch mit Republikanern zu verbinden, um die Meinungen beider Gruppen zu hören. Irgendwann bemerkte er allerdings, dass das Newsfeed-System von Facebook trotz dieses Bemühens seine Timeline mit immer mehr demokratischen und immer weniger republikanischen Inhalten füllte – also ein Übermaß jener politischen Richtung, die ihm laut eigener Aussage auch mehr zusagte. Er mutmaßte, dass die personalisierenden Algorithmen ein Muster in seinem Verhalten entdeckt hatten, das diese Präferenz offenlegte, aber eben nicht verstanden, dass ihm die weniger oft angeklickten Inhalte trotzdem wichtig waren. Die Zahl seiner Klicks wurde gleichgesetzt mit Relevanz, sein Nicht-Klicken mit fehlender Relevanz.

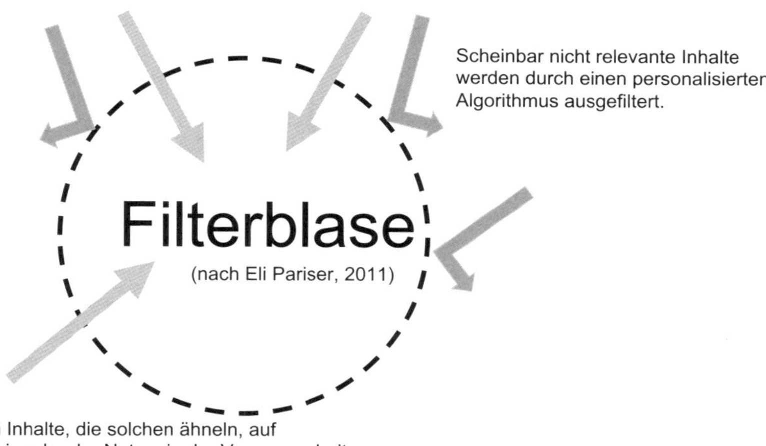

Abbildung 8.4 Die Filterblase bezeichnet das Resultat einer Zusammenstellung von Inhalten ausschließlich nach eigenen Vorlieben

Dieses Phänomen begegnete ihm auch auf Google: Er bat zwei seiner Freunde, nach „Ägypten" zu suchen und stellte fest, dass der eine unter den Top-Ergebnissen für die Suche Links zur politischen Lage in Ägypten bekam und zusätzlich Nachrichten zur politischen Lage eingeblendet wurden, während der andere vornehmlich Reiseinformationen vorgelegt bekam und statt der Nachrichten idyllische Fotos von Kamelen und den Pyramiden eingeblendet wurden. Dies war deshalb besonders brisant, weil es Anfang 2011 eine politische Bewegung mit vielen Massenprotesten gab, die später als „Arabischer Frühling" bezeichnet wurde. Die Personalisierung der Suche lag hier also nicht nur in der Reihenfolge der Suchergebnisse, sondern auch darin, dass bei dem einen Nutzer Nachrichten eingeblendet wurden und bei dem anderen Bilder. Diese recht unterschiedliche Suchergebnispräsentation bewertet Pariser als äußerst kritisch, da somit manchen Nutzern und Nutzerinnen wichtige politische Nachrichten vorenthalten werden. Pariser sprach daraufhin von einer „Diät", die Empfehlungsalgorithmen ihren Nutzer:innen servieren würden und dass diese für jeden von ihnen zu viel „Fast Food" enthielte: Nämlich das, was sie jeweils sowieso schon gerne konsumieren. Das Ergebnis dieser einseitigen Selektion der Inhalte nur nach den individuellen Vorlieben der Nutzer:innen nennt er die *Filterblase* (siehe Abbildung 8.4). Die Filterblase bezeichnet also den Strom an Nachrichten, die eine Person erreicht, und grenzt ihn somit von dem Strom an Nachrichten ab, die die Person nicht erreicht.

In Parisers Buch geht es vornehmlich um die Frage, was passiert, wenn Menschen ungleichen Zugang zu **politischen Inhalten haben**. Im generischen Wirkungsgefüge von Abbildung 8.3 geht es ihm also vornehmlich um Kante III und die Auswirkungen der vierten Systemvariable. Pariser warnt vor einer Polarisierung der politischen Meinungen durch den Filterblaseneffekt, der zu extremen Spannungen führen könnte.

Ohne Fragen hat insbesondere die USA in den letzten Jahren eine starke Polarisierung der politischen Meinungen erfahren, die insbesondere auch dazu führt, dass Anhänger der beiden dominanten Parteien nicht mehr miteinander reden wollen – man spricht von *affekti-*

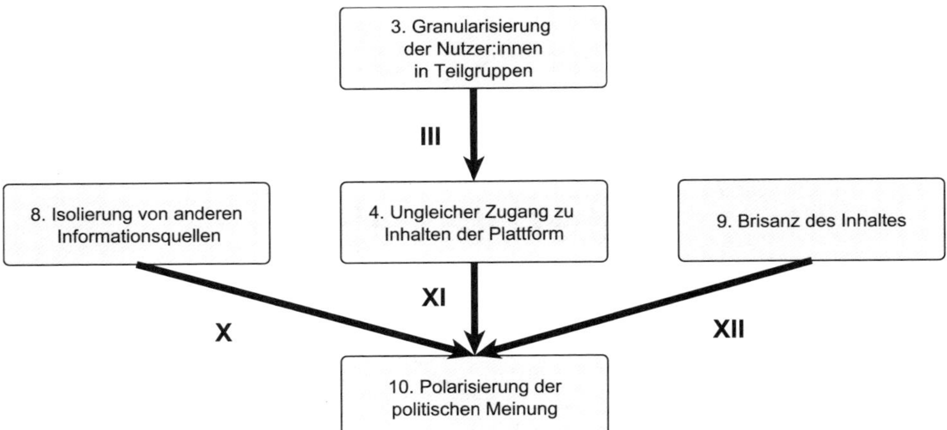

Abbildung 8.5 Wirkungsgefüge der impliziten Kausalstruktur der Filterblasentheorie als Grundlage für politische Polarisierung. Das hier gezeigte Wirkungsgefüge stellt eine Erweiterung des Wirkungsgefüges in Abbildung 8.3 dar

ver Polarisierung [Iyengar et al., 2019]. Inwieweit dieser Effekt aber auf die von Pariser postulierte Filterblasentheorie zurückgeht, ist strittig. Die Theorie, dass die von personalisierten algorithmischen Empfehlungssystemen selbstverstärkende Selektion von politischen Nachrichten zu dieser Polarisierung führt, basiert implizit auf mindestens drei weiteren Annahmen [Krafft et al., 2019]:

1. **Isolierung von anderen Informationsquellen**: Die Personen informieren sich bezüglich politischer Nachrichten nur über dieselbe Quelle oder alle Quellen, über die sich die Personen informieren, präsentieren ihnen mehr oder weniger denselben Strom an Nachrichten, stecken sie also in dieselbe Filterblase.
2. **Geringe Überlappung der jeweiligen Filterblasen**: Die geschaffenen Filterblasen weisen eine geringe bis keine Überlappung auf, d. h. Nachrichten und Informationen aus einer Gruppe bleiben den anderen Gruppen (nahezu völlig) verborgen. Tatsächlich muss eine Personalisierung nicht notwendigerweise dazu führen, dass die Inhalte sich sehr unterscheiden, z. B. dann nicht, wenn sich die Personen ähnlich genug in ihrem Verhalten sind.
3. **Brisanz des Inhaltes**: Die Inhalte, in denen sich die „Filterblasen" unterscheiden, sind im Wesentlichen brisant genug, um zu einer Polarisierung zu führen.

Diese Kausalbeziehungen sind in Abbildung 8.5 zusammengefasst. Sie können nun einzeln hinterfragt werden: Tatsächlich war 2011 zumindest in Deutschland der Medienmix, über den Menschen ihre Nachrichten beziehen, noch relativ divers [Hasebrink and Schmidt, 2012]. Insbesondere hörten und hören auch heute noch viele Personen in Deutschland Radio, ein Medium, das keine personalisierten Inhalte anbietet und daher zumindest unter den eigenen Hörern und Hörerinnen keine Filterblasen generiert [Schmidt et al., 2017].

Es hat sich zudem als erstaunlich schwierig erwiesen, wissenschaftlich zu untersuchen, wie stark sich die einzelnen Filterblasen überlappen. Das liegt vor allen Dingen an den fehlenden Zugängen zu den Diensten der Plattformen und Intermediäre. Krafft, Hauer und Zweig haben beispielsweise versucht zu untersuchen, inwiefern die Facebook-Follower eines örtlichen Fernsehsenders, des RNF,[1] in verschiedene Teilgruppen mit jeweils unterschiedlichen Selektionen der Nachrichten des Senders aufgesplittet werden. Das Forschungsprojekt ist an den mangelnden Zugängen und Forschungsmöglichkeiten gescheitert [Krafft et al., 2020]. Auch die Frage, ob die Polarisierung maßgeblich aus dem Inhalt der Nachrichten resultiert, wird in einem Überblicksartikel zur Polarisierung in den USA nicht-konklusiv beantwortet [Iyengar et al., 2019]: Die Studienlage zu dieser Frage ist zu widersprüchlich, um hier zu einer Aussage zu kommen. Nicht zuletzt haben anscheinend manche Plattformen den Grad der Personalisierung ihrer Empfehlungen auch stark reduziert. Während Parisers Freunde noch eine hohe Personalisierung von Suchergebnissen erfuhren, gibt es Hinweise darauf, dass Google heute deutlich weniger personalisiert. So konnten Krafft, Gamer und Zweig im Wahlkampf um die Bundestagswahl 2017 in Deutschland auf Googles Suchmaschine eher keine Belege für eine personalisierte Suchergebnisliste finden [Krafft et al., 2019]. Damit ist die Frage, ob und inwieweit algorithmisch erzeugte Filterblasen für eine Polarisierung im politischen Bereich verantwortlich sind, auch heute noch weitgehend ungeklärt.

Bisher haben wir nur die Personalisierung von Diensten anhand von Inhaltszusammenstellungen oder Inhaltsempfehlungen betrachtet. Eine Personalisierung kann aber natürlich auch anderer Natur sein. Ein Beispiel dafür diskutieren wir im folgenden Abschnitt, nämlich die Möglichkeit, die granularen Nutzerprofile für die Generierung von personalisierten Preisen zu verwenden.

8.3 Personalisierung von Preisen im Onlinehandel

Die Anpassung von Preisen an bestimmte Gegebenheiten wie Angebot und Nachfrage ist so alt wie der Warenhandel selbst. Die Ausgestaltung dieser Anpassungen war dabei Verhandlungssache zwischen Händler und Kunde. Während der Kunde versucht, einen möglichst niedrigen Preis auszuhandeln, will der Händler den bestmöglichen Preis für seine Ware erzielen. Dabei ist es vorteilhaft, wenn Verkäufer:innen möglichst viele Informationen über die Nachfrageseite haben: Coca-Cola kam zum Beispiel auf die Idee, ihre Automaten so zu verändern, dass durch Informationen über die Außentemperatur der Preis an heißen Tagen erhöht werden konnte. Das kam bei den Kunden nicht so gut an und so führte die bloße Pressemitteilung dazu zu einem spürbaren Einbruch des Aktienkurses des Coca-Cola-Konzerns [Leonhardt, 2005]. Dagegen wurde die dynamische *Reduktion* des Preises von gekühlten Getränkedosen ab einer gewissen Lufttemperatur in einem Freizeitpark in Spanien sehr positiv aufgefasst [Simon and Fassnacht, 2019]. Wie würde es wohl aufgefasst werden, wenn der Preis individuell an den Bedarf einzelner Kunden und Kundinnen angepasst werden könnte? In diesem Fall spricht man von *personalisierten Preisen*. Dabei kann es um eine Erhöhung des Preises gehen, weil bekannt ist, dass der Kunde oder die Kundin gerade einen dringenden Bedarf hat, aber auch um gezielte Reduktionen, beispielsweise um Neukunden zu gewinnen oder langjährige Kunden für ihre Loyalität zu belohnen.

---

[1] Rhein-Neckar Fernsehen, ein privater Fernsehsender aus dem Großraum Mainz.

Um die möglichen Technikfolgen von personalisierten Preisen zu untersuchen, stellen wir zuerst ein generisches Wirkungsgefüge für personalisierte Dienstleistungen basierend auf Nutzerprofilen auf. Es ist im Wesentlichen dasselbe Wirkungsgefüge wie in Abbildung 8.3 mit zwei Änderungen: Statt dem „Ungleichen Zugang zu Inhalten der Plattform" geht es in Variable 4 nun allgemeiner um die „Unterschiedliche Behandlung durch das System". Statt der „Güte der personalisierten Vorhersage relevanter Inhalte" wird in Variable 7 die „Passgenauigkeit der Personalisierung" erfasst. Das generische Wirkungsgefüge für personalisierte Dienstleistung wird in Abbildung 8.6 gezeigt.

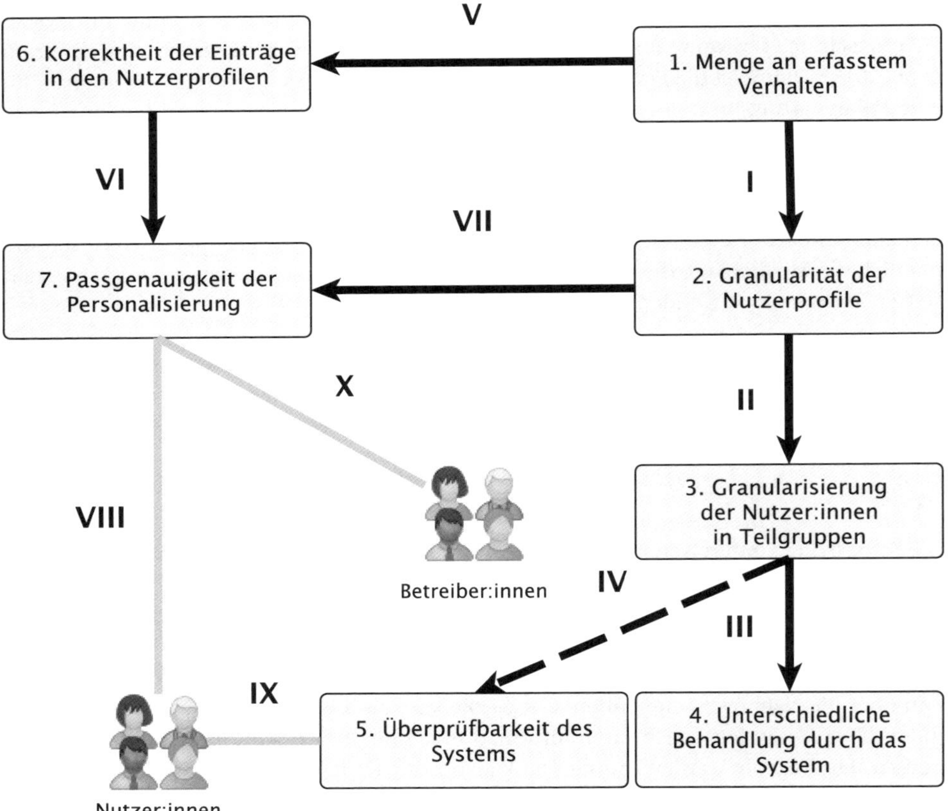

Abbildung 8.6 Generisches Wirkungsgefüge zur Personalisierung von Dienstleistungen im Internet basierend auf Nutzerprofilen

Bei der Debatte um personalisierte Preisgestaltungen werden seit Jahren zwei verschiedene Aspekte diskutiert:

1. Wird die technische Möglichkeit zur Generierung von personalisierten Preisen momentan überhaupt genutzt? Es stellt sich also die Frage nach der Überprüfbarkeit des Phänomens.
2. Ist eine solche Preisgestaltung rechtlich gesehen eine „Diskriminierung"?

In einer Studie der Arbeiterkammer Wien wurden zum Beispiel mehrere Produkte unterschiedlicher Online-Anbieter untersucht [Delapina, 2019].[2] Im Fokus dieser Studie standen hauptsächlich Reise- und Fluganbieter, es wurden aber auch unter anderem Preise von Amazon abgefragt. Dabei konnten die Studienleiter:innen bei Amazon Preisunterschiede zwischen 0,1 % und 22,9 % (0,01 Euro bis 50 Euro) feststellen. Preisschwankungen wurden bei allen neun überwachten Produkten festgestellt, es waren aber nur ein bis zwei der zwischen 16 und 19 abgefragten Zeitpunkte je Produkt betroffen [Delapina, 2019]. Handelt es sich hierbei um den Nachweis von personalisierten Preisen?

Die Untersuchung von Preisdynamiken und die Frage, ob ein veränderlicher Preis tatsächlich eine Personalisierung darstellt, ist erstaunlich schwierig. Da der Nachweis einer Personalisierung aber die Grundlage für eine Untersuchung zu eventuell rechtlichen Konsequenzen und damit auch die Grundlage für eine Frage nach der Verantwortung liefert, diskutieren wir hier kurz die Schwierigkeiten einer solchen Analyse.

Untersuchung von Preisdynamiken im Internet

Grundsätzlich sehen Untersuchungen von Preisdynamiken so aus, dass ein und dieselbe Webseite, beispielsweise die Webseite eines Produktes in einem großen Onlineshop, über mehrere Zeitpunkte besucht wird und der jeweilig angebotene Preis identifiziert und abgespeichert wird. Zur Feststellung von Personalisierungen wird dieses Verfahren entweder händisch oder automatisiert durch kleine Browser-Erweiterungen von einer Reihe von Versuchsteilnehmern und -teilnehmerinnen durchgeführt. Diese stellen also jeweils ihren Nutzeraccount zur Verfügung und überprüfen die Preise von ihrem eigenen Gerät aus.

Eine Änderung des Preises in der Zeit ist erst einmal einfach nur das Ergebnis einer *dynamischen Preisgestaltung,* man spricht auch von *dynamischen Preisen.* Auch wenn die Änderungen dank der digitalen Umgebung prinzipiell deutlich öfter vorgenommen werden können, ist die dynamische Preisanpassung auch aus vor-digitalen Zeiten wohlbekannt, nämlich aus der Anpassung der Kraftstoffpreise an Tankstellen. Entscheidend für die Differenzierung dynamischer Preise von personalisierten Preisen ist, dass der Preis nicht von den Eigenschaften der Käufer:innen abhängig ist, sondern sich für alle potenziellen Käufer:innen auf die gleiche Weise ändert [Gönsch et al., 2009, Gallego and Van Ryzin, 1994]. Wenn diese Preisgestaltung dagegen auf Eigenschaften der Käufer:innen beruht, sprechen wir von personalisierte Preisen:

[2] Der Untersuchungszeitraum ging hier vom 2. bis 13. April 2019 [Delapina, 2019]. Die Produktpreise wurden jeweils am Dienstag, Donnerstag und Samstag und von unterschiedlichen Endgeräten abgefragt, um mögliche Unterschiede festzustellen. Die Endgeräte wurden dabei über ganz Österreich verteilt, um ortsgebundene Preise zu vermeiden.

Definition 17: Personalisierte Preise

Personalisierte Preise erkennt man daran, dass zwei Personen, die zu demselben Zeitpunkt eine Preisanfrage stellen oder eine Buchung durchführen, unterschiedliche Preise genannt bekommen.

■

Hierbei können bei einer algorithmischen Preisgestaltung insbesondere auch solche Eigenschaften eingehen, die bei einer analogen Preisgestaltung bisher nicht verwendet wurden und die für die Kunden und Kundinnen nicht ersichtlich sind, wie zum Beispiel das für die Anfrage verwendete Gerät (PC vs. Smartphone, iOS vs. Android), die zuletzt besuchte Webseite oder das im Nutzerprofil hinterlegte, vermutete Jahreseinkommen. Verkäufer:innen könnten basierend auf dieser Technik auch Eigenschaften verwenden, die möglicherweise von der Gesellschaft zur Preisgestaltung nicht gewünscht oder gar verboten sind, wie das Geschlecht.

Mit dieser Definition von personalisierten Preisen gibt es eine Reihe von praktischen Problemen, die es bei einer experimentellen Untersuchungen von dynamischen Preisen im Internet bezüglich einer möglichen Personalisierung zu bedenken gibt:

1. Die größte Hürde bei einer solchen Untersuchung liegt darin, dass man die Anfragen der verschiedenen Personen bzw. ihrer Nutzerkonten synchronisieren muss, da laut Definition ja nur dann von personalisierten Preisen gesprochen wird, wenn zu demselben Zeitpunkt verschiedene Personen unterschiedliche Preise angeboten bekommen. Genauer gesagt müsste man die Anfragezeiten der verschiedenen Nutzerkonten **auf dem jeweiligen Server des Anbieters** synchronisieren – eine zu demselben Zeitpunkt **abgesandte** Anfrage von zwei verschiedenen Geräten wird aber durch die unterschiedlich langen Laufzeiten durch das Internet im Allgemeinen zu unterschiedlichen Ankunftszeiten bei den Servern führen.
2. Webseiten werden oft durch die Internetanbieter gecached, d. h., wurde eine ähnliche Anfrage vor kurzem schon gestellt, kann es sein, dass man eine veraltete Webseite zu sehen bekommt, während andere Teilnehmer:innen des Versuches eine neu erstellte Webseite mit anderem Preis zu sehen bekommen.
3. Das Preismanagement von kontingentierten Produkten führt oftmals zu Preisen, die personalisiert wirken, aber aus einer anderen Dynamik heraus unterschiedlich sind: Insbesondere Airlines bieten zuweilen die ersten Flugtickets einer bisher leeren Maschine besonders billig an und erhöhen dann ihre Preise bis kurz vor Abflug, um dann die letzten Plätze als Last-Minute-Angebote wiederum sehr günstig zu verkaufen [Clark and Vincent, 2012].

   Da bei einem kontingentabhängigen Preis alle Kunden prinzipiell denselben Preis sehen – in Abhängigkeit von den noch freien Plätzen und dem Datum – weisen unterschiedliche Preise für das scheinbar „gleiche" Produkt nicht notwendigerweise auf eine Personalisierung hin. Da die Buchungen grundsätzlich hintereinander ausgeführt werden müssen, um Überbuchungen zu vermeiden, müssen auch zwei zeitgleich abgeschickte Anfragen in eine Reihenfolge gebracht werden. Dadurch kann die erste Buchung einen anderen Preis erzielen als die zweite, weil mit der ersten Buchung die Anzahl der noch freien Plätze um eins reduziert wird. Eine darunter liegende, zusätzliche Personalisierung zu entdecken, wird damit deutlich schwieriger.

4. Ebenfalls auszuschließen sind Preise, die im Rahmen eines randomisierten A/B-Testings unterschiedlich angeboten werden (siehe Abschnitt 2.3.2), solange die Gruppenbildung ebenfalls randomisiert erfolgt, um beispielsweise den Effekt der Webseitengestaltung auf einen von den Kunden akzeptierten Preis zu untersuchen.[3]
5. Nicht zuletzt gibt es *lokalisierte Preise*, bei denen die Preisdifferenzen dadurch erklärt werden können, dass das Produkt oder der Service an verschiedenen Orten unterschiedlich teuer sein muss, beispielsweise wegen der örtlichen Preise von Lieferdiensten oder Mieten. Diese Preisdifferenzen würden in dem Sinne nicht als personalisiert gelten, weil sie für alle Personen, die diesen Dienst in einem bestimmten Ort in Anspruch nehmen, gleich hoch sind. In einer Studie wurden aber auch Unterschiede bei den Angebotspreisen für 24 US-Hotels und 6 Autovermietungen gemessen, die davon abhingen, von wo die Buchung kam: Während Mietanfragen für Autos bei den Händlern aus Los Angeles von einer deutschen IP-Adresse lediglich im Durchschnitt knapp 5 % teurer waren als vor Ort, schlugen die Anbieter aus Chicago durchschnittlich fast 25 % für Kunden aus Deutschland auf [Rose and Rahman, 2015]. Damit sind lokalisierte Preise dann nicht personalisiert, wenn sie für alle Personen gleich hoch sind, die das Produkt an genau demselben Ort kaufen oder die Dienstleistung dort nutzen. Wenn aber der Standort der Buchung für die spätere Nutzung der Dienstleistung an demselben Ort über den Preis entscheidet, würde dies eher als personalisierter Preis wahrgenommen werden.
6. Daneben gibt es eine Reihe von gesellschaftlich durchaus akzeptierten Preisunterschieden, die relativ breite Gruppen der Bevölkerung betreffen: So werden Familien und Senioren oft durch Rabatte für Kinder oder Rentner:innen bei sozialen Aktivitäten wie Schwimmbad-, Zoo- oder Parkbesuchen, aber auch Kulturangeboten oder im öffentlichen Personennahverkehr unterstützt. Auch Rabatte für Mitglieder von Vereinen oder bestimmten Berufsgruppen werden im Allgemeinen nicht als Personalisierung wahrgenommen.

Die Debatte rund um personalisierte Preisgestaltungen, wann sie gesellschaftlich akzeptiert sind und wann sie genauer untersucht werden sollten, ist also komplex – das zeigt sich auch an dem Wirkungsgefüge zu personalisierten Preisen (Abbildung 8.7), das aus dem generischen Wirkungsgefüge in Abbildung 8.6 abgeleitet wurde.

Die wesentliche Änderung zu Letzterem besteht in der Umbenennung von Systemvariable 7 von „Passgenauigkeit der Personalisierung“ zur „Präzision der vorhergesagten Kaufbereitschaft bzgl. eines personalisierten Preises“ und Systemvariable 4. von „Unterschiedliche Behandlung durch das System“ zu „Individuelle Anpassung der Preise durch das System“. Tatsächlich ist es im Lichte der oben genannten unterschiedlichen Preisdifferenzierungen hier nun nicht mehr so einfach zu argumentieren, dass die Nutzer:innen gerne eine hohe Präzision in der Vorhersage des Preises sähen, den sie bereit sind zu zahlen (Kante VIII). In jedem Fall hat sich die Anzahl der Studien gemehrt, in denen Wissenschaftler:innen, Verbraucherschutzinstitutionen oder Arbeitnehmervertretungen wie die oben schon genannte Arbeiterkammer Wien Preise auf eine aus ihrer Sicht möglicherweise unzulässige Personalisierung prüfen [Vissers et al., 2014, Hannak et al., 2014, Schleusener and

[3] Die Praxis von A/B-Tests ist für sich genommen ebenfalls oft problematisch, da hier Verhaltenstests für Kunden und Kundinnen intransparent und meistens ohne Einwilligung durchgeführt werden [Montag et al., 2019].

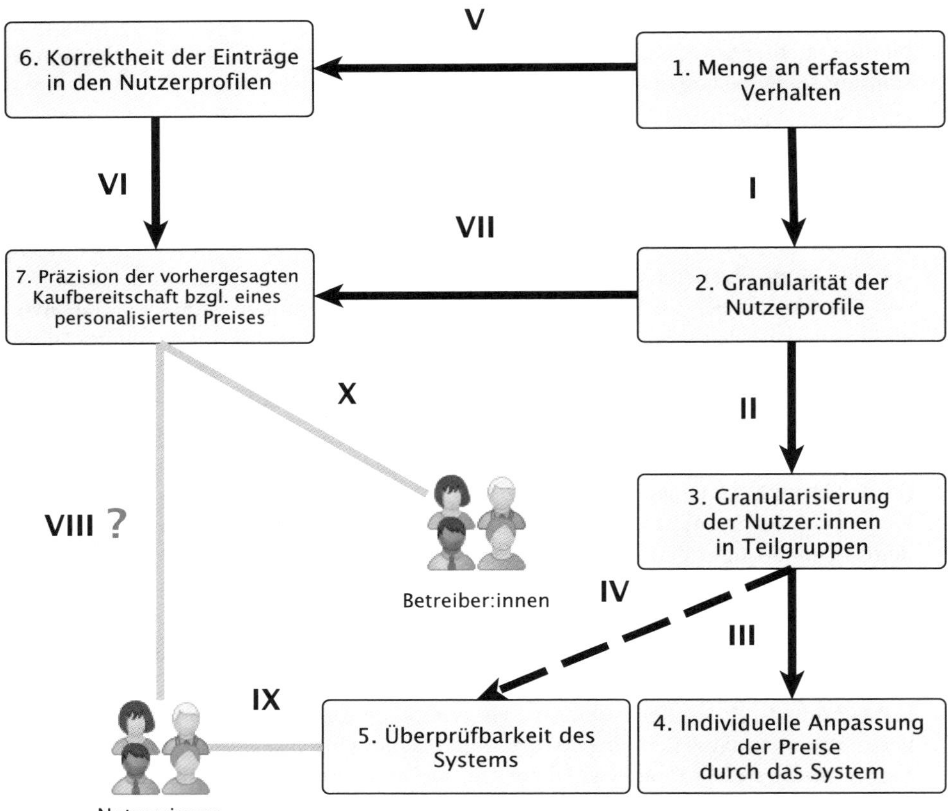

Abbildung 8.7 Wirkungsgefüge zu personalisierten Preisen auf Basis von Nutzerprofilen

Hosell, 2016, Dautzenberg et al., 2018]. Das zeigt, dass Nutzer:innen und ihre gesellschaftlichen Vertreter:innen zunehmend daran interessiert sind, die Art und Weise der Personalisierung zu überprüfen (Kante IX). Dass eine solche Überprüfung notwendig sein kann, zeigt das folgende Beispiel:

In einem Artikel auf *Golem.de* beschreibt Achim Sawall, dass Netflix 2017 die Reaktionen ihrer Kunden und Kundinnen auf Preiserhöhungen testete – Neukunden bekamen dabei einen höheren Preis angezeigt [Sawall, 2017]. Laut Sawall äußerte sich Netflix dazu wie folgend: „Netflix hat leicht unterschiedliche Preishöhen getestet, um besser zu verstehen, wie Verbraucher den Wert von Netflix einschätzen. Nicht alle sehen diesen Test, und diejenigen, die ihn sehen, werden schließlich die aktuell regulären Preise bezahlen. Heute endet dieser Test." Laut demselben Artikel wurden ähnliche Tests auch in Australien durchgeführt und kurz danach Preiserhöhungen bekannt gegeben [Sawall, 2017]. ■

In der folgenden Übung geht es um die Frage, an welcher Stelle Sie personalisierte Preise als zulässig, vielleicht sogar als wünschenswert empfinden, und an welchen Stellen Sie sie für nicht zulässig halten.

Übungsaufgabe 23:

Diskutieren Sie, ob Sie dynamische/personalisierte Preise als fair empfinden.

1. Kennen Sie andere Beispiele aus Ihrem Alltag, bei denen die Preise dynamisch/-personalisiert gestaltet werden?
2. Empfinden Sie diese Preisgestaltungen als fair?
3. Gemäß dem Ansatz des „Zweite-Gedanken-Denkens" (siehe Kap. 6.1.5): Finden Sie heraus, welche sozialen Akteure durch die Einführung eines personalisierten Preises (welche?) Gewinnanreize sehen könnten.
4. Denken Sie über die möglichen Gegenreaktionen durch die Webshop-Betreiber nach.

■

Selbst wenn feststünde, dass eine Plattform personalisierte Preise anbietet, steht damit noch lange nicht fest, dass diese auch rechtlich zu beanstanden sind. Insbesondere die Frage, ob es sich um eine Diskriminierung im rechtlichen Sinne handelt, ist komplex. Das Grundgesetz sagt in Artikel 3 das Folgende:

(1) *Alle Menschen sind vor dem Gesetz gleich.*

(2) *Männer und Frauen sind gleichberechtigt. Der Staat fördert die tatsächliche Durchsetzung der Gleichberechtigung von Frauen und Männern und wirkt auf die Beseitigung bestehender Nachteile hin.*

(3) *Niemand darf wegen seines Geschlechtes, seiner Abstammung, seiner Rasse, seiner Sprache, seiner Heimat und Herkunft, seines Glaubens, seiner religiösen oder politischen Anschauungen benachteiligt oder bevorzugt werden. Niemand darf wegen seiner Behinderung benachteiligt werden.*

Rechtlich gesehen bindet das Grundgesetz aber zuallererst den Staat, z. B. bei der Vergabe von Positionen oder in der Behandlung der Bürger:innen bei staatlichen Angelegenheiten, und nicht die Bürger:innen in ihrem Miteinander [Berghahn et al., 2017]. Daher ist manches erlaubt, was auf den ersten Blick diskriminierend erscheint: So gibt es in Tübingen seit Jahren einen Buchladen, zu dem Männer keinen Zutritt haben [Keck, 2018] und das Landesarbeitsgericht Hamm entschied, dass ein Kirchenmusiker rechtmäßig gekündigt werden dürfe, weil er eine außereheliche Affäre hatte [Antidiskriminierungsstelle des Bundes, 2019, S.70]. Gleichzeitig kommt aber Christine Lüders, Leiterin der Antidiskriminierungsstelle des Bundes, nach der bundesweit ersten Studie zur Preisdifferenzierung nach Geschlecht zu dem Schluss: „Wenn eine Person allein wegen ihres Geschlechts mehr zahlen muss, dann verstößt das im Grundsatz gegen das Diskriminierungsverbot" [Antidiskriminierungsstelle des Bundes, 2017]. Daher empfiehlt sie beispielsweise Friseurinnen und Friseuren, ihre Preise nicht primär nach dem Geschlecht sondern nach dem jeweiligen Aufwand festzusetzen. Es fällt aber auf, dass dies nur eine Empfehlung ist und dass Christine Lüders nur davon spricht, dass eine geschlechterspezifische Preisgebung nur „im Grundsatz" gegen das Diskriminierungsverbot verstoße. Eine abschließende rechtliche Beurteilung steht also noch aus.

Ziemlich klar dagegen ist, dass Kunden und Kundinnen im Allgemeinen nicht gut darauf reagieren, wenn Preise individuell angepasst werden, ohne dass dafür ein guter Grund genannt werden kann. Ein gutes Beispiel sind die sehr frühen Experimente zur differenzierten Preisgebung von Amazon im Jahre 2000 [Puget Sound Business Journal, 2000, Ward, Mark, 2000]. Hier hatte Amazon für DVDs unterschiedliche Preise ausprobiert, die sich laut Quellen um bis zu 10 US-Dollar unterschieden [Ward, Mark, 2000]. Dies löste in den Medien viele Diskussionen aus. Amazon behauptete laut einem Bericht des *Puget Sound Business Journal*, dass es sich nur um Tests mit zufällig vergebenen Preisen gehandelt hätte: In diesem Sinne seien die Preise also nicht personalisiert gewesen [Puget Sound Business Journal, 2000]. Trotzdem entschuldigte sich Jeff Bezos, der Gründer von Amazon, im September 2000 für diese Aktion, die bei den Kunden und Kundinnen für „Unsicherheit" gesorgt hätte [Puget Sound Business Journal, 2000].

Zusammenfassend zeigt sich, dass bei der Personalisierung ebenso wie beim Ranking von Inhalten eine Reihe von Systemvariablen und deren Kausalbeziehungen sehr stabil sind und in den unterschiedlichsten Varianten der Personalisierung oder eines spezifischen Rankings übernommen werden können. Die jeweilige Analyse bei der Anpassung eines generischen Wirkungsgefüges für eine spezifische Variante verkürzt sich dabei auf diejenigen Aspekte, die die Implementierung charakterisieren. Es wurde noch einmal deutlich, dass es bei dieser Anpassung notwendig ist, alle Kanten auf ihre Plausibilität im neuen Kontext zu überprüfen – so hat es sich herausgestellt, dass Nutzer:innen zwar für digitale Dienstleistungen oftmals eine Personalisierung schätzen, die Sachlage beim personalisierten Preis aber eher negativ eingeschätzt wird. Die Diskussionen um die Granularisierungseffekte zeigen, dass die Personalisierung von digitalen Diensten ein zweischneidiges Schwert darstellt: Personalisierung kann nur gelingen, wenn die darunterliegenden Nutzerprofile feingranular sind, aber gerade diese Granularisierung erschwert auch die Transparenz und Überprüfung. Dadurch kann es im Sinne der Filterblasentheorie, des Microtargetings bei politischer Wahlwerbung und auch bei der personalisierten Preisgestaltung dazu kommen, dass Nutzer:innen verschiedene Grundlagen für ihre Entscheidungen erhalten. Die Kontrolle darüber, wer was sieht, haben die Plattformbetreiber:innen durch die von ihnen eingesetzten Algorithmen. Das bezeichnet Christoph Kucklick als *Kontroll-Revolution*, die aus der in Abschnitt 8.1 erläuterten Differenz-Revolution erwächst [Kucklick, 2014]. Sie kann bei der politischen Meinungsbildung zu verzerrten Wahlen führen und bei Kaufentscheidungen zu Übervorteilungen. Um festzustellen, ob diese Ungleichbehandlungen kritisch zu bewerten sind oder nicht, fehlen der Gesellschaft heute aber oftmals die notwendigen Daten, die Methoden sowie die Institutionen, die solche Überprüfungen regelmäßig durchführen könnten.

Im Folgenden behandeln wir eine letzte Gruppe von digitalen Prozessen, die im Wesentlichen immer dieselbe Mechanik aufweisen, nämlich sogenannte *aufmerksamkeitsheischende Techniken.*

9 Emergente Phänomene der Aufmerksamkeitsökonomie

Viele Interaktionen zwischen Mensch und Computersystem finden beiläufig oder unbemerkt statt, etwa wenn bei Vertragsabschlüssen eine automatisierte Schufa-Abfrage erfolgt, beim Grenzübertritt Identitäten geprüft werden, oder auch einfach beim Bezahlen an der Supermarktkasse – selbst wenn bar gezahlt wird. Bei anderen Interaktionen müssen Computersysteme Aufmerksamkeit erregen, beispielsweise um eine Fehlermeldung oder den Eingang einer E-Mail anzuzeigen. Insbesondere mit dem Aufkommen des Smartphones haben Interaktionen stark zugenommen, bei denen systematisch versucht wird, die Aufmerksamkeit der Anwender:innen über das Notwendige hinaus zu erregen. Viele Smartphone-Apps ziehen die Aufmerksamkeit ihrer Nutzer:innen auf sich, indem sie Benachrichtigungen innerhalb und außerhalb der App anzeigen. Die Benutzungsführung wird gezielt darauf hin gestaltet, Nutzer:innen möglichst lange in der App zu halten. Die so erregte Aufmerksamkeit wird genutzt, um Werbung zu platzieren oder direkt zu einer Geldausgabe zu verleiten.

Da Menschen sich meistens sehr dafür interessieren, was andere Menschen tun, nutzen viele von ihnen soziale Netzwerke, bei denen sie das Leben anderer verfolgen können. Die Aufmerksamkeit, die sie damit den Inhalten der Plattform geben, können die Plattformbetreiber:innen vermarkten: Daher blenden die meisten sozialen Medien in ihren Streams, Timelines und News Feeds auch Werbung ein (die natürlich personalisiert ist, siehe Kapitel 8). Aber auch die Nutzer:innen sozialer Medien selbst verwenden die dort hergestellte Aufmerksamkeit, um ihre eigenen Produkte und Dienstleistungen zu bewerben: Selbstständige unterschiedlichster Branchen können beispielsweise mit interessanten und unterhaltenden Beiträgen ihren Bekanntheitsgrad steigern, was zu zusätzlichen Aufträgen verhelfen kann; Unternehmen beschäftigen Social-Media-Experten und Expertinnen, um die in sozialen Medien vorhandene Aufmerksamkeit zu managen und nicht zuletzt vermarkten professionelle Influencer:innen nur noch sich selbst. Einnahmen erzielen Influencer:innen in der Regel mit dem Unterbringen von Werbebotschaften.

Aufmerksamkeit ist damit zur Ware und zu einer Währung geworden, das heißt, es hat sich eine so genannte **Aufmerksamkeitsökonomie** herausgebildet [Wu, 2016].

9.1 Aufmerksamkeitsökonomie

Um die Jahrtausendwende wurde in den Wirtschaftswissenschaften der Gedanke populär, dass nicht nur Arbeitskraft, Rohstoffe und Waren als knappe Güter zu betrachten sind, sondern auch die menschliche Aufmerksamkeit. Aufmerksamkeit ist knapp, weil Menschen nur ein bestimmtes Maß davon aufbringen können und wollen. Daraus folgt, dass sich auch ökonomische Gesetzmäßigkeiten, die die Knappheit von Gütern betreffen, auf Aufmerksamkeit anwenden lassen. Aufmerksamkeit wird zu einem Wert an sich und kann gegen Waren, Dienstleistungen und natürlich auch Geld getauscht werden. Wirtschaftstätigkeit wird um Techniken der Erlangung, Kontrolle und Monetarisierung von Aufmerksamkeit ergänzt [Davenport and Beck, 2001]. Den Begriff der Aufmerksamkeitsökonomie verstehen wir wie folgend:[1]

Definition 18: Aufmerksamkeitsökonomie

Unter dem Begriff Aufmerksamkeitsökonomie verstehen wir vereinfachend alle Prozesse, die dazu führen, dass Menschen, die auf einen Bildschirm blicken, dort Werbung angezeigt wird oder bei denen diese Bildschirmzeit direkt monetarisiert wird, z. B. über in-App-Käufe. Alle kostenfreien Dienste, die sich über Werbung oder solche in-App-Käufe finanzieren, sind somit Teil der Aufmerksamkeitsökonomie. ■

Dabei gibt es *aufmerksamkeitsgenerierende Techniken* wie das verhaltensbasierte Ranking (siehe Kapitel 7), die grundsätzlich dazu gedacht sind, den jeweiligen Inhalten die ihnen aufgrund ihres Inhalts gebührende Aufmerksamkeit zu geben. Diese können aber, wie in Kapitel 7 besprochen, oftmals auch manipuliert werden und bescheren dann Inhalten mit zweifelhafter Qualität mehr Popularität, als sie bekommen sollten. Dazu sind in den letzten Jahren eine Reihe von Mechanismen und Techniken gekommen, die digitalen Diensten oder Inhalten weit über ihre Nützlichkeit oder Qualität hinweg Aufmerksamkeit verschaffen [Kolenda, 2013, Nodder, 2013, Eyal, 2014, Wu, 2016, Alter, 2018, Montag et al., 2019], die wir als *aufmerksamkeitsheischende Techniken* bzw. *aufmerksamkeitsbindende Techniken* bezeichnen:

Definition 19: Aufmerksamkeitsgenerierende, aufmerksamkeitsheischende und aufmerksamkeitsbindende Techniken

Unter dem Begriff aufmerksamkeitsgenerierende Techniken verstehen wir alle Prozesse, die dazu führen, dass Menschen ihre Aufmerksamkeit auf einen digitalen Dienst oder Inhalt lenken, der vorher keine Beachtung fand.

Unter dem Begriff **aufmerksamkeitsheischende Techniken** verstehen wir die Teilmenge aller aufmerksamkeitsgenerierenden Prozesse, die dazu führen, dass Menschen in einer Art und Weise ihre Aufmerksamkeit auf digitale Dienste oder Inhalte richten, die die Nützlichkeit des Dienstes oder die Qualität der Inhalte weit übersteigt.

Eine **aufmerksamkeitsbindende Technik** versucht, die schon gerichtete Aufmerksamkeit auf einen Dienst oder Inhalte über die Nützlichkeit des Dienstes oder die Qualität hinaus zu verlängern. ■

Oftmals verwenden diese Techniken psychologische Mechanismen, die Personen dazu verführen, ihre Aufmerksamkeit auf etwas zu lenken, mit dem sie sich eigentlich gerade gar nicht oder nicht in dem Ausmaß beschäftigen wollten. Im Folgenden zählen wir einige davon auf und verweisen ansonsten auf die ausführliche Literatur dazu [Kolenda, 2013, Nodder, 2013, Eyal, 2014, Wu, 2016, Alter, 2018, Montag et al., 2019].

9.2 Aufmerksamkeitsheischende und aufmerksamkeitsbindende Techniken

Wir beginnen mit einer Betrachtung der gängigsten Techniken, um Aufmerksamkeit von Nutzer:innen zu erzeugen, d. h., sie erst einmal dazu zu bringen, tatsächlich auf den Bildschirm zu schauen, insbesondere auch dann, wenn sie die jeweilige Software dazu erst öffnen müssen. Diese Prozesse sind häufig *aufmerksamkeitsheischende Techniken*, weil sie über die (subjektiv empfundene) Nützlichkeit hinaus auf die digitalen Dienste aufmerksam machen.

9.2.1 Notifications und E-Mails als aufmerksamkeitsheischende Techniken

Eine direkte Form, Aufmerksamkeit auf Smartphones zu erregen, ist die Benachrichtigung (engl. *notification*). Diese Mitteilungen an die Nutzer:innen erregen oft sofort deren Aufmerksamkeit, weil sie prominent auf dem Smartphone angezeigt werden, und und manchmal sogar zusätzlich eine blinkende LED darauf hinweist, dass etwas zu erledigen ist. Deswegen unterbrechen Nutzer:innen leicht andere Tätigkeiten, denen sie gerade Aufmerksamkeit schenken wollen. Deshalb versuchen Apps aller Art immer wieder mit Benachrichtigungen an sich zu erinnern, selbst wenn eigentlich nichts Besonderes geschehen ist, über das die Nutzer:in informiert werden müssten. Das kann ein neues Like in einem sozialen Medium sein, oder die Meldung, dass man eine bestimmte Zahl an Schritten absolviert hat, sich in einem Spiel etwas getan hat oder sogar schlicht anlasslose Werbung. Dass dies tatsächlich oftmals aufmerksamkeitsheischend und nicht nur aufmerksamkeitsgenerierend ist, sieht man daran, dass diese Art von Benachrichtigungen mit Signaltönen oftmals andere Tätigkeiten stören und unterbrechen. Deshalb stellen viele Anwender:innen sehr genau ein, welche Apps überhaupt noch solche Benachrichtigungen anzeigen dürfen. Und manche gehen sogar dazu über, sie auf ihrem Telefon vollständig abzuschalten. Statt Aufmerksamkeit zu erregen, können Push-Benachrichtigungen also durchaus auch das Gegenteil bewirken und Abwehrreaktionen nach sich ziehen.

[1] Im Bereich der Kommunikationswissenschaften versteht man den Begriff weiter als alle ökonomischen Handlungen, die sich rund um die rare Ressource „Aufmerksamkeit“ entwickelt haben.

9.2.2 Aufmerksamkeitsbindung innerhalb von Apps und Webseiten

E-Mails und Benachrichtigungen sind Techniken, die Nutzer:innen dazu bringen sollen, eine App oder Webseite zu öffnen. Aber auch innerhalb dieser Apps und Webseiten werden Bedienelemente so entworfen und angeordnet, dass sie Aufmerksamkeit binden und Nutzer:innen bei der Stange halten. Likes und Kommentare führen dazu, dass Menschen immer wieder neugierig nachsehen, ob und wie andere Menschen auf ihre Posts bei Twitter oder Instagram reagiert haben – im Wesentlichen nutzt man damit den *Social-Desirability*-Effekt, den Wunsch des Menschen, anderen zu gefallen (siehe Abschnitt 2.2.4). Hat man die App erst einmal geöffnet und sieht die ersten Postings anderer Nutzer:innen, ist es oft naheliegend, sich diese eine Weile lang anzuschauen – und dann vielleicht noch ein bisschen weiter zu scrollen.

Auch die Video-Plattform YouTube nutzt eine aufmerksamkeitsbindende Technik, indem mittels der Autoplay-Funktion automatisch ein Video nach dem anderen abspielt. Dabei wird ein personalisiertes Empfehlungssystem genutzt, um Videos auszuwählen, die die Nutzer:innen interessieren könnten – diese Technik diskutierten wir bereits in Abschnitt 9.5. Wer nicht möchte, dass immer wieder noch ein weiteres Video automatisch abgespielt wird, muss dieses Verhalten explizit abschalten.

Genau umgekehrt hingegen sind Apps wie Tinder oder TikTok konzipiert. Sie zeigen den jeweils nächsten Inhalt nicht automatisch, sondern verbergen ihn, bis die Person eine Wischgeste (engl. „swipe“) tätigt. Das hält sie ständig neugierig darauf, was sich hinter dem nächsten „Swipe“ verbergen könnte und bringt sie dazu, wiederholt nachzusehen, welches Dating-Profil oder Kurzvideo denn als nächstes angezeigt wird. Dieses Design folgt dem Grundprinzip eines „Glücks“-Spielautomaten, bei dem die Spieler immer nochmal und nochmal Kleinbeträge setzen, stets in der Hoffnung, vielleicht doch noch etwas gewinnen. Enttäuschungen steigern eher noch den aufmerksamkeitsbindenden Effekt, weil mit jeder dieser kleinen Enttäuschungen der Wunsch steigt, doch wenigstens einmal zu gewinnen bzw. etwas Interessantes zu Gesicht zu bekommen.

Eine mildere Variante dieser Methode sind Apps, in denen endlos durch Inhalte gescrollt werden kann; bekannte Beispiele sind Instagram, Facebook oder Twitter. Hier fällt zwar das Verbergen des jeweils nächsten Inhaltes weg, aber der Effekt, immer weiter zu scrollen, um zu sehen, ob nicht doch noch etwas Interessantes kommt, greift auch hier. Oftmals ist das gesamte Design einer App darauf ausgelegt [Eyal, 2012, Eyal, 2014].

Auch Spiele benutzen diese Techniken in unterschiedlichem Ausmaß und sind außerdem oft so gestaltet, dass im Spielverlauf regelmäßig irgendetwas passiert, auf das die Spieler:innen noch kurz reagieren wollen [Montag et al., 2019]. Wenn es etwa in einem Spiel darum geht, eine Burg zu bauen, aber noch ein Turm fehlt, entsteht Spannung durch den sogenannten *Zeigarnik-Effekt*: Zeigarnik konnte 1927 zeigen, dass sich Menschen an noch nicht erledigte Tätigkeiten besonders gut erinnern und sie schnell beenden wollen [Zeigarnik, 1927]. Bekommen die Spieler:innen dann durch Erreichen eines neuen Levels Punkte, die es ihnen gestatten, den Turm endlich zu bauen, wollen sie das sofort machen und nicht erst irgendwann später. So gelingt es, durch geschicktes Timing von Belohnungen und Platzieren von Aktionsmöglichkeiten, Spieler:innen möglichst lange im Spiel zu halten.

Viele Spiele und Quantified-Self-Apps enthalten auch kleine virtuelle Belohnungen, die den Spieler:innen Ziele setzen, die sie durch Nutzung der App erreichen können [Montag et al., 2019]. Oftmals fungieren Punktetabellen, die die (z. B. in der letzten Woche) erfolgreichsten Nutzerinnen und Nutzer aufführen (engl. „leaderboard“, mit denen sich die Spieler:innen dann vergleichen bzw. messen können, als ein zusätzlicher Ansporn. Wenn solche ursprünglich aus Spielen stammenden Elemente auch in Apps und Programmen Verwendung finden, die einem anderen Zweck als Unterhaltung dienen, spricht man von Gamification. Belohnungen, Rankings und Zielsetzungen helfen auch in der Fitness-App, die täglichen 10.000 Schritte einzuhalten, oder in der Sprachen-App, regelmäßig Vokabeln zu trainieren.

9.2.3 Manipulation von kuratierenden und sortierenden Empfehlungssystemen

Eine weitere Technik zur übermäßigen Erzeugung von Aufmerksamkeit besteht in der Manipulation von Rankingalgorithmen. Wie in Kapitel 7 beschrieben, gibt es dafür zahlreiche Möglichkeiten. Die Suchmaschinenoptimierung (engl. „search engine optimization“ oder kurz „SEO“) beschäftigt eine ganze Branche damit, Webseiten möglichst hoch in den Suchergebnislisten der Suchmaschinen unterzubringen. Solange diese Maßnahmen dazu dienen, einer Webseite die ihr gebührende Aufmerksamkeit zu gewähren, wird die SEO als *white hat SEO* bezeichnet und wir zählen sie damit zu den aufmerksamkeitsgenerierenden Maßnahmen. Wird sie allerdings dazu verwendet, um beispielsweise übermäßig viel Aufmerksamkeit auf eine Webseite zu lenken, die keine zu einer Suchanfrage passenden Inhalte liefert, spricht man von *black hat SEO* – und wir zählen diese Art der Optimierung dann zu den aufmerksamkeitsheischenden Maßnahmen.

Algorithmen zu manipulieren, um Aufmerksamkeit zu erzielen, ist überall dort naheliegend, wo Aufmerksamkeit algorithmisch gelenkt wird. Auf den Social-Media-Plattformen von Twitter bis Facebook kann ein Post mehr Reichweite bekommen, wenn er viele Likes erhält, der betreffende Account viele Follower hat oder es unter dem Post viele Kommentare gibt. Wer hierbei abkürzen möchte, kann sich bei einschlägigen Dienstleistern Follower kaufen, die dem eigenen Account dann folgen. Das sind zwar keine echten Leser:innen, erwecken aber bei anderen den Eindruck, man sei wichtig und interessant. Oder man legt sich gleich eine ganze Reihe von Fake-Accounts an, deren einzige Aufgabe darin besteht, Posts zu liken, zu retweeten oder darauf zu antworten mit dem Zweck, einem Empfehlungssystem Relevanz vorzugaukeln, damit der betreffende Post häufiger angezeigt wird. Natürlich verfeinern die Plattformbetreiber ihre Empfehlungssysteme ständig, um solche Manipulationsversuche zu erkennen, aber mit jeder Anpassung dürften sich auch wieder Nutzer:innen finden, die eine neue Schwäche im System entdecken und ausnutzen.

Ebenfalls der Manipulation solcher Algorithmen dient die Verwendung von *Clickbait*: Dabei wird ein Artikel mit einer möglichst reißerischen Überschrift und einem provokanten Bild versehen, sodass bei vielen Menschen ein Impuls entsteht, auf den dazugehörigen Link zu klicken. Meistens bereuen sie diesen Impuls schnell, wenn der Artikel nicht halten kann, was die Überschrift verspricht (vgl. Abschnitt 5.1). Die Social-Media-Plattform registriert allerdings den Klick, und wenn sie viele solche Interaktionen registriert, könnte sie den betreffenden Inhalt bei der Verbreitung höher ranken. Und ganz nebenbei könnte beim Anzeigen der Seite auch noch Werbung eingeblendet werden. Auch wenn Überschriften der Sorte *„Dies sind die 10 reißerischsten Überschriften in Onlineportalen. Bei der achten musste ich weinen.“* mittlerweile aus der Mode gekommen sind, grassiert Clickbait in immer neuen Varianten. Da Leser:innen erstaunlich häufig Texte weiterverbreiten, von denen sie nur die Überschrift gelesen haben, kann Clickbait sogar viral gehen (siehe Abschnitt 2.2.2). Irgendwo in der Grauzone zwischen Clickbait und legitimer Optimierung arbeiten Online-Magazine, die jeden Artikel mit wechselnden Überschriften veröffentlichen, für kurze Zeit im Rahmen eines A/B-Tests messen, welche die meisten Clicks bekommt, und diejenige dann dauerhaft über einem Text belassen [Hagar and Diakopoulos, 2019].

9.3 Monetarisierungsmöglichkeiten von Aufmerksamkeit

Wir unterscheiden im Folgenden zwei Formen der Monetarisierung von Aufmerksamkeit: Die direkte und die indirekte Monetarisierung.

9.3.1 Direkte Monetarisierung von Aufmerksamkeit

Wurde die Aufmerksamkeit einer Person erst einmal erlangt, ist es sehr naheliegend zu versuchen, dieser unmittelbar eine Ware oder Dienstleistung zu verkaufen. Diese Herangehensweise ist typisch für Online-Shops und Versteigerungsplattformen, hat aber auch im Bereich der Smartphone-Spiele eine große Verbreitung gefunden. Viele Spiele werden systematisch dermaßen spannend und zugleich frustrierend gestaltet, dass die Spieler:innen dazu gebracht werden, unmittelbar während des Spieles Geld für „items" auszugeben – Gegenstände, die im Spielverlauf weiterhelfen und deren Nichtbesitz die Spieler:in um Stunden vom Erreichen des nächsten Zieles abhalten kann. Einnahmen aus solchen In-App-Käufen erlauben es den Entwicklungsteams, ihre Apps gratis („free to play") anzubieten. Das verschafft ihnen einen Vorteil gegenüber denen, die ihre Spiele verkaufen, da es eine höhere Hemmschwelle darstellt, eine kostenpflichtige App im App-Store zu kaufen und herunter zu laden.

Der Übergang zwischen Spielen, die lediglich mehr oder weniger interessante Items verkaufen und solchen, die ohne Geldausgaben nicht spielbar sind, ist fließend. So wird durch die Betreiber:innen von Spielen wie „League of Legends" oder „Fortnite" zwar Geld mit dem Verkauf allerlei virtueller Gegenstände verdient, allerdings sind diese nicht notwendig, um im Spiel voranzukommen, sondern dienen als Statussymbole der Spieler:innen untereinander. Dies ist ein Beispiel dafür, wie die Spiele den Social-Desirability-Effekt nutzen.

9.3.2 Indirekte Monetarisierung: Aufmerksamkeit als Ware

Insgesamt ist die direkte Monetarisierung durch konkrete Verkäufe vergleichsweise selten. Wesentlich häufiger sind indirekte Modelle anzutreffen, bei denen die Betreiber:innen von Apps und Webseiten die Aufmerksamkeit ihres Publikums an Werbetreibende verkaufen. Das Konzept war zwar in Form von Zeitungsanzeigen und Fernsehwerbung schon lange bekannt, bevor Internet und Smartphones aufkamen, hat jedoch durch letztere einige Veränderungen und Zuspitzungen erfahren.

Das Prinzip der Werbeunterbrechung wurde vom Fernsehen auf Apps und Spiele übertragen, wobei reger Gebrauch vom Arsenal aufmerksamkeitsheischender Techniken gemacht wird, um die Nutzer:innen im Spiel zu halten, damit sie so viel Werbung wie möglich konsumieren. In regelmäßigen Abständen oder um Punkte zu erlangen, müssen die Nutzer:innen sich ein Werbevideo ansehen, das sie erst nach einer bestimmten Zahl von Sekunden unterbrechen können. Je nachdem, wo solche Unterbrechungen in der Dramaturgie des Spieles stattfinden, kann die Bereitschaft der Nutzer:innen, sich die Werbung anzuschauen, sehr hoch sein, aber auch in Frustration umschlagen.

Damit sind nun alle technischen Grundlagen für das allgemeine Wirkungsgefüge zur Analyse von möglichen Technikfolgen im Bereich der Aufmerksamkeitsökonomie gelegt, das im folgenden Abschnitt besprochen wird.

9.4 Generisches Wirkungsgefüge zur Analyse typischer Technikfolgen in der Aufmerksamkeitsökonomie

Nach der Erklärung der grundlegenden aufmerksamkeitsheischenden und -bindenden Techniken (Phase 1), erzeugen wir ein generisches Wirkungsgefüge für die basalen Wirkungsbeziehungen beim Einsatz dieser Techniken. In Phase 2 der dafür notwendigen technikinduzierten sozioinformatischen Analyse werden die wesentlichen sozialen Akteure und ihre jeweiligen Hauptmotivationen identifiziert. Zu den sozialen Akteuren gehören wieder „Konsumenten & Konsumentinnen" und „Plattformbetreiber:innen". Da es sowohl um digitale Dienste als auch um digitale Inhalte gehen kann, beschreibt der Begriff „Produzenten und Produzentinnen" sowohl Softwareentwickler:innen, Webseitendesigner:innen als auch Autoren und Autorinnen für andere digitale Inhalte und ähnliche Personengruppen. Da man Dienste und Software jedoch nicht konsumiert, sondern nutzt, gibt es daneben noch die Gruppe der „Nutzer:innen", die in manchen Fällen mit der Gruppe der „Konsumenten und Konsumentinnen" zusammenfällt.

Wir identifizieren die folgenden Motivationen der Gruppe: Plattformbetreiber:innen wollen möglichst hohe Gewinne, um ihre Dienste zu finanzieren und möglicherweise Ausschüttungen an Investoren vornehmen zu können. Die Nutzer:innen von Services (z. B. auf Plattformen) oder anderen Arten von Software (z. B. Spiele-Apps) wollen vor allen Dingen eine hohe „Nützlichkeit der Dienste". Die Produzentinnen und Produzenten hoffe neben einer hohen Konsumptionsrate der von ihnen geschaffenen Inhalte, auf eine hohe Ausschüttung der Gewinne, die durch die Nutzer:innen generiert werden.

Aus diesen Motivationen lassen sich nun in der nächsten Phase (3) der technikinduzierten sozioinformatischen Analyse erste Systemvariabeln für die Modellierung eines generischen Wirkungsgefüge beim Einsatz von aufmerksamkeitsheischenden Techniken ableiten. Dieses befindet sich im eingerahmten, unteren Teil der Abbildung 9.1. Die von den Nutzer:innen gewünschte „Nützlichkeit der Software oder des Services" hat natürlich eine positive Auswirkung auf die „Bildschirmzeit“ (Kante VIII). Unabhängig davon, welche aufmerksamkeitsheischende oder aufmerksamkeitsbindende Technik genau untersucht wird, soll deren Nutzung (Variable 1) laut Definition zur Erhöhung der „Bildschirmzeit“ führen (Kante I). Ebenfalls aufgrund ihrer Definition haben diese Techniken dabei jedoch zusätzlich einen negativen Einfluss auf die Funktionalität oder das Benutzererlebnis des Nutzers, weil beide Arten von Techniken die Aufmerksamkeit **über die Nützlichkeit der Software/des Dienstes hinaus** in Anspruch nehmen und damit der Nützlichkeit abträglich sind (Kante II). Da die Plattformbetreiber die Bildschirmzeit nutzen um bspw. durch gezeigte Werbung Einnahmen zu generieren, steigen mit der „Bildschirmzeit“ auch die „Umsätze durch Monetarisierung“ (Kante III), auf welche natürlich auch die absolute „Anzahl Konsumentinnen und Konsumenten“ einen direkten Einfluss hat (Kante V). Diese Umsätze können nun als „Finanzielle Grundlage für die Weiterentwicklung der Software oder des Services“ (Kante VI) und damit zur Steigerung der eigentlichen „Nützlichkeit der Software oder des Services“ (Kante VII) genutzt werden und/oder als Gewinne ausgeschüttet werden (Kante IV).

Wir haben oberhalb des generischen Wirkungsgefüges beim Einsatz aufmerksamkeitsheischender und -bindender Techniken in Abbildung 9.1 das Wirkungsgefüge aus Abbildung 7.7 angedockt, weil alle genannten Techniken dazu beitragen, dass die Gewinne der Produzenten und Produzentinnen steigen. Die generische Analyse des Wirkungsgefüges in Phase 4 zeigt, dass es zu Manipulationen von Rankings und dem Einsatz von aufmerksamkeitsheischenden und -bindenden Techniken kommen wird, wann immer die Gewinne kurzfristig oder gar langfristig dadurch effizienter gesteigert werden können als durch eine Verbesserung der Nützlichkeit der Software oder des Dienstes. Für die spezifische Anwendung muss bei der Suche nach Gegenmaßnahmen (Phase 5) also immer geprüft werden, wie man als Gesellschaft die Manipulationen oder den Einsatz dieser Techniken so aufwändig macht, dass dieser sich nicht mehr lohnt.

Im Folgenden nutzen wir dieses generische Wirkungsgefüge als Grundlage, um es an ein Phänomen anzupassen, den sogenanten *Rabbit-Hole-Effekt* bei YouTube.

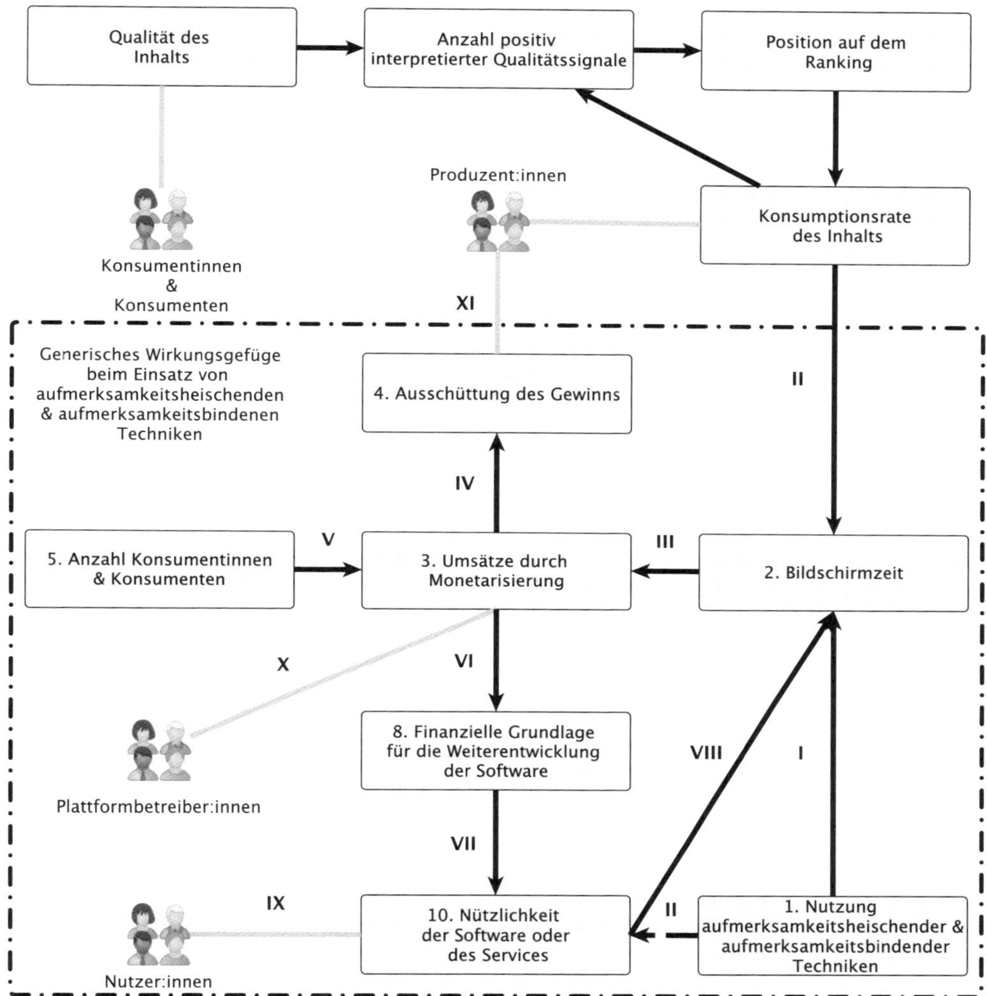

Abbildung 9.1 Generisches Wirkungsgefüge beim Einsatz von aufmerksamkeitsheischenden & aufmerksamkeitsbindenden Techniken (unterer Kasten), ergänzt um das Ranking-Wirkungsgefüge aus Abbildung 7.7

9.5 Der Rabbit-Hole-Effekt bei YouTube

Im Internet gibt es eine ganze Reihe von Orten, an denen Menschen sich radikalisieren können. In einschlägigen Facebook- oder Telegram-Gruppen tauschen Anhänger:innen verschiedener Verschwörungsmythen neben Neuigkeiten auch Propaganda, Meme-Bilder und Fake-News aus. Viele Hass-Memes stammen dabei aus dem Bilder-Board „4chan“, das einerseits zahllose weltberühmte Memes wie zum Beispiel die LOLcats oder das Rickrolling hervorgebracht hat, aber auch jede Menge Hasspropaganda und den rechtsradikalen

Verschwörungskult „QAnon". Allerdings wirken diese Ecken des Internets zu radikal und abstoßend auf Menschen, die nicht sowieso schon bestimmten Verschwörungsmythen anhängen. Fragt man Menschen, die beispielsweise daran glauben, dass die Erde eine Scheibe ist, wie sie zu dieser Überzeugung gekommen sind, nennen diese häufig YouTube als Quelle [Paolillo, 2018]. Oftmals weckt ein am Rande der Youtube-Seite empfohlenes Video das Interesse und sät erste Zweifel, ob die Erde wirklich eine Kugel ist. Wer so ein Video angeschaut hat, bekommt von YouTube in Folge ähnliche vorgeschlagen, entweder als Empfehlung am Rand oder in der schon genannten Autoplay-Funktion. Die Videos werden dabei immer radikaler [Tufekci, 2018]: Wie Alice aus der Geschichte „Alice im Wunderland" in den Kaninchenbau hinabsteigt, bis sie schließlich in einer völlig anderen Welt landet, geraten manche Zuschauer:innen durch immer radikalere Empfehlungen und Autoplay-Videos immer tiefer in die Gedankenwelt von Verschwörungsmythen oder politischen Extremismus hinein, weshalb diese Theorie als „Rabbit-Hole-Effekt" bezeichnet wird. Geprägt wurde der Begriff von der Techniksoziologin Zeynep Tufekci, die diesen Effekt wahrnahm, als sie 2016 für Recherchen Videos mit Donald Trump ansah. Das führte nach ihren Angaben dazu, dass YouTube ihr rassistische, antisemitische und andere „verstörende" Inhalte vorschlug oder sogar automatisch abspielte [Tufekci, 2018]. Selbst als sie die Gegenprobe machte und mit einem anderen YouTube-Account Videos über die demokratischen Kandidaten Hillary Clinton und Bernie Sanders anschaute, landete sie über kurz oder lang wieder bei politisch extremen und verschwörungsideologischen Inhalten, die mit der Zeit immer radikaler wurden.

Eine Milliarde Stunden

Nach Aussagen des ehemaligen YouTube-Mitarbeiters Guillaume Chaslot ist das automatische Abspielen thematisch ähnlicher Videos von YouTube Absicht und dient dazu, die Zuschauer:innen möglichst lange auf der Plattform zu halten [Lewis, 2018a]. Vermutlich werden dafür nicht absichtlich Verschwörungsvideos und rechtsradikale Inhalte gewählt, sondern einfach solche, die bei den Zuschauer:innen starke Reaktionen hervorrufen: Schließlich sind Verschwörungsmythen meist spannend, mysteriös und reizen zur Empörung, wenn sie geglaubt werden. Solche Emotionen führen wiederum nach den schon erwähnten Studien von Jonah Berger dazu, dass Personen mehr mit dem Inhalt interagieren [Berger, 2013] und könnten dadurch einen selbstverstärkenden Effekt erzeugen. Damit könnte der von Tufekci beobachtete Rabbit-Hole-Effekt erklärt werden.

Neben der Beobachtung von Tufekci basierend auf politischen Videos wurde von James Bridle eine ähnliche Beobachtung der Qualitätsdegeneration von Videos basierend auf YouTubes Empfehlungsalgorithmus gemacht: Ausgehend von Videos, die einfache Kinderlieder oder das Auspacken von Überraschungseiern zeigen, folgte er den Empfehlungsalgorithmen und stieß auf tausende von Variationen der immer gleichen Inhalte, die offensichtlich automatisch oder zumindest halbautomatisch erstellt wurden, um Kindern in Dauerschleife angezeigt zu werden. Darunter finden sich auch illegal benutzte Figuren aus Filmen und Serien, die in einigen der Varianten bisweilen auch surreal und verstörend in Szene gesetzt wurden [Bridle, 2017].

YouTube dementiert bisher diesen Rabbit-Hole-Effekt und die Studienlage ist noch uneindeutig. Chaslots Aussagen passen aber gut zu den Schilderungen der YouTube-Manager:innen Susan Wojcicki und Christos Goodrow, die gemeinsam mit John Doerr eine quantitative Zielmetrik für YouTube entwickelten, nach der die Software ausgerichtet werden sollte [Doerr, 2018]. Dabei waren sie der Ansicht, dass es nicht auf die Anzahl der Klicks oder die Anzahl der angeschauten Videos ankomme, sondern auf die Zeit, die die Zuschauer:innen Videos betrachten:

> *Ein Nutzer geht auf YouTube und gibt die folgende Suche ein: „Wie binde ich eine Fliege?" Und wir haben zwei Videos zu diesem Thema. Das erste ist eine Minute lang und bringt einem sehr schnell und präzise bei, wie man eine Fliege bindet. Das zweite ist zehn Minuten lang, voll mit Witzen und wirklich unterhaltsam. Ich würde also meine Kollegen fragen: Welches Video sollte als erstes bei unseren Suchergebnissen erscheinen? Für die Suchmaschinen-Kollegen war die Antwort einfach: „Das erste natürlich. Wenn Leute auf YouTube kommen, um eine Fliege zu binden, wollen wir ihnen sicherlich dabei helfen." Und ich würde sagen: „Ich möchte ihnen das zweite Video zeigen." […] Unsere Aufgabe ist es, die Leute zu involvieren und sie dazu zu bringen, ihre Zeit bei uns zu verbringen. Per Definition waren Zuschauer des Videos **glücklicher**, wenn sie sieben (oder sogar nur zwei) Minuten dieses zehnminütigen Videos anschauen, als das **gesamte** einminütige.* [Doerr, 2018, S. 151–152]

Der Empfehlungsalgorithmus wurde also dahingehend angepasst, dass die Zuschauer:innen möglichst viel Zeit auf der Plattform verbringen. Als Ziel wurden eine Milliarde Zuschauerstunden täglich ausgegeben, was YouTube 2016 erreichte [Doerr, 2018, S. 152–157]. Wir vermuten, dass diese Zielvorgabe dazu beigetragen hat, dass der Rabbit-Hole-Effekt entstand. Kann eine phänomeninduzierte sozioinformatische Analyse diese Vermutung plausibilisieren?

Im Folgenden passen wir das generische Wirkungsgefüge aus Abbildung 7.7 für den selbstverstärkenden Effekt von Inhalten bei Rankings auf die genannte Situation an, um die Frage zu beantworten, ob es plausibel ist, dass aus dem Eine-Milliarden-Stunden-Ziel zusammen mit der Autoplay-Funktion ein Rabbit-Hole-Effekt entstehen kann. Dazu führen wir eine phänomeninduzierte sozioinformatische Analyse durch. Wenn das generische Wirkungsgefüge hier plausibel ist, so wie oben beschrieben, könnte es sich bei der Festlegung dieser Kennzahl um eine typische Quantitative Fallacy handeln, die darin besteht, dass die Entscheidung für falsche Zielzahlen zu Fehleinschätzungen führen (vgl. Abschnitt 2.2.3).

Dafür müssen wir in Phase 1 die neu hinzugekommene technische Grundlage des oben beschriebenen Autoplay-Mechanismus berücksichtigen und die schon genannte Theorie von Jonah Berger bezüglich des Emotionsgehaltes von Videos modellieren. Phase 2 der Analyse identifiziert als Hauptakteure die Konsumenten und Konsument:innen auf der einen Seite und die Produzenten und Produzentinnen auf der anderen Seite. Letztere wollen eine möglichst hohe Konsumptionsrate ihrer Inhalte, erstere wünschen sich immer noch möglichst hochqualitative Videos.

In Phase 3 wird das Wirkungsgefüge in Abbildung 9.1 angepasst, um eine mögliche Begründung für den Rabbit-Hole-Effekt zu liefern, der auf zwei aufmerksamkeitsheischenden Techniken beruht. Das angepasste Wirkungsgefüge ist in Abbildung 9.2 zu sehen. Wir benötigen zwei neue Systemvariablen: die eine um den Effekt der erzeugten Gefühle abzubilden, die zweite für die Autoplay-Funktion. Die erste hinzugefügte Systemvariable („Anteil der durch ein Video erzeugten Gefühle, die eine hohe Erregung auslösen") dient der Modellierung von Jonah Bergers Theorie, die besagt, dass positive und negative Gefühle, die eine hohe Erregung auslösen, am ehesten dazu führen, dass mit Inhalten interagiert wird

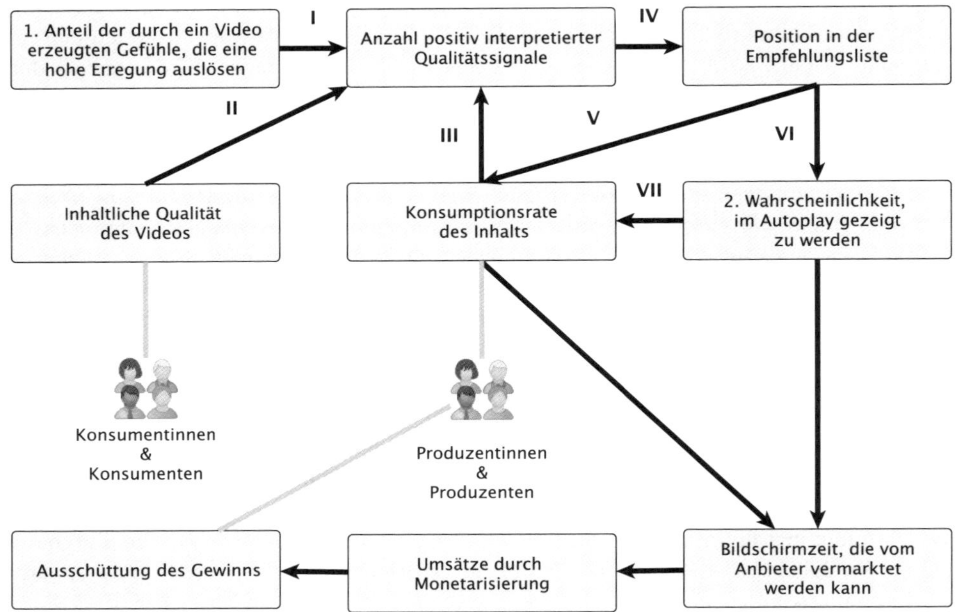

Abbildung 9.2 Wirkungsgefüge zur möglichen Erklärung des *Rabbit-Hole-Effektes* auf YouTube

(siehe auch Abschnitt 2.2.2) [Berger, 2013]. Dazu gehören die positiven Gefühle Ehrfurcht, Begeisterung und Spaß genauso wie die negativen Gefühle von Angst und Wut; insbesondere die letzten zwei werden von Verschwörungsmythen oft bedient. Eine zweite Systemvariable wurde hinzugefügt, die die „Wahrscheinlichkeit, im Autoplay gezeigt zu werden" beschreibt. Diese Wahrscheinlichkeit wird erhöht, wenn ein Video weit oben in der Empfehlungsliste landet und die Wiedergabe durch Autoplay erhöht ihrerseits die Konsumptionsrate des Inhalts, also das Anschauen des Videos. Alle nicht direkt zur Erklärung des Effektes notwendigen Variablen aus dem generischen Wirkungsgefüge in Abbildung 9.1 sind hier ausgeblendet, zudem wurden nur die Variablen und Kanten nummeriert, die für die Erklärung notwendig sind.

In Phase 4 sieht man nun schnell, dass das Wirkungsgefüge gleich zwei selbstverstärkende Zyklen enthält, die nicht durch dämpfende Mechanismen unterbrochen werden: Einmal den schon bekannten Zyklus aus den Kanten III bis V, der schon in Abschnitt 7.5 beschrieben wurde. Er kann wie folgend zusammengefasst werden: Wenn einige Videos genau die Emotionen hervorrufen, die dazu führen, dass mehr Relevanzsignale entstehen, und wenn mehr Relevanzsignale durch ihre Auswertung durch den Rankingalgorithmus dazu führen, dass die Position dieser Inhalte in den Empfehlungen steigt, sehen dadurch auch mehr Menschen genau diese Inhalte. Zweitens, den dazugekommenen Zyklus III-IV-VI-VII, der den Autoplay-Mechanismus beinhaltet. Dieser Zyklus führt dazu, dass diejenigen Videos, die hoch gerankt werden, sei es aufgrund der von ihnen erzeugten Gefühle oder ihres Inhaltes wegen, direkt konsumiert werden und damit weitere Qualitätssignale erzeugen können.

Das Beispiel zeigt erneut, dass ein generisches Wirkungsgefüge eine gute Basis für nachfolgende Analysen bieten kann. Die Beobachtungen von Tufekci und Bridle können damit plausibilisiert werden und es zeigt sich, welche Kausalbeziehungen näher untersucht werden müssten. Für den Rabbit-Hole-Effekt wäre das beispielsweise eine Überprüfung der Thesen von Berger, ob auch im Videobereich manche Emotionen stärker dazu führen, dass Personen stärker mit dem Inhalt agieren (Kante II). Zudem müssten alle Kanten in den beiden selbstverstärkenden Zyklen auf ihre Existenz und Intensität hin untersucht werden. Eine zweite Frage besteht darin, ob mit dem angepassten Wirkungsgefüge die Beobachtung von James Bridle schon ausreichend plausibilisiert ist. Sicherlich erzeugen die Videos, die er in seiner Studie beobachtete, immer stärkere Gefühle. Es ist aber unklar, wie es diese Inhalte überhaupt erst in die Top-Positionen schaffen, da sie teilweise sehr absurd sind. Hier besteht daher weiterer Forschungsbedarf.

Insgesamt konnte aber in diesem Abschnitt ein Mechanismus aufgezeigt werden, wie die Kombination einer aufmerksamkeitsgenerierenden Technik (dem Videoempfehlungsalgorithmus) zusammen mit den aufmerksamkeitsheischend Techniken der YouTuber:innen (übermäßige Erzeugung von hohen Erregungszuständen durch Gefühle) und der aufmerksamkeitsbindenden Autoplay-Technik der Plattform dazu führt, dass Menschen weitaus länger vor dem Bildschirm sitzen, als eigentlich geplant, weil sie in das „Rabbit Hole" hineingezogen wurden.

Diese zeitliche Bindung ist auch das mittelbare Ziel der vielen Spiele-App-Designer:innen, die ihre Spiele selbst kostenlos anbieten, aber über eingeblendete Werbung finanzieren und damit die Nutzungszeit ihrer Spieler:innen soweit wie möglich ausdehnen wollen. Daher besprechen wir als letztes Beispiel in diesem Kapitel verschiedene aufmerksamkeitsheischende Techniken in Spiele-Apps, insbesondere in der App „Coin Master".

9.6 Aufmerksamkeitsheischende und -bindende Techniken in Spiele-Apps

Nicht nur Systeme wie Autoplay, Empfehlungsalgorithmen auf YouTube und deren manchmal exzessive Nutzung werfen die Frage auf, inwiefern Suchterkrankungen eine Technikfolge sein können. Maßzahlen wie Nutzungszeiten taugen nicht, wenn diese Zeiten für Messaging, Telefonieren, Routenplaner und die vielen anderen Dinge verwendet werden, die früher mit anderen Gegenständen als einem Computer oder Smartphone erledigt wurden. Die Grenzen zwischen möglicher Sucht und ganz normalem Nutzungs-, Spiel- und Sozialverhalten sind fließend und daher schwer festzulegen. Unter Sucht wird gemeinhin ein unwiderstehliches Verlangen nach einem bestimmten Zustand verstanden. Indizien, ob eine Sucht vorliegt, sind zum Beispiel, ob eine Person ihr Sozialleben oder andere grundlegende Bedürfnisse vernachlässigt oder sich selbst gefährdet, um einer Tätigkeit nachgehen oder eine Substanz konsumieren zu können (siehe auch die Maslowsche Bedürfnispyramide in Abschnitt 2.2.2). International anerkannt ist bisher die Computerspielsucht. Inwiefern auch andere Nutzungsformen von Computern oder Smartphones in eine Sucht ausarten können, ist umstritten. Allerdings dürfte es für das Vorliegen einer Glücksspielsucht unbeachtlich sein, ob das Spiel nun in einem Casino, am Automaten über über eine App stattfindet.

Definition 20: Gaming Disorder nach ICD-11

In regelmäßigen Abständen legen Experten und Expertinnen der Weltgesundheitsorganisation fest, was nach aktuellem Stand der Wissenschaft als Erkrankung gelten kann und somit behandlungswürdig ist. Diese *„International Statistical Classification of Diseases and Related Health Problems"*, kurz ICD, liegt derzeit in Version 11 vor, die ab dem Jahr 2022 Anwendung finden soll. Hiernach liegt ein Fall von Computerspielsucht vor, wenn Patienten und Patientinnen über einen längeren Zeitraum oder wiederholt die Kontrolle darüber verlieren, ob, wann, wie oft und wie lange sie am Computer spielen, dabei dem Spiel Priorität über andere Interessen und Alltagsaktivitäten einräumen und außerdem dieses Verhalten trotz negativer Konsequenzen nicht ablegen können [Welt-Gesundheitsorganisation der Vereinten Nationen, 2019].

■

Im Oktober 2019 kritisierte der Entertainer Jan Böhmermann in einem Fernsehbeitrag das Smartphone-Spiel „Coin Master" [Böhmermann, 2019]. Sein Vorwurf lautete, dass der Hersteller Moon Active versuche, Glücksspiele an Kinder und Jugendliche zu vermarkten. In dem Handyspiel, das gratis zum Download angeboten wird, können über In-App-Käufe Spielmünzen („Coins") im Tausch gegen echtes Geld erworben werden, die im weiteren Spielverlauf benötigt werden. Während es vordergründig um die Gestaltung eines Dorfes, dessen Verteidigung und das Angreifen anderer Dörfer geht, spielt ein Glücksspielautomat eine zentrale Rolle im Spiel. Böhmermann rief dazu auf, das Spiel bei der Bundesprüfstelle für jugendgefährdende Schriften zu melden, was staatlichen Stellen vorbehalten ist. Die Ausstrahlung des Fernsehbeitrages löste einen Skandal aus, bei dem auch einige für das Spiel werbende Prominente in die Kritik gerieten. Die daraufhin durchgeführte Prüfung führte jedoch nicht zur Indizierung des Spieles als jugendgefährdend im Sinne des Jugendschutzgesetzes [Bundesprüfstelle für jugendgefährdende Medien, 2020].

9.6.1 Aufmerksamkeitsbindende Spielmechanik

Um zu untersuchen, ob die im Spiel verwendeten Techniken die Spieler:innen übermäßig lange an das Spiel binden, führen wir eine phänomeninduzierte sozioinformatische Analyse durch und legen dafür in Phase 1 zuerst die technischen Grundlagen: Direkt nach dem Start erinnert das Spiel an klassische Wirtschaftssimulationen oder Strategiespiele: Die Spieler:innen finden ein leeres Wikinger-Dorf vor, in welchem sie Gebäude errichten, Landwirtschaft betreiben, Boote bauen und dergleichen mehr. Für jedes errichtete oder erweiterte Gebäude gibt es einen Stern zur Belohnung, wobei 20 Sterne dazu berechtigen, ins nächste Dorf zu wechseln.

Die zu Beginn vorhandenen Münzen reichen allerdings nur für ein erstes Gebäude. Um mehr Münzen zu besorgen, sollen die Spieler:innen nach unten wischen. Daraufhin wird ein comic-haft gestalteter, aber eindeutig zu erkennender Glücksspielautomat gezeigt, wie er aus Kneipen, Spielhallen oder Kasinos bekannt ist. Drei Walzen drehen sich und zeigen, wenn sie stoppen, drei Symbole an, die in verschiedenen Kombinationen Gewinne oder

Nieten bedeuten. An diesem Automaten sollen die Spieler:innen spielen, bis sie genügend Münzen gewonnen haben, um ein weiteres Gebäude in ihrem Dorf bauen zu können.

Bei den Gewinnen, die an diesem Automaten erspielt werden können, handelt es sich nicht nur um Münzen, sondern auch um die Möglichkeit, andere Dörfer anzugreifen, den Schutz vor solchen Angriffen, die Möglichkeit, im Dorf des „Coin Masters" (den Titel tragen wechselnde Mitspieler:innen) Münzen zu stehlen, sowie weitere Male am Spielautomaten drehen zu dürfen. Die Zahl der Versuche am Automaten ist auf fünf pro Stunde begrenzt. Sind diese aufgebraucht, wird das Spielgeschehen abrupt unterbrochen und es erscheint umgehend eine Meldung, die anbietet, weitere Versuche, am Automaten zu drehen, für echtes Geld als In-App-Kauf zu erstehen oder eine gute Stunde warten zu müssen. Lehnen die Spieler:innen das Angebot zum In-App-Kauf ab, wird ihnen angeboten, Freunde einzuladen, wofür es Prämien in Form weiterer Drehversuche am Automaten gibt.

Zweig et al. verweisen darauf, dass solche erzwungene Spielunterbrechungen vermutlich einen psychischen Druck erzeugen, der als *Zeigarnik-Effekt* bezeichnet wird [Zweig et al., 2019]: Die Spieler:innen wollen dringend den jeweiligen Prozess beenden und kommen dann entweder pünktlich wieder ins Spiel zurück, wenn weitere (kostenlose) Drehversuche zur Verfügung stehen oder sind sogar bereit, dafür zu bezahlen. Bei ersterem erzeugen die wenigen Drehversuche pro Stunde also einen *aufmerksamkeitsheischenden Effekt*, weil die Spieler:innen zu einem Zeitpunkt spielen, der vornehmlich vom Spiel vorgegeben wird und nicht von ihrem eigenen Wollen. Die verschiedenen Aufgaben selbst stellen eine aufmerksamkeitsbindende Technik dar, weil Spieler:innen aufgrund des Zeigarnik-Effekts jeweils eine Aufgabe beenden wollen, bevor sie das Spiel beenden.

Damit das Spielgeschehen beim Vorarbeiten von Dorf nicht zu Dorf zu eintönig wird, gibt das Spiel immer neue zu erreichende Ziele vor. Unter anderem gibt es etliche Kartensets, die ähnlich Sammelbildchen gesammelt werden können, bis die einzelnen Sets vollständig sind. Außerdem bekommen die Spieler:innen niedliche Haustiere, die sie mit Leckereien füttern müssen, so dass die Zahl der pro Spielrunde durchzuführenden Aufgaben steigt, diese aber zugleich routiniert abgearbeitet werden können, ohne dass wirklich ein strategisches Nachdenken oder eine besondere Geschicklichkeit nötig wäre. In einem Laden innerhalb des Spiels können gegen echtes Geld neben Drehversuchen auch Münzen und Truhen erstanden werden. Bei den Truhen handelt es sich um die aus vielen anderen Spielen bekannten *Lootboxes*, die nach dem Prinzip der Wundertüte eine Reihe von Gegenständen enthalten, die die Spieler:innen vorher aber nicht kennen.

Zentrales Element des Spiels bleibt trotz aller zu erreichender Aufgaben der Glücksspielautomat. An ihn müssen die Spieler:innen immer wieder zurückkehren, um weiterspielen zu können. Je tiefer die Spieler:innen gerade im routinehaften Spielgeschehen versunken sind, desto unangenehmer ist die plötzliche Unterbrechung, wenn alle Versuche aufgebraucht sind, und desto stärker ist der Impuls, in diesem Moment doch Geld für weitere Versuche auszugeben, zumal sie an dieser Stelle etwas preiswerter angeboten werden als im Laden des Spiels.

Der Spielautomat folgt einem Algorithmus, nach dem es sehr häufig zu kleineren und größeren Gewinnen kommt, was zu einer positiven Konditionierung der Spieler:innen führt. Bevor die ersten Drehversuche aufgebraucht sind, gewinnen die Spieler:innen alle für die ersten Runden des Spiels wesentlichen Preise mindestens einmal. Der genaue Algorithmus ist nicht bekannt, scheint aber im weiteren Spielverlauf häufiger zu Ergebnissen zu führen, die die Spieler:innen zu In-App-Käufen anregen, da bestimmte Gewinne seltener werden.

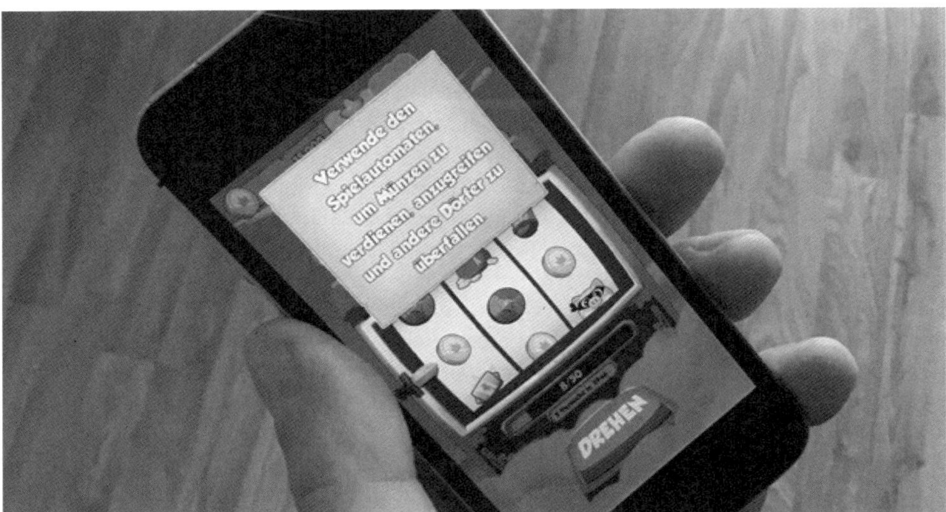

Abbildung 9.3 Der Spielautomat in der App „Coin Master"

9.6.2 Modellierung als Wirkungsgefüge

Den wenigsten Spielern und Spielerinnen ist wohl klar, dass in Spiele-Apps ganz gezielt psychologische Effekte ausgenutzt werden, um sie möglichst oft und möglichst lange zum Spielen zu bringen. Die meisten Autoren beschreiben nur einzelne Mechanismen der Aufmerksamkeitsbindung [Alter, 2018, Wu, 2016]. Erst mit einem Wirkungsgefüge kann das mögliche Zusammenwirken von verschiedenen Mechanismen analysiert werden und dabei neue Fragestellungen identifiziert werden, die beantwortet werden müssen, um beispielsweise eine Suchtgefahr als Technikfolge zu bewerten. Nicht zuletzt kann es als Basis dienen, um mögliche Gegenmaßnahmen zu identifizieren.

Wir passen dazu das generische Wirkungsgefüge aus Abbildung 9.1 in einer technikinduzierten sozioinformatischen Analyse an. Die modellierte Technik, die in Phase 1 der sozioinformatischen Analyse beschrieben wird, beschränken wir hier hier auf das Beispiel der immer langwieriger werdenden Aufgaben, die in der Coin-Master-App gestellt werden und die erst durch immer mehr „Coins" und andere Items aus dem Glücksspielautomaten oder In-App-Käufen erfüllt werden können. Bei näherem Hinsehen zeigt die Coin-Master-App noch weitere Techniken, die zu erhöhter Monetarisierung führen, wie den Verkauf der Lootboxen oder auch die Verwendung einer Spielwährung, die laut Zweig et al. ebenfalls zu einer erhöhten Monetarisierungsmöglichkeit führt [Zweig et al., 2019]. Wir wollen hier jedoch nur demonstrieren, dass ein Wirkungsgefüge auch auf solche aufmerksamkeitsbindenden und vielleicht auch suchterzeugenden Techniken sinnvoll angewendet werden kann. In Phase 2 werden die Hauptakteure und ihre jeweiligen Motivationen identifiziert: Akteure sind neben den Spielern und Spielerinnen die Produzenten und Produzentinnen der App sowie die Betreiber:innen der Plattform, auf der die Spiele angeboten werden. Beide Akteursgruppen sind angewiesen auf Umsätze durch die Monetarisierung und die dar-

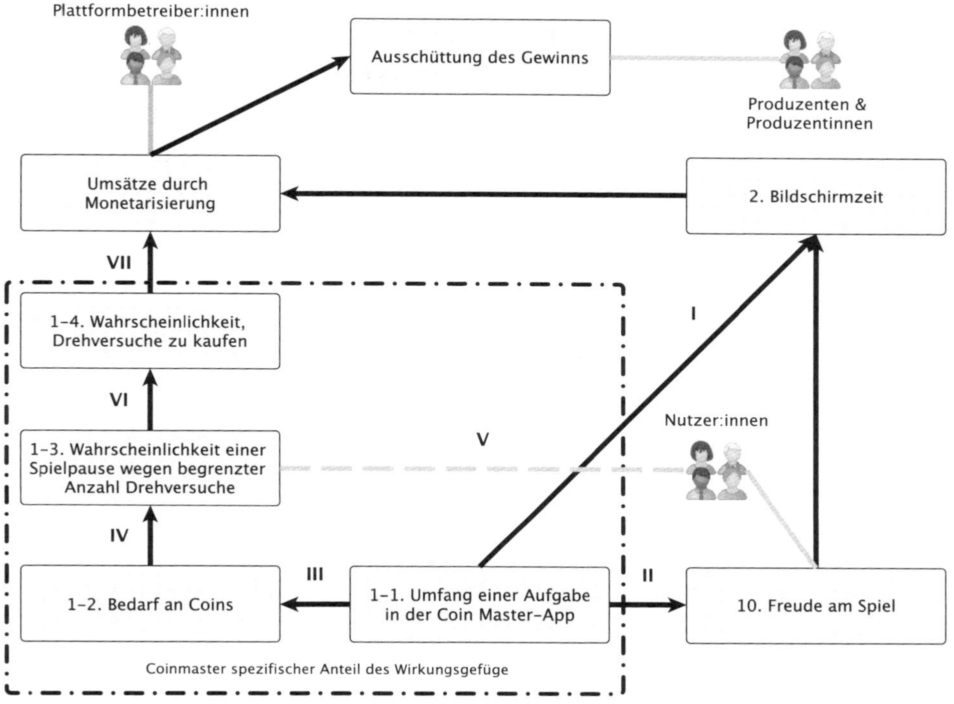

Abbildung 9.4 Anpassung des generischen Wirkungsgefüges für Monitarisierung (siehe Abbildung 9.1) an die Spielmechanik der App „Coin Master“

aus resultierende Ausschüttung, um ein Spiel zu entwickeln.[2] Anreiz der Spieler:innen ist es, sich die Zeit zu vertreiben und mit einem Spiel unterhalten zu werden, woraus sich in diesem Fall der Anreiz ergibt, die verschiedenen Ziele innerhalb des Spiel zu erreichen. Das Wirkungsgefüge aus Phase 3 ist in Abbildung 9.4 dargestellt. Die Systemvariable 10: „Nützlichkeit der Software oder des Services" aus dem generischen Wirkungsgefüge heißt jetzt „Freude am Spiel". Die Systemvariable 1 „Nutzung aufmerksamkeitsheischener und -bindender Techniken" wird im Wesentlichen instantiiert durch den „Umfang einer Aufgabe in der Coin-Master-App":

Eine Aufgabe, deren Bearbeitung vieler Münzen und Items und einer gewissen Zeit für die Erfüllung bedarf, erhöht für sich genommen die Bildschirmzeit, wann immer die App geöffnet wird: Zweig et al. verweisen darauf, dass die Unterbrechung einer solchen Aufgabe einen psychischen Druck erzeugt, der als *Zeigarnik-Effekt* bezeichnet wird [Zweig et al., 2019]: Die Spieler:innen wollen den jeweiligen Prozess beenden (Kante I) [Zweig et al., 2019]. Sie erhöht aber vermutlich auch die Freude am Spiel (Kante II) – schließlich ist die Coin-Master-App eine sehr beliebte App. Der Umfang der Aufgabe alleine macht die Technik noch nicht aufmerksamkeitsheischend, weil sie dafür über die Nützlichkeit der App hinaus die Aufmerksamkeit binden muss und damit einen negativen Effekt auf die Freude am Spiel haben muss. Der Umfang der Aufgabe geht aber auch einher mit einer Erhöhung des Wertes von Systemvariable 1-2, den „Bedarf an Coins" (Kante III), was wiederum den Wert der Systemvariablen 1-3 erhöht, die „Wahrscheinlichkeit einer Spielpause wegen begrenzter Anzahl Drehversuche" (Kante IV). Aufgrund des Zeigarnik-Effekts wünschen Nutzer:innen solche Spielpausen nicht (Motivationskante V), sie werden als frustrierend empfunden. Die Spieler:innen kommen dann entweder pünktlich wieder ins Spiel zurück, wenn weitere (kostenlose) Drehversuche zur Verfügung stehen oder sind sogar bereit, dafür zu bezahlen. Bei ersterem erzeugen die wenigen Drehversuche pro Stunde also einen *aufmerksamkeitsheischenden Effekt*, weil die Spieler:innen zu einem Zeitpunkt spielen, der vornehmlich vom Spiel vorgegeben wird und nicht von ihrem eigenen Wollen. Wenn Spieler:innen dem Druck ausweichen, indem sie Geld investieren, wird die durch die Aufgabe gebundene Aufmerksamkeit direkt monetarisiert. Der Frust bzw. die Notwendigkeit, Geld zu investieren, um diesem Frust auszuweichen, führt langfristig dazu, dass die Freude am Spiel leidet. Man sieht also, dass die Kette von Ereignissen beginnend in Systemvariable 1-1 bis zu Systemvariable 1-4 als Ganzes eine aufmerksamkeitsheischende und aufmerksamkeitsbindende Technik darstellt, die die Lust am Spiel einschränkt – das würde der Kante II im generischen Wirkungsgefüge von der Systemvariablen 1 „Nutzung aufmerksamkeitsheischender und aufmerksamkeitsbindender Techniken" entsprechen (siehe Abbildung 9.1), die bisher in unserem spezifischen Wirkungsgefüge noch nicht enthalten ist, aber notwendig zur Identifikation von solchen Techniken ist. Hier sieht man daher auch eine Grenze der bisher vorgestellten Semantik von Wirkungsgefügen: Es wäre hier wünschenswert, eine Art Metaknoten einzuführen, der die Systemvariablen 1-1 bis 1-4 zusammenfasst und der begründet, warum diese Technik insgesamt zu einer Minderung der Nützlichkeit der Software führt.

[2] Bei uns bekannten Spieleentwicklern ist ohne Frage eine der Hauptmotivationen, ein wirklich spannendes Spiel zu entwickeln. Wir stellen dies nicht in Abrede, untersuchen hier aber eine andere Fragestellung. Dass diese Spiele re-finanziert werden müssen, ist in dieser Analyse der Hauptpunkt.

Phase 4, die Analyse des Wirkungsgefüges, zeigt, dass Jan Böhermanns Ansatz also eine gewisse Plausibilität aufweist: Um den Zeigarnik-Effekt zu überwinden, sind Spieler:innen gezwungen, den Glücksspielautomaten zu nutzen, und da sie dafür nicht unbegrenzt viele Versuche kostenfrei zur Verfügung gestellt bekommen, müssen sie diese Versuche kaufen. Der Preis der Drehversuche hat ebenfalls eine Auswirkung: Haben Drehversuche im Shop einen relativ hohen Preis, steigt die Bereitschaft der Spieler:innen, auf billigere „Sonderangebote" einzugehen, die ihnen angezeigt werden, wenn ihre Drehversuche aufgebraucht sind. Das System dieser Parameter ergibt eine komplexe Anreizstruktur, den nur die Entwickler:innen des Spiels kennen und die wahrscheinlich mit Hilfe von A/B-Tests optimiert wurde (siehe Abschnitt 2.3.2). Trotz all dieser aufmerksamkeitsheischenden, aufmerksamkeitsbindenden und möglicherweise suchterzeugenden Techniken ist „Coin Master" kein Glücksspiel im rechtlichen Sinne: Nach § 3 (1) GlüStV muss für die juristische Einstufung als Glücksspiel der Gewinn ganz oder überwiegend vom Zufall abhängen. Der nachgebildete Glücksspielautomat in „Coin Master" arbeitet jedoch nicht nach dem Zufallsprinzip sondern nach einem Algorithmus, was an der hohen Zahl kleiner Gewinne in der Anfangsphase zu erkennen ist. Eine weitere Bedingung ist, dass Geld dafür verlangt wird, am Spiel teilnehmen zu können. Das ist bei „Coin Master" nicht der Fall. Zwar werden Drehversuche gegen Geld angeboten, allerdings ist ein Weiterspielen nach einer gewissen Wartezeit auch ohne Bezahlung möglich. Die formaljuristische Definition von Glücksspiel hatte daher vermutlich einen direkten Einfluss auf das Design von Games wie „Coin Master". Sollten sich solche Spiele zu einem gesellschaftlichen Problem entwickeln, könnte dies zu entsprechenden Gesetzesänderungen führen. Damit hätte das System Auswirkungen auf das Recht. Sollte es dem Entwicklungsteam gelingen, sich mit Detailänderungen an das reformierte Recht anzupassen, sind weitere Rückkoppelungen zwischen Spiele-App, Gesellschaft, Rechtsprechung und Legislative denkbar.

Einen ähnlichen Einfluss könnte das Spiel auf den Jugendschutz haben: Die Bundesprüfstelle für jugendgefährdende Schriften setzte in ihrer Entscheidung vom März 2020 die Spiele „Coin Master", „Coin Trip" und „Coin Kingdom" nicht auf die Liste jugendgefährdender Medien [Bundesprüfstelle für jugendgefährdende Medien, 2020]. Sie könnten zwar als jugendgefährdend betrachtet werden, aber nicht im Sinne des Jugenschutzgesetzes, das Vorgaben macht, was die Bundesprüfstelle indizieren darf und was nicht. Finanzieller Schaden und mögliche Spielsucht würden als „Interaktionsrisiko" gelten, das nicht in den Aufgabenbereich der Bundesprüfstelle falle, die nur aufgrund von „Konfrontationsrisiken" Medien indzieren dürfe, also beispielsweise Pornographie oder gewaltverherrlichenden Darstellungen. Auch hier könnte das System potenziell Auswirkungen auf das Recht haben, wenn es zu Änderungen des Jugendschutzgesetzes führt.

9.6.3 Fazit des dritten Buchteils

Zusammenfassend haben die drei Kapitel in diesem Buchteil gezeigt, dass es sich lohnen kann, nach generischen Kausalbeziehungen zu suchen und diese als generische Wirkungsgefüge zu modellieren. Diese können schnell an spezifische Instanzen einer Technik angepasst werden und damit helfen, die Technikfolgen ihres Einsatzes zu bestimmen.

Die allgemeine Methode der sozioinformatischen Analyse zum Aufbau dieser Wirkungsgefüge hat sich als hilfreich erwiesen, um diverse bekannte Technikfolgen der Vergangenheit zu analysieren. Im nächsten Buchteil führen wir eine Technikfolgenabschätzung mit dieser Methode durch – am Beispiel von diversen Implantaten, die Menschen zu *Cyborgs* machen.

TEIL IV
Zukünftige Forschungsgebiete der Soziοinformatik

In diesem Buchteil nutzen wir die technikinduzierte sozioinformatische Analyse für einen Blick in die Zukunft am Beispiel der *Cyborgs*. Dabei stoßen wir natürlich auch auf Grenzen der hier vorgestellten Methoden der Technikfolgenabschätzung. Daher beschließen wir den Buchteil mit einem Blick in zukünftige Forschungsfragen rund um die Sozioinformatik.

10 Prothesen und Implantate: Der Mensch als Cyborg

Eine extreme Form der Interaktion zwischen Mensch und Technik ergibt sich, wenn Technik permanent am Körper getragen oder sogar in den Körper implantiert wird und dabei auch noch vitale Körperfunktionen von Technik abhängen. 1960 veröffentlichten der Neurophysiologe Manfred Clynes und der Psychologe Nathan S. Kline in der Fachzeitschrift „Astronautics" einen eher kuriosen Aufsatz [Clynes and Kline, 1960]. Die bei der NASA beschäftigten Wissenschaftler schlugen vor, den Menschen mit technischen Mitteln umzubauen, damit ihm das Überleben im Weltraum leichter fällt. Für das so entstehende Wesen wählten sie den Begriff „Cyborg", eine Kurzform für „kybernetischer Organismus". Angesichts der technischen Möglichkeiten des Jahres 1960 war dieses Gedankenspiel letztlich utopisch (oder dystopisch), weshalb der Begriff „Cyborg" in der Wissenschaft zunächst keine Rolle mehr spielte. In den 1980er-Jahren fand der Begriff dann mit dem Werk *A Cyborg Manifesto* der Philosophin Donna Haraway eine neue Bedeutung; dieses mal als Metapher für den Menschen, der in vielfältigem Austausch mit seiner Umwelt steht und dabei weitgehend selbst bestimmen und beeinflussen kann, welche Identitäten, Geschlechter, Eigenschaften und Rollen er annimmt [Haraway, 1991]. Weil alle Menschen in mannigfaltige Wirkungsgefüge mit Technik eingebunden sind, kann man gut argumentieren, dass alle Menschen kybernetische Organismen – also Cyborgs – seien, aber in der Alltagssprache bezeichnet der Begriff weiterhin den aus der Science Fiction bekannten Menschen, in den technische Ersatzteile oder Erweiterungen chirurgisch eingebaut wurden.

Mit immer neuen technischen Möglichkeiten wird der Science-Fiction-Cyborg zunehmend realer, auch wenn kaum jemand die Betroffenen – zumeist behinderte und chronisch kranke Menschen – als Cyborgs bezeichnet:

1. Gehörlose Menschen erhalten unter bestimmten Voraussetzungen ein künstliches Gehör in Form eines Cochlea-Implantates (siehe Abschnitt 10.1).
2. Auch das Retina-Implantat ermöglicht bisher nur schemenhaftes Sehen, wird aber intensiv erforscht und weiterentwickelt.
3. Herzschrittmacher geben nicht mehr stur den Takt vor, sondern können flexibel von außen programmiert werden und auf unterschiedliche Herzprobleme dynamisch reagieren.
4. Myoelektrische Prothesen können mit „Gedankenkraft" von ihren Trägerinnen und Trägern gesteuert werden. Realisiert wird das, indem Sensoren die elektrische Aktivität in den Muskeln des Körperteils erfassen, an dem sich die Prothese befindet, und ein Computer diese Signale in Bewegungen übersetzt.

5. Beinprothesen aus kohlenstofffaserverstärktem Kunststoff ermöglichen es Sportlerinnen und Sportlern, denen die Füße amputiert wurden, dennoch sportliche Spitzenleistungen zu vollbringen. Sie lösten bereits vor rund 10 Jahren eine bis heute andauernde Debatte aus, inwiefern es sich bei solchen Prothesen um eine Art „Techno-Doping" handle und zu welchen Wettbewerben solche Sportler:innen zugelassen werden sollten.

Die Grenze zwischen dem Ausgleich einer Behinderung und der Erweiterung menschlicher Fähigkeiten ist fließend. So können manche Armprothesen ihre künstliche Hand durchgängig um 360° drehen wie ein Akkuschrauber, was die natürliche Hand nicht kann. Dennoch ist die Prothese bei vielen anderen Handgriffen der natürlichen Hand weit unterlegen. Diese Gleichzeitigkeit von weiterhin bestehender Behinderung einerseits und andererseits Erweiterung der Fähigkeiten über das bekannte Maß hinaus ist charakteristisch für viele technischen Implantate und Prothesen.

Eine weitere Gemeinsamkeit dieser modernen, cyborghaft anmutenden Implantate und Prothesen ist, dass sie Folge der Digitalisierung sind. Erste Cochlea-Implantate erlaubten ab 1961 die Übertragung von Geräuschen, aber erst die digitale Signalverarbeitung und die Verwendung entsprechender Algorithmen ermöglicht die heutige Qualität [Mudry and Mills, 2013]. Prothesen, die Gliedmaßen ersetzen, gibt es seit Jahrtausenden, man denke nur an das Holzbein, aber erst die digitale Auswertung von elektrischen Impulsen in Nerven oder Muskeln gestattet eine Steuerung der Prothese durch die Träger:innen, als handele es sich um ein echtes Körperteil.

Die Entwicklung macht an dieser Stelle nicht halt. Längst zeichnen sich Einsatzzwecke jenseits medizinischer Anwendungen ab. Vorreiter ist hier die militärische Forschung in den USA, die vorgeblich eine möglichst gute Versorgung von Kriegsinvaliden mit Prothesen anstrebt, aber auch Szenarien zum Einsatz von technisch erweiterten Cyborg-Soldatinnen und -Soldaten erforscht [Emanuel et al., 2019]. Dass es seitens der Privatwirtschaft noch kaum nicht-medizinische Implantate auf dem Markt gibt, liegt vor allem daran, dass bei fast jedem technischen Problem die Implantation in den Körper keinen echten Vorteil hat, aber eine ganze Reihe von Nachteilen nach sich zieht. Auch wenn denkbar ist, dass beispielsweise ein zukünftiger Nachfolger des Smartphones ein Implantat sein könnte, ist aus heutiger Sicht unklar, über welche Schnittstellen ein solches Implantat bedient werden soll, wie es im Körper mit Strom versorgt werden soll und ob man wirklich möchte, dass für jede Reparatur und bei jedem Neukauf ein chirurgischer Eingriff nötig wird. Für all diese Probleme gibt es Konzepte, die aus heutiger Sicht alle mehr oder weniger Science Fiction sind.

Von Science Fiction inspiriert sind auch die so genannten *Bodyhacker*, die häufig auch als „Biohacker" bezeichnet werden. Allerdings versteht man unter Biohackern auch Menschen, die in den eigenen vier Wänden Gentechnik betreiben [Charisius et al., 2013]. Deshalb halten wir es für sinnvoll, den Begriff Biohacking nur für biologisches Hacken zu verwenden und die technische Manipulation des menschlichen Körpers als Bodyhacking zu bezeichnen.

Im Bereich des Bodyhacking arbeiten einige Hacker- und Maker-Gruppen an eigenen Implantaten. Der Funktionsumfang solcher Implantate lässt derzeit noch zu Wünschen übrig. Beispielsweise beschränkt er sich beim „North-Star"-Implantat der US-amerikanischen Gruppe *Grindhouse Wetware* darauf, dass eine LED unter der Haut leuchtet, wenn man einen Magneten daran hält [Heffernan et al., 2021]. Allerdings hat Grindhouse Wetware mit seinen Prototypen auch den Nachweis erbracht, dass es grundsätzlich möglich ist, technische Implantate in der eigenen Garage zu entwickeln und testweise zu implantieren.

Die meisten in der Hacker- und Maker-Szene entwickelten Implantate bewegen sich auf diesem Niveau oder sind Teil von Kunstprojekten. So hat die spanische Tänzerin Moon Ribas ein Implantat, das per Internet mit vielen Seismographen weltweit verbunden ist. Per Vibration kann sie spüren, wenn irgendwo auf der Welt die Erde bebt, und setzt diese Empfindungen in Tanz-Performances um. Während wohl sehr viele Menschen Implantate und die Vorstellung vom Cyborg spontan als technisch, kalt und naturfern empfinden, zeigt Moon Ribas, dass man die Technik auch nutzen kann, um der Natur näher zu kommen und mehr von der Umwelt sinnlich zu erfassen [Ribas, 2015].

Implantation intensiviert die gegenseitige Beeinflussung von Mensch und Technik im soziotechnischen System und im Fall digitaler Implantate eventuell auch im sozioinformatischen System. Bei medizinischen Anwendungen ist das schon heute sichtbar. Bei künftigen nicht-medizinischen Anwendungen sind genaue Funktionsweisen und Einsatzbedingungen noch nicht absehbar. Dennoch ist es möglich, anhand des heute bei medizinischen Implantaten Sichtbaren Spekulationen über einige aktuelle Entwicklungen anzustellen.

10.1 Das Cochlea-Implantat

Beim Cochlea-Implantat handelt es sich um eine digitale Hörprothese, die gehörlosen und schwerhörigen Menschen in die Hörschnecke (Cochlea) des Innenohres implantiert wird. Es gibt keine Statistik über seine Verbreitung, aber Schätzungen zufolge haben in Deutschland mehr als 30.000 Personen ein solches Implantat [Deutscher Bundestag, 2018]. Weil es Menschen überall auf der Welt mittlerweile routinemäßig eingesetzt wird, ein digitales System das Nervensystem stimuliert und dieses Gesamtsystem auf sehr unterschiedliche Lebensrealitäten und kulturelle Bewertungen trifft, ist das Cochlea-Implantat ein besonders interessantes Beispiel für ein soziotechnisches System, das seit seiner Digitalierung auch als sozioinformatisches System betrachtet werden kann.

10.1.1 Funktionsweise des Cochlea-Implantates

Um die Funktionsweise des Cochlea-Implantates zu verstehen, muss man wissen, wie das menschliche Ohr aufgebaut ist. Der Schall wird über Ohrmuschel und Gehörgang nach innen geleitet und versetzt das Trommelfell in Schwingung. Diese Schwingung überträgt sich auf die Gehörknöchelchen und von dort auf eine Flüssigkeit im Innern der Cochlea, welche auch als Hörschnecke bezeichnet wird, weil sie ähnlich wie ein Schneckenhaus spiralförmig aufgebaut ist. Das Innere der Cochlea ist mit Haarzellen versehen, die sich mit der umgebenden Flüssigkeit bewegen und dabei gemäß dieser Bewegung Nervenimpulse an die vielen Enden des Hörnervs abgeben, der sich entlang der Cochlea aufspreizt. Kurzwellige Schallwellen bringen die Flüssigkeit nur im äußeren Teil der Cochlea zum Schwingen, was die dortigen Nervenenden stimuliert, ein Signal über den Hörnerv abzugeben, das vom Gehirn als hoher Ton interpretiert wird. Langwellige Schallwellen können tief in die Cochlea eindringen, bringen andere Haarzellen zum Schwingen, die ihre Impulse an andere Nervenenden abgeben, was im Gehirn zum Eindruck eines tiefen Tones führt.

Wenn ein Element dieser Kette ausfällt, aber der Hörnerv intakt ist, kann ein Cochlea-Implantat verwendet werden. Das Implantat besteht aus einer Reihe winziger Elektroden, die feine Stromstöße abgeben können, welche die Nervenenden des Hörnervs anstelle der Haarzellen stimulieren. Diese Elektroden befinden sich am Ende einer Leitung, die zum Hinterkopf des Patienten geführt wird, wo sich unter der Haut ein Empfänger befindet. Das Gegenstück dazu ist ein Sender, der an gleicher Stelle des Hinterkopfes auf der Haut sitzt und die für das Implantat notwendigen Signale per Induktion an den Empfänger sendet. Die Signale wiederum stammen aus einem Soundprozessor, der zumeist wie ein Hörgerät hinter dem Ohr getragen wird. Er enthält die Stromversorgung in Form von Batterien oder Akkus, nimmt die Geräusche der Umgebung über ein Mikrofon auf und wandelt sie in ein Signal um, welches als Impulse für den Hörnerv einen passenden Höreindruck im Gehirn bewirken.

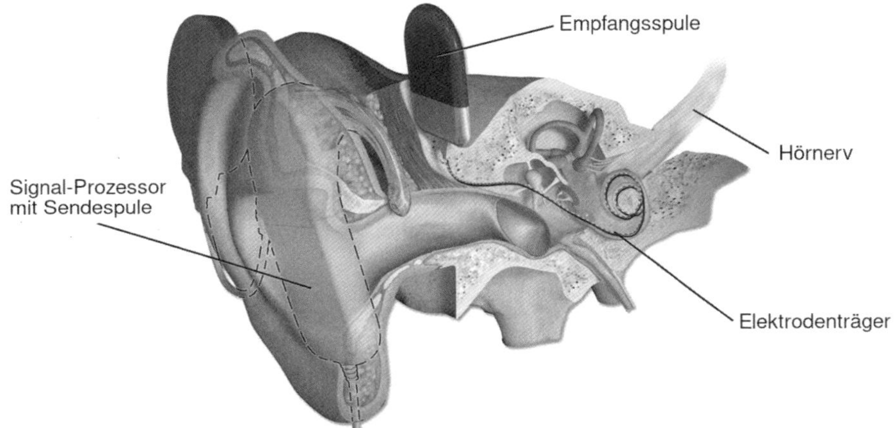

Abbildung 10.1 Schematische Darstellung des Ohres mit Cochlea-Implantat (Bild CC-BY-SA 4.0, [Blaus, 2014], Übersetzung: Enno Park)

Ein Cochlea-Implantat hat üblicherweise 12 bis 22 Elektroden, während sich an der Cochlea eine fünfstellige Zahl von Nervenenden findet. Deshalb ist die Auflösung eines Cochlea-Implantates sehr viel niedriger als die des natürlichen Gehörs, was von einigen Nutzerinnen und Nutzern des Implantates als „Robotersound" beschrieben wurde. Durch digitale Vorverarbeitung des Signals im Prozessor, etwa zum Absenken von Nebengeräuschen, sowie geschickt kombiniertes Ansteuern mehrerer Elektroden mit unterschiedlich starken Stromimpulsen wird allerdings ein viel feinerer Höreindruck erzeugt, als die niedrige Zahl von 12 bis 22 vermuten lässt. Bei modernen Cochlea-Implantaten ist der erlebte Klang für viele Patientinnen und Patienten gut genug, um beispielsweise klassische Musikkonzerte genießen zu können. Erscheinen die Klänge zu Beginn noch als fremdartig, werden sie von vielen Patient:innen nach einigen Wochen bis Monaten der Eingewöhnung als normal, natürlich und wohlklingend beschrieben.

Für die Dauer dieser Umgewöhnung muss ein Patient neu hören lernen. Wie lange das dauert und wie intensiv Reha-Maßnahmen und Sprachtraining sein sollten, ist individuell höchst unterschiedlich. Manche Patienten benötigen Tage, um erste Geräusche auseinander halten zu können, während andere schon direkt nach dem Einschalten Sprache verstehen. Insgesamt bewirkt das Cochlea-Implantat bei den meisten postlingual ertaubten Menschen – also Menschen, die ihr Gehör irgendwann nach dem Spracherwerb verloren haben – eine signifikante Verbesserung des Sprachverstehens wie auch der subjektiv wahrgenommenen Lebensqualität [Huhnd, 2011].

10.1.2 Soziales und medizinisches Modell von Gehörlosigkeit

Die Gruppe der betroffenen Menschen, für die ein solches Implantat in Frage kommen könnte, teilt sich in mehrere Untergruppen auf: Zum einen leben nach Schätzungen des Deutschen Gehörlosen-Bundes etwa 80.000 Gehörlose in Deutschland, zum anderen geht der Deutsche Schwerhörigenbund von etwa 16 Millionen Schwerhörigen in Deutschland aus [Deutscher Gehörlosen-Bund e.V., 2021]. Dabei entscheidet nicht das messbare Restgehör darüber, welcher Gruppe jemand angehört. Nach Definition des Deutschen Gehörlosenbundes sind als Gehörlose diejenigen Menschen zu bezeichnen, die hörbehindert sind und vorwiegend mit der Gebärdensprache kommunizieren. Das bedeutet, dass stark schwerhörige Menschen sich manchmal selbst als gehörlos bezeichnen, während völlig ertaubte Menschen zwar ebenfalls oft die Bezeichnung „gehörlos" für sich verwenden, aber nicht mitgemeint sind, wenn von Gehörlosen als Gruppe und der Gehörlosenkultur gesprochen wird. Anders gesagt: Gehörlosigkeit ist nicht nur eine medizinische Diagnose, sondern auch eine soziale Konstruktion [Kastl, 2017]. Leider gibt es in der deutschen Sprache keine trennscharfen Begriffe für Menschen, die sich als gehörlos oder Angehörige der Gehörlosenkultur identifizieren, und solchen, die ertaubt sind. Der Begriff „taub" wird zumeist synonym mit gehörlos verwendet, und international wird die Gehörslosenkultur als *Deaf Culture* oder auch *Deaf Community* bezeichnet (siehe auch Abschnitt 10.1.4).

Völlig unabhängig von der individuellen Identität und sozialen Zugehörigkeit unterscheidet die Medizin verschiedene Grade der Hörbehinderung: Leichte, mittelgradige und hochgradige Schwerhörigkeit sowie Taubheit. Gemessen wird das, indem den Patienten Töne unterschiedlicher Höhe vorgespielt werden, deren Lautstärke sich langsam steigert. Die Patienten geben ein Signal, sobald sie den Ton hören können. Die Lautstärke wird in der Einheit Dezibel gemessen, welche einer logarithmischen Skala folgt: Ungefähr alle 6 dB verdoppelt sich der Schalldruck und damit in Abhänigkeit von Frequenz und Abstand zur Schallquelle auch die empfundene Lautstärke. Nach Klassifikation der Welt-Gesundheitsorganisation liegt die leichte Schwerhörigkeit im Lautstärkebereich von 25 bis 40 dB, die mittelgradige bis 60 dB, die hochgradige bis 80 dB sowie die an Taubheit grenzende Schwerhörigkeit oberhalb dessen [Welt-Gesundheitsorganisation der Vereinten Nationen, 2021]. Selbst taube Menschen verfügen oft noch über ein minimales Restgehör. Vollkommen ohne jedes Restgehör sind unter anderem Menschen, bei denen der Hörnerv unterbrochen wurde, zum Beispiel aufgrund eines Tumors.

10.1.3 Wann ein Cochlea-Implantat sinnvoll ist

Ob ein Patient für die Implantation eines Cochlea-Implantates geeignet ist, hängt von mehreren anatomischen und medizinischen Gegebenheiten ab. Wichtig ist, dass Hörnerv

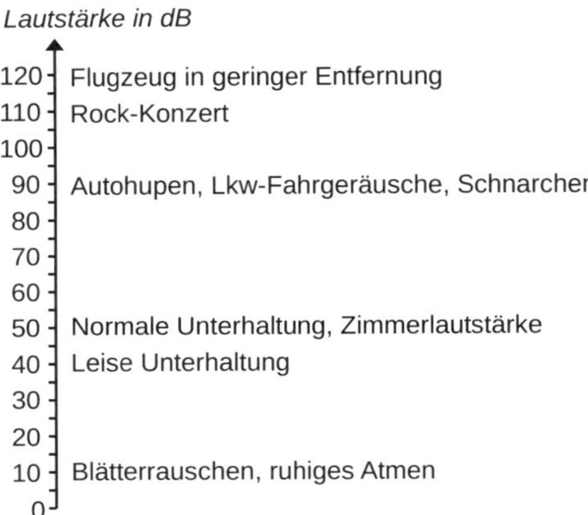

Abbildung 10.2 Lautstärken alltäglicher Geräusche [Ulmann et al., 2020, S. 179]

und die Hörbahn funktionsfähig sind. Üblicherweise wird die Operation empfohlen, wenn Hörgeräte nicht ausreichen, um ein befriedigendes Sprachverständnis zu erzielen. Das wird mit dem Freiburger Einsilber-Test zum Messen des Sprachverstehens überprüft, bei dem die Patient:innen zusammenhanglose einsilbige Wörter nachsprechen sollen. Ob ein Cochlea-Implantat medizinisch in Frage kommt und die Kosten in Deutschland von der Krankenversicherung übernommen werden, hängt vom jeweiligen Einzelfall ab. Unter anderem kommt es dabei auf die Hörbiographie des Patienten an und insbesondere auf den Spracherwerb in der frühkindlichen Entwicklung an. Prälingual ertaubte Erwachsene – also solche, die taub auf die Welt gekommen sind oder ihr Gehör sehr früh verloren haben – profitieren in der Regel weniger von einem Cochlea-Implantat. Um das zu verstehen, muss man wissen, dass das Gehirn die zum Hören nötigen Strukturen während der ersten Lebensmonate und -jahre herausbildet. In dieser Lebensphase „lernt" das Gehirn das Hören anhand der Geräusche und Gespräche in der Umgebung. Fällt dieser Stimulus weg, bilden sich auch nicht die notwendigen Hirnstrukturen. Dieser Prozess lässt sich im späteren Leben nicht mehr gut nachholen. Aus diesem Grund wird empfohlen, Kinder möglichst früh nach Bekanntwerden der Hörbehinderung zu operieren, da die Stimulation durch das Implantant zu einer mehr oder weniger normalen Entwicklung der fürs Hören zuständigen Hirnregionen führt. Bei postlingual ertaubten Erwachsenen sind die Aussichten gut, dass eine Verbesserung des Sprachverständnisses erzielt werden kann. Die Vorstellung, das Cochlea-Implantat sei eine Möglichkeit, mit der sich Gehörlosigkeit allgemein heilen lasse, ist aber falsch.

10.1.4 Die Gehörlosenkultur

Wie facettenreich und vielfältig die Gehörlosenkultur ist, entzieht sich normal hörenden Menschen ohne Kenntnis der Gebärdensprache. Der entscheidende Unterschied zu anderen sprachlich-kulturellen Barrieren liegt darin, dass normal hörende Menschen jederzeit eine Fremdsprache erlernen können, wann immer sie wollen oder müssen, während es gehörlosen Menschen unmöglich ist, lautsprachlich zu kommunizieren, selbst wenn sie eine

Lautsprache erlernen und beispielsweise als Schriftsprache verwenden. Dies führt trotz aller Überschneidungen mit der umgebenden Mehrheitsgesellschaft zu einer fundamentalen Trennung zwischen den beiden Kulturen. Darin unterscheidet sich Gehörlosigkeit von allen anderen Behinderungen. Einige Vertreter:innen der *Deaf Studies* stufen deshalb Gehörlosigkeit nicht als Behinderung, sondern als Ethnie ein [Lane, 2005].

Dies geht einher mit den vielfältigen Diskriminierungserfahrungen, die gehörlose Menschen machen müssen. Sie beginnen schon bei der Beschulung, die im Fall von gehörlosen Menschen häufig separat von normal hörenden Kindern in Gehörlosenschulen stattfindet. Ausgerechnet an diesen Gehörlosenschulen war die Gebärdensprache – also die Muttersprache gehörloser Menschen – lange Zeit verpönt oder ganz verboten. Bis heute ist es üblich, dass von Gehörlosenpädagogen keine Kenntnisse in Gebärdensprache erwartet werden. Begründet wurde dies unter anderem mit dem pädagogischen Ziel, die Kinder darauf zu drillen, später in einer Umgebung klarzukommen, in der ausschließlich lautsprachlich kommuniziert wird. Das ist problematisch, weil die Unterdrückung der Muttersprache von den Betroffenen ähnlich empfunden werden kann wie das Unterdrücken von Minderheitensprachen in autoritären Staaten.

10.1.5 Das Cochlea-Implantat als soziotechnisches System

Mit dem Cochlea-Implantat gehen eine Reihe von Einschränkungen, aber auch zusätzliche Fähigkeiten einher. Träger:innen von Cochlea-Implanten sind (wie Högeräteträger:innen auch) auf stetigen Nachschub an Batterien und regelmäßige Wartung des Sprachprozessors angewiesen, dürfen nur unter bestimmten Umständen einer Magnetresonanztomographie unterzogen werden und haben auf Flugreisen einen Ausweis dabei, den sie bei der Sicherheitsprüfung vorzeigen können, falls der Metalldetektor anschlägt. Dafür können sie dank der digitalen Vorverarbeitung des Schalls Störgeräusche herausfiltern und dadurch in einigen bestimmten Situationen sogar besser zuhören als normal Hörende oder sich drahtlos oder per Kabel mit beliebigen Klangquellen verbinden, ohne Kopfhörer zu benötigen. Das hat Auswirkungen auf das individuelle Verhalten, die sehr stark von der konkreten technischen Umsetzung abhängen. So kann es sein, dass ein Mensch mit Cochlea-Implantat nicht sofort ans Telefon geht, sondern wenig später zurückruft, weil es einen Moment dauert, Telefon, Implantat und Adapter miteinander zu verkabeln. Der Effekt kann aber auch wieder verschwinden, wenn ein Smartphone per Bluetooth mit dem Hörgerät oder Cochlea-Implantat verbunden ist, sodass nicht mehr Handgriffe nötig sind als bei normal Hörenden. All diese Auswirkungen können zwar das individuelle Verhalten im Detail beeinflussen, scheinen aber insgesamt von untergeordneter Bedeutung, wenn es um die sozialen Auswirkungen der Technik geht.

Andere Auswirkungen des Cochlea-Implantates haben ihre Ursache nicht in technischen Eigenschaften, sondern der politischen Regulierung. So kann es sein, dass sich in Grenzfällen hörgeschädigte Menschen mit geringem Einkommen für ein Cochlea-Implantat entscheiden, obwohl vielleicht ein Hörgerät die bessere Wahl wäre, weil die Implantation und anschließende Batterieversorgung in Deutschland derzeit vollständig durch die Krankenversicherungen getragen wird, während für Hörgeräte oftmals eine hohe Zuzahlung verlangt wird und die Batterien anschließend selbst bezahlt werden müssen.

Die individuelle und soziale Auswirkung des Cochlea-Implantates ist vor allem mehr gesellschaftliche Teilhabe, die sich daraus ergibt, hören zu können oder zumindest weniger stark hörbehindert zu sein. Da es sich um eine Angleichung an eine medizinische und gesellschaftliche Norm handelt, sind oberflächlich betrachtet bei allgemeiner Verfügbarkeit keine gesellschaftlichen Verwerfungen zu erwarten. Die stellen sich im Fall von Cochlea-Implantaten dennoch ein, weil ein und dieselbe Technik bei verschiedenen Gruppen von Menschen mit der gleichen Behinderung ganz unterschiedliche Auswirkung hat und entweder als Heilmittel oder im Extremfall als kulturelle Bedrohung gesehen wird. Der Unterschied ergibt sich dabei aber nicht aus der technischen Funktion – „hören können" – sondern unterliegt einer kulturellen Bewertung und der individuellen Identität als gehörloser Mensch oder lautsprachlich kommunizierender Mensch mit Hörbehinderung.

Zum Zweck der gesellschaftlich-kulturellen Assimilation chirurgisch mit Implantaten versehen zu werden, gilt als Horrorvorstellung – insbesondere, wenn kleine Kinder operiert werden sollen. Sie wird in zahlreichen Science-Fiction-Geschichten behandelt wie beispielsweise dem Motiv der „Borg" in diversen Filmen und Episoden der Reihe „Star Trek" und ist zugleich Gegenstand von Verschwörungsmythen, wenn etwa behauptet wird, Bill Gates wolle per Impfung die Menschheit mit Mikrochips versehen. Wer die Gehörlosenkultur als Ethnie betrachtet, sieht in der medizinischen Bekämpfung von Gehörlosigkeit nichts anderes: Assimilation der Gehörlosen bis hin zur Auslöschung der Gehörlosenkultur durch das Cochlea-Implantat [Byrd et al., 2011].

Aus der Sicht der lautsprachlich kommunizierenden Schwerhörigen steht das Cochlea-Implantat für das Gegenteil: mehr und bessere soziale Teilhabe. Ein bewusst erlebter Hörverlust hingegen wird als schmerzhafte Einschränkung empfunden, die Versorgung mit Cochlea-Implantaten im Erfolgsfall als Wiederherstellung des Normalzustandes und der eigenen Identität vor dem Hörverlust.

Diese fundamental unterschiedlichen Sichtweisen führen fast automatisch zu Konflikten zwischen den beiden Gruppen, in die auch beteiligte Berufsgruppen wie Mediziner:innen, Entscheider:innen in Ämtern, Behörden und Krankenkassen sowie Politiker:innen hineingezogen werden. Ungeklärt ist beispielsweise die ethische Fragestellung, ob ein Säugling im ersten Lebensjahr ein Implantat erhalten sollte oder nicht. Für eine normale Sprach- und Gehörentwicklung wäre das wünschenswert, allerdings kann ein Kleinkind diese Entscheidung nicht selbst fällen. Verschiebt man aber die Implantation bis zu einem Alter, in dem die Person selbst frei und informiert entscheiden kann, ist es für eine normale Gehör- und Sprachentwicklung zu spät. Die Voraussetzung dafür, sich später im Leben selbst für oder gegen ein Implantat entscheiden zu können, ist also nur gegeben, wenn frühzeitig implantiert wird. Die politische Antwort auf dieses ethische Paradox ist derzeit in Deutschland, dass die Eltern das letzte Wort haben, auch wenn Jugendämter und andere Stellen oftmals erheblichen Druck ausüben, eine Implantation vornehmen zu lassen [Familiengericht am Amtsgericht Goslar, 2019].

10.1.6 Das Cochlea-Implantat ist nur bedingt ein sozioinformatisches System

Bei oberflächlicher Betrachtung könnte man das Cochlea-Implantat als eine digitale Schnittstelle zum Nervensystem betrachten. Das ist ein Missverständnis, das leicht geklärt werden kann, wenn man die Funktionsweise von Gehör und Implantat betrachtet. Auch wenn in modernen Implantaten eine digitale Klangverarbeitung sehr dabei hilft, ein Cochlea-Implantat mit für das Gehirn sinnvollen Signalen zu versorgen, so bleibt doch die Stimulierung des Hörnervs ein analoger Vorgang: Das Prinzip des natürlichen Gehörs wird grundsätzlich beibehalten, wonach bei niedrigen Frequenzen die Nervenenden im Innern der Cochlea stimuliert werden und bei hohen Frequenzen weiter außen liegende. Eine Veränderung der im Prozessor verwendeten Algorithmen zur Klangverarbeitung können das Gehör graduell verbessern oder verschlechtern, allerdings sind diese Algorithmen nicht mit dem biologischen Systemen rückgekoppelt. Das Cochlea-Implantat erhält kein Feedback aus dem Gehör oder Nervensystem, das seine Funktionsweise oder den Output der verwendeten Algorithmen verändert. Das Implantat sammelt keine Daten, die seine Arbeitsweise beeinflussen. Der Algorithmus produziert keine anderen Klänge, weil jemand eine online Bestellung tätigt, ein „Like" vergibt oder die Wohnung wechselt. Wäre das Cochlea-Implantat ein rein analoges Gerät, würde sich seine Position im Wirkungsgefüge und sein Einfluss auf andere Variablen nicht ändern – die Digitalität des Cochlea-Implantates ist gekapselt. Allerdings führt die digitale Klangverarbeitung zu anderen und besseren Ergebnissen als die analoge. Ob dies bereits genügt, damit aus einem soziotechnischen ein sozioinformatisches System wird, kann als fraglich angesehen werden.

Ähnlich wie im Fall der gefälschten Todesanzeige aus Mobbing kein Cybermobbing wird (vgl. Abschnitt 5), kann also argumentiert werden, dass das Cochlea-Implantat und implantierte Personen noch kein sozioinformatisches System bilden. Das liegt daran, dass die digitale Komponente zwar die Qualität des Hörens verbessert hat, aber sonst keine neuen, emergenten Phänomene gegenüber den analogen Vorgängern des Cochlea-Implantates zu bemerken sind. In dem Maße, in dem der informatische Anteil des Cochlea-Implantates emergente Phänomene hervorbringt, könnten Cochlea-Implantate künftig eher als Teil sozioinformatischer Systeme betrachtet werden. Mehr kann die Informatik bei der Insulin-Pumpe zu einer kybernetsichen Rückkoppelung zwischen Mensch und Technik beitragen, wie wir im Folgenden zeigen.

10.2 Die künstliche Bauchspeicheldrüse

Die Art und Weise, wie der menschliche Körper den Blutzuckergehalt regelt, kann als einfacher kybernetischer Regelkreis betrachtet werden: Nimmt man Kohlenhydrate mit der Nahrung auf, steigt der Glukosegehalt im Blut. Zum Verarbeiten der Glukose benötigen die Körperzellen das Hormon Insulin, welches immer dann von der Bauchspeicheldrüse ausgeschüttet wird, wenn der Glukosegehalt im Blut steigt. Sinkt der Glukosegehalt im Blut, wird auch die Insulin-Ausschüttung der Bauchspeicheldrüse wieder gedrosselt.

Bei einer Diabetes-Erkrankung ist dieser Regelkreis gestört, was langfristig zu einer Reihe von Gesundheitsproblemen führen kann. Bei Patientinnen und Patienten mit einem so genannten *Typ-1-Diabetes* besteht ein Mangel an Insulin. Sie müssen sich das Hormon regelmäßig unter die Haut spritzen und peinlich genau darauf achten, dass die gespritzte Insulinmenge zur geplanten Nahrungsaufnahme passt. Zu viele oder zu wenige Kohlenhydrate und zu viel oder zu wenig Insulin können zu einer Über- oder Unterzuckerung führen. Un-

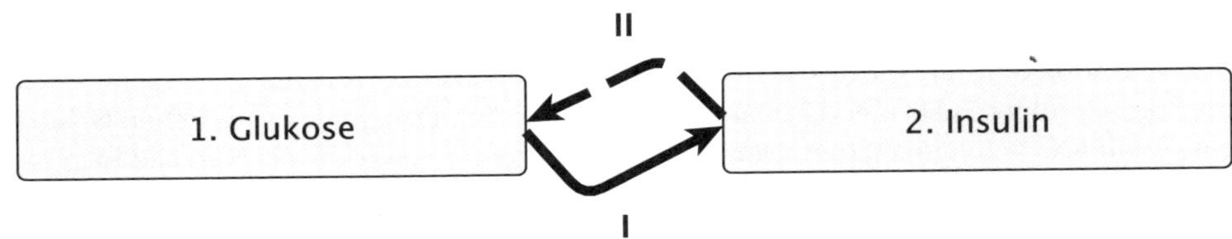

Abbildung 10.3 Glukose-Insulin-Regelkreis

terbleibt die Insulinzufuhr ganz, kann dies innerhalb kurzer Zeit lebensbedrohliche Folgen haben. Solche Diabetiker:innen müssen also Mahlzeiten und Alltagsaktivitäten genau planen, sind in ihrer Spontaneität sehr eingeschränkt und lernen zumeist, Nahrungsaufnahme und benötigte Insulinmenge selbst auszurechnen.

Allerdings gibt es technische Hilfsmittel, die den Alltag ein wenig erleichtern. Eine Insulinpumpe kann dauerhaft am Körper getragen und muss nur noch regelmäßig mit Insulin befüllt sowie mit Batterien oder Akkus versorgt werden. Über eine unter die Haut führende Kanüle, die mit einem Pflaster abgedeckt wird und regelmäßig gewechselt werden muss, gibt die Pumpe automatisch eine zuvor von den Patient:innen selbst einprogrammierte Menge Insulin unter die Haut ab.

Ein weiteres Hilfsmittel ist ein automatisches Glukose-Messgerät. Während man sich bei der Verwendung einfacher Messgeräte regelmäßig mit einem spitzen Gegenstand in eine Fingerkuppe piken und einen Blutstropfen auf einen Messstreifen geben muss, werden automatische Messgeräte ständig getragen. Ähnlich wie bei Insulinpumpen sitzt bei ihnen eine mit einem Pflaster geschützte Nadel längerfristig unter der Haut und muss regelmäßig gewechselt werden. Sie enthält einen Glukose-Sensor, der ständig den Gewebezuckerspiegel misst und Alarm schlägt, wenn bestimmte Werte über- oder unterschritten werden.

Seltsamerweise wurden diese beiden Geräte lange Zeit nicht miteinander gekoppelt. Die Nutzer:innen lesen den Glukose-Wert vom Glukose-Sensor ab und programmieren gegebenenfalls die Insulinpumpe auf einen neuen Wert um. Beides geschieht bei aktuellen Modellen in zwei verschiedenen Smartphone-Apps, die per Bluetooth mit Insulin-Pumpe und Glukose-Sensor Kontakt aufnehmen. Geräte, die den kybernetischen Regelkreis schließen und wie eine künstliche Bauchspeicheldrüse funktionieren, also Glukose messen, benötigte Insulinmenge ausrechnen und entsprechende Befehle an die Insulin-Pumpe weiterreichen, gab es bis 2017 gar nicht und sind bis heute wenig verbreitet.

Statt auf eine Lösung seitens der Industrie zu warten, haben sich betroffene Diabetiker:innen daher in mehreren Ländern zur sogenannten *Looper-Community* zusammengefunden, die ein selbst entwickeltes System verwendet. Den Anstoß gab die Aktivistin Dana M. Lewis, die ursprünglich nur einen lauteren Alarmton an ihrem Glukose-Sensor benötigte, weil der Standard-Alarm nicht laut genug war, um sie zu wecken, falls der Glukose-Spiegel im Schlaf zu stark absinkt. Gemeinsam mit dem Ingenieur Scott Leibrand entwickelte sie eine Smartphone-App, die im Fall des Falles einen wesentlich lauteren Alarm abgeben konnte [Lewis, 2019].

Aus diesem Projekt entwickelte sich OpenAPS. Die Abkürzung steht für „Open Artificial Pancreas System“, also die Software für eine künstliche Bauchspeicheldrüse, die unter ei-

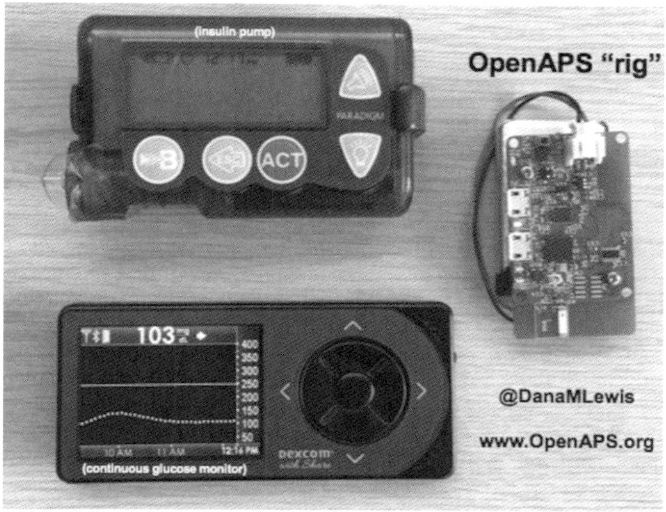

Abbildung 10.4 OpenAPS Gesamtsystem bestehend aus Insulinpumpe, Glukose-Sensor und Einplatinenrechner (mit Genehmigung von Dana Lewis)

ner Open-Source-Lizenz veröffentlicht wurde. OpenAPS läuft auf Einplatinenrechnern wie Raspberry Pi oder Intel Edison, liest kontinuierlich die Daten eines vorhandenen Glukose-Messgerätes und justiert bei Bedarf den Insulin-Ausstoß einer ebenfalls vorhandenen Insulinpumpe. Zu OpenAPS gehört also keine eigene medizintechnische Hardware, da lediglich vorhandene Geräte miteinander verbunden werden. Auf der Webseite[1] finden sich detaillierte Angaben, welche Insulinpumpen und Glukose-Sensoren mit OpenAPS verwendet werden können.

Fertige Systeme werden vom Projekt nicht angeboten. Die Nutzer:innen müssen die Software selbst aus dem Quellcode kompilieren und installieren. Dadurch soll sicher gestellt werden, dass die Nutzer:innen ihr System verstehen und zugleich verhindert werden, dass das Software-Projekt im Fall von Fehlfunktionen haften muss. Durch den Rückgriff auf bereits zugelassene Medizintechnik müssen auch keine Genehmigungsverfahren durchlaufen werden. Einen spezieller Algorithmus zur Steuerung der Insulinmenge musste für OpenAPS nicht entwickelt werden, da das System lediglich die Rechenschritte automatisiert, die Diabetiker:innen ohnehin erlernen und durchführen müssen, wenn sie den Glukosespiegel vom Messgerät ablesen, ihre Insulin-Dosis manuell kalkulieren, und die entsprechende Dosis an der Insulinpumpe einstellen.

Dementsprechend schwierig gestaltet sich eine Bewertung der Sicherheit des Systems. Kritiker:innen könnten argumentieren, dass das Gesamtsystem kein Prüfverfahren durchlaufen habe und daher als unsicher anzusehen sei, insbesondere weil niemand im Fall von Schäden haftet. Befürworter:innen argumentieren, dass Glukose-Sensor und Insulin-Pumpe jeweils für sich genommen eine Zulassung haben, und die Software nur tut, was Diabetiker:innen sonst auch eigenverantwortlich durchführen müssen. Sollte das System

---

1 *https://openaps.org*.

versagen, sind die Nutzer:innen lediglich wieder darauf zurückgeworfen, selbst die Insulinpumpe zu programmieren und den Glukosewert zu prüfen, zumal der Glukose-Sensor weiterhin Alarm schlägt, wenn der Wert einen bestimmten Korridor verlässt.

Obwohl seit 2017 nach und nach erste Systeme auf den Markt gekommen sind, die die gleiche Funktionalität von Haus aus bieten, hat sich in mehreren Ländern eine Community gebildet, die vor allem dem gegenseitigen Erfahrungsaustausch dient. In Deutschland haben sich in mehreren Städten so genannte Looper-Stammtische gebildet, die sich regelmäßig treffen und eine Anlaufstelle für Interessierte bilden. Das OpenAPS-Projekt gibt auf seiner Webseite an, dass im Jahr 2020 weltweit knapp 2.000 Menschen die Software verwenden, und schätzt, dass alle Nutzer:innen gemeinsam mehr als 36 Millionen Betriebsstunden absolviert haben. Zwischenfälle sind keine bekannt geworden.

Trotzdem begründet OpenAPS wahrscheinlich keinen Trend, der sich mit anderen medizinischen Implantaten und Prothesen wiederholen könnte. Die Situation, keine eigene Hardware entwickeln zu müssen und vorhandene Medizintechnik mit einer relativ einfachen Software koppeln zu können, ist wohl einmalig und nicht auf Herzschrittmacher, Cochlea-Implantate, myoelektrische Prothesen und ähnliche medizintechnische Geräte übertragbar. Zugleich reagiert die Industrie früher oder später auf die Wünsche der Patient:innen. So wurde ein Hacking-Projekt mit dem Ziel, ein Cochlea-Implantat per Smartphone-App statt separater Fernbedienung steuern zu können, schon in einer frühen Phase abgebrochen, als die Hersteller entsprechende Lösungen ankündigten und wenig später auch auf den Markt brachten.

Während es bei den bisherigen Beispielen darum ging, verschiedene Körperfunktionen zu ersetzen, schwingt beim Begriff „Cyborg" immer auch die Vorstellung mit, das menschliche Gehirn mit einem Computer zu verbinden. Auf den Stand der Technik und die Schwierigkeiten beim Versuch, Technik direkt ans Nervensystem zu koppeln, wollen wir im nächsten Abschnitt eingehen.

10.3 Das Brain-Computer-Interface

Der Begriff „Brain-Computer-Interface" weckt Bilder von Steckverbindungen ins Gehirn, wie sie in zahlreichen Science-Fiction-Filmen dargestellt werden. Ursprünglich versteht man unter einem Brain-Computer-Interface (BCI) nur eine Haube mit zahlreichen Elektroden, die Probanden auf den Kopf gesetzt werden kann, um ihre Hirnströme zu messen. BCIs werden unter anderem in der Medizin eingesetzt, um ein Elektroenzephalogramm (EEG) aufzuzeichnen. Anhand der aufgezeichneten Wellenmuster der Hirnströme lassen sich unter anderem eine Epilepsie diagnostizieren, Schlafstörungen untersuchen, die Tiefe von Koma oder Narkose bestimmen oder der Hirntod feststellen.

Dank gestiegener Rechenleistung und Machine Learning ist es mittlerweile auch möglich, ein neuronales Netz so zu trainieren, dass es zuverlässig bestimmte Muster in den gemessenen Hirnströmen erkennt. Mit einem solchen System kann ein Proband mit „Gedankenkraft" Computerspiele steuern oder einen elektrischen Rollstuhl lenken. Beispielsweise werden die Probanden gebeten, daran zu denken, den rechten oder linken Arm zu heben, ohne es wirklich zu tun. Die dabei gemessenen Hirnströme können dann den Kommandos

„nach links" und „nach rechts" zugeordnet werden. Sie sind für jeden Mensch individuell verschieden, weshalb ein solches Machine-Learning-System auch für jeden Menschen neu angepasst und trainiert werden muss.

Von kommerziellen Herstellern gibt es auch erste Game-Controller, die nach dem gleichen Prinzip funktionieren und als Stirnreif aufgesetzt werden. Oftmals messen sie keine Gehirnströme, sondern die elektrische Aktivität in der Stirnmuskulatur, was allerdings ebenfalls brauchbare Ausgangsdaten zur Mustererkennung liefert.

Der Bau von BCIs eignet sich auch als interessantes Studien- oder Maker-Projekt, im Internet kursieren sogar verschiedene Bauanleitungen. Das Open-Source-Projekt *OpenBCI* stellt entsprechende Software frei zur Verfügung und bietet in einem Online-Shop einfache BCIs, Bausätze und Biosensoren an, mit denen neben EEG auch Elektroenzephalografien (EKG) erstellt und myoelektrische Muskelaktivität in verschiedenen Körperteilen gemessen werden konnen.

Insgesamt bleiben die Möglichkeiten solcher nicht-invasiver BCIs begrenzt, da durch die Schädeldecke hindurch nur recht grobe Hirnstrommessungen möglich sind, die kaum einen Aufschluss über die elektrische Aktivität einzelner Hirnregionen zulassen. Wesentlich genauere und differenzierte Daten erhält man, wenn man die Sensoren chirurgisch direkt auf oder im Gehirn platziert, was nur in Ausnahmefällen möglich ist.

Tiefe Hirnstimulation und invasive BCIs

Bereits seit den 1960er-Jahren gibt es Versuche, mit chirurgisch im Gehirn platzierten Elektroden gezielt bestimme Gehirnregionen elektrisch zu stimulieren, um die Symptome von neuropsychiatrischen Erkrankungen, Bewegungsstörungen, Epilepsie sowie starke Schmerzen zu lindern. Ende der 1980er Jahre etablierte sich die tiefe Hirnstimulation als Hilfsmittel, um die Symptome der Parkinson-Krankheit zu unterdrücken. Mittlerweile wird tiefe Hirnstimulation auch zur Behandlung des Tourette-Syndroms oder ansonsten austherapierter Fälle von schwerer Depression verwendet. Welche Gehirnregionen dabei mit leichten Stromstößen stimuliert werden müssen, um bestimmte Symptome zu unterdrücken, basiert weitgehend auf Erfahrungswerten, die sich stetig verbessern.

An invasiven BCIs zum Auslesen von Hirnaktivitäten wird seit den 1970er-Jahren geforscht. Aufsehen erregte 2012 die Meldung, dass es gelungen sei, mittels Hirnimplantat einen Roboter-Arm zu steuern. Freiwillige Probandin dieses Experimentes war die fast vollständig gelähmte Jan Scheuermann, die sich mit dem Roboter-Arm publikumswirksam ein Stück Schokolade in den Mund stecken konnte. Ein solches Implantat ist noch weit von der Alltagstauglichkeit entfernt. So birgt das permanent in der Schädeldecke vorhandene Loch, durch das das Implantat mit Computer und Roboter-Arm verbunden ist, trotz aller Vorsichtsmaßnahmen ein ständiges Infektionsrisiko. Zudem reagiert das Gewebe auf den Fremdkörper: Narbenbildung in der Hirnmasse führt dazu, dass die Signale mit der Zeit schwächer werden oder ganz ausbleiben. Grundsätzlich ist Hirnchirurgie riskant und fehleranfällig sowie für die Patienten potenziell traumatisierend, da diese während der Operation wach bleiben müssen. Sie werden aufgefordert, Körperteile zu bewegen oder Fragen zu beantworten, um sicher zu gehen, dass während der Operation keine Hirnschäden auftreten.

Der Lösung dieser Probleme hat sich das von Elon Musk gegründete Startup *Neuralink* verschrieben. 2019 stellte es besonders feine Elektroden vor, bei denen die Narbenbildung geringer ausfallen oder idealerweise ganz unterbleiben soll. Dazu passend präsentierte das Unternehmen einen Operations-Roboter, der wesentlich genauer arbeitet als ein menschlicher Chirurg und minimal-invasive Gehirn-Operationen ermöglichen soll. Erklärtes Ziel von Neuralink ist, nach der Entwicklung medizinischer Hirnimplantate langfristig auch Computer-Hirn-Schnittstellen für gesunde, nicht behinderte Menschen zu entwickeln, um deren Leistungsfähigkeit zu steigern [Neuralink, 2021].

Mittlerweile ist es in gleich zwei Forschungsprojekten gelungen, Sprache aus dem Gehirn auszulesen. In einem Projekt rekonstruierte ein Machine-Learning-System gesprochene Sprache aus den Hirnströmen des auditorischen Kortex, der Gehirnregion, die für das Hören und Dekodieren von Sprache zuständig ist. Das System wurde darauf trainiert, die gemessenen Hirnströme mit zeitgleich den Probanden vorgelesenen Wörtern zu vergleichen, bis es in der Lage war, die Wörter allein anhand der gemessenen Hirnströme korrekt wiederzugeben [Akbari et al., 2019]. Ein anderes Forschungsprojekt erreichte dasselbe Ziel anhand von Daten des motorischen Kortex. Hier wurden die Probandinnen und Probanden gebeten, sich vorzustellen, dass sie sprechen, ohne dabei tatsächlich den Mund zu bewegen [Anumanchipalli et al., 2019].

Die Experimente führten zu Schlagzeilen, in denen behauptet wurde, künstliche Intelligenz könne Gedanken lesen. Das ist hier nicht der Fall. Rekonstruiert werden kann lediglich, was Versuchsteilnehmer:innen gerade hören oder bewusst aussprechen wollen. Es handelt sich um eine rein statistische Analyse von Messwerten mit Hilfe von Machine Learning. Auch wenn das Prinzip der neuronalen Vernetzung im menschlichen Gehirn gut erforscht ist, ist weiterhin unbekannt, wie die Information im Gehirn konkret kodiert ist. Ähnlich wie ein Machine-Learning-System trainiert werden muss, indem es eine große Zahl von Fotos miteinander vergleicht, bis es beispielsweise in der Lage ist, Gesichter zu identifizieren, benötigt ein solches System Vergleichsdaten, um Hirnströme zu analysieren. Beim Training vergleicht das System die gemessenen Daten mit den Wörtern, die den Probanden vorgelesen werden. Beim „Gedankenlesen" gibt es keine solchen Vergleichsdaten, anhand derer das System trainiert werden könnte, zumal Gedanken komplexe Gebilde aus Sprache, Bildern, Erinnerungen, Sinneseindrücken und Emotionen sind, die sich nicht immer ohne weiteres in Sprache fassen oder beschreiben lassen. Ein System, das anhand von Hirnströmen sichtbar macht, was ein Mensch gerade sieht, und diese Bilder beispielsweise ins Internet überträgt, ist perspektivisch durchaus denkbar, während Gedankenlesen, der Upload von Gehirn-Inhalten oder auch der Download von Wissen und Fähigkeiten mit dem heutigen Wissen und technischen Möglichkeiten weiterhin in den Bereich der Science Fiction gehören. Dennoch besteht unter Transhumanistinnen und Transhumanisten die Vorstellung, dass solche Visionen in naher Zukunft wahr werden könnten.

Definition 21: Transhumanismus

Beim Transhumanismus handelt es sich um eine sehr heterogene philosophisch-denkanschauliche Strömung, die im klassischen Humanismus verwurzelt ist. Sie betrachtet den Menschen als unfertig und will ihn mit vornehmlich technologischen Mitteln „weiterentwickeln, optimieren, modifizieren und verbessern" [Loh, 2018, S. 11]. Ziel ist eine neue Version des Menschen, dem dank höherer Leistungsfähigkeit, besserem Denkvermögen, höherer psychischer Stabilität und besserer Gesundheit bis hin zur Unsterblichkeit weniger Grenzen gesetzt sind als bisher. Einerseits handelt es sich teilweise um Ziele, die in Wissenschaften wie der Medizin aus humanistischen Gründen ganz selbstverständlich verfolgt werden, andererseits kann für radikale Transhumanist:innen am Ende dieser Entwicklung ein posthumanes Wesen stehen, welches keine biologische Grundlage mehr hat, sondern dessen Geist als virtuelles, technisches Wesen in einem Computer existiert.

Manche von ihnen verbreiten Szenarien, die einen „Brain-Upload" und die Fortexistenz nach dem Tod als virtuelles Wesen in einer Computer-Simulation für Mitte des Jahrhunderts voraussagen [Kurzweil, 2013]. Alle ungelösten Probleme zur Verwirklichung solcher Szenarien sollen bis dahin im Rahmen der sogenannten „technologischen Singularität" von einer überlegenen künstlichen Intelligenz gelöst werden. Bei ihr handelt es sich jedoch um eine Art Joker, mit dem jede technische Entwicklung prognostiziert werden kann, solange man nur an ihr Eintreten glaubt. Im folgenden Abschnitt befassen wir uns deshalb damit, welche Auswirkungen Gehirnschnittstellen ohne Anwendung dieses Jokers in der absehbaren Zukunft haben könnten.

10.4 Projektion 2035

Was geschieht, wenn Gehirn-Computer-Schnittstellen zum Massenprodukt werden? Das folgende Gedankenexperiment ist rein spekulativ, basiert aber auf Technik, die entweder schon zur Verfügung steht oder mit einigermaßen realistischen Aussichten auf Verwirklichung erforscht und entwickelt wird. Es ist unter der Einschränkung zu betrachten, dass unabsehbare Ereignisse die Entwicklung in eine unerwartete Richtung lenken können. Es handelt sich also nicht um eine Vorhersage, sondern soll eine Vorstellung von den möglichen Auswirkungen einer neuen Technik und ihrer Verbreitung vermitteln.

Erster Schritt

Im Jahr 2035 ist das fiktive Startup „Neuro-Loop" zu einem Großunternehmen geworden, das weltweit zahlreiche Labors und Implantationszentren betreibt. Es dominiert seit längerem den Markt medizinischer Neuro-Implantate. Die wichtigsten Anwendungen sind Hirn-Implantate für hör- und sehbehinderte Menschen, die audiovisuelle Information direkt in die jeweiligen Hirnareale einspielen. Hierbei handelt es sich um Weiterentwicklungen bereits heute ansatzweise funktionierender Hirnimplantate wie das von William Dobelle. Er konnte experimentell zeigen, dass es trotz ungelöster Probleme prinzipiell möglich ist, mit Hilfe von Elektroden Videosignale in den visuellen Kortex des Gehirns zu übertragen [Dobelle, 2000]. In anderen Bereichen finden Hirnimplantate für behinderte Menschen nur geringe Verbreitung. Ein Implantat für gelähmte Patienten zum Steuern von Exoskeletten und elektrischen Rollstühlen konnte sich nicht am Markt durchsetzen, da nicht-invasive Gehirnschnittstellen, die als Brille oder Stirnband getragen werden, für diese Aufgabe völlig genügen.

Die Implantate von Neuro-Loop haben eine Reihe von Komfort-Funktionen: Mit bestimmten Kommandos, die lediglich gedacht werden müssen, können die Nutzer:innen ein Foto oder Video vom Sichtfeld machen oder eine Audio-Aufzeichnung des Gehörten vornehmen und in der Cloud ablegen, je nachdem, ob sie ein Hör- oder Seh-Implantat haben. Eine cloudbasierte künstliche Intelligenz übersetzt auf Wunsch Wörter, die sich im Sichtfeld befinden. Diese Übersetzung kann jederzeit hinzugeschaltet werden und geschieht in Echtzeit. Auch diese Funktionen basieren auf Techniken, die bereits heute zur Verfügung stehen wie beispielsweise die Google Translation Engine.

Ein Implantat, das beide Funktionsbereiche, also Sehen und Hören, in einem vereint, war zunächst nur als Angebot für taubblinde Patienten gedacht. Allerdings bemerkte Neuro-Loop schnell, dass es preiswerter ist, grundsätzlich nur ein Implantat für beide Gruppen zu entwickeln und zu produzieren, und entscheidet sich aus Gründen der Rationalisierung für die Zusammenlegung in einem Modell. Das verbilligt nicht nur die Produktion, sondern steigert erheblich die Funktionalität und Komfort für die Anwender:innen. Sehbehinderte Menschen bekommen mit ihrem Implantat auch den künstlichen Hörsinn und damit Möglichkeiten wie die Übersetzung gesprochener Unterhaltungen in andere Sprachen. Die Kombination beider Implantate eröffnet Möglichkeiten, die als medizinischer Nutzen anerkannt werden, zum Beispiel indem hörgeschädigte Implantatnutzer:innen sich gesprochene Sprache in Echtzeit als Untertitel ins Sichtfeld einblenden lassen können. Selbst die Gehörlosen-Community betrachtet dieses kombinierte Hör-Seh-Implantat nicht mehr als Bedrohung für ihre Kultur, da es sich nutzen lässt, um gesprochene Sprache per eingeblendetem Avatar in Gebärdensprache zu übersetzen und umgekehrt.

Abbildung 10.5 zeigt das Wirkungsgefüge an diesem Stand der Entwicklung. Grundvoraussetzung für das Gedankenspiel ist die Fähigkeit von Machine-Learning-Systemen, Muster in der Hirnaktivität zu interpretieren und umgekehrt zu Sinneseindrücken in entsprechende Muster zu übersetzen. Das Ausmaß, in dem dies gelingt, wirkt sich auf die Qualität aus, mit der Audio- und Video-Daten zwecks Wiedergabe ins Gehirn eingespeist werden können (Kante I). Je höher die Qualität, desto größer ist die Bereitschaft hörgeschädigter und sehbehinderter Menschen, eine Implantation vornehmen zu lassen (Kante II). Dasselbe gilt für Zusatzfeatures wie Übersetzungen, Echtzeituntertitelungen, Audio- und Video-Streaming (Kante IV), die ebenfalls im Wesentlichen von der Leistungsfähigkeit der Machine-Learning-Systeme abhängen (Kante III).

Ein Eingriff in das Gehirn ist aus heutiger Sicht ein erheblicher chirurgischer Eingriff, der von vielen Patientinnen und Patienten abgelehnt werden dürfte. Mit steigender Akzeptanz steigt auch die Zahl der Implantationen (Kante VI). Da geglückte Implantationen ein Positivbeispiel für skeptische Mitmenschen darstellen, steigt zusammen mit der Zahl von Implantationen auch deren Akzeptanz (Kante VII). Wir haben es hier also mit einer selbstverstärkenden Rückkoppelung zu tun. Eine höhere Akzeptanz und eine größere Zahl von Implantationen stellen wiederum einen Anreiz dar, neue Implantationszentren zu errichten (Kanten VIII und IX). In diesem Stadium sind die wichtigsten Akteure die IT-Industrie, Medizintechnikhersteller, hörgeschädigte und sehbehinderte Menschen. Der Anreiz für letztere besteht vor allem darin, durch die technisch-medizinische Versorgung ein höheres Maß an gesellschaftlicher Teilhabe zu erzielen (Kante X), sie interessieren sich aber natürlich auch für mögliche Zusatzfeatures (Kante XI). Die Industrie kann mit Implantationen, Implantationszentren und der Entwicklung von Machine-Learning-Systemen Einnahmen generieren (Kanten XII, XIII und XIV).

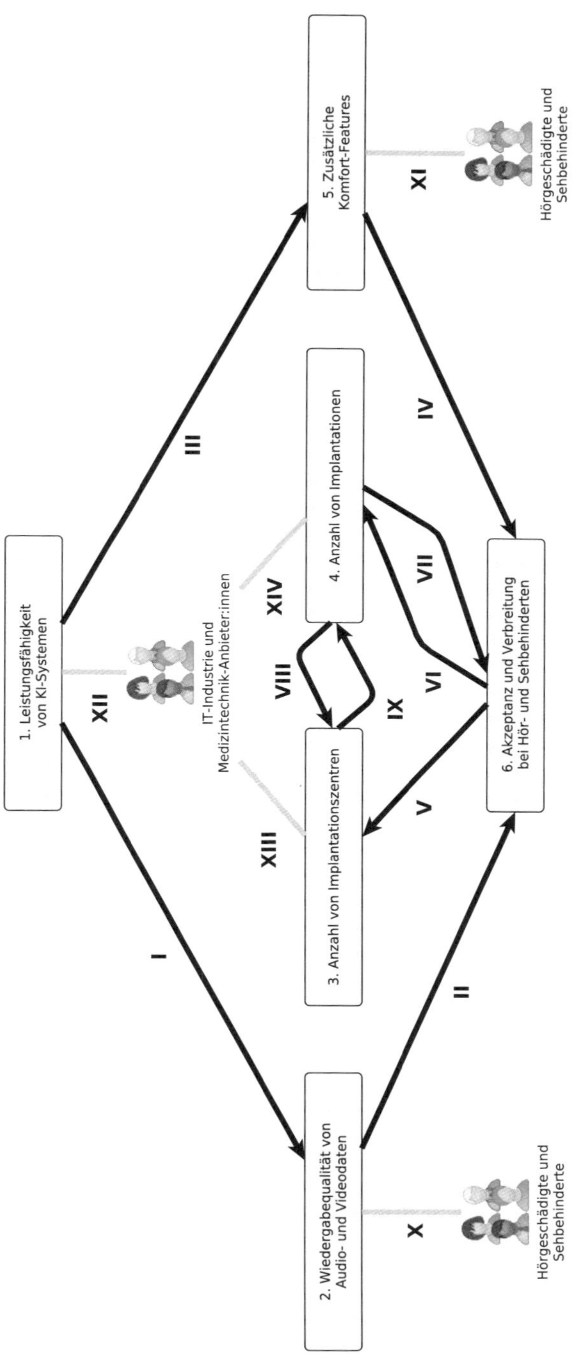

Abbildung 10.5 Wirkungsgefüge für das fiktive Hirnimplantat „Neuro-Loop", erster Schritt

Zweiter Schritt

Für nicht behinderte Menschen wird eine Datenbrille vermarktet, die eine vergleichbare Funktionalität bietet. Sie hat den Vorteil, dass sie jederzeit abgenommen werden kann, bietet allerdings auch eine wesentlich geringere Bild- und Tonqualität als das Implantat des Jahres 2035. Da es einen Unterschied macht, ob das Bild im Gehirn erzeugt oder lediglich auf einem Brillenglas dargestellt wird, erzielt man mit dem Implantat trotz gelegentlicher kleinerer Darstellungsfehler eine wesentlich tiefere Immersion. Dasselbe gilt für akustische Sinnesempfindungen. Seit längerem stehen minimalinvasive Operationsmethoden bereit, wie sie von Elon Musks Firma Neuralink seit 2016 entwickelt werden [Neuralink, 2021]. Angesichts der großen Verbreitung des Implantates unter behinderten Menschen und des mittlerweile geringen Operationsrisikos wünschen sich immer mehr nicht behinderte Menschen ein solches Implantat. Diese Entwicklung ergänzt das Wirkungsgefüge wie in Abbildung 10.6 dargestellt. Mit dem Operationsrisiko, der Immersionstiefe und der Akzeptanz und Verbreitung unter nicht Behinderten sind drei neue Variablen hinzugekommen. Die Zahl der Kanten ist stärker gestiegen. Die Kanten XVI und XVII zeigen, wie von der technischen Entwicklung abhängig das Operationsrisiko sinkt und damit auch die Akzeptanz unter nicht behinderten Anwenderinnen und Anwendern steigt. Letztere hängt außerdem von der vorausgehenden Akzeptanz und Verbreitung unter behinderten Anwenderinnen und Anwender ab (Kante XV). Streng genommen könnten hier noch weitere Kanten hinzugefügt werden, weil Operationsrisiko und Immersion sich sicherlich auch auf die Akzeptanz durch behinderte Anwender:innen auswirken. Aus Gründen der Übersichtlichkeit und der aus medizinischen Gründen niedrigeren Akzeptanzschwelle wurde hierauf verzichtet. Akteure sind nicht hinzugekommen, aber die Kanten XXI und XX zeigen das Interesse der Hörgeschädigten an einem geringeren Operationsrisiko und das Interesse der Industrie an einer Verbreitung auch unter nicht behinderten Menschen.

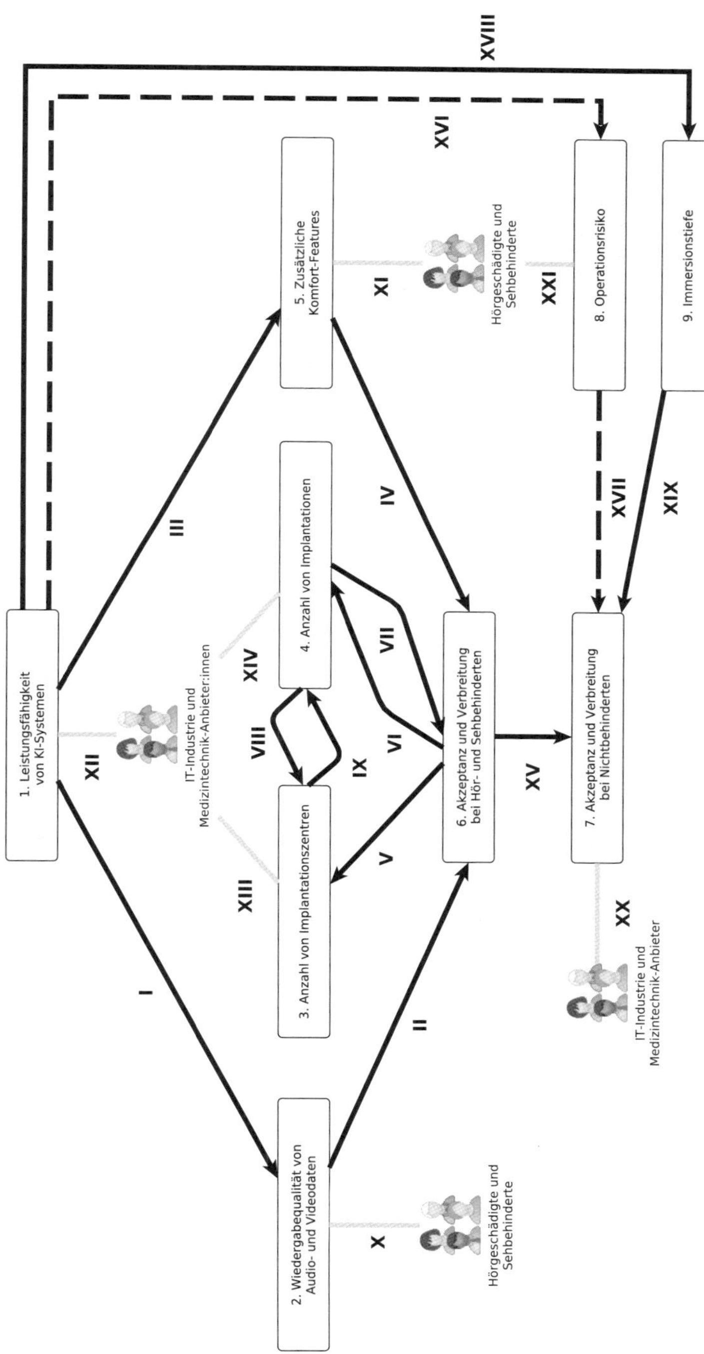

Abbildung 10.6 Wirkungsgefüge für das fiktive Hirnimplantat „Neuro-Loop", zweiter Schritt

Dritter Schritt

Einzelne Hacker- und Makergruppen versuchen, Implantat und Implantationsroboter nachzubauen und gelegentlich kommt es zu Diebstählen in Implantationszentren. Ein Schwarzmarkt entsteht allerdings nicht, weil den allermeisten Menschen die Implantation durch Laien zu riskant erscheint. Die Marktnische wird innerhalb kurzer Zeit von plastischen Chirurgen besetzt, die neben Brustvergrößerungen, Fettabsaugen und Nasenkorrektur gegen ein entsprechendes Honorar nun auch die Implantation von Neuro-Loop anbieten, ohne dass ein medizinischer Grund wie eine Hör- oder Sehbeeinträchtigung vorliegen muss.

Dieser Schritt ist in Abbildung 10.7 dargestellt. Entsprechend den Kanten XXII und XXIII steigen mit der Nachfrage nach Neuro-Loop-Implantaten sowohl die Anzahl privater Implantationspraxen sowie auch die Umsätze auf dem Schwarzmarkt. Letztere bleiben aber niedrig in dem Ausmaß, in dem legale Angebote vorhanden sind. Kante XXV zeigt das Interesse der Industrie, den Schwarzmarkt möglichst klein zu halten. Das natürlich bestehende Interesse der Industrie an einer steigenden Zahl von Implantationspraxen wurde hier ebenfalls aus Gründen der Übersichtlichkeit weggelassen.

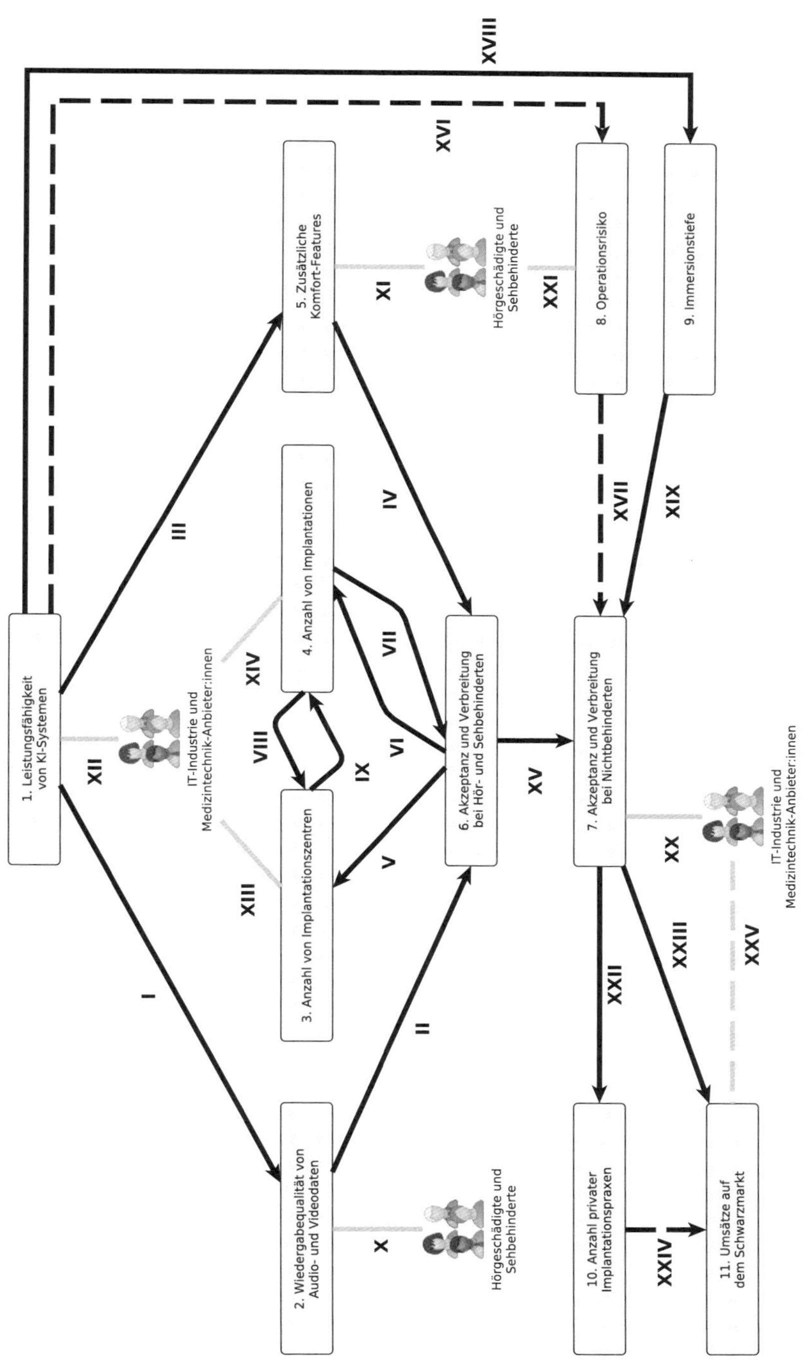

Abbildung 10.7 Wirkungsgefüge für das fiktive Hirnimplantat „Neuro-Loop", dritter Schritt

Vierter Schritt

Politiker:innen befürchten, dass ein erhebliches soziales Gefälle entsteht zwischen Menschen mit Implantat und solchen, die sich keines leisten können oder wollen. In einigen Ländern wird versucht, das Entstehen einer Zwei-Klassen-Gesellschaft durch ein Verbot von Neuro-Loop zu verhindern. Dieses Verbot bleibt jedoch weitgehend wirkungslos, da interessierte Menschen sich entweder im Ausland operieren lassen oder sich gefälschte Atteste auf dem Schwarzmarkt besorgen, die eine Hör- oder Sehbehinderung nennen und zur Implantation berechtigen. Die Verbote werden bald wieder aufgehoben, nachdem Neuro-Loop seine Implantate größeren Nutzerkreisen zugänglich macht.

In Abbildung 10.8 zeigt die Kante XXVI die Auswirkung der Verbreitung von Neuro-Loop auf das soziale Gefälle und die Kante XXVII, wie mit zunehmender Kritik am sozialen Gefälle die Verbreitung wieder sinken kann, sei es aufgrund politischer Regularien oder Verhaltensänderungen innerhalb der Gesellschaft. Hier zeigen sich auch die Grenzen der Darstellung in Wirkungsgefügen. So kommt bei zunehmender Verbreitung der Punkt, an dem das soziale Gefälle nicht steigt, sondern wieder sinkt, weil sich das Implantat langsam in allen Schichten verbreitet. Ebenso muss sich ein zunehmendes soziales Gefälle nicht unbedingt negativ auf die Verbreitung auswirken. Denn zum einen ist es für viele Menschen attraktiv ist, sich mit Statussymbolen abzuheben und zum anderen könnte der Gesetzgeber auf die Idee kommen, das Gefälle dadurch abzubauen, dass er die Verbreitung durch Subventionen oder die Sozialgesetzgebung fördert.

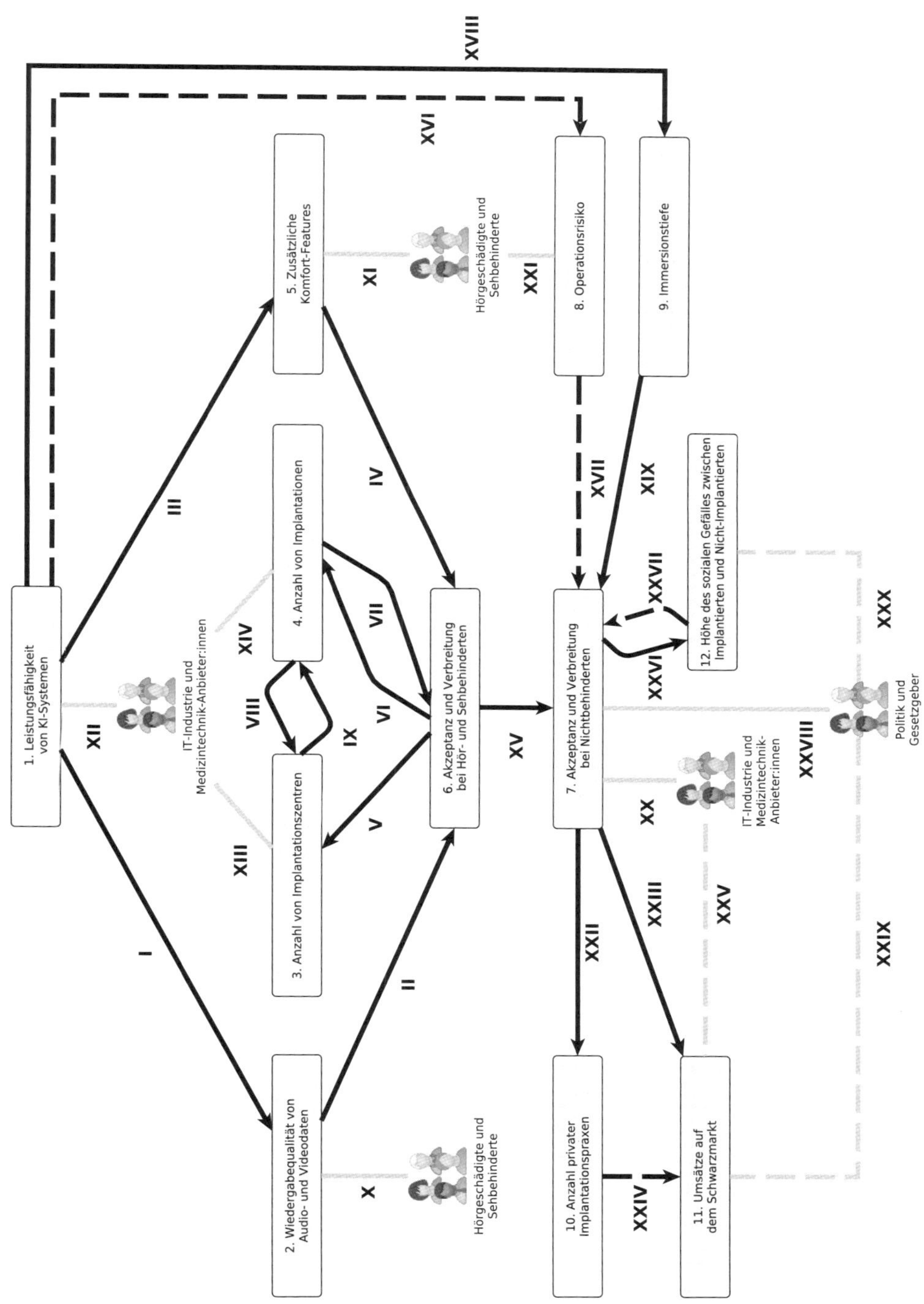

Abbildung 10.8 Wirkungsgefüge für das fiktive Hirnimplantat „Neuro-Loop", vierter Schritt

Fünfter Schritt

Patienten, die keine Krankenversicherung haben oder sich das Implantat nicht leisten können, bekommen von Neuro-Loop eine spezielle Variante zum verbilligten Preis, die in regelmäßigen Abständen visuelle oder akustische Werbung einblendet. Die Werbeinhalte basieren auf den Sinneseindrücken, die das Implantat aufzeichnet. Diese Praxis wird kontrovers diskutiert. Während Datenschützer:innen darin eine unerträgliche Verletzung der Privatsphäre sehen, betrachten andere dieses Vorgehen als Chance für arme Menschen, überhaupt an ein Implantat zu gelangen. Das läuft zwar ebenfalls auf die Bildung einer Zwei-Klassen-Gesellschaft hinaus, allerdings interessieren sich große Teile der Öffentlichkeit ohnehin kaum für Datenschutzfragen. Gesellschaftliche Abgehängtheit, die entsteht, weil manche Menschen sich kein Implantat einsetzen lassen wollen, wird überwiegend als Privatsache betrachtet. Organisationen und Aktivist:innen, die eine bessere gesellschaftliche Inklusion dieser Menschen fordern, sind ein Nischenphänomen, das nur von einer kleinen Minderheit wahrgenommen und debattiert wird.

Ebenfalls geringe Aufmerksamkeit bekommt ein Skandal um einen technischen Fehler. Sicherheitsforscher:innen weisen nach, dass in bestimmten Situationen das Neuro-Loop-Implantat Audio- und Videodaten aufzeichnet, ohne dass dies vom Träger des Implantates bemerkt oder veranlasst worden wäre. Der Skandal erregt außerhalb der Fachpresse auch deshalb kaum Aufmerksamkeit, weil die allermeisten Nutzer:innen die Streaming-Funktionen permanent eingeschaltet haben. Zu den nützlichen Übersetzungsfunktionen sind längst weitere cloudbasierte Dienste hinzugekommen, die Bild und Ton in Echtzeit verändern. Mit ihnen können Bücher gelesen, Videos angesehen oder Musik gehört werden. Hinzu kommen zahlreiche Spiele von simplen Puzzles bis hin zu aufwändigen virtuellen Welten, in denen phantastische Abenteuer bestanden oder Kriege geführt werden können.

Besonders beliebt sind Apps, die das Aussehen der Welt auf unterhaltsame Weise verändern. Sie verschieben Farben, blenden Fabelwesen ein, ersetzen Gesichter durch andere Gesichter oder blenden unerwünschte Personen oder Informationen vollständig aus. Manche Nutzer:innen veröffentlichen das Ergebnis kreativer Filterkombinationen in den sozialen Medien.

Diese Entwicklung ist in Abbildung 10.9 dargestellt. Die Kanten XXXII und XXXIII zeigt das Interesse der Werbewirtschaft einerseits an einem hohen sozialen Gefälle, damit über möglichst viele Implantate zum Anzeigen von Werbung zur Verfügung stehen, zum anderen aber auch an auswertbaren Daten, die zunehmend anfallen. Kante XXXIV bildet die Datenschutzdebatte und -gesetzgebung ab. Die neu hinzugekommen Funktionen und kulturellen Praktiken lassen sich nur schwer in einem Wirkungsgefüge fassen.

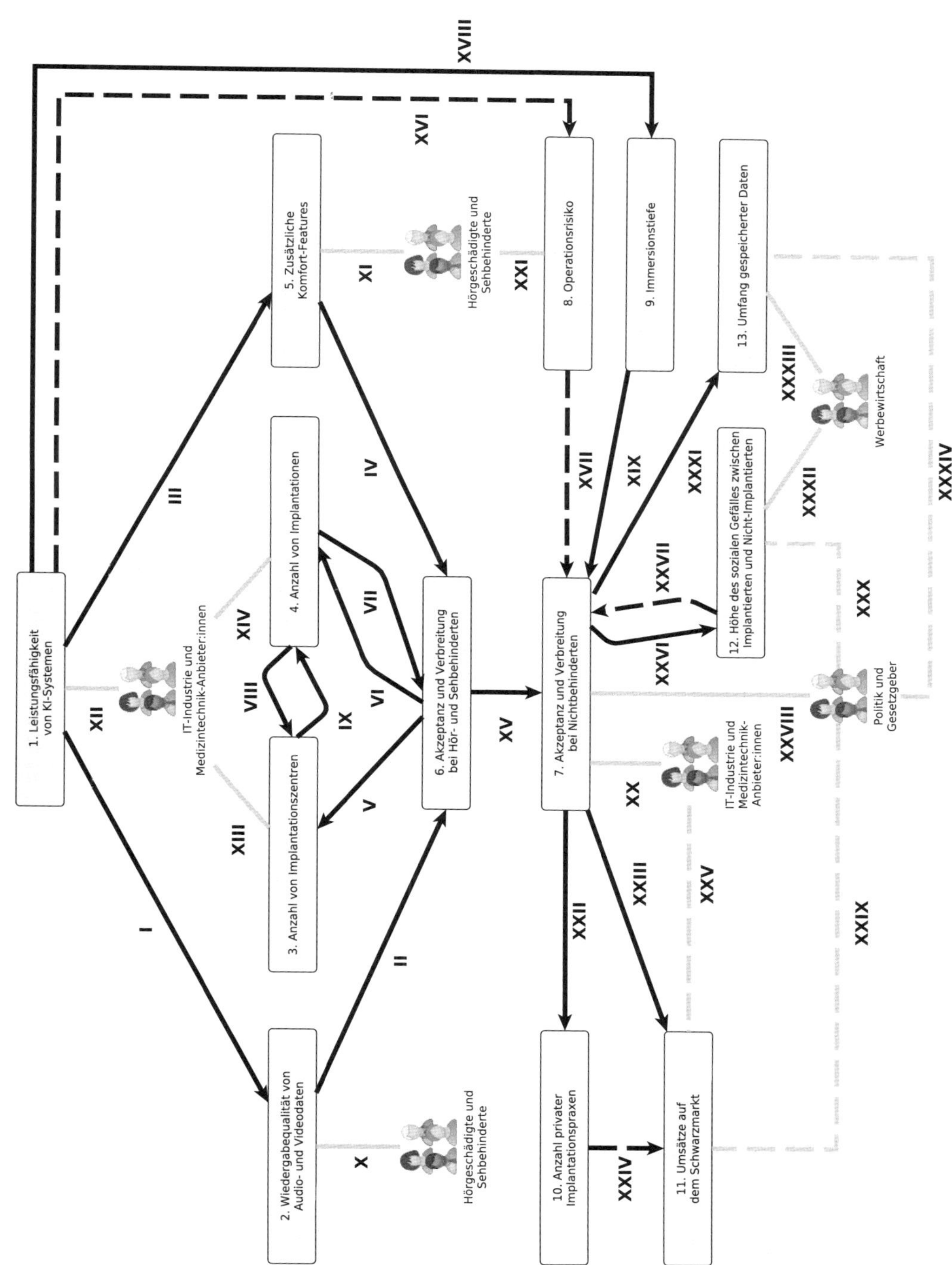

Abbildung 10.9 Wirkungsgefüge für das fiktive Hirnimplantat „Neuro-Loop“, fünfter Schritt

Sechster Schritt

Viele Nutzer:innen zeichnen auch deshalb ständig alles auf, um im Streitfall einen Beweis über den Hergang einer Situation liefern zu können – ähnlich wie heutige Autofahrer:innen, die eine Dashcam verwenden. Vor Gericht werden solche Aufzeichnungen zunächst nicht als Beweismittel zugelassen, es sei denn, alle im Bild vorkommenden Personen haben vor Aufzeichnung ihr Einverständnis gegeben. Diese Praxis lässt sich allerdings nur einige wenige Jahre durchhalten. In Gerichtsprozessen kommt es immer wieder zu Freisprüchen, obwohl entsprechende Aufzeichnungen eine Tat belegen, die aber nicht vor Gericht zugelassen wurden. Diese Aufzeichnungen werden immer wieder veröffentlicht und in den Medien skandalisiert. Nach immer größerer Empörung durch eine Reihe von offenkundig ungerechten Freisprüchen gibt der Gesetzgeber nach, legalisiert das „Self-logging“ im Datenschutzrecht und erlaubt die Verwendung der Aufzeichnungen vor Gericht. Dies führt zu einer Abnahme von Gerichtsprozessen, da Streitfälle oftmals anhand der Aufzeichnungen außergerichtlich geklärt werden können.

Die Legalisierung hat aber auch den Zweck, der Polizei und Ermittlungsbehörden den Zugriff auf diese Daten zu ermöglichen. Ermittelt die Polizei eine Straftat, fordert sie von Neuro-Loop eine Aufzeichnungen der Sinneseindrücke aller beteiligten Personen des jeweiligen Zeitraumes an. Die betroffenen Personen werden darüber informiert, können sich aber nicht dagegen wehren. Anders als von Aktivistinnen und Aktivisten befürchtet, führt diese Praxis nicht zu einem allgemeinen Überwachungsstaat, da die Polizei nicht die Ressourcen besitzt, das viele Material auszuwerten. Zwar fordert sie sehr umfangreiches Material über sehr viele Bürger:innen an, lässt aber einen Großteil davon unberücksichtigt. Versuche, das ganze Material mittels künstlicher Intelligenz auswerten zu lassen, werden wieder eingestellt. Die hohe Fehlerquote des Systems wurde weniger als Problem betrachtet als die Tatsache, dass eine Einführung zu einer gewaltigen Flut von Ermittlungsverfahren geführt hätte, für die nicht einmal ansatzweise ausreichend Personal vorhanden gewesen wäre.

Diese Entwicklung schlägt sich kaum noch im Wirkungsgefüge nieder. Hinzugekommen ist lediglich das Interesse der Ermittlungsbehörden (Kante XXXV), wie Abbildung 10.10 zeigt.

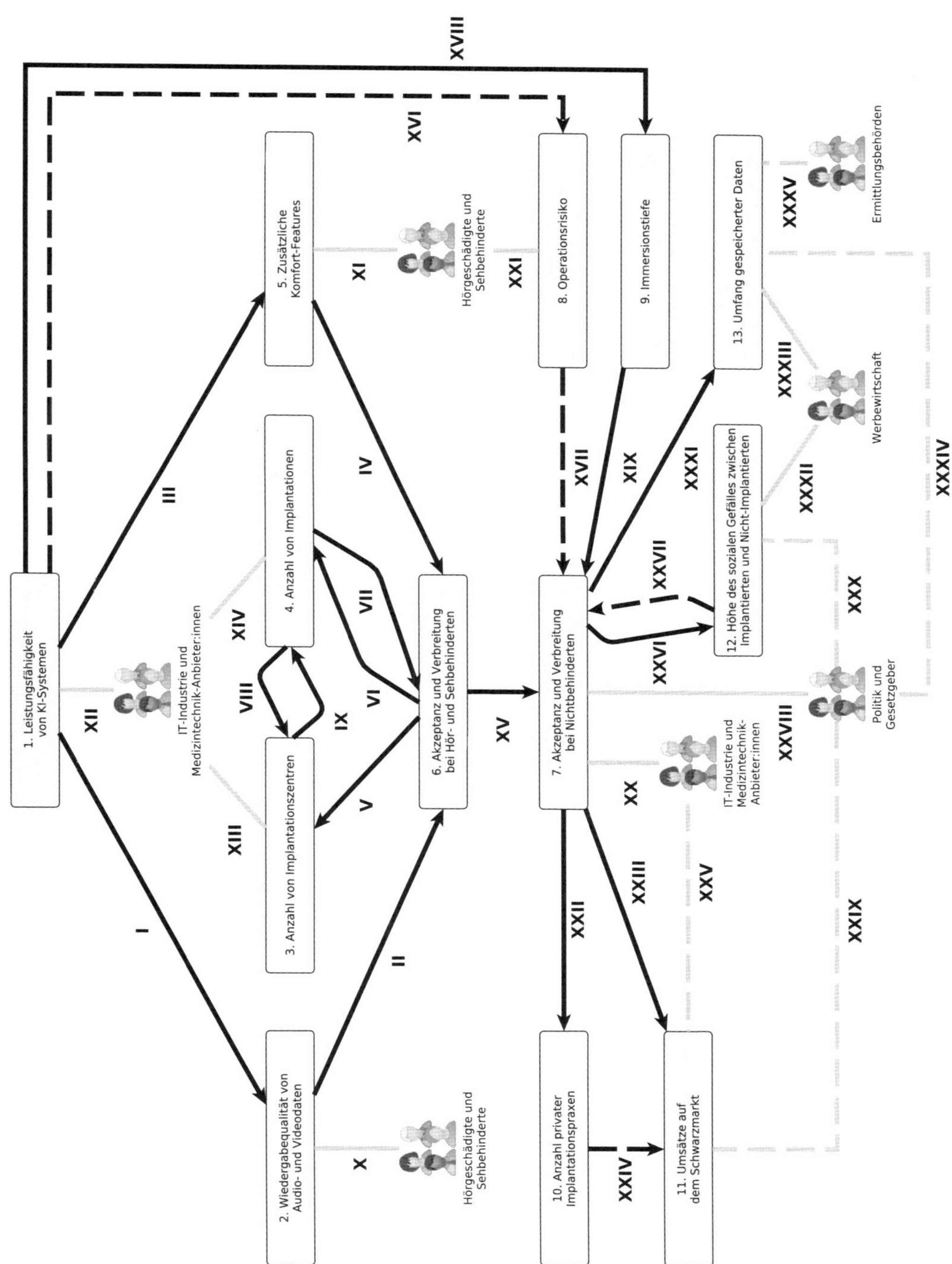

Abbildung 10.10 Wirkungsgefüge für das fiktive Hirnimplantat „Neuro-Loop“, sechster Schritt

Siebter Schritt

Im Schulunterricht hingegen sorgt das Implantat nur in den ersten Jahren seiner Markteinführung für Probleme. Lehrer:innen können sich zunächst nie sicher sein, ob Schüler:innen, die ein solches Implantat haben, im Unterricht bei der Sache sind oder in Prüfungen mogeln. Bevor die Anzahl ärgerlicher Vorkommnisse zu groß wird, führt NeuroLoop einen „Suspend-Modus" ein, der die Funktionsweise des Implantates für die Dauer des Unterrichts stark einschränkt und Werbeunterbrechungen unterbindet. Ob und wer das Implantat suspendieren kann, stellen die Implantat-Träger:innen selbst oder ihre Eltern ein. Dass der Suspend-Modus für die Lehrkräfte freigeschaltet ist, ist Grundbedingung, zum Unterricht zugelassen zu werden oder an einer Prüfung teilnehmen zu dürfen. Der Schulunterricht bleibt auf längere Zeit einer der wenigen gesellschaftlichen Bereiche, an den auch Menschen ohne Implantat ungefähr die gleiche Teilhabe genießen wie Menschen mit Implantat. Allerdings weckt der Suspend-Modus Begehrlichkeiten. Arbeitgeber:innen verlangen von ihren Angestellten immer häufiger, ihnen den Zugriff auf den Suspend-Modus freizuschalten. Binnen weniger Jahre wird das zu einer Standard-Klausel in Arbeitsverträgen. Arbeitgeber:innen versuchen, auf diese Weise sicher zu stellen, dass die Angestellten ihre Implantate während der Arbeitszeit nicht für private Zwecke nutzen. Das Argument, eine mögliche Ablenkung durch das Implantat führe zu einer hohen Unfallgefahr, insbesondere bei Industriearbeiterinnen und -arbeitern, führt dazu, dass der Zugriff durch die Arbeitgeber:innen allgemein akzeptiert wird. Vor Arbeitsgerichten kommt es immer wieder zu Streitigkeiten über Detailfragen, etwa zu welchen Zeiten und an welchen Orten Arbeitgeber:innen die Implantate ihrer Angestellten suspendieren dürfen, zum Beispiel wenn diese sich bei flexibler Arbeitszeit im Home-Office befinden.

Auch diese Entwicklungen rund um Schule und Arbeitsleben kommen ohne Änderungen am Wirkungsgefüge aus. Es werden lediglich die neuen Akteure Bildungseinrichtungen und Arbeitgeber:in hinzugefügt (Kanten XXXVII und XXXVIII, vgl. Abbildung 10.11).

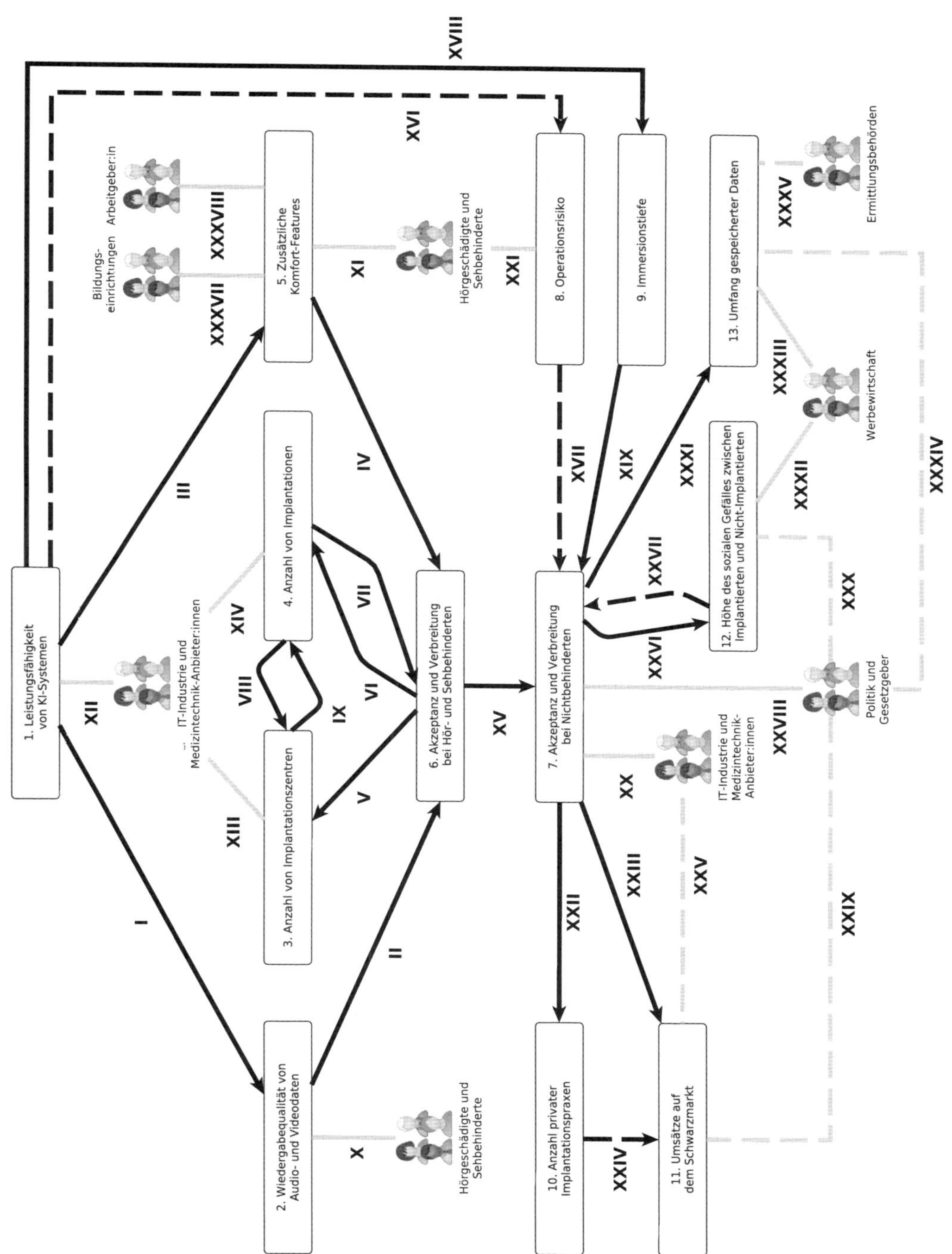

Abbildung 10.11 Wirkungsgefüge für das fiktive Hirnimplantat „Neuro-Loop", siebter Schritt

Achter Schritt

Ähnlich wie schon beim Smartphone und beim Personal Computer werden regelmäßig neue Sicherheitslücken bekannt, die außerhalb des Fachpublikums aber niemanden wirklich interessieren oder beunruhigen. Die Praxis des „Neuro-Bombings", bei dem Menschen aus Spaß anderen Menschen bestimmte Muster vor die Nase halten, die das Implantat zum Absturz bringen oder andere unerwartete Effekte auslösen, ist eine Kinderkrankheit des Systems, die nach relativ kurzer Zeit behoben ist.

Eine Zeit lang sorgen so genannte „Deeper Fakes" für Beunruhigung, bei denen gehackte Implantate dazu gebracht werden, Dinge vorzuspielen, die gar nicht existieren. Da aber immer auch die ursprünglichen Sinneseindrücke aufgezeichnet werden, ist es relativ einfach, diesen „Deeper Fakes" auf die Schlichte zu kommen und Tools zu programmieren, die sie in Echtzeit entlarven können. Dass auch die eigentlich unbearbeitete Aufzeichnung nachträglich manipuliert werde könnte, ist immer wieder Gegenstand von Romanen, Serien und Kino-Thrillern. Zugleich kursieren Gerüchte, dass Geheimdienste verschiedener Länder hierzu in der Lage wären, wobei sich Verdachtsfälle nie wirklich erhärten. Verschwörungslegenden, wonach die Regierung ständig manipuliere, was die Bevölkerung zu sehen bekommt, bleiben Legenden, da es nicht möglich ist, Millionen oder Milliarden individueller Aufzeichnungen passend zu manipulieren, ohne dass dies auffällt. Dennoch verunsichern Falschbehauptungen immer wieder Teile der Öffentlichkeit. Für Menschen ohne Implantat bildet sich das neue Berufsbild des Evidencers heraus, das im Wesentlichen darin besteht, persönlich anwesend den Ablauf bestimmter Ereignisse zu bezeugen.

Sicherheitslücken und Fälle von kriminellen Angriffen sind die letzte Ergänzung zum Wirkungsgefüge (siehe Abbildung 10.12). Die Kanten XXXIX und XL zeigen das Interesse der organisierten Kriminalität an solchen Aktivitäten und natürlich auch am Schwarzmarkt, sofern einer vorhanden ist. Kante XLI zeigt das staatliche Interesse, hier einzugreifen, während Ermittlungsbehörden, insbesondere Geheimdienste, durchaus an Sicherheitslücken interessiert sind, um ihrer Arbeit nachzugehen, was durch Kante XLII zum Ausdruck gebracht werden soll.

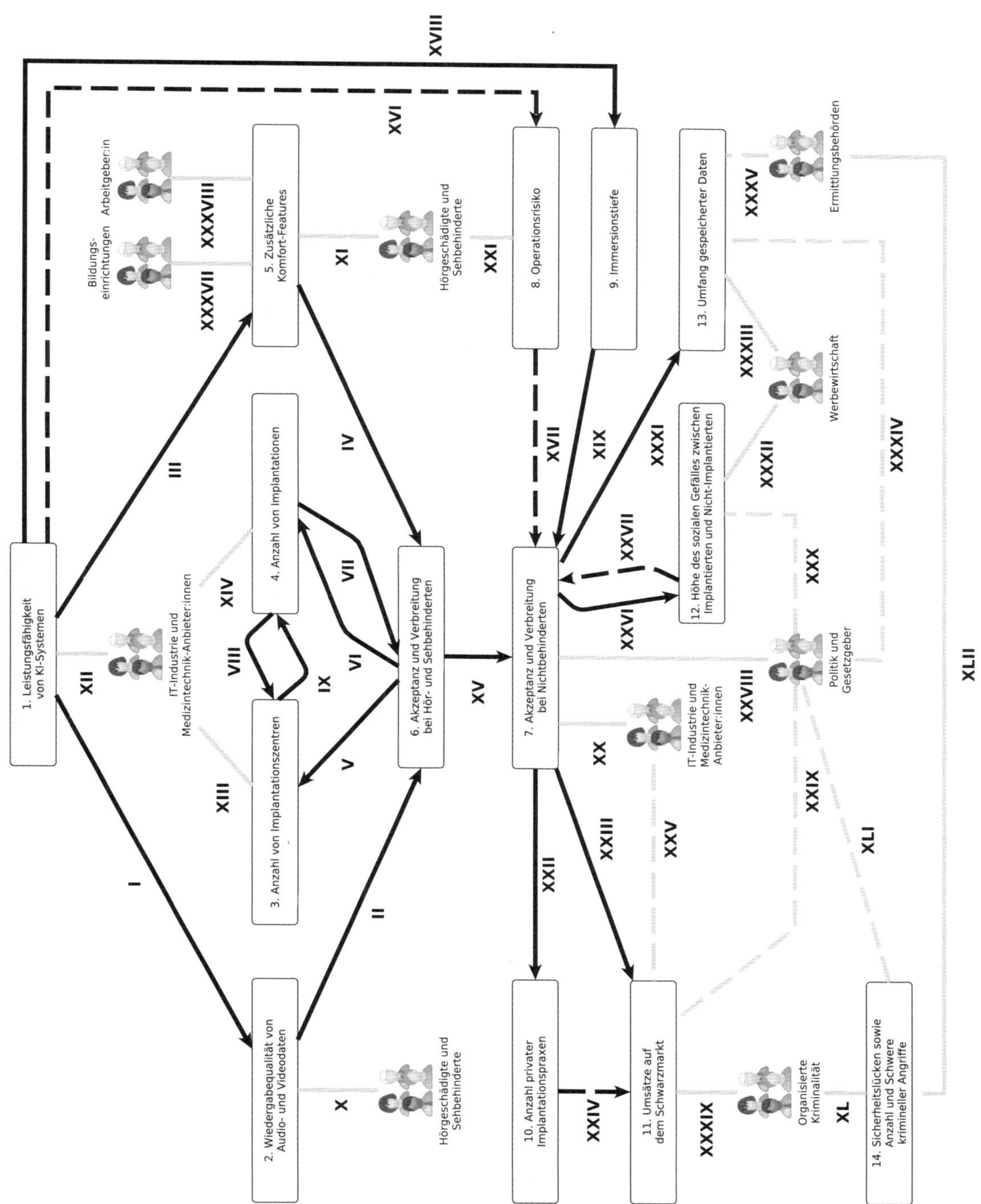

Abbildung 10.12 Wirkungsgefüge für das fiktive Hirnimplantat „Neuro-Loop", achter Schritt

Fazit

Dieses Beispiel zeigt nicht nur die möglichen Dynamiken beim Auftreten einer neuen, extrem in den Alltag eingreifenden Technik, sondern auch die Stärken und Schwächen der Analyse in Form von Wirkungsgefügen. Einerseits treten Akteure und Variablen hervor und es wird deutlich, welche möglichen Stellschrauben es gibt. Andererseits ist das Gefüge statisch. Wie das Gefüge sich durch Ändern von Variablen oder Verhaltensänderungen von Akteuren unter Umständen verändert, lässt sich nicht ohne Weiteres abbilden, wie beispielsweise die Kanten XXIII und XXIV zeigen (vgl. Abschnitt 10.4). Auffällig ist, dass mit zunehmender Entfaltung kaum noch neue Variablen auftauchen, dafür aber neue Akteure, Interessen und Verbindungen. In diesem Fall ist das Ergebnis ein komplexes Wirkungsfüge mit 10 Akteuren, 14 Systemvariablen und mehr als 40 Kanten. Teilweise ist es kaum noch möglich, weitere Variablen und Beziehungen hinzuzufügen. Mögliche Querverbindungen wurden aus Gründen der Übersichtlichkeit weggelassen. Hier kann es sich anbieten, einzelne Teile herauszulösen und die Wirkungsgefüge auf diese Teilbereiche zu beschränken.

Ob sich die Welt mit der neuen, körpernahen digitalen Technik wirklich so entwickeln wird? Die Diskussion hier hat auf jeden Fall gezeigt, dass es Grenzen der hier vorgestellten Methoden zur Technikfolgenabschätzung der digitalen Transformation gibt und dass weiterer Forschungsbedarf besteht. Diese diskutieren wir im letzten Kapitel des Buches.

11 Forschungsbedarfe zu Modellierung, Analyse und Steuerung sozioinformatischer Systeme

In diesem Kapitel stellen wir ein paar Forschungsfragen vor, die sich aus den vorgestellten Methoden ergeben. Wir beginnen mit den offensichtlichen Forschungsfragen zu den Grenzen der vorgestellten Methoden zur sozioinformatischen Analyse und ihrer Weiterentwicklung.

11.1 Forschungsfragen zur Weiterentwicklung und den Grenzen der vorgestellten Methoden zur sozioinformatischen Analyse

In diesem Buch haben wir zwei Typen von sozioinformatischen Analysen vorgestellt. Der grundsätzliche Prozess verläuft in beiden Typen gleichartig:

Phase 1: Beschreibung der technischen Grundlagen.

Phase 2: Identifikation der relevanten sozialen Akteure und ihren Motivationen.

Phase 3: Modellierung als Wirkungsgefüge, um darin nach Erklärungen für beobachtete oder möglicherweise auftretende Dynamiken zu suchen.

Phase 4: Analyse des erarbeiteten Wirkungsgefüge.

Phase 5: Identifikation von Gegenmaßnahmen und „Zweite-Gedanken-Denken".

Wir gehen im Folgenden diese generischen Phasen durch und beschreiben jeweils ihre Limitierungen und, wo es möglich ist, potenzielle Weiterentwicklungen.

11.1.1 Phase 1: Technische Grundlagen und Phase 2: Identifikation der relevanten sozialen Akteure und ihrer Motivationen

Beide Typen der hier vorgestellten sozioinformatischen Analyse sind durch ihre qualitative Natur und die Verwendung einer visuellen Methode, dem Wirkungsgefüge – das nicht beliebig kompliziert werden darf, um analysierbar zu bleiben –, in ihrer Anwendbarkeit und

Aussagekraft beschränkt. Sie beruhen beide darauf, dass das soziointormatische System, das durch den Einsatz einer oder mehrerer informatischer Komponenten entsteht, in einer sehr abstrakten und qualitativen Form dargestellt wird. Aus den in Kapitel 4 genannten Gründen gehen wir dabei davon aus, dass es nicht möglich ist, das System auf objektive Art und Weise zu definieren: Es handelt sich aus unserer Sicht immer um ein Modell, das abstrahiert und auf den jeweiligen Zweck der Analyse angepasst sein muss. Daher sind Phasen 1 und 2 notwendigerweise abhängig von subjektiven Entscheidungen des Analyseteams. Das schließt sowohl die Auswahl der zu beschreibenden technischen Grundlagen ein als auch die Auswahl der sozialen Akteure und die Identifikation ihrer möglichen Motivationen. So wäre vermutlich kein amerikanisches Analyseteam des Werbenetzwerkes *AdSense* auf die Idee gekommen, dass mazedonische Jugendliche im Sommer 2016 unter Arbeitslosigkeit leiden könnten und dann versuchen würden, das System so lange mit verschiedenen Varianten von skandalisierten politischen Fake News zu testen, bis sie die optimale (ertragsmaximierende) Werbestrategie finden.

Trotz dieser Einschränkung herrscht unserer Erfahrung nach bei der Identifikation der maßgeblichen sozialen Akteure im Analyseteam relativ schnell Einigkeit, welche sozialen Akteure berücksichtigt werden sollen. Das passiert weniger schnell für die Anzahl und Art der Systemvariablen, die in der nächsten Phase identifiziert werden müssen.

11.1.2 Phase 3: Erstellen des Wirkungsgefüges

Welche Systemvariablen für ein Wirkungsgefüge wirklich relevant sind, stellt sich meistens erst nach mehreren, sich miteinander abwechselnden Runden der Reduktion, Neubenennung und möglicherweise Addition von Systemvariablen heraus. In den meisten Fällen sind auch die resultierenden Wirkungsgefüge zweier Gruppen mit demselben Arbeitsauftrag nicht identisch. Das ist aber für sich genommen nicht problematisch: Das Wirkungsgefüge hat in einer phänomeninduzierten soziointormatischen Analyse den Zweck, die Entstehung eines soziointormatischen Phänomens zu plausibilieren – diese Plausibilisierung kann in unterschiedlichen Gruppen jeweils anders aussehen. Meistens werden die Systemvariablen zweier Wirkungsgefüge aber aufeinander abbildbar sein: So nennt die eine Gruppe die Systemvariable vielleicht „Werbeeinnahmen der Jugendlichen“, die andere „Höhe der Ausschüttung des Werbenetzwerkes“. Solange das Wirkungsgefüge in der Struktur gleich bleibt, ist also die reine Bezeichnung der Variablen weniger relevant.[1] Ein abschließendes Qualitätskriterium, nach dem man entscheiden könnte, dass nun das bestmögliche Wirkungsgefüge zur Beschreibung eines Phänomens oder einer durch ein informatisches Artefakt implementierten Anreizstruktur entwickelt wurde, ist allerdings nicht bekannt. Hier wäre es begrüßenswert, weitere Methoden zu entwickeln, die dabei helfen, die Wirkungsgefüge über die Resultate von mehreren Gruppen hinweg zu konsolidieren und die Güte eines Wirkungsgefüges zu beurteilen.

Die größte Schwäche des Ansatzes liegt aber sicherlich in der sehr beschränkten Ausdrucksfähigkeit des gewählten Typus von Wirkungsgefügen: Jede Kante kann nur darstellen, dass eine sehr schwache Form der Kausalität vorliegt, die entweder agonistischer

[1] In der Graphentheorie würde man fordern, dass die beiden Wirkungsgefüge isomorph zueinander sind, dass es also eine bijektive Abbildung zwischen den Knotenmengen gibt, die die Kantenstruktur erhält.

oder antagonistischer Natur ist. Inhärent sind damit alle Beziehungen monokausal: Eine Beziehung der Form „C wird erhöht, wenn gleichzeitig A erhöht und B verringert wird" kann grundsätzlich nicht abgebildet werden. Auch die im letzten Kapitel genannten Beziehungen, in denen eine kausale Beziehung erst agonistisch und später antagonistisch ist, lässt sich nicht ausdrücken. Genauso wenig können Schwellwerte angegeben werden, innerhalb derer die dargestellte Beziehung existiert und außerhalb derer sie nicht existiert.

In Abschnitt 9.6 trafen wir auf das Problem, dass die generische Systemvariable „Nutzung aufmerksamkeitsheischender und aufmerksamkeitsbindender Techniken" in der spezifischen Anpassung auf die Coin-Master-App aufgeteilt werden musste: Auf die Stellung einer komplexen Aufgabe, die für sich genommen noch die Freude am Spiel erhöht, in Zusammenwirkung mit den zu ihrer Lösung notwendigen (aber begrenzten) Drehversuchen aber in Frustration umschlägt. Der Gesamtprozess verringert damit die Freude am Spielen, was eine notwendige Eigenschaft einer Technik ist, um sie als aufmerksamkeitsheischend zu klassifizieren. Es ist zu erwarten, dass solche Aufsplittungen einer generischen Systemvariablen in ein kleines Sub-Wirkungsgefüge häufiger auftreten werden – momentan wäre es aber in dem gewählten Typ Wirkungsgefüge nicht möglich, das Sub-Wirkungsgefüge als Ganzes über eine antagonistischen Kante mit der Systemvariablen „Freude am Spiel" zu verbinden.

Alle diese Probleme könnten prinzipiell durch mächtigere Typen des Wirkungsgefüges mit einer verfeinerten Semantik gelöst werden. Es wäre sowohl möglich, in einer Kausalbeziehung (Kante zwischen Systemvariablen) die Werte mehrerer Systemvariablen zusammenzufassen, um ihren Einfluss auf eine andere zu modellieren, als auch Meta-Knoten einzufügen, die eine Teilmenge des Wirkungsgefüges betrachten und deren Einfluss auf andere Systemvariablen als Ganzes beschreiben. Welche Variante für Verfeinerungen der sozioinformatischen Analysen den meisten Nutzen bringt, ist somit sicherlich eine interessante Forschungsfrage.

11.1.3 Phase 4: Analyse des Wirkungsgefüges

Basierend auf den Grenzen des Wirkungsgefüges sind natürlich auch die Analysemethoden eingeschränkt: Die Stärke der Feedbackzyklen kann beispielsweise aufgrund der rein qualitativen Kausalbeziehungsbeschreibungen nicht bestimmt werden. Muster, die aus mehreren Kanten bestehen, sind daher auch in ihrer Dynamik kaum noch vorhersagbar: Es könnte beispielsweise sein, dass die einzelnen Kausalbeziehungen sich in ganz unterschiedlichen Zeitintervallen auswirken, wodurch der zeitliche Ablauf schwierig vorherzusagen ist. Das illustrieren wir anhand der mazedonischen Jugendlichen, die sich in den amerikanischen Präsidentschaftswahlkampf einmischten (siehe Abschnitt 5.1): Während beispielsweise das Ausspielen von Werbung in Millisekunden beim Aufruf einer Webseite erfolgt (Kante X im Wirkungsgefüge aus Abbildung 5.9), waren die Erkenntnisse, die die Jugendlichen über die Reichweite von Fake News über Sanders, Trump und Clinton gewannen, doch eher eine Sache von Stunden bis Tagen (Kante XI). Damit wird die Gesamtdynamik von dieser letzten Kante dominiert.

Die in Phase 2 identifizierten Motivationen können in ihrer Stärke ebenfalls nur schlecht quantifiziert werden. Im Wirkungsgefüge aus Abbildung 9.4 haben wir beispielsweise dargestellt, dass Spieler:innen zwar Freude am Spiel „Coin Master" haben wollen, gleichzeitig aber auch den Frust nicht mögen, der entsteht, wenn sie eine Aufgabe nicht mehr beenden können. Welches der beiden Gefühle stärker ist, ließe sich höchstens durch eine empirische Studie feststellen, die aber bezogen individuelle Spieler:innen vermutlich nur eine geringe Vorhersagekraft hätte.

Nicht zuletzt gibt es natürlich in der Realität kaum tatsächlich unbegrenzte Rückkopplungszyklen: Die meisten Systemvariablen können an irgendeiner Stelle nicht weiter steigen oder sinken, beispielsweise weil sie durch die endlichen Ressourcen der Erde beschränkt sind. Diese Information steckt allerdings nicht im Wirkungsgefüge, sie muss bei der Analyse aber mitbedacht werden.

Zusammenfassend lässt das qualitative Wirkungsgefüge keinerlei quantitative Abschätzungen der möglichen Dynamiken zu. Ob und inwieweit hier andere Wirkungsgefüge neue Analysen zulassen, ist somit ebenfalls eine Forschungsfrage. Es ist aus unserer Sicht unwahrscheinlich, dass man für viele relevante sozioinformatische Phänomene in der Lage sein wird, die groben Kategorisierungen der Kausalbeziehungen in Wirkungsgefügen durch quantitative Formeln ersetzen zu können.

11.1.4 Phase 5: Identifikation von Gegenmaßnahmen und „Zweite-Gedanken-Denken"

Die Phase 5 in der phänomeninduzierten sozioinformatischen Phase kann relativ systematisch durchgeführt werden, indem man jede Kante des erstellten Wirkungsgefüges der Reihe nach durchgeht und prüft, ob man die zugrundeliegende Kausalbeziehung so verändern könnte, dass eine unerwünschte Technikfolge abgeschwächt oder verhindert wird. Eine Herausforderung in Phase 5 der technikinduzierten sozioinformatischen Analyse besteht in der kombinatorische Explosion der möglichen Szenarien, die insbesondere aus der möglichen Interaktion mit anderen Techniken resultiert. Diese kombinatorische Exploration der möglichen Zukünfte, die allgemein bei der Technikfolgenabschätzung auftritt, machte es unmöglich, sie vollständig zu analysieren oder auch nur vollständig aufzuzählen. Im Folgenden berichten wir von einem Phänomen, das aus der Kombination dreier Techniken, nämlich des TikTok-Empfehlungsalgorithmus, des 3D-Drucks und der sozialen Plattformen, auf denen 3D-Druck-Modelle geteilt werden können, zu einer bisher unbekannten Kollaboration unter einander fremden Menschen mit einer völlig unerwarteten Innovationsgeschwindigkeit geführt hat. Das Phänomen wäre im Prinzip als Technikfolge vorherzusagen gewesen, aber sicherlich wäre niemand im Rahmen einer solchen Analyse auf die Idee gekommen, gerade diese Kombination von Techniken zu betrachten.

Die Geschichte beginnt mit einem TikTok Video von Jimmy Choi [The Optimist Daily, 2021]. Er erhielt eine Diagnose „Parkinson" 2003 im Alter von 27 Jahren und engagiert sich in der Michael-J.-Fox-Stiftung als Teil des Patientenbeirats. Er postet auf TikTok unter dem Nutzernamen *jcfoxninja* insbesondere über seine sportlichen Aktivitäten, um anderen Patienten Mut zu machen, zeigt aber auch Ausschnitte aus seinem Leben. Am 28.12.2020 veröffentlichte er ein sehr kurzes Video zu den Klängen von Taylor Swifts Lied „Shake it off", in dem er zeigt, wie schwierig es für ihn ist, seine Medikamente einzunehmen, weil die Pillen so klein sind [2]. Dieses wenige Sekunden lange Video wurde schnell von Zehn-

[2] https://www.tiktok.com/@jcfoxninja .

tausenden geliked und motivierte einen anderen Nutzer namens Brian Alldridge dazu, einen Behälter zu entwickeln, der kleine Pillen durch einen einfachen Mechanismus vereinzelt. Das Modell hat er für einen 3D-Drucker aufbereitet, obwohl er selbst gar keinen hat und dies auch sein erstes Modell für einen 3D-Drucker war: Eigentlich müsste man hier in die Analyse daher noch weitere Software aufnehmen, denn Brian Alldridge musste sich zunächst in die CAD-Software *Fusion* von AutoDesk einarbeiten – vermutlich mit Tutorials auf *YouTube* oder einer digitalen Lernplattform wie *Udemy*. Am 31. Dezember 2020 veröffentlichte er sein Design auf *Thingiverse*, einer sozialen Plattform, auf der 3D-Druck-Modelle ausgetauscht und weiter optimiert werden können. In einem Interview mit *FreeThink* berichtete Alldridge davon, dass sich Tausende bei ihm gemeldet hätten, die sein Design drucken wollten [Houser, 2021]. Inzwischen gibt es mehrere Remixe, und gemeinschaftlich ist bis zum 06.01.2021 die Version 5.0 entwickelt worden. Eine der Versionen wurde an Jimmy Choi geschickt, der sie inzwischen ausprobiert hat und begeistert ist. Interessanterweise führt Alldridge das Phänomen hauptsächlich auf die Wirkungsweise von TikToks Empfehlungsmechanismus und Designentscheidungen zurück: Die Startseite der App listet die von TikTok empfohlenen Videos auf, die eben nicht nur von den Konten stammen, denen man aktiv folgt. Stattdessen werden inhaltliche Gemeinsamkeiten zwischen Videos gesucht und weitere Informationen, wie der Standort und die Sprachen der Nutzerinnen und Nutzer herangezogen. Dadurch ist auf TikTok möglich, was auf Instagram schwierig ist, nämlich mit einem relativ kleinen Account oder einem, der eigentlich ein anderes Publikum hat, die Community zu erreichen, die sich für den Inhalt interessiert. Im Interview mit Kirsten Houser von *FreeThink* formuliert Alldridge es so: „The way that the app prioritizes content that people engage with on a per-view basis allows for all ideas to be considered by the user's peers on the app, rather than a situation where highly subscribed creators dominate the main space regardless of interest" [Houser, 2021].

Damit kann also im Nachhinein gut plausibilisiert werden, welche Designentscheidungen die außerordentlich schnelle Innovationsentwicklung begünstigt haben. Es ist aber unmöglich, zum Zeitpunkt dieser Designentscheidungen einen solchen Effekt vorherzusagen, da man dazu explizit die Interaktionen der TikTok-Nutzer:innen mit allen anderen hier genannten informatischen Artefakten hätte untersuchen müssen. Die exponentielle Anzahl der Kombinationen verschiedenster Elemente, die man für eine vollständige Technikfolgenabschätzung untersuchen müsste, machen es also prinzipiell und unabhängig von den verwendeten Methoden unmöglich, alle Technikfolgen zur Designzeit zu erkennen.

Ebenso ist die Durchführbarkeit einer Technikfolgenabschätzung bei der Einführung einer völlig neuen Software mit sehr vielen Einzelkomponenten oder gar einem disruptiven, digitalen Geschäftsmodell aus unserer Sicht noch Gegenstand der Forschung.

Ein anderes Gebiet der Forschung betrifft die Frage nach generellen Mustern an sozioinformatischen Phänomenen, die sich in Form von generischen Wirkungsgefügen fassen lassen.

11.2 Forschungsfragen zur Aufstellung, Verwendung und den Grenzen der Nutzung von generischen Wirkungsgefügen

In Buchteil III haben wir verschiedene generische Wirkungsgefüge besprochen, die genutzt werden können, um bei einer technikinduzierten sozioinformatischen Analyse schon vor Einsatz eines informatischen Artefaktes gewisse erwartbare Technikfolgen zu identifizieren. Diese können dann im Rahmen einer phänomeninduzierten sozioinformatischen Analyse auf mögliche Gegenmaßnahmen untersucht werden, um damit die Implementierung von Anfang an so zu gestalten, dass unerwünschte Technikfolgen verringert werden. Es ist hochwahrscheinlich, dass es noch deutlich mehr dieser generischen Wirkungsgefüge gibt; es wäre hier daher wünschenswert, einen Katalog von generischen Wirkungsgefügen zu erstellen. Ihre Verwendung haben wir hier angedeutet und verschiedene Situationen porträtiert, in denen ihre Anpassung gewissen Bedingungen unterworfen ist: So ist es manchmal notwendig, Systemvariablen aufzusplitten, weitere Systemvariablen hinzuzufügen oder Kanten zu entfernen, weil sie in der spezifischen Situation doch nicht plausibel sind. Hier gibt es weiteren Forschungsbedarf zu einer Charakterisierung der notwendigen Anpassungsschritte, wann diese jeweils erforderlich sind und wie diese am besten umzusetzen sind. Nicht zuletzt fehlt noch eine Beschreibung der Grenzen der Nützlichkeit dieser generischen Wirkungsgefüge.

Damit kommen wir zu einer letzten Forschungsfrage: Ein Phänomen, das wir in der Diskussion rund um die generischen Wirkungsgefüge für personalisierte Dienstleistungen schon angesprochen haben (siehe Abschnitt 8.1), ist, dass die Ungleichbehandlung von immer stärker granularisierten Nutzergruppen durch personalisierte digitale Dienste von der Gesellschaft als ungerecht, als „diskriminierend" wahrgenommen wird. Hier ergeben sich also im interdisziplinären Bereich zwischen Jura, Informatik, Philosophie und Soziologie weitere Forschungsfragen, die wir im nächsten Abschnitt anhand der Forschungsergebnisse einer Studie im medizinischen Bereich illustrieren.

11.3 Forschungsfragen zur Ungleichbehandlung durch Empfehlungssysteme und Personalisierung

Je mehr algorithmische Empfehlungssysteme es gab, desto mehr Stimmen wurden laut, dass ein Teil der Ungleichbehandlungen durch Empfehlungssysteme im Allgemeinen und durch Personalisierung im Speziellen zu Diskriminierungen führen könnten: Schon 2013 machte Latanya Sweeney darauf aufmerksam, dass bei der Suche nach Namen, die eher von Afroamerikaner:innen getragen werden als von weißen Amerikaner:innen, die eingeblendeten Anzeigen neben den organischen Suchergebnissen öfter Werbung für die Überprüfung auf mögliche Haftstrafen enthielten [Sweeney, 2013]. Einen solchen Service gibt es in Deutschland nicht, in den USA ist es aber möglich, zu überprüfen, ob ein potenzieller neuer Mieter oder neue Mieterin vorbestraft ist. Die Einblendung der Werbung war dabei anscheinend unabhängig davon, ob die Person tatsächlich eine Vorstrafe hatte oder nicht [Sweeney, 2013]. In ihrem Buch „Algorithms of Oppression" berichtet Safiya Noble von weiteren Untersuchungen zu Googles Suchergebnissen und der Suchvervollständigung, die die Schlechterstellung von Afroamerikanerinnen und Afroamerikanern zementieren [Noble, 2018]. Zum Verständnis dieser Perpetuierung von Vorurteilen kann im Prinzip dasselbe Wirkungsgefüge verwendet werden wie bei der Personalisierung von Inhalten: Werden falsche Stereotype in der Suchvervollständigung oder bei einer Suche an hohen Positionen angezeigt, ist es wahrscheinlich, dass Menschen diesen Hinweisen folgen und damit Signale generieren, die dem Empfehlungsalgorithmus als Grundlage dienen, die Inhalte auch weiterhin in Top-Positionen zu belassen.

Neben diesen Problem mit personalisierten Empfehlungsalgorithmen wird der Vorwurf der Diskriminierung auch an anderen Stellen bei der Reaktion von informatischen Artefakten erhoben: Joy Buolamwini hatte im Rahmen ihrer Doktorarbeit am MIT immer wieder mit Gesichtserkennungssystemen zu tun und bemerkte, dass diese ihr Gesicht nicht als Gesicht erkannten [Buolamwini, 2016]. Erst, wenn sie sich eine weiße Papiermaske vor das Gesicht hielt, wurde sie vom System erkannt. Sie konnte später nachweisen, dass das vor allen Dingen an Trainingsdaten lag, in denen dunkelhäutige Gesichter unterrepräsentiert waren [Buolamwini and Gebru, 2018]. Sie gründete basierend auf ihren Erfahrungen die *Algorithmic Justice League*[3] und hat mit ihrer Arbeit dazu beigetragen, dass Gesichtserkennungssysteme heute deutlich besser arbeiten.

Um als Informatiker:in zu erkennen, wann ein Empfehlungssystem möglicherweise diskriminierende Empfehlungen geben könnte, ist es hilfreich, sich zuerst damit auseinanderzusetzen, was eine rechtlich relevante Diskriminierung ausmacht. Wir starten mit einer Übung, bevor wir eine Definition des rechtlichen Diskriminierungsbegriffes liefern.

Übungsaufgabe 24:

Diskutieren Sie über den Begriff der Diskriminierung.

1. Was bedeutet für Sie Diskriminierung?
2. Kennen Sie Beispiele aus Ihrem Alltag oder den Nachrichten, bei denen eine Ungleichbehandlung, aber keine rechtliche Diskriminierung vorlag? Versuchen Sie ansonsten, solche Fälle zu recherchieren, die aus Ihrer Sicht überraschend von Gerichten nicht als diskriminierend gewertet wurden und diskutieren Sie diese.

■

[3] *https://www.ajl.org*

Definition 22: Diskriminierung

Eine Diskriminierung liegt vor, wenn in einem durch geltendes Gesetz festgelegten **Kontext** eine „benachteiligende, ungerechtfertigte Ungleichbehandlung von Personen in Anknüpfung an ein geschütztes Merkmal" vorliegt [Orwat, 2019]. ■

Einen Überblick über die Merkmale, auf deren Basis rechtlich laut verschiedenen nationalen und europäischen Gesetzen (Grundgesetz für die Bundesrepublik Deutschland (GG), Allgemeines Gleichstellungsgesetz (AGG), Europäische Datenschutzgrundverordnung (DSGVO) und die Charta der Grundrechte der Europäischen Union (EU FR-Charta)) keine Ungleichbehandlung stattfinden darf, ist in der Tabelle 11.1 aufgeführt: Man erkennt, dass schon auf dieser Ebene nicht jedes Merkmal durch alle Gesetze gleich geschützt ist. Zudem definieren die meisten der Gesetze noch verschiedene Kontexte, in denen es unzulässig ist, nach diesen Merkmalen zu diskriminieren, während es in anderen zulässig sein kann.

Tabelle 11.1 Rechtlich geschützte Merkmale nach [Orwat, 2019], mit eigener Ergänzung in der letzten Spalte für die Charta der Grundrechte der Europäischen Union

Geschützes Merkmal	Art. 3 GG	§§1 u. a. AGG[4]	Erwg. 71 DSGVO	Art. 9 DSGVO	Art. 21 EU FR-Charta
Rasse[5] oder ethnische Herkunft	ja	ja	ja	ja	ja
Abstammung, Heimat, Herkunft	ja	–	–	–	–
Geschlecht	ja	ja	–	–	ja
Sprache	ja	–	–	–	ja
Politische und sonstige Meinung bzw. Anschauung	ja	–	ja	ja	ja
Religion und Weltanschauung	ja	ja	ja	ja	ja
Behinderung	ja	ja	–	–	ja
Alter	–	ja	–	–	ja
Gewerkschaftszugehörigkeit	ja[6]	–	ja	ja	ja
Genetische Merkmale bzw. Anlagen und Gesundheitszustand	ja	–	ja	ja	ja
Biometrische Merkmale	–	–	–	ja	ja
Sexualleben, sexuelle Identität bzw. Orientierung	–	ja	ja	ja	ja

4 Darin besteht eine abgestufte Verwendung der Merkmale, z. B. gilt „politische Weltanschauung" nicht im Zivilrechtsteil (siehe z. B. [Wersig, 2017] (zitiert nach [Orwat, 2019])).

5 Aus biologischer Sicht gibt es keine „Rassen" des Menschen [Templeton, 1998]. Es ist umstritten, ob dieser Begriff weiterhin in den Gesetzestexten verwendet werden sollte oder nicht [Deutscher Bundestag, 2020b]. Wir zitieren den Begriff hier nur, weil er in der Formulierung der untersuchten Gesetzestexte so steht.

6 Nach Art. 9, Abs. 3 GG.

Es gibt daher eine Reihe von Fällen, in denen wir als Gesellschaft eine Situation oder ein Verhalten als „Diskriminierung“ ansehen würden, bei denen der rechtlichen Tatbestand einer Diskriminierung aber nicht erfüllt ist. Insbesondere werden die Stimmen immer lauter, die in der Verwendung von Algorithmen und Softwaresystemen Diskriminierungspotenzial sehen: Carsten Orwart vom Institut für Technikfolgenabschätzung und Systemanalyse hat hierzu in seinem Bericht „Diskriminierungsrisiken durch Verwendung von Algorithmen“ [Orwat, 2019] für die Antidiskriminierungsstelle des Bundes über 40 Beispiele von Fällen mit potenziellen Diskriminierungsrisiken aufgeführt, von denen nicht alle heute schon rechtlich einer Diskriminierung entsprechen. Und Christoph Kucklick warnte schon 2014 ganz allgemein davor, dass die durch informatische Systeme mögliche, immer kleinteiligere Granularisierung der Nutzer:innen sich auch in gesellschaftlich problematischen Differenzierungen zeigen wird, wenn Menschen, die Zugang zu diesen granularisierenden Softwaresystemen haben, sie nutzen, um Macht auszuüben. Er spricht in diesem Kontext von der *Kontroll-Revolution* [Kucklick, 2014]. Im Folgenden zeigen wir anhand einer Studie, wie es durch den Einsatz von informatischen Komponenten zu einer Granularisierung kommt, die zu einer gesellschaftlich problematischen Ungleichbehandlung führt, die momentan aber gesetzlich nicht als unzulässige Diskriminierung gilt. Damit stellt sich die Frage, ob der gesetzliche Rahmen an die neuen Möglichkeiten der *Kontroll-Revolution* angepasst werden muss und kann.

Personalisierung von Werbung für medizinische Produkte

Die Forschung zu Stammzellen und ihren Möglichkeiten zur Behandlung unterschiedlichster Krankheitsbilder ist ein wachsendes Forschungsfeld mit zum aktuellen Zeitpunkt jedoch wenigen für die Humanmedizin nutzbaren Therapieplänen. Zum Zeitpunkt des Erscheinen dieses Buches gibt es neben Behandlungen von Blut- und Hauterkrankungen sowie von Hornhautschäden keine nachweislich sicheren und wirksamen Stammzelltherapien für andere Erkrankungen oder Leiden [EuroStemCell, 2020]. Trotz des Mangels an etablierten Behandlungsprotokollen erlebt die Direktvermarktung von Stammzellbehandlungen für verschiedenste Krankheiten (einschließlich Parkinson, Multiple Sklerose und Diabetes) durch private Kliniken in digitalen Räumen jedoch einen regelrechten Boom [Caulfield et al., 2016].

Diese Kliniken und Anbieter vermarkten vermeintlich „etablierte“ Stammzellbehandlungen und richten sich mit ihrer Werbung an Personen mit teilweise ausweglosen Krankheitsbildern [Petersen et al., 2017]. Häufig sind für die angebotenen kommerziellen Stammzellbehandlungen wenige bis gar keine klinischen Nachweise für die Sicherheit oder Erfolgsaussichten bekannt [EuroStemCell, 2020, ISSCR, 2019]. Diese Kliniken verwenden einen beträchtlichen Teil ihres Budgets für spezielle Online-Marketingaktivitäten, um neue Patienten und Patientinnen zu rekrutieren [MacGregor et al., 2019]). Die herbei gezielt adressierte Bevölkerungsgruppe lässt sich als höchst vulnerable Gruppe bezeichnen, weil diese Personen oft kurz davor stehen, ihre Autonomie zu verlieren und alles unternehmen würden, um diesen Verlust abzuwenden. Die Kliniken verwenden unter anderem die von verschiedenen Suchmaschinen angebotene Möglichkeit, dass ihre Werbung für Stammzelltherapien bei der Suche nach bestimmten Begriffen gezielt angezeigt werden können, um mit möglichen Patientinnen und Patienten in Kontakt zu kommen [Rashtchy et al.,

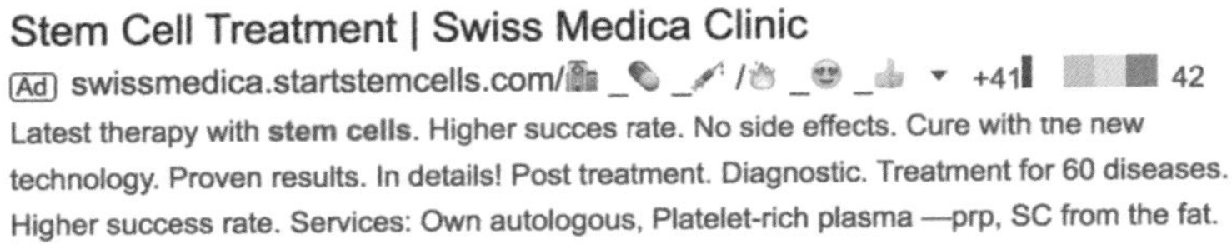

Stem Cell Treatment | Swiss Medica Clinic

Ad swissmedica.startstemcells.com/ +41 42

Latest therapy with **stem cells**. Higher succes rate. No side effects. Cure with the new technology. Proven results. In details! Post treatment. Diagnostic. Treatment for 60 diseases. Higher success rate. Services: Own autologous, Platelet-rich plasma —prp, SC from the fat.

Abbildung 11.1 Onlinewerbung für Stammzellentherapie auf Google vom 30.09.2019, Abbildung aus [Reber et al., 2020]

2007, Master et al., 2014].[7] So spielen Suchmaschinen, Onlinewerbung und insbesondere die Werbenetzwerke eine entscheidende Rolle bei diesem Phänomen [Muthukrishnan, 2009, Google, 2019a, Google, 2020a].wdAngesichts des steigenden Bekanntheitsgrades von Online-Direktbehandlungen mit Stammzellen für Verbraucher:innen haben traditionelle medizinische Institutionen eindringliche Warnungen vor den Risiken für Patienten im Zusammenhang mit experimentellen Behandlungen sowie kollektive Forderungen nach einer strengeren Regulierung für Verbraucher:innen veröffentlicht (z. B. [Cohen and Cohen, 2010, Lysaght et al., 2017, Sipp et al., 2017, Regenberg et al., 2009, McLean et al., 2015]). Diese Aufrufe folgten auf eine Reihe von Fällen, in denen Privatkliniken geschlossen wurden, nachdem Patienten nach der Behandlung schwere Körperverletzungen erlitten hatten oder starben [Mendick and Hall, 2011]. Prinzipiell verbietet Google Werbung in einigen sensiblen Kategorien [Google, 2020b]. Als Reaktion auf die oben genannten Forderungen kündigte das Unternehmen im September 2019 an, stammzellbezogene experimentelle medizinische Behandlungen ab dem 1. Oktober 2019 rigoros zu verbieten [Google, 2019b, Biddings, 2019]. In einer Studie der TU Kaiserslautern gemeinsam mit der University of Edinburgh und EuroStemCell[8] konnte aber gezeigt werden, dass zumindest bis Februar 2020 weiterhin solche Anzeigen (siehe z. B. Abbildung 11.1) an vulnerable Personengruppen ausgespielt wurden [Reber et al., 2020].

Es geht aber nicht nur um die Bewerbung von Therapien mit unbekannter Heilungschance – hier sind sich Werbenetzwerke, Mediziner:innen und Gesellschaft einig, dass eine solche Bewerbung unterbunden werden muss und die informatische Seite dieses Prozesses bemüht sich, dieses Phänomen zu unterbinden. Die von den informatischen Komponenten identifizierte vulnerable Gruppe der an Parkinson Erkrankten kann aber auch für andere Werbung empfänglich sein, bei der die Frage danach, ob es sich hier um eine zulässige Personalisierung handelt oder nicht, eine offene Forschungsfrage ist: So ist bekannt, dass an Parkinson erkrankte Personen durch ihre Behandlung mit **Dopaminagonisten** eine erhöhte Suchttendenz haben: Dopaminagonisten sind Wirkstoffe, die ebenso wie Dopamin in der Lage sind, Dopamin-Rezeptoren im Körper der Erkrankten zu stimulieren. Eine bekannte Nebenwirkung von Dopaminagonisten sind Schwankungen zwischen zu hoher und zu niedriger Dopaminsättigung auf täglicher Basis. Da Dopamin einer der bedeutendsten neuronalen Botenstoffe im zentralen Nervensystem ist, hat diese Über-/Unterversorgung für die Erkrankten eine Störung der Impulskontrolle zur Folge. Das erhöhte Risiko für Patientinnen und Patienten, eine Sucht wie Essstörungen (4,3 %),

7 Eine detaillierte Beschreibung dieses Vorgehens ist dem arXiv Artikel „Internet Advertising: An Interplay among Advertisers, Online Publishers, Ad Exchanges and Web Users" [Yuan et al., 2012] zu entnehmen.

8 Ein von der EU finanziertes Projekt, das Stammzellenforscher aus ganz Europa umfasst, *www.eurostemcell.org* .

Kaufräusche (5,7 %) oder Glückspielsucht (5 %) zu entwickeln, ist hierbei gut dokumentiert [Weintraub et al., 2010, Parkinson's UK, 2020]. Sie wären damit vermutlich auch empfänglicher für Werbung für Online-Casinos oder könnten in Spielen wie dem schon erwähnten „Coin Master" stärker dazu verführt werden, hier viel Geld zu investieren.

Aus dem Beispiel lassen sich mindestens drei verschiedene Forschungsfragen ableiten. Zuerst geht es um die Frage danach, was eine geschützte Eigenschaft sein sollte in Zeiten von digitalen Empfehlungssystemen. Heutige Antidiskriminierungsgesetze beruhen auf den Differenzierungsaspekten, die Menschen schnell und häufig erfassen: So ist die Hautfarbe eines der Merkmale eines anderen Menschen, das visuell schnell wahrgenommen werden kann, ähnlich verhält es sich bei der groben Einschätzung des Alters eines Gegenübers. Dagegen könnte ein Mensch die subtilen Hinweise, die Algorithmen aus dem digitalen Verhalten von Onlinenutzer:innen erfassen, überhaupt nicht differenzieren: Weder beim Abschluss eines Mietvertrages noch beim Einstellungsgespräch kann ein Mensch einer anderen Person ansehen, dass diese kurz davor ist, an Alzheimer zu erkranken, und einen Vertragsabschluss an dieser Information ausrichten. Diese erhöhte Sensibilität für die Eigenschaften, die Menschen voneinander unterscheiden, die im Sinne der Kontroll-Revolution [Kucklick, 2014] für die Betreiber:innen solcher algorithmischen Systeme verfügbar sind, sollte daher bei der Frage danach, ob eine unzulässige Diskriminierung vorliegt, berücksichtigt werden.

Zweitens haben wir genannt, dass an Parkinson erkrankten Personen möglicherweise auch durch andere Werbungen gezielt angesprochen werden könnten, die ihre Situation ausnutzen können. Auch wenn diese Technikfolgen aufgrund der in diesem Buch dargelegten psychologischen und informatischen Wirkmechanismen plausibel sind, bedürfen sie der weiteren Forschung. Auf der einen Seite wäre es wichtig zu verstehen, inwieweit bestimmte Gruppen im Allgemeinen durch das Ökosystem von Suchmaschinen, Nutzerprofilen und personalisierter Werbung schon heute in einer Art und Weise Werbung zugespielt bekommen, die bei ihrem Bekanntwerden gesellschaftlich keine Akzeptanz fände. Solche Fragen sind heute aufgrund der fehlenden direkten Zugänge zu den Daten der intermediären Plattformen und auch der gesundheitlichen Informationen über Nutzer:innen nur in ausgewählten, langwierigen und kostspieligen Untersuchungen zu beantworten. Hier ergibt sich die Frage, ob und wie solche Untersuchungen bedarfsgerecht und effizient durchgeführt werden könnten.

Daraus folgt zuletzt die dritte Frage, die rechtlich-gesellschaftlicher Natur ist: Welche Formen der Personalisierung will die Gesellschaft langfristig? Wo schlägt eine gewollte Personalisierung in eine ungewollte Diskriminierung um?

Das Studienfeld der Sozioinformatik ist voll von diesen und artverwandten Fragen, die regelmäßig die Perspektiven der verschiedensten Wissenschaftsfelder bedürfen: Von der Soziologe über die Rechts-, Politik- und Wirtschaftswissenschaften bis hin zur Psychologie und Philosophie. Aus der Sicht der Sozioinformatik können die gesellschaftlichen Fragen zur digitalen Transformation daher nur gemeinsam beantwortet werden und nur gemeinsam können die informatischen Artefakte so gestaltet werden, dass sie die Gesellschaft auf ihrem Weg durch die digitale Transformation bestmöglich unterstützen. Wir hoffen daher, dass die vorgelegten Methoden und Überlegungen in allen beteiligten Disziplinen auf fruchtbaren Boden stoßen, damit wir uns gemeinsam den vor uns liegenden Herausforderungen stellen können.

Literatur

[Ahmad et al., 2019] Ahmad, M. U., Hanna, A., Mohamed, A.-Z., Schlindwein, A., Pley, C., Bahner, I., Mhaskar, R., Pettigrew, G. J., and Jarmi, T. (2019). A systematic review of opt-out versus opt-in consent on deceased organ donation and transplantation (2006–2016). *World Journal of Surgery*, 43.

[Akbari et al., 2019] Akbari, H., Khalighinejad, B., Herrero, J. L., Mehta, A. D., and Mesgarani, N. (2019). Towards reconstructing intelligible speech from the human auditory cortex. *Scientific Reports (Nature Publisher Group)*, 9(1). Audiobeispiele: *https://www.nature.com/articles/s41598-018-37359-z#Sec21*. Abgerufen am 25.02.2021.

[Alter, 2018] Alter, A. (2018). *Unwiderstehlich: der Aufstieg suchterzeugender Technologien und das Geschäft mit unserer Abhängigkeit.* eBook Berlin Verlag, Berlin.

[Anderson, 2006] Anderson, C. (2006). *The Long Tail.* Hyperion Books, New York.

[Anson and Perelman, 2017] Anson, C. M. and Perelman, L. (2017). *BAD IDEAS ABOUT WRITING*, chapter Machines can Evaluate Writing Well, pages 278–286. West Virginia University Libraries, Digital Publishing Institute, Morgantown, WV.

[Antidiskriminierungsstelle des Bundes, 2017] Antidiskriminierungsstelle des Bundes (2017). Bundesweit erste Studie zu Preisdifferenzierung nach Geschlecht. 20.12.2017, *https://www.antidiskriminierungsstelle.de/SharedDocs/Aktuelles/DE/2017/Preisdifferenzierung_nach_Geschlecht_20171220.html*. Abgerufen am: 27.02.2021.

[Antidiskriminierungsstelle des Bundes, 2019] Antidiskriminierungsstelle des Bundes (2019). Ausgewählte Entscheidungen deutscher Gerichte zum Antidiskriminierungsrecht. *https://www.antidiskriminierungsstelle.de/SharedDocs/Downloads/DE/publikationen/Rechtsprechungsübersicht/rechtsprechungsuebersicht_zum_antidiskriminierungsrecht.pdf?__blob=publicationFile&v=25*. Abgerufen am: 27.02.2021.

[Anumanchipalli et al., 2019] Anumanchipalli, G. K., Chartier, J., and Chang, E. F. (2019). Speech synthesis from neural decoding of spoken sentences. *Nature*, 568:493–498.

[Ariely, 2008] Ariely, D. (2008). *Predictably Irrational: The Hidden Forces That Shape Our Decisions.* HarperCollins, New York.

[Ariely et al., 2003] Ariely, D., Loewenstein, G., and Prelec, D. (2003). "Coherent arbitrariness": Stable demand curves without stable preferences. *The Quarterly journal of economics*, 118(1):73–106.

[Ariely and Wallsten, 1995] Ariely, D. and Wallsten, T. S. (1995). Seeking subjective dominance in multidimensional space: An explanation of the asymmetric dominance effect. *Organizational Behavior and Human Decision Processes*, 63(3):223–232.

[Arp et al., 2017] Arp, D., Quiring, E., Wressnegger, C., and Rieck, K. (2017). Privacy Threats through Ultrasonic Side Channels on Mobile Devices. 2017 IEEE European Symposium on Security and Privacy, *https://ieeexplore.ieee.org/abstract/document/7961950*. Abgerufen am 25.02.2021.

[Association for Computing Machinery, 2018] Association for Computing Machinery (2018). ACM Code of Ethics and Professional Conduct. *https://www.acm.org/code-of-ethics*. Abgerufen am: 27.02.2021.

[Barabási, 2002] Barabási, A.-L. (2002). *Linked - How everything is connected to everything else*. Perseus Publishing, USA.

[Barabási, 2010] Barabási, A.-L. (2010). *Bursts - The hidden pattern behind everything we do*. Penguin Group, New York, USA.

[Barabási, 2013] Barabási, A.-L. (2013). Network science. *Philosophical Transactions of the Royal Society A*, 371:20120375.

[Berger, 2013] Berger, J. (2013). *Contagious: Why things catch on*. Simon and Schuster, New York.

[Berger and Milkman, 2012] Berger, J. and Milkman, K. L. (2012). What makes online content viral? *Journal of marketing research*, 49(2):192–205.

[Berghahn et al., 2017] Berghahn, S., Klose, A., Lewalter, S., Liebscher, D., Spangenberger, U., and Wersing, M. (2017). Handbuch „Rechtlicher Diskriminierungsschutz“ . Erstellt im Auftrag der Antidiskriminierungsstelle des Bundes, Nomos Verlag, *http://www.antidiskriminierungsstelle.de/SharedDocs/Downloads/DE/publikationen/Handbuch_Diskriminierungsschutz/Gesamtes_Handbuch.pdf?__blob=publicationFile*. Abgerufen am: 27.02.2021.

[Biddings, 2019] Biddings, A. (2019). Google Ads Help: A new policy on advertising for speculative and experimental medical treatments. *https://support.google.com/google-ads/answer/9475042?hl=en*. Abgerufen am: 27.02.2021.

[Blaus, 2014] Blaus, B. (2014). Medical gallery of Blausen Medical. Wikijournal of Medicine 1 (2). DOI:10.15347/wjm/2014.010. ISSN 2002-4436., *https://blausen.com*. Abgerufen am: 27.02.2021.

[Bognanni et al., 2020] Bognanni, M., Busch, L., and Hornung, P. (2020). Bankgeheimnis: Schufa will Konten ausforschen. Das Erste - Panorama, *https://daserste.ndr.de/panorama/archiv/2020/Bankgeheimnis-Schufa-will-Konten-ausforschen,schufa166.html*. Abgerufen am: 27.02.2021.

[Böhmermann, 2019] Böhmermann, J. (2019). Coin Master - Abzocke mit Fun. ZDF Neo Magazin Royale, *https://www.youtube.com/watch?v=hTeTjx4k9jQ*. Abgerufen am: 27.02.2021.

[Brandt, 2018] Brandt, M. (2018). Facebook wird weniger für Nachrichten genutzt. statista, *https://de.statista.com/infografik/14263/nutzung-von-facebook-als-nachrichtenquelle*. Abgerufen am: 27.02.2021.

[Bridle, 2017] Bridle, J. (2017). Something is wrong on the internet. Medium, *https://medium.com/@jamesbridle/something-is-wrong-on-the-internet-c39c471271d2*. Abgerufen am: 27.02.2021.

[Brooks and Schweitzer, 2011] Brooks, A. W. and Schweitzer, M. E. (2011). Can nervous nelly negotiate? how anxiety causes negotiators to make low first offers, exit early, and earn less profit. *Organizational Behavior and Human Decision Processes*, 115(1):43–54.

[Bundespolizeipräsidium Potsdam, 2018] Bundespolizeipräsidium Potsdam (2018). Abschlussbericht des bundespolizeipräsidiums zur biometrischen gesichtserkennung (erprobung von systemen zur intelligenten videoanalyse). Bundespolizeipräsidium Potsdam, *https://www.bundespolizei.de/Web/DE/04Aktuelles/01Meldungen/2018/10/181011_abschlussbericht_gesichtserkennung_down.pdf?__blob=publicationFile*. Abgerufen am: 27.02.2021.

[Bundesprüfstelle für jugendgefährdende Medien, 2020] Bundesprüfstelle für jugendgefährdende Medien (2020). Die Spiele-Apps „Coin Master“, „Coin Trip“ und „Coin Kingdom“ haben keine jugendgefährdende Wirkung im Sinne des Jugendschutzgesetzes. Webseite der Bundesprüfstelle für jugendgefährdende Medien, *https://www.bundespruefstelle.de/bpjm/service/alle-meldungen/die-spiele-apps-coin-master-coin-trip-und-coin-kingdom-haben-keine-jugendgefaehrdende-wirkung-im-sinne-des-jugendschutzgesetzes-148760*. Abgerufen am: 27.02.2021.

[Bundesregierung, 2018] Bundesregierung (2018). Strategie Künstliche Intelligenz der Bundesregierung. Die Bundesregierung, *https://www.bundesregierung.de/resource/blob/975226/1550276/3f7d3c41c6e05695741273e78b8039f2/2018-11-15-ki-strategie-data.pdf*. Abgerufen am: 27.02.2021.

[Buolamwini, 2016] Buolamwini, J. (2016). How I'm fighting bias in algorithms. TEDxBeaconStreet, *https://www.ted.com/talks/joy_buolamwini_how_i_m_fighting_bias_in_algorithms*. Abgerufen am: 27.02.2021.

[Buolamwini and Gebru, 2018] Buolamwini, J. and Gebru, T. (2018). Gender shades: Intersectional accuracy disparities in commercial gender classification. In *Conference on fairness, accountability and transparency*, pages 77–91. PMLR.

[Burstein et al., 1998] Burstein, J. C., Braden-Harder, L., Chodorow, M. S., Kaplan, B. A., Kukich, K., Lu, C., Rock, D. A., and Wolff, S. (1998). System and method for computer-based automatic essay scoring (us6366759b1). PatentNo.: US6,366,759B1, US Patent App. 09/623,210.

[Büttner, 2017] Büttner, J.-M. (2017). Die Freiheitsmaschine. Basler Zeitung (2017 April 31), *https://www.bazonline.ch/wetter/allgemeinelage/die-freiheitsmaschine/story/16418561*. Abgerufen am 19.01.2021.

[Byrd et al., 2011] Byrd, S., Shuman, A., Kileny, S., and Kileny, P. (2011). The right not to hear: The ethics of parental refusal of hearing rehabilitation. *The Laryngoscope*, 121(8):1800–1804.

[Cahill et al., 2018] Cahill, A., Chodorow, M., and Flor, M. (2018). Developing an e-rater Advisory to Detect Babel-generated Essays. *Journal of Writing Analytics*, 2:203–224.

[Callery and Proulx, 1997] Callery, A. and Proulx, D. T. (1997). Yahoo! cataloging the web. *Journal of internet cataloging*, 1(1):57–64.

[Camazine et al., 2003] Camazine, S., Deneubourg, J.-L., Franks, N. R., Sneyd, J., Theraula, G., and Bonabeau, E. (2003). *Self–organization in biological systems.* Princeton university press, Princeton.

[Casti, 2017] Casti, J. L. (2017). *Complexity.* Encyclopaedia Britannica, Edinburgh.

[Caulfield et al., 2016] Caulfield, T., Sipp, D., Murry, C. E., Daley, G. Q., and Kimmelman, J. (2016). Confronting stem cell hype. *Science*, 352(6287):776–777.

[CBS Interactive Inc., 2018] CBS Interactive Inc. (2018). Amazon: Alexa Echo sent recorded conversation in „unlikely" string of events. CBS News (2018 May 24), *https://www.cbsnews.com/news/amazon-alexa-echo-device-recorded-conversation-sent-to-contact/*. Abgerufen am: 27.02.2021.

[Charisius et al., 2013] Charisius, H., Karberg, S., and Friebe, R. (2013). *Biohacking: Gentechnik aus der Garage.* Carl Hanser Verlag GmbH und Co KG, München.

[Chen et al., 2015] Chen, L., Mislove, A., and Wilson, C. (2015). Peeking beneath the hood of uber. In *Proceedings of the 2015 internet measurement conference*, pages 495–508.

[Cheung et al., 2017] Cheung, T. T., Kroese, F. M., Fennis, B. M., and De Ridder, D. T. (2017). The Hunger Games: Using hunger to promote healthy choices in self-control conflicts. *Appetite*, 116:401 – 409.

[Chin, 2020] Chin, M. (2020). These students figured out their tests were graded by AI—and the easy way to cheat. The Verge (2020 September 2), *https://www.theverge.com/2020/9/2/21419012/edgenuity-online-class-ai-grading-keyword-mashing-students-school-cheating-algorithm-glitch.* Abgerufen am: 27.02.2021.

[Christian, 2012] Christian, B. (2012). The A/B Test: Inside the Technology That's Changing the Rules of Business. Wired (2012 April 4), *https://www.wired.com/2012/04/ff-abtesting/*. Abgerufen am: 27.02.2021.

[Clark and Vincent, 2012] Clark, R. and Vincent, N. (2012). Capacity-contingent pricing and competition in the airline industry. *Journal of Air Transport Management*, 24:7–11.

[Clynes and Kline, 1960] Clynes, M. E. and Kline, N. S. (1960). Cyborgs and space. *Astronautics.* Im Archiv der New York Times, *https://archive.nytimes.com/www.nytimes.com/library/cyber/surf/022697surf-cyborg.html*, Abgerufen am 31.01.2021.

[Cohen and Cohen, 2010] Cohen, C. B. and Cohen, P. J. (2010). International stem cell tourism and the need for effective regulation: Part I: Stem cell tourism in Russia and India: clinical research, innovative treatment, or unproven hype? *Kennedy Institute of Ethics Journal*, 20(1):27–49.

[Collingridge, 1980] Collingridge, D. (1980). *The social control of technology.* Frances Pinter.

[Crawford and Calo, 2016] Crawford, K. and Calo, R. (2016). There is a blind spot in AI research. *Nature News*, 538(7625):311.

[Cukier and Mayer-Schönberger, 2013] Cukier, K. and Mayer-Schönberger, V. (2013). The Dictatorship of Data - Robert McNamara epitomizes the hyper-rational executive led astray by numbers. MIT Technology Review (2013 May 31), *https://www.technologyreview.com/2013/05/31/178263/the-dictatorship-of-data/*. Abgerufen am 10.01.2021.

[Cutrell and Guan, 2007] Cutrell, E. and Guan, Z. (2007). What are you looking for? An eye-tracking study of information usage in web search. *Proceedings of the SIGCHI Conference on Human Factors in Computing Systems*, pages 407–416.

[Dastin, 2018] Dastin, J. (2018). Amazon scraps secret AI recruiting tool that showed bias against women. Reuters (2018 October 11), *https://www.reuters.com/article/us-amazon-com-jobs-automation-insight/amazon-scraps-secret-ai-recruiting-tool-that-showed-bias-against-women-idUSKCN1MK08G?* Abgerufen am: 27.02.2021.

[Dautzenberg et al., 2018] Dautzenberg, K., Gaßmann, C., Groß, B., Müller, F., Neukamp, D., Schmidtke, L., and Bodenstein, U. (2018). Individualisierte Preisdifferenzierung im deutschen Online-Handel. Marktwächter Digitale Welt, Verbraucherzentrale Brandenburg e. V., *https://www.vzbv.de/sites/default/files/downloads/2020/01/29/marktwaechter-untersuchung-individualisierte-preisdifferenzierung.pdf*. Abgerufen am: 27.02.2021.

[Davenport and Beck, 2001] Davenport, T. H. and Beck, J. C. (2001). *Attention Economy: Understanding the New Currency of Business.* Harvard Business School Press, Boston.

[DEK, 2019] DEK (2019). Gutachten der Datenethikkommission der deutschen Bundesregierung. Berlin, *https://www.bmi.bund.de/SharedDocs/downloads/DE/publikationen/themen/it-digitalpolitik/gutachten-datenethikkommission.pdf?__blob=publicationFile*. Abgerufen am: 27.02.2021.

[Delapina, 2019] Delapina, M. (2019). AK-TEST - Preisdifferenzierung im Online-Handel. Arbeiterkammer Wien - Konsumentenschutz, *https://noe.arbeiterkammer.at/beratung/konsumentenschutz/Preisdifferenzierung_im_Online-Handel.pdf*. Abgerufen am: 27.02.2021.

[Deutscher Bundestag, 2012] Deutscher Bundestag (2012). Beschlussempfehlung und Bericht des Ausschusses für Gesundheit (14. Ausschuss) des deutschen Bundestags, Drucksache 17/11396. Deutscher Bundestag (2021 November 7), *https://dip21.bundestag.de/dip21/btd/17/113/1711396.pdf*. Abgerufen am: 27.02.2021.

[Deutscher Bundestag, 2018] Deutscher Bundestag (2018). Wissenschaftliche Dienste des Deutschen Bundestages: Cochlea-Implantate. Drucksache WD 9 - 3000 - 016/18. Deutscher Bundestag (2018 May 25), *https://www.bundestag.de/resource/blob/562774/3e41a2ce1f41897e55821f878dc37897/WD-9-016-18-pdf-data.pdf*. Abgerufen am: 27.02.2021.

[Deutscher Bundestag, 2020a] Deutscher Bundestag (2020a). Enquete-Kommission „Künstliche Intelligenz – Gesellschaftliche Verantwortung und wirtschaftliche, soziale und ökologische Potenziale“. Deutscher Bundestag (2020 Monat Tag), *https://www.bundestag.de/ausschuesse/weitere_gremien/enquete_ki*. Abgerufen am: 27.02.2021.

[Deutscher Bundestag, 2020b] Deutscher Bundestag (2020b). Mehrheit der Fraktionen gegen den Begriff „Rasse“ im Grundgesetz. Deutscher Bundestag (2020 November 27), *https://www.bundestag.de/dokumente/textarchiv/2020/kw48-de-rassismus-807790.* Abgerufen am: 27.02.2021.

[Deutscher Gehörlosen-Bund e.V., 2021] Deutscher Gehörlosen-Bund e.V. (2021). Die meistgestellten Fragen - Wie viele Gehörlose gibt es in Deutschland? Deutscher Gehörlosen-Bund e.V., *https://www.gehoerlosen-bund.de/faq/gehörlosigkeit.* Abgerufen am: 27.02.2021.

[DeVito, 2017] DeVito, M. A. (2017). From editors to algorithms: A values-based approach to understanding story selection in the Facebook News Feed. *Digital Journalism,* 5(6):753–773.

[Dijkstra, 1959] Dijkstra, E. W. (1959). A note on two problems in connexion with graphs. *Numerische mathematik,* 1(1):269–271.

[Dobelle, 2000] Dobelle, W. H. (2000). Artificial vision for the blind by connecting a television camera to the visual cortex. *ASAIO Journal,* 46(1):3–9.

[Doerr, 2018] Doerr, J. (2018). *OKR: Objectives & Key Results: Wie Sie Ziele, auf die es wirklich ankommt, entwickeln, messen und umsetzen.* Vahlen, München.

[Doherty et al., 2014] Doherty, B., Jabour, B., Delaney, B., Wahlquist, C., Davidson, H., Safi, M., Milman, O., and Farrell, P. (2014). Sydney siege: how a day and night of terror unfolded at the Lindt cafe. The Guardian (2014 December 20), *https://www.theguardian.com/australia-news/2014/dec/20/sydney-siege-timeline-how-a-day-and-night-of-terror-unfolded-at-the-lindt-cafe.* Abgerufen am: 27.02.2021.

[Duden, 2009] Duden (2009). *Die deutsche Rechtschreibung.* 25. Auflage, Dudenverlag, Mannheim.

[Dörner, 2004] Dörner, D. (2004). *Die Logik des Misslingens.* Rowohlt TB Verlag, 3. Aufl., Hamburg.

[Edsall, 2012] Edsall, T. B. (2012). Let the Nanotargeting Begin. The New York Times (2012 April 15), *https://campaignstops.blogs.nytimes.com/2012/04/15/let-the-nanotargeting-begin/.* Abgerufen am: 27.02.2021.

[Emanuel et al., 2019] Emanuel, P., Walper, S., DiEuliis, D., Klein, N., Petro, J. B., and Giordano, J. (2019). Cyborg Soldier 2050: Human/Machine Fusion and the Implications for the Future of the DOD. U.S. Army combat capabilities development command chemical biological center, *https://community.apan.org/wg/tradoc-g2/mad-scientist/m/articles-of-interest/300458.* Abgerufen am 31.01.2021.

[England, 2018] England, R. (2018). Chinese school uses facial recognition to make kids pay attention. engadget (2018 May 17), *https://www.engadget.com/2018-05-17-chinese-school-facial-recognition-kids-attention.html.* Abgerufen am: 27.02.2021.

[Epstein, 2016] Epstein, R. (2016). Research Proves Google Manipulates Millions to Favor Clinton. Sputnik International (2016 September 12), *https://sputniknews.com/us/201609121045214398-google-clinton-manipulation-election/.* Abgerufen am: 27.02.2021.

[EuroStemCell, 2020] EuroStemCell (2020). What diseases and conditions can be treated with stem cells? EuroStemCell, *https:*

//www.eurostemcell.org/what-diseases-and-conditions-can-be-treated-stem-cells. Abgerufen am: 27.02.2021.

[Eyal, 2012] Eyal, N. (2012). Infinite Scroll: The Web's Slot Machine. Psychology Today (2012 August 29), *https://www.psychologytoday.com/us/blog/automatic-you/201208/infinite-scroll-the-webs-slot-machine.* Abgerufen am: 27.02.2021.

[Eyal, 2014] Eyal, N. (2014). *Hooked - Wie Sie Produkte erschaffen, die süchtig machen.* Redline Verlag, München.

[Facebook, 2012] Facebook (2012). Form S-1 REGISTRATION STATEMENT Under The Securities Act of 1933, Facebook, Inc. U.S. Securities and Exchange Commission, *https://www.sec.gov/Archives/edgar/data/1326801/000119312512034517/d287954ds1.htm#toc.* Abgerufen am: 27.02.2021.

[Familiengericht am Amtsgericht Goslar, 2019] Familiengericht am Amtsgericht Goslar (2019). NZS 12 F 226/17 SO. *https://www.gehoerlosen-bund.de/browser/3686/Amtsgericht-Goslar_Beschluss_20190129.pdf*. Abgerufen am: 27.02.2021.

[Feldman Barrett and Russell, 1998] Feldman Barrett, L. and Russell, J. A. (1998). Independence and bipolarity in the structure of current affect. *Journal of personality and social psychology*, 74(4):967.

[Gaertner and Dovidio, 1977] Gaertner, S. L. and Dovidio, J. F. (1977). The subtlety of white racism, arousal, and helping behavior. *Journal of Personality and social Psychology*, 35(10):691.

[Gallego and Van Ryzin, 1994] Gallego, G. and Van Ryzin, G. (1994). Optimal dynamic pricing of inventories with stochastic demand over finite horizons. *Management science*, 40(8):999–1020.

[Gannes, 2013] Gannes, L. (2013). Nearly a Decade Later, the Autocomplete Origin Story: Kevin Gibbs and Google Suggest. AllThingsDigital (2013 August 23), *http://allthingsd.com/20130823/nearly-a-decade-later-the-autocomplete-origin-story-kevin-gibbs-and-google-suggest/*. Abgerufen am: 27.02.2021.

[Garcia, 2017] Garcia, D. (2017). Leaking privacy and shadow profiles in online social networks. *Science Advances*, 3(8).

[Garey and Johnson, 1979] Garey, M. R. and Johnson, D. S. (1979). *Computers and Intractability - A Guide to the Theory of NP-Completeness.* W.H. Freeman and Company, New York.

[Geels, 2005] Geels, F. W. (2005). The dynamics of transitions in socio-technical systems: a multi-level analysis of the transition pathway from horse-drawn carriages to automobiles (1860–1930). *Technology analysis & strategic management*, 17(4):445–476.

[Goldberg et al., 1992] Goldberg, D., Nichols, D., Oki, B. M., and Terry, D. (1992). Using collaborative filtering to weave an information tapestry. *Communications of the ACM*, 35(12):61–70.

[Gomes, 2017] Gomes, B. (2017). Our latest quality improvements for Search. Google (2017 April 25), *https://blog.google/products/search/our-latest-quality-improvements-search/*. Abgerufen am: 27.02.2021.

[Gönsch et al., 2009] Gönsch, J., Klein, R., Neugebauer, M., and Steinhardt, C. (2009). Dynamic pricing–state-of-the-art. *Journal of Business Economics*, 83(5):505–549.

[Google, 2019a] Google (2019a). About automation with Google Ads. Google, *https://support.google.com/google-ads/answer/9297584?hl=en&ref_topic=6294205.* Abgerufen am: 27.02.2021.

[Google, 2019b] Google (2019b). List of Ad policies: Healthcare and medicines. Google, *https://support.google.com/adspolicy/answer/176031.* Abgerufen am: 27.02.2021.

[Google, 2020] Google (2020). Artificial Intelligence at Google: Out Principles. Google, *https://ai.google/principles.* Abgerufen am: 27.02.2021.

[Google, 2020a] Google (2020a). Determine a bid strategy based on your goals. Google, *https://support.google.com/google-ads/answer/2472725.* Abgerufen am: 27.02.2021.

[Google, 2020b] Google (2020b). List of Ad policies: Personalized advertising. Google, *https://support.google.com/adspolicy/answer/143465.* Abgerufen am: 27.02.2021.

[Google, 2021] Google (2021). How search predictions work on Google. Google, *https://support.google.com/websearch/answer/106230.* Abgerufen am: 27.02.2021.

[Granovetter, 1978] Granovetter, M. (1978). Threshold models of collective behavior. *American journal of sociology*, 83(6):1420–1443.

[Grant and Zhang, 2014] Grant, A. and Zhang, K. (2014). Airlock - Facebook's mobile A/B testing framework. Facebook, *https://code.facebook.com/posts/520580318041111/airlock-facebook-s-mobile-a-b-testing-framework.* Abgerufen am 25.02.2021.

[Greene, 2020] Greene, P. (2020). No, Software Still Can't Grade Student Essays. Forbes (2020 May 25), *https://www.forbes.com/sites/petergreene/2020/05/25/no-software-still-cant-grade-student-essays/*, abgerufen am 11.01.2021.

[Grunwald, 2010] Grunwald, A. (2010). *Technikfolgenabschätzung: Eine Einführung: Zweite, grundlegend überarbeitete und wesentlich erweiterte Auflage.* Edition Sigma, Berlin.

[Gurley, 2014] Gurley, B. (2014). A Deeper Look at Uber's Dynamic Pricing Model. Above the Crowd (2014 March 11), *http://abovethecrowd.com/2014/03/11/a-deeper-look-at-ubers-dynamic-pricing-model/.* Abgerufen am: 27.02.2021.

[Hagar and Diakopoulos, 2019] Hagar, N. and Diakopoulos, N. (2019). Optimizing content with A/B headline testing: Changing newsroom practices. *Media and Communication*, 7(1):117–127.

[Hannak et al., 2014] Hannak, A., Soeller, G., Lazer, D., Mislove, A., and Wilson, C. (2014). Measuring price discrimination and steering on e-commerce web sites. In *Proceedings of the 2014 conference on internet measurement conference*, pages 305–318.

[Haraway, 1991] Haraway, D. (1991). *Simians, Cyborgs and Women: The Reinvention of Nature*, chapter A Cyborg Manifesto: Science Technology and Socialist-Feminism in the Late Twentieth Century. Routledge, New York.

[Hasebrink and Schmidt, 2012] Hasebrink, U. and Schmidt, J.-H. (2012). Informationsrepertoires der deutschen Bevölkerung. Arbeitspapiere des Hans-Bredow-Instituts Nr. 24, *https://www.hans-bredow-institut.de/uploads/media/Publikationen/cms/media/59105af0016943f9b8b29e1525b1b37e699c444f.pdf.* Abgerufen am: 27.02.2021.

[Hasselmann, 2019] Hasselmann, J. (2019). Berliner S-Bahn beförder eine halbe Milliarde Fahrgäste. Berliner Tagesspiegel (2019 April 3), *https://www.tagesspiegel.de/berlin/bilanz-2018-berliner-s-bahn-befoerdert-eine-halbe-milliarde-fahrgaeste/24173166.html.* Abgerufen am: 27.02.2021.

[Hauer et al., 2020] Hauer, M. P., Hofmann, X. C., Krafft, T. D., and Zweig, K. A. (2020). Quantitative analysis of automatic performance evaluation systems based on the h-index. *Scientometrics*, pages 1–17.

[Hawkins, 2016] Hawkins, D. (2016). No, you can't text your vote. But these fake ads tell Clinton supporters to do just that. The Washington Post (2016 November 3), *https://www.washingtonpost.com/news/morning-mix/wp/2016/11/03/no-you-cant-text-your-vote-but-these-ads-tell-clinton-supporters-to-do-just-that/.* Abgerufen am: 27.02.2021.

[Heffernan et al., 2021] Heffernan, K. J., Vetere, F., and Chang, S. (2021). Insertables: Beyond cyborgs and augmentation to convenience and amenity. In *Technology-Augmented Perception and Cognition*, pages 185–227, Cham. Springer International Publishing.

[Heilman, 1997] Heilman, K. H. (1997). The neurobiology of emotional experience. *The neuropsychiatry of limbic and subcortical disorders*, pages 133–142.

[Hirsch, 2005] Hirsch, J. (2005). An index to quantify an individual's scientific research output. *Proceedings of the National Academy of Sciences*, 102(46):16569–16572.

[Houser, 2021] Houser, K. (2021). TikTok Users Rally to Help Elite Athlete with Parkinson's. Freethink (2021 January 7), *https://www.freethink.com/articles/pill-bottle-parkinsons.* Abgerufen am: 27.02.2021.

[Huhnd, 2011] Huhnd, L. E. (2011). Einfluss der cochlea implantat versorgung auf lebensqualität, sprachverstehen, tinnitus und psychische komorbiditäten unter besonderer berücksichtigung älterer patienten. Dissertation Medizinischen Fakultät der Charité – Universitätsmedizin Berlin, *https://refubium.fu-berlin.de/bitstream/handle/fub188/5919/alles_bibliothek.pdf.* Abgerufen am: 27.02.2021.

[ISSCR, 2019] ISSCR (2019). How to Report False Marketing Claims and Adverse Events from Clinics Offering Unapproved Stem Cell "Therapies". A Closer Look At Stem Cells, *https://www.closerlookatstemcells.org/patient-resources/how-to-report-false-marketing-claims-and-adverse-events-from-clinics-offering-unapproved-stem-cell-therapies.*

[Iyengar et al., 2019] Iyengar, S., Lelkes, Y., Levendusky, M., Malhotra, N., and Westwood, S. J. (2019). The origins and consequences of affective polarization in the united states. *Annual Review of Political Science*, 22:129–146.

[Johnson and Goldstein, 2003] Johnson, E. J. and Goldstein, D. (2003). Do defaults save lives? *American Association for the Advancement of Science*, 302(5649):1338–1339.

[Kastl, 2017] Kastl, J. M. (2017). *Einführung in die Soziologie der Behinderung*, chapter Was heißt hier „Konstruktion"? Soziologie der Behinderung zwischen Naturalismus und Sozial-Konstruktivismus. Springer VS, Wiesbaden.

[Keane et al., 2008] Keane, M. T., O'Brien, M., and Smyth, B. (2008). Are people biased in their use of search engines? *Communications of the ACM*, 51(2):49–52.

[Keck, 2018] Keck, C. (2018). Bücheramazonen geben nicht auf. Stuttgarter Nachrichten (2018 October 22), *https://www.stuttgarter-nachrichten.de/inhalt.tuebinger-*

frauenbuchladen-buecheramazonen-lebendig-wie-eh-und-je.008da31d-fffa-4cbf-b62a-d3c515e51b12.html. Abgerufen am: 27.02.2021.

[Kienle and Kunau, 2014] Kienle, A. and Kunau, G. (2014). *Informatik und Gesellschaft – Eine sozio-technische Perspektive.* De Gruyter.

[Kleinberg and Easley, 2010] Kleinberg, J. and Easley, D. (2010). *Networks, crowds, and markets: reasoning about a highly connected world.* Cambridge University Press, New York, USA.

[Kohavi et al., 2007] Kohavi, R., Henne, R. M., and Sommerfield, D. (2007). Practical guide to controlled experiments on the web: Listen to your customers not to the hippo. In *Proceedings of the 13th ACM SIGKDD International Conference on Knowledge Discovery and Data Mining*, pages 959–967, New York.

[Kolenda, 2013] Kolenda, N. (2013). *Methods of Persuasion - How to use psychology to influence human behavior.* Kolenda Entertainment, LLC, vertrieben als selbstpubliziertes Buch über Amazon.

[Kolenda, 2020] Kolenda, N. (2020). *Imagine Reading This Book: How Mental Pictures Influence Your Decisions.* Kolenda Group LLC.

[Koschützki et al., 2005] Koschützki, D., Lehmann, K. A., Peeters, L., Richter, S., Tenfelde-Podehl, D., and Zlotowski, O. (2005). Centrality indices. In *Network analysis*, pages 16–61. Springer.

[Krafft, 2015] Krafft, T. D. (2015). Bachelorarbeit: Vorstellung eines sozioinformatischen Analyseansatzes zur Technikfolgenabschätzung in Anlehnung an Vesters Sensitivitätsmodell am Beispiel des Unternehmens „Uber“ als sozio-technisches System. *arXiv preprint arXiv.*

[Krafft et al., 2019] Krafft, T. D., Gamer, M., and Zweig, K. A. (2019). What did you see? A study to measure personalization in Google's search engine. *EPJ Data Science*, 8(1):38.

[Krafft et al., 2020] Krafft, T. D., Hauer, M. P., and Zweig, K. A. (2020). Why Do We Need to Be Bots? What Prevents Society from Detecting Biases in Recommendation Systems. In *International Workshop on Algorithmic Bias in Search and Recommendation*, pages 27–34. Springer.

[Kucklick, 2014] Kucklick, C. (2014). *Die granulare Gesellschaft: Wie das Digitale unsere Wirklichkeit auflöst.* Ullstein Ebooks, Berlin.

[Kurzweil, 2013] Kurzweil, R. (2013). *Menscheit 2.0. Die Singularität naht.* Lola Books, Berlin.

[Lane, 2005] Lane, H. (2005). Ethnicity, ethics, and the deaf-world. *The Journal of Deaf Studies and Deaf Education*, 10(3):291–310.

[Lee et al., 2018] Lee, D., Hosanagar, K., and Nair, H. S. (2018). Advertising content and consumer engagement on social media: Evidence from Facebook. *Management Science*, 64(11):5105–5131.

[Leonhardt, 2005] Leonhardt, D. (2005). Why Variable Pricing Fails at the Vending Machine. New York Times (2005 June 27), *https://www.nytimes.com/2005/06/27/business/why-variable-pricing-fails-at-the-vending-machine.html.* Abgerufen am: 27.02.2021.

[Lessig, 2006] Lessig, L. (2006). *Code - Version 2.0.* Creative Commons-Lizenz CC BY-SA 2.5, New York.

[Leveson and Turner, 1993] Leveson, N. G. and Turner, C. S. (1993). An investigation of the Therac-25 accidents. *Computer*, 26(7):18–41.

[Lewis, 2019] Lewis, D. M. (2019). *Automated Insulin Delivery: How artificial pancreas „closed loop" systems can aid you in living with diabetes.* Dana M. Lewis, self published.

[Lewis, 2018a] Lewis, P. (2018a). 'Fiction is outperforming reality': how YouTube's algorithm distorts truth. The Guardian (2018 February 2), *https://www.theguardian.com/technology/2018/feb/02/how-youtubes-algorithm-distorts-truth.* Abgerufen am: 27.02.2021.

[Lewis, 2018b] Lewis, P. (2018b). Trump adviser John Bolton worked with Cambridge Analytica on YouTube voter experiment. The Guardian (2018 March 23), *https://www.theguardian.com/us-news/2018/mar/23/john-bolton-cambridge-analytica-videos-donald-trump.* Abgerufen am: 27.02.2021.

[Loh, 2018] Loh, J. (2018). *Trans- und Posthumanismus zur Einführung.* Junius, Hamburg.

[Lysaght et al., 2017] Lysaght, T., Lipworth, W., Hendl, T., Kerridge, I., Lee, T.-L., Munsie, M., Waldby, C., and Stewart, C. (2017). The deadly business of an unregulated global stem cell industry. *Journal of medical ethics*, 43(11):744–746.

[MacGregor et al., 2019] MacGregor, C., Petersen, A., and Munsie, M. (2019). From the margins to mainstream: How providers of autologous 'stem cell treatments' legitimise their practice in Australia. *Health*, 25(1):51–68.

[Mackensen, 1985] Mackensen, L. (1985). *Ursprung der Wörter - Etymologisches Wörterbuch der deutschen Sprache.* VMA - Verlag, Wiesbaden.

[Maheshwari, 2018] Maheshwari, S. (2018). Revealed: The People Behind an Anti-Breitbart Twitter Account. The New York Times (2018 July 20), *https://www.nytimes.com/2018/07/20/business/media/sleeping-giants-breitbart-twitter.html.* Abgerufen am: 27.02.2021.

[Mangel and Samaniego, 1984] Mangel, M. and Samaniego, F. J. (1984). Abraham Wald's work on aircraft survivability. *Journal of the American Statistical Association*, 79(386):259–267.

[Maslow, 1943] Maslow, A. H. (1943). A theory of human motivation. *Originally Published in Psychological Review*, 50(4):370.

[Maslow, 1954] Maslow, A. H. (1954). *Motivation and Personality.* Harper & Brothers, New York.

[Master et al., 2014] Master, Z., Robertson, K., Frederick, D., Rachul, C., and Caulfield, T. (2014). Stem cell tourism and public education: the missing elements. *Cell stem cell*, 15(3):267–270.

[McLean et al., 2015] McLean, A. K., Stewart, C., and Kerridge, I. (2015). Untested, unproven, and unethical: the promotion and provision of autologous stem cell therapies in australia. *Stem cell research & therapy*, 6(1):1–8.

[Mendick and Hall, 2011] Mendick, R. and Hall, A. (2011). Europe's largest stem cell clinic shut down after death of baby. The Telegraph (2011 May 8), *https://www.telegraph.co.uk/news/worldnews/europe/germany/8500233/Europes-largest-stem-cell-clinic-shut-down-after-death-of-baby.html.* Abgerufen am: 27.02.2021.

[Mikl-Horke, 1995] Mikl-Horke, G. (1995). *Industrie- und Arbeitssoziologie.* De Gruyter.

[Montag et al., 2019] Montag, C., Lachmann, B., Herrlich, M., and Zweig, K. (2019). Addictive features of social media/messenger platforms and freemium games against the background of psychological and economic theories. *International journal of environmental research and public health*, 16(14):2612.

[Mörzl, 2019] Mörzl, V. (2019). Cybermobbing an Schule: Falsche Todesanzeige für 13-Jährigen aufgegeben. Augsburger Allgemeine (2019 December 16), *https://www.augsburger-allgemeine.de/bayern/Cybermobbing-an-Schule-Falsche-Todesanzeige-fuer-13-Jaehrigen-aufgegeben-id56236131.html.* Abgerufen am: 27.02.2021.

[Mudry and Mills, 2013] Mudry, A. and Mills, M. (2013). The Early History of the Cochlear Implant. A Retrospective. *JAMA Otolaryngol - Head Neck Surg.*, 139(5):446–453.

[Muller, 2018] Muller, J. Z. (2018). *The Tyranny of Metrics.* Princeton University Press, Princeton.

[Muthukrishnan, 2009] Muthukrishnan, S. (2009). Bidding on Configurations in Internet Ad Auctions. In *International Computing and Combinatorics Conference*, pages 1–6, Berlin, Heidelberg. Springer.

[Nagel et al., 2003] Nagel, K., Wagner, P., and Woesler, R. (2003). Still flowing: Approaches to traffic flow and traffic jam modeling. *Operations research*, 51(5):681–710.

[Nagel, 1995] Nagel, R. (1995). Unraveling in guessing games: An experimental study. *The American Economic Review*, 85(5):1313–1326.

[Negroponte, 1995] Negroponte, N. (1995). *Being Digital.* Alfred a Knopf, Inc.

[Neuralink, 2021] Neuralink (2021). Neuralink Webseite. *https://neuralink.com/applications/.* Abgerufen am: 27.02.2021.

[Noble, 2018] Noble, S. U. (2018). *Algorithms of Oppression - How Search Engines Reinforce Racism.* New York United Press.

[Nodder, 2013] Nodder, C. (2013). *Evil by design: Interaction design to lead us into temptation.* John Wiley & Sons.

[Novak and Kalanick, 2013] Novak, K. M. and Kalanick, T. C. (2013). System and method for dynamically adjusting prices for services. Pub.No.:US2013/0246207A1, US Patent App. 13/828,481.

[O'neil, 2016] O'neil, C. (2016). *Weapons of math destruction: How big data increases inequality and threatens democracy.* Broadway Books, New York.

[Orwat, 2019] Orwat, C. (2019). Diskriminierungsrisiken durch Verwendung von Algorithmen. *Eine Studie, erstellt mit einer Zuwendung der Antidiskriminierungsstelle des Bundes.*

[Page et al., 1999] Page, L., Brin, S., Motwani, R., and Winograd, T. (1999). The PageRank Citation Ranking: Bringing Order to the Web. Technical Report 1999-66, Stanford University.

[Paolillo, 2018] Paolillo, J. C. (2018). The Flat Earth phenomenon on YouTube. *First Monday*, 23(12).

[Pariser, 2011] Pariser, E. (2011). Beware online „filter bubbles“. TED2011, *https://www.ted.com/talks/eli_pariser_beware_online_filter_bubbles.* Abgerufen am: 27.02.2021.

[Pariser, 2012] Pariser, E. (2012). *Filter Bubble: Wie wir im Internet entmündigt werden* . Carl Hanser, München.

[Parkinson's UK, 2020] Parkinson's UK (2020). Impulsive and compulsive behavious in parkinson's. Parkinson's UK, *https://www.parkinsons.org.uk/information-and-support/impulsive-and-compulsive-behaviours-parkinsons*. Abgerufen am: 27.02.2021.

[Pearl et al., 2016] Pearl, J., Glymour, M., and Jewell, N. P. (2016). *Causal inference in statistics: A primer*. John Wiley & Sons, Hoboken.

[Perelman, 2020] Perelman, L. (2020). The BABEL Generator and E-Rater: 21st Century Writing Constructs and Automated Essay Scoring (AES). *The Journal of Writing Assessment*, 13(1).

[Perez, 2019] Perez, C. (2019). *Invisible Women: Exposing Data Bias in a World Designed for Men*. Random House, New York.

[Petersen et al., 2017] Petersen, A., Munsie, M., Tanner, C., MacGregor, C., and Brophy, J. (2017). *Stem cell tourism and the political economy of hope*. Springer.

[Pinch and Kesler, 2011] Pinch, T. and Kesler, F. (2011). How aunt ammy gets her free lunch: A study of the top-thousand customer reviewers at amazon. com. *Managing Overflow in Affluent Societies*.

[Polson and Scott, 2018] Polson, N. and Scott, J. (2018). *AIQ: How artificial intelligence works and how we can harness its power for a better world*. Bantam Press, London.

[Popper, 1962] Popper, K. (1962). *Conjectures and refutations: The growth of scientific knowledge*. Routledge, London.

[Pratchett, 1989] Pratchett, T. (1989). *Guards! Guards!* Victor Gollancz, London.

[Pratchett, 2004] Pratchett, T. (2004). *A Hat Full of Sky*. Doubleday, New York.

[Pratchett, 2015] Pratchett, T. (2015). *Die Farben der Magie: ein Roman von der bizarren Scheibenwelt*. Willhelm Heyne Verlag, München, 10 edition.

[Privacy International, 2018] Privacy International (2018). How Apps on Android Share Data with Facebook - Report. Privacy International (2018 December 29), *https://privacyinternational.org/report/2647/how-apps-android-share-data-facebook-report*. Abgerufen am: 27.02.2021.

[Puget Sound Business Journal, 2000] Puget Sound Business Journal (2000). Bezos calls Amazon experiment 'a mistake'. The Business Journals (2000 September 28), *https://www.bizjournals.com/seattle/stories/2000/09/25/daily21.html*. Abgerufen am: 27.02.2021.

[Rashtchy et al., 2007] Rashtchy, S., Kessler, A. M., Bieber, P. J., Schindler, N. H., and Tzeng, J. C. (2007). The User Revolution: The New Advertising Ecosystem And The Rise Of The Internet As A Mass Medium. PiperJaffray, Investment Research, *http://people.ischool.berkeley.edu/~hal/Courses/StratTech09/Lectures/Google/Articles/user-revolution.pdf*. Abgerufen am: 27.02.2021.

[Reber et al., 2020] Reber, M., Krafft, T. D., Krafft, R., Zweig, K. A., and Couturier, A. (2020). Data Donations for Mapping Risk in Google Search of Health Queries: A case study of unproven stem cell treatments in SEM. In *2020 IEEE Symposium Series on Computational Intelligence (SSCI)*, pages 2985–2992. IEEE.

[Regenberg et al., 2009] Regenberg, A. C., Hutchinson, L. A., Schanker, B., and Mathews, D. J. (2009). Medicine on the fringe: stem cell-based interventions in advance of evidence. *Stem Cells*, 27(9):2312–2319.

[Renn, 2013] Renn, O. (2013). Auf dem Weg zu einer sozialökologischen Fundierung der Technikfolgenabschätzung. In *Konzepte und Verfahren der Technikfolgenabschätzung*, pages 21–34. Springer VS, Wiesbaden.

[Ribas, 2015] Ribas, M. (2015). Searching for my sense. TEDxTalks auf YouTube, *https://www.youtube.com/watch?v=qU6UPUlbmLw*. Abgerufen am: 27.02.2021.

[Ries and Ryall, 2014] Ries, B. and Ryall, J. (2014). Uber intros surge pricing during Sydney hostage siege, then backtracks after user outcry. Mashable (2014 December 15), *https://mashable.com/2014/12/14/uber-sydney-surge-pricing*. Abgerufen am: 27.02.2021.

[Rose and Rahman, 2015] Rose, M. and Rahman, M. (2015). Who's Paying More to Tour These United States? Price Differences in International Travel Bookings. *Technology Science*, 16:1–16.

[Rossiter, 2014] Rossiter, J. (2014). Progress Report: Continued Product Focus. Yahoo! - Yodel (2014 September 26), *https://yahoo.tumblr.com/post/98474044364/progress-report-continued-product-focus*. Abgerufen am: 27.02.2021.

[Roth and Achuthan, 2020] Roth, Y. and Achuthan, A. (2020). Building rules in public: Our approach to synthetic & manipulated media. Twitter Blog (2020 February 4), *https://blog.twitter.com/en_us/topics/company/2020/new-approach-to-synthetic-and-manipulated-media.html*. Abgerufen am: 27.02.2021.

[Salganik et al., 2006] Salganik, M. J., Dodds, P. S., and Watts, D. J. (2006). Experimental study of inequality and unpredictability in an artificial cultural market. *Science*, 311(5762):854–856.

[Sawall, 2017] Sawall, A. (2017). Netflix testet in Deutschland höhere Preise. golem.de (2017 July 3), *https://www.golem.de/news/streaming-netflix-testet-in-deutschland-hoehere-preise-1707-128712.html*. Abgerufen am 28.11.2020.

[Scanlon, 2020] Scanlon, S. (2020). How To Hurt The Trump Campaign Every Day. Medium (2020 August 4), *https://medium.com/an-injustice/how-to-hurt-the-trump-campaign-every-day-611c1363e097*. Abgerufen am: 27.02.2021.

[Schelling, 1978] Schelling, T. C. (1978). *Micromotives and macrobehavior.* W.W. Norton & Company, New York.

[Schleusener and Hosell, 2016] Schleusener, M. and Hosell, S. (2016). *Expertise zum Thema „Personalisierte Preisdifferenzierung im Online-Handel“.* SVRV, Sachverständigenrat für Verbraucherfragen.

[Schmidt et al., 2017] Schmidt, J.-H., Merten, L., Hasebrink, U., Petrich, I., and Rolfs, A. (2017). Zur Relevanz von Online-Intermediären für die Meinungsbildung. Arbeitspapiere des Hans-Bredow-Instituts, 40, *https://hans-bredow-institut.de/uploads/media/default/cms/media/67256764e92e34539343a8c77a0215bd96b35823.pdf*. Abgerufen am: 27.02.2021.

[Schneider, 2020] Schneider, T. (2020). Reverse Engineering Uber and Lyft Surge Pricing in Chicago. Todd W. Schneider - ein persönlicher Blog (2020 March 25), *https://toddwschneider.com/posts/chicago-ridehail-surge-pricing/*. Abgerufen am: 27.02.2021.

[Schou, 2005] Schou, A. (2005). Gæt-et-tal konkurrence afslører at vi er irrationelle. Politiken (2005 September 22), *https://politiken.dk/oekonomi/art5698526/G%C3%A6t-et-tal-konkurrence-afsl%C3%B8rer-at-vi-er-irrationelle*. Abgerufen am 27.02.2021.

[Schwartz, 2018] Schwartz, L. (2018). The history and promise of machine translation. *Innovation and Expansion in Translation Process Research*, page 161.

[Scott, 2003] Scott, J. (2003). *Social Network Analysis*. SAGE Publications Inc, London, 2nd edition edition. Reprint.

[Segal, 2011] Segal, D. (2011). The Dirty Little Secrets of Search. The New York Times (2011 February 12), *https://www.nytimes.com/2011/02/13/business/13search.html*. Abgerufen am: 27.02.2021.

[Silverman and Alexander, 2016] Silverman, C. and Alexander, L. (2016). How Teens In The Balkans Are Duping Trump Supporters With Fake News. BuzzFeed News (2016 November 3), *https://www.buzzfeednews.com/article/craigsilverman/how-macedonia-became-a-global-hub-for-pro-trump-misinfo*. Abgerufen am: 27.02.2021.

[Simon and Fassnacht, 2019] Simon, H. and Fassnacht, M. (2019). *Price Management: Strategy, Analysis, Decision, Implementation*. Springer.

[Simon, 1955] Simon, H. A. (1955). A behavioral model of rational choice. *The Quarterly Journal of Economics*, 69(1):99–118.

[Sipp et al., 2017] Sipp, D., Caulfield, T., Kaye, J., Barfoot, J., Blackburn, C., Chan, S., de Luca, M., Kent, A., McCabe, C., Munsie, M., Sleebom-Faulkner, M., Sugarman, J., van Zimmeren, E., Zarzeczny, A., and Rasko, J. E. J. (2017). Marketing of unproven stem cell–based interventions: A call to action. *Science translational medicine*, 9(397):1–5.

[Smith, 2010] Smith, A. (2010). *An Inquiry into the Nature and Causes of the Wealth of Nations (1776)*. Wiley Online Library.

[Smith, 2018] Smith, B. (2018). Facial recognition technology: The need for public regulation and corporate responsibility. Microsoft Blog (2018 July 13), *https://blogs.microsoft.com/on-the-issues/2018/07/13/facial-recognition-technology-the-need-for-public-regulation-and-corporate-responsibility/*. Abgerufen am: 27.02.2021.

[Smith, 2020] Smith, B. (2020). Finally, progress on regulating facial recognition. Microsoft Blog (2020 March 31), *https://blogs.microsoft.com/on-the-issues/2020/03/31/washington-facial-recognition-legislation/*. Abgerufen am: 27.02.2021.

[Stahlberg and Sczesny, 2001] Stahlberg, D. and Sczesny, S. (2001). Effekte des generischen Maskulinums und alternativer Sprachformen auf den gedanklichen Einbezug von Frauen. *Psychologische Rundschau*, 52(3):131–140.

[Stede and Tidhar, 1999] Stede, M. and Tidhar, D. (1999). Towards a humor switch for machine translation. In *Proceedings of the of the AISB*. (Vol. 99).

[Stiftung Warentest, 2020] Stiftung Warentest (2020). Fake-Bewertungen - Wie Verkäufer mit gekauftem Lob Kunden manipulieren. Stiftung Warentest (2020 June 23), *https://www.test.de/Fake-Bewertungen-Wie-Verkaeufer-mit-gekauftem-Lob-Kunden-manipulieren-5401497-0/*. Abgerufen am: 27.02.2021.

[Stöcker, 2020] Stöcker, C. (2020). *Das Experiment sind wir: Unsere Welt verändert sich so atemberaubend schnell, dass wir von Krise zu Krise taumeln. Wir müssen lernen, diese enorme Beschleunigung zu lenken.* Karl Blessing Verlag, Berlin.

[Strathern, 1997] Strathern, M. (1997). 'Improving ratings': audit in the British University system. *European review*, 5(3):305–321.

[Su and Khoshgoftaar, 2009] Su, X. and Khoshgoftaar, T. M. (2009). A survey of collaborative filtering techniques. *Advances in artificial intelligence*, 2009.

[Subramanian, 2017] Subramanian, S. (2017). Inside the macedonian fake-news complex. Wired (2017 February 15), *https://www.wired.com/2017/02/veles-macedonia-fake-news/*. Abgerufen am: 27.02.2021.

[Surowiecki, 2004] Surowiecki, J. (2004). *The Wisdom of Crowds.* Doubleday; Anchor, New York.

[Sweeney, 2013] Sweeney, L. (2013). Discrimination in online ad delivery. *Communications of the ACM*, 56(5):44–54.

[Templeton, 1998] Templeton, A. R. (1998). Human races: a genetic and evolutionary perspective. *American Anthropologist*, 100(3):632–650.

[Thaler et al., 2013] Thaler, R. H., Sunstein, C. R., and Balz, J. (2013). Choice architecture. *The Behavioral Foundations of Public Policy*, pages 428–439.

[The Optimist Daily, 2021] The Optimist Daily (2021). Parkinson's: TikTok users 3D-print pill bottle for people with shaky hands. The Optimist Daily (2021 January 9), *https://www.optimistdaily.com/2021/01/parkinsons-tiktok-users-3d-print-pill-bottle-for-people-with-shaky-hands/*. Abgerufen am: 27.02.2021.

[Tota, 2015] Tota, F.-E. (2015). GOOGLE-SUCHE „BETTINA WULFF“ : Dreiundvierzig Wortkombinationen weniger. Frankfurter Allgemeine (2015 January 16), *https://www.faz.net/aktuell/feuilleton/google-entfernt-ergaenzungen-bei-suche-nach-bettina-wulff-13373712.html*. Abgerufen am: 27.02.2021.

[Tufekci, 2018] Tufekci, Z. (2018). Opinion - YouTube, the Great Radicalizer. The New York Times (2018 March 10), *https://www.nytimes.com/2018/03/10/opinion/sunday/youtube-politics-radical.html*. Abgerufen am: 27.02.2021.

[Twitter, 2021] Twitter (2021). Permanent suspension of @realDonaldTrump. Twitter Blog (2021 January 8), *https://blog.twitter.com/en_us/topics/company/2020/suspension.html*. Abgerufen am: 27.02.2021.

[Tynan, 2016] Tynan, D. (2016). How Facebook powers money machines for obscure political 'news' sites. The Guardian (2016 August 24), *https://www.theguardian.com/technology/2016/aug/24/facebook-clickbait-political-news-sites-us-election-trump*. Abgerufen am: 27.02.2021.

[UberDriver, 2014] UberDriver (2014). Uber Brotherhood, and a Few Sisters Too. Confessions of an Uber Driver (2014 May 26), *https://uberconfession.tumblr.com/post/86948127160/uber-brotherhood-and-a-few-sisters-too*. Abgerufen am: 27.02.2021.

[Ulmann et al., 2020] Ulmann, B., Wendt, M., and Klöckl, I. (2020). *Mathematik, Physik, Chemie.* De Gruyter, Berlin.

[Van Deemter, 2012] Van Deemter, K. (2012). *Not exactly: In praise of vagueness.* Oxford University Press, Oxford.

[VDI, 2000] VDI, V. D. I. (2000). Technikbewertung - Begriffe und Grundlagen. VDI-Richtlinie 3780, Verein Deutscher Ingenieure.

[Vester, 2004] Vester, F. (2004). *Die Kunst vernetzt zu denken.* Deutscher Taschenbuch Verlag, München, 4 edition.

[Vissers et al., 2014] Vissers, T., Nikiforakis, N., Bielova, N., and Joosen, W. (2014). Crying wolf? on the price discrimination of online airline tickets. In *7th Workshop on Hot Topics in Privacy Enhancing Technologies (HotPETs 2014).*

[Vos, 2015] Vos, T. P. (2015). *Gatekeeping in Transition*, chapter Revisiting Gatekeeping Theory During a Time of Transition. Routledge, New York.

[Wachter-Boettcher, 2017] Wachter-Boettcher, S. (2017). *Technically Wrong - Sexist Apps, Biased Algorithms, and other threats of Toxic Tech.* W.W. Norton & Company, New York.

[Ward, Mark, 2000] Ward, Mark (2000). Amazon's old customers 'pay more'. BBC News (2000 September 8), *http://news.bbc.co.uk/2/hi/business/914691.stm.* Abgerufen am: 27.02.2021.

[Watts, 1999] Watts, D. J. (1999). *Small Worlds- The Dynamics of Networks between Order and Randomness.* Princeton Studies in Complexity. Princeton University Press, Princeton.

[Watzlawick, 1976] Watzlawick, P. (1976). *Wie wirklich ist die Wirklichkeit – Wahn, Täuschung, Verstehen.* Piper Verlag, München.

[Watzlawick, 1981] Watzlawick, P. (1981). *Die erfundene Wirklichkeit: Wie wissen wir, was wir zu wissen glauben? Beiträge zum Konstruktivismus.* Piper Verlag, München.

[Weintraub et al., 2010] Weintraub, D., Koester, J., Potenza, M. N., Siderowf, A. D., Stacy, M., Voon, V., Whetteckey, J., Wunderlich, G. R., and Lang, A. E. (2010). Impulse control disorders in parkinson disease: a cross-sectional study of 3090 patients. *Archives of neurology*, 67(5):589–595.

[Weisberg, 2012] Weisberg, M. (2012). *Simulation and similarity: Using models to understand the world.* Oxford University Press, Oxford.

[Weizenbaum, 1987] Weizenbaum, J. (1987). *Kurs auf den Eisberg - Die Verantwortung des Einzelnen in der Diktatur der Technik.* Piper Verlag, München.

[Weizenbaum and Wendt, 2006] Weizenbaum, J. and Wendt, G. (2006). *Wo sind sie, die Inseln der Vernunft im Cyberstrom?: Auswege aus der programmierten Gesellschaft.* Herder Freiburg, Freiburg.

[Welt-Gesundheitsorganisation der Vereinten Nationen, 2019] Welt-Gesundheitsorganisation der Vereinten Nationen (2019). ICD-11 Mortality and Morbidity Statistics - 6C51 Gaming Disorder. ICD-11, *https://icd.who.int/dev11/l-m/en#/http%3a%2f%2fid.who.int%2ficd%2fentity%2f1448597234.* Abgerufen am: 27.02.2021.

[Welt-Gesundheitsorganisation der Vereinten Nationen, 2021] Welt-Gesundheitsorganisation der Vereinten Nationen (2021). Grades of hearing impairment. *https://www.who.int/pbd/deafness/hearing_impairment_grades/en/.* Abgerufen am: 27.02.2021.

[Wersig, 2017] Wersig, M. (2017). *Fälle zum Allgemeinen Gleichbehandlungsgesetz (AGG): Eine Einführung in Theorie und Praxis des Antidiskriminierungsrechts in 22 Fällen.* UTB.

[Wiener, 1965] Wiener, N. (1965). *Cybernetics or Control and Communication in the Animal and the Machine.* MIT Press, Cambridge.

[Wills, 2006] Wills, R. S. (2006). Google's PageRank - The Math Behind the Search Engine. *The Mathematical Intelligencer*, 28(4):6–111.

[Wu, 2016] Wu, T. (2016). *The attention merchants: The epic scramble to get inside our heads.* Alfred a Knopf Inc., New York.

[Yehoshua, 2016] Yehoshua, T. (2016). Google Search Autocomplete. Google (2016 June 10), *https://blog.google/products/search/google-search-autocomplete/*. Abgerufen am: 27.02.2021.

[Yuan et al., 2012] Yuan, S., Abidin, A. Z., Sloan, M., and Wang, J. (2012). Internet advertising: An interplay among advertisers, online publishers, ad exchanges and web users. *arXiv preprint arXiv:1206.1754.*

[ZDF, 2011] ZDF (2011). Drehscheibe Deutschland: Wie ein Stau entsteht. YouTube, *https://www.youtube.com/watch?v=V5PAR55bQ30*. Abgerufen am: 27.02.2021.

[Zeigarnik, 1927] Zeigarnik, B. (1927). Das Behalten erledigter und unerledigter Handlungen. *Psychologische Forschung*, 9:1–85.

[Zuckerberg, 2016] Zuckerberg, M. (2016). On News Feed's 10th birthday, I want to share some thoughts on the idea of a social feed and how... [Status Update]. Facebook (2016 September 6), *https://www.facebook.com/zuck/posts/10103087138471551*. Abgerufen am: 27.02.2021.

[Zuckerberg, 2018] Zuckerberg, M. (2018). Anhörung von Mark Zuckerberg im US Kongress am 23.10.2019. *https://www.c-span.org/video/?465293-1/facebook-ceo-testimony-house-financial-services-committee*, ab Minute 26. Abgerufen am: 27.02.2021.

[Zweig, 2019] Zweig, K. (2019). *Ein Algorithmus hat kein Taktgefühl: Wo künstliche Intelligenz sich irrt, warum uns das betrifft und was wir dagegen tun können.* Heyne Verlag.

[Zweig, 2016] Zweig, K. A. (2016). *Network Analysis Literacy.* Springer Vienna, Wien.

[Zweig et al., 2018] Zweig, K. A., Fischer, S., and Lischka, K. (2018). Wo Maschinen irren können. *Fehlerquellen und Verantwortlichkeiten in Prozessen algorithmischer Entscheidungsfindung. Bertelsmann Stiftung: Gütersloh.*

[Zweig et al., 2019] Zweig, K. A., Lachmann, B., Montag, C., and Herrlich, M. (2019). Kontinuierliches a/b-testing zur optimierung von spielerbindung und monetarisierung bei „freemium "-spielen. In *Paradoxien des Verbraucherverhaltens*, pages 43–57. Springer.

Definitionsverzeichnis

Stichwortverzeichnis